松江丛书

姜维公　主编

秦汉史论稿

张鹤泉　著

长春出版社

全国百佳图书出版单位

图书在版编目（CIP）数据

秦汉史论稿 / 张鹤泉著. -- 长春：长春出版社，
2022.10

（松江丛书 / 姜维公主编）

ISBN 978-7-5445-6817-3

Ⅰ.①秦… Ⅱ.①张… Ⅲ.①中国历史-秦汉时代-
文集 Ⅳ.①K232.07-53

中国版本图书馆 CIP 数据核字（2022）第 165306 号

秦汉史论稿

著　　者　张鹤泉

责任编辑　孙振波

封面设计　宁荣刚

出版发行　长春出版社

总 编 室　0431-88563443

市场营销　0431-88561180

网络营销　0431-88587345

地　　址　吉林省长春市长春大街309号

邮　　编　130041

网　　址　www.cccbs.net

制　　版　佳印图文

印　　刷　三河市华东印刷有限公司

开　　本　710毫米×1000毫米　1/16

字　　数　439千字

印　　张　26

版　　次　2023年1第1版

印　　次　2023年1月第1次印刷

定　　价　128.00元

目　录

《二年律令》所见二十等爵对西汉初年国家统治秩序的影响

西汉时期，国家实施的二十等爵是一项重要的制度。这一爵制对维护国家的统治具有重要意义。实际上，二十等爵是保证西汉国家统治秩序稳定的重要制度。对于二十等爵在维护国家统治稳定上起到的影响和作用，前辈学者多有论述。湖北张家山出土的汉简，可以为这种看法补充更有力的证据。本文拟在前人研究的基础上，以《二年律令》关于二十等爵的记载为主，结合文献史料，对这一问题再做探讨，不当之处，敬请方家指正。

一、以二十等爵为基础的授田制度对国家统治秩序的影响

西汉初年，当时国家对编户齐民的各阶层实行授田制度。关于授田制度的内容，在《二年律令》中，有明确记载。《户律》：

> 关内侯九十五顷，大庶长九十顷，驷车庶长八十八顷，大上造八十六顷，少上造八十四顷，右更八十二顷，中更八十顷，左更七十八顷，右庶长七十六顷，左庶长七十四顷，五大夫廿五顷，公乘廿顷，公大夫九顷，官大夫七顷，大夫五顷，不更四顷，簪袅三顷，公士一顷半顷，公卒、士五（伍）、庶人各一顷，司寇、隐官各五十顷。①

---

① 张家山二四七号汉墓竹简整理小组：《张家山汉墓竹简》，文物出版社，2001 年，第 175－176 页。

又《户律》：

> 宅之大方卅步，彻侯受百五宅，关内侯九十五宅，大庶长九十宅，
> 驷车庶长八十八宅，大上造八十六宅，少上造八十四宅，右更八十二
> 宅，中更八十宅，左更七十八宅，右庶长七十六宅，左庶长七十四宅，
> 五大夫廿五宅，公乘廿宅，公大夫九宅，官大夫七宅，大夫五宅，不更
> 四宅，簪袅三宅，上造二宅，公士一宅半宅，公卒、士五（伍）、庶人
> 一宅，司寇、隐官半宅。[1]

由这两条律文可知，西汉初年授田制度的对象为具有二十等爵者、无爵者以
及司寇、隐官。国家授田的标准，是以二十等爵为基础的，也就是说，国家
是依据爵位规定有爵者所受耕地和宅地数，并且，以此对有爵者的授田数为
参照，规定对无爵者以及司寇和隐官的授田数。由此可见，西汉初年，国家
授田制度是在二十等爵保证下，对国家编户齐民以及在编户之外的司寇、隐
官实施的等级分明的土地分配制度。

西汉初年，国家实行的授田制度不同于秦代的授田制度。从秦代实行授
田制度来看，等级划分不很明确。云梦秦简《田律》：

> 入顷刍稿，以其受田之数，无垦（垦）不垦（垦），顷入刍三石、
> 稿二石。[2]

据秦代《田律》的规定，对受田者不以爵位来区分，授田的对象只限于国家
的编户。这就是说，在商鞅变法以后国家实行的二十等爵并未和国家的授田
制度结合起来。因此，秦代的授田者获得土地数只以每户百亩为限，还没有
等级的差别。

西汉初年，国家授田制度同秦代不同，还表现为战国秦时，土地私有尚

---

① 张家山二四七号汉墓竹简整理小组：《张家山汉墓竹简》，第175－176页。

② 睡虎地秦墓竹简整理小组：《睡虎地秦墓竹简》，文物出版社，1978年，第27－
28页。

未发展起来。从云梦秦简的记载来看，还找不到土地私有的踪迹。云梦秦简《封诊式》：

> 封守乡某爰书：以某县丞某书，封鞫者某里士五（伍）甲家室、妻、子、臣妾、衣器、畜产。①

由此财产登记来看，这是一个拥有奴隶的家庭。这种家庭拥有土地，当是毫无疑义的。然而，在财产登记中却不包括土地，这只能说明这一时期家庭拥有私有土地的情况还不明显。到秦统一后，土地私有才发展起来。一般认为《史记·秦始皇本纪》引徐广曰："使黔首自实田也。"是土地在全国私有被国家认可的标志。实际上，秦统一后，土地的私有确实是有很大发展的。《汉书·食货志上》载董仲舒上疏："至秦则不然，用商鞅之法，改帝王之制，除井田，民得卖买，富者田连阡陌，贫者亡立锥之地。"董仲舒所说，当不是商鞅变法后的战国秦时的情况，而是秦统一后的情况。西汉承秦之绪，在西汉前期，土地私有的明显表现就是土地买卖的盛行。《汉书·食货志上》载晁错上疏："今农夫五口之家，其服役者不下二人，其能耕者不过百亩，百亩之收不过百石。……于是有卖田宅，鬻子孙以偿债者矣。"显然，西汉前期，土地买卖的现象是很突出的。西汉初年，国家编户齐民的土地买卖，在《二年律令》中也有记载。《户律》：

> 代户、贸卖田宅，乡部、田啬夫、吏留弗为定籍，盈一日，罚金各二两。②

这条律文说明，西汉初年，国家允许田宅的买卖。但是，基层社会组织官员对此要有登记的手续。由此可以看出，国家对田宅的买卖是持保护态度的。

从上述情况来看，西汉初年，国家的授田制度是在土地私有比较发展的形势下实施的。因此，国家实行这种授田制，就与国家以此来稳定社会统治

---

① 睡虎地秦墓竹简整理小组：《睡虎地秦墓竹简》，第 249 页。
② 张家山二四七号汉墓竹简整理小组：《张家山汉墓竹简》，第 175 页。

秩序的意图，有很密切的关系。

西汉国家确定以二十等爵为基础授田制，实际上，是规定了社会各阶层对土地和田宅的等级占有。如前所述，西汉初年，国家确定授田制是根据爵位的不同，并以爵位为参照，对无爵者以及司寇、隐官实行的等级土地分配制度。西汉国家授给这些受田者土地后，实际上，就使他们可以占有受有的土地。需要注意的是，在《二年律令》中，西汉国家没有规定受田者还田的记载。这说明，在西汉初年，受田者可以对受有的土地长期占有。正因为如此，西汉国家以二十等爵为基础的授田制，实际上，也就形成国家对社会不同等级土地占有的规定。西汉初年，国家确定的按爵位等级占田，应该与后来实行的"均田之制"有密切的联系。

所谓"均田之制"，见之于《汉书·王嘉传》，其中提道："诏书罢菀，而以赐贤二千余顷，均田之制从此堕坏。"对于"均田之制"，孟康注说："自公卿以下至于吏民名曰均田，皆有顷数，于品制中令均等。"孟康指出，西汉的均田之制是要"于品级中令均等"，应该说是反映了西汉社会的实际情况的。不过，孟康所说的"品制"，应该是爵位，而不是官秩。因为西汉的均田之制是在"吏民"中实行的，而只有国家实行的二十等爵更能够反映"吏民"的差等。由此可见，西汉国家实行的均田之制，是要求按当时各社会阶层的不同爵位等级占有规定的土地，并且，在同一等级中，对土地的占有必须是均等的。因此，可以说，西汉时期，国家实行的"均田之制"是在西汉初年，按爵位等级授田和占田的基础上发展而来的。

由于西汉初年，国家实行的授田制度包含在同一爵位等级中所占土地应该均等的意义，授田制度对保证社会各阶层在对土地拥有上的秩序化有重大影响。这具体表现为，西汉国家可以依据爵位的等次，检核各社会阶层对土地占有的状况。《汉书·百官公卿表序》颜师古注引《汉官典职仪》："刺史班宣，周行郡国，省察治状，黜陟能否，断治冤狱，以六条问事，非条所问，即不省。一条，强宗豪右田宅逾制，以强凌弱，以众暴寡。"可见，武帝时期规定的"六条问事"，第一条就是监察强宗豪右"田宅逾制"的问题。所谓"田宅逾制"，应该说，就是超过了爵位等级规定的占有土地的标准。这就是说，西汉国家是依据"均田之制"，严格禁止当时有经济实力的家庭对土地的占有超过国家规定的标准。西汉国家以这种标准来进行检核，当然也就可以抑制社会各阶层在土地占有上，出现明显的两极分化。

西汉初年，国家授田的等级规定，对低爵者和无爵者维持最基本的生产和生活，具有一定的保障作用。前引《户律》规定，国家对最低爵公士授田"一顷半顷"，对无爵者"公卒、士五（伍）、庶人各一顷"。二者受田数只差半顷，差别并不明显。这个授田数是战国以来，国家规定编户齐民占有土地的最基本标准。《汉书·食货志上》：李悝尽地利之教，规定"今一夫挟五口，治田百亩"。前引秦律《田律》："入顷刍稾，以其受田之数。"西汉初年，国家仍然对无爵者规定授田百亩，对最低爵授田一顷半。这种做法，固然和承袭历史传统有关，但是应该看到，这个授田数和保证低爵者、无爵者最基本的生产、生活是有密切关系的。因为西汉初年，由于战争的影响，出现地广人稀的状况，当是毫无疑问的事实。可是，西汉国家并不对低爵者和无爵者增加授田的数量，说明一顷或者一顷半的土地可以保证这些国家编户维持最低的生产和生活的需求。正因为如此，到文景时期，国家依然将拥有百亩之田的下层编户齐民家庭，作为理想的构成模式。《汉书·食货志上》载晁错上书："今农夫五口之家，其服役者不下二人，其能耕者不过百亩。"正说明了这一点。西汉初年，国家将可以保证下层编户齐民稳定的受田数量，限制在无爵的公卒、士伍、庶人的范围内，一是要表现无爵者与有爵者的差别；二是要表现无爵者一旦获得爵位，在授田的权益上，会超出维持最低生活和生产的标准。这样就将对社会下层编户齐民对土地的占有，纳入二十等爵的编制中，使其与维持下层编户齐民的稳定联系起来。

西汉初年，国家实行以二十等爵为基础的授田制不仅可以使土地保持等级范围内的均等，并且，还可以避免不同等级间在生产上的相互影响，特别是具有高爵者对低爵和无爵者的影响。《二年律令·户律》：

> 卿以上所自田户田，不租，不出顷刍稾。[1]

这条律文说的"卿"，是指二十等爵中的左庶长、右庶长、左更、中更、右更、少上造、大上造、驷车庶长、大庶长这些爵位。"卿以上"，就是左庶长

---

[1]　张家山二四七号汉墓竹简整理小组：《张家山汉墓竹简》，第 176 页。

以上，还包括关内侯和列侯。拥有这些爵位者，属于高爵的范围。律文中所说的"户田"，就是这些高爵者由西汉国家所受的土地。据《户律》的规定来看，西汉国家对这些高爵者所授土地的数量很多，"关内侯九十五顷，大庶长九十顷，驷车庶长八十八顷，大上造八十六顷，少上造八十四顷，右更八十二顷，中更八十顷，左更七十八顷，右庶长七十六顷，左庶长七十四顷"。因此，他们无疑都属于大的土地占有者。西汉国家对这些大土地占有者，不提倡他们出租土地，以不收刍稿税的利益转让，予以间接限制。这种限制的目的，就是要防止高爵者利用国家所授土地，对拥有少量土地的低爵者和无爵者进行租佃盘剥，以至对二十等爵编制之下的"均田之制"产生影响。实际上，西汉国家是要在保证编户齐民对土地的等级占有的基础上，使高爵者、低爵者和无爵者之间的利益不相互侵害。

总之，西汉初年，国家实行以二十等爵为基础的授田制，应该说对维护社会秩序的稳定起到了积极的作用。《汉书·食货志上》载师丹上书说，西汉前期，"未有并兼之害"。这正是当时社会出现平稳状态的明显反映。因此，可以说，西汉初年，等级的授田制是西汉前期社会能够在有序的状态下发展的保证。而二十等爵对授田制的实施所起到的积极影响和作用，促进了社会有序化局面的出现。

二、二十等爵与治安制度结合对国家统治秩序的影响

西汉初年，国家为保证社会秩序的稳定，将二十等爵与治安制度结合起来。西汉国家规定的治安制度是多方面的，在《二年律令》中所见的治安制度，主要有什伍制度、维护治安的激励制度、对危害治安的惩罚制度。西汉国家，在实施这些制度时，一般都与二十等爵结合起来。因而，实际上，二十等爵成为保证这些制度有效施行的基础。以下对此分别说明。

（一）西汉国家以二十等爵为基础，对编户齐民进行什伍编制

对国家编户齐民进行什伍编制，在商鞅变法时，就开始实行了。《史记·商君列传》："令民为什伍，而相收司连坐。"西汉初年，国家依然承袭秦制，对地方里组织中的居民实行什伍编制。不过，西汉初年，国家实行的什伍编制又有不同于秦制的方面。《二年律令·户律》：

自五大夫以下，比地为伍，以辨券为信，居处向察，出入相司。又为盗贼及亡者，辄谒吏、典。田典更挟里门钥，以时开；伏闭门，止行之作田者；其献酒及乘置乘传，以节使，救水火，追盗贼，皆得行，不从律，罚金二两。①

由这条律文可知，西汉初年，国家确定实行什伍编制的范围，是以二十等爵作为基础的。也就是说，西汉国家以五大夫爵为标准，将五大夫以下的编户齐民都纳入什伍编制之中。当然，在这个范围内，既有有爵者，也有无爵者。

西汉国家将五大夫爵作为实行什伍编制的标准，与这个爵位上下所包括的社会阶层不同有密切关系。《二年律令·赐律》：

赐不为吏及宦皇帝者，关内侯以上比二千石，卿比千石，五大夫比八百石，公乘比六百石，公大夫、官大夫比五百石，大夫比三百石，不更比有秩，簪褭比斗食，上造、公士比佐史。②

这条律文说明，在国家赏赐时，二十等爵可以与官秩相比照。其实，西汉时期，二十等爵与官秩比照，并不限于赏赐，在其他各方面都是可以比照的。然而，在具体实施时，又有变动。在这一律文中，五大夫相当于秩级八百石的官员。可是，在西汉国家赐爵时，五大夫爵并不被视为与八百石官员地位相同。《汉书·惠帝纪》：

十二年四月，高祖崩。五月丙寅，太子即皇帝位，尊皇后曰皇太后。赐民爵一级。中郎、郎中满六岁爵三级，四岁二级。外郎满六岁二级。中郎不满一岁一级。外郎不满二岁赐钱万。宦官尚食比郎中。谒者、执盾、执戟、武士、驺比外郎。太子御骖乘赐爵五大夫，舍人满五

---

① 张家山二四七号汉墓竹简整理小组：《张家山汉墓竹简》，第175页。
② 张家山二四七号汉墓竹简整理小组：《张家山汉墓竹简》，第173页。

> 岁二级。赐给丧事者，二千石钱二万，六百石以上万，五百石、二百石
> 以下至佐史五千。视作斥上者，将军四十金，二千石二十金，六百石以
> 上六金，五百石以下至佐史二金。减田租，复十五税一。爵五大夫、吏
> 六百石以上及宦皇帝而知名者，有罪当盗械者，皆颂系。

在这一诏令中，五大夫爵与吏六百石并提，说明在西汉初年，五大夫与六百
石秩级的官员的地位是相同的。可是，在《二年律令·赐律》中，却是五大
夫与吏八百石相比照，这恐怕与当时国家要提高对有爵者的赏赐有关。因为
在《汉书》记载中，不仅在西汉初年，就是在以后的赐爵中，国家都是将五
大夫爵与吏六百石秩级相比照的。

五大夫爵可以比照六百石秩级的官员，与西汉国家，对"吏爵"和"民
爵"的划分有关。《汉书·宣帝纪》：

> （本始元年）五月，凤皇集胶东、千乘。赦天下。赐吏二千石、诸
> 侯相下至中都官、宦吏、六百石爵各有差，自左更至五大夫。赐天下人
> 爵各一级，孝者二级，女子百户牛酒。租税勿收。

这里所说的"天下人爵"，当为"天下民爵"。由此来看，显然五大夫以下，
是属于民爵的范围。这种理念在东汉时期还保留着。《论衡·谢短篇》："赐
民爵八级，何法？"就说明了这一点。日本学者西嶋定生认为，汉代国家以
五大夫为界限，划分民爵和吏爵。① 这一看法是正确的。由此可见，西汉初
年，国家以二十等爵为基础，将实行什伍编制的居民，限制在具有民爵和无
爵者的范围内。也就是说，在里组织中，具有公乘、公大夫、官大夫、大
夫、不更、簪袅、公士爵位者以及公卒、士伍、庶人这些无爵者，都要按什
伍之制编织起来。

西汉初年，国家根据二十爵位来推行什伍之制的做法，在西汉的中期，
依然继续实行。《盐铁论·周秦篇》：

---

① 西嶋定生：《中国古代帝国の形成と与构造——二十等爵制研究》，东京大学出
版会，1963年，第89-92页。

御史曰："……故今自关内侯以下，比地于伍，居家相察，出入相司，父不教子，兄不正弟，舍是谁责乎？"

由此可见，西汉中期，国家将关内侯以下的平民也都纳入什伍编制之中。这说明，在这一时期，国家对平民实行什伍编制已经基本取消吏爵和民爵的区分，将除了列侯爵之外的平民，全部纳入什伍编制中。显然，西汉中期以后，国家是要更强化对平民的什伍编制。因而，这种做法就使二十等爵与什伍编制的结合更密切了。西汉中期，国家继续加强这种做法，表明西汉初年，国家以二十等爵为基础，来实行什伍编制，对维持国家的治安秩序是有利的。因此，在后来，西汉国家才能够采取提高爵位的方式，使其继续与什伍编制相结合。

西汉初年，虽然国家实行什伍编制的对象并不包括全部有爵者，仅限于五大夫以下的平民，但是，应该看到具有民爵和无爵者大部分属于社会下层平民，并且，数量众多，因此，这是国家要重点维持治安秩序的群体。对这一群体实行什伍编制，对基层里中的治安秩序的稳定，无疑是有益的。据前引《二年律令》规定："自五大夫以下，比地为伍，以辨券为信，居处向察，出入相司。又为盗贼及亡者，辄谒吏、典。"这就是说，纳入什伍编制中的平民家庭，是以"比地为伍"的方式来编制的；在什伍编制中的平民要以"辨券"作为凭信；什伍编制中的人还要有相互举报的责任。可见，国家对纳入什伍编制中的基层里中平民的行动，具有很强的法律约束。因此这种编制起到的社会效果，正如《管子·禁藏篇》所说："辅之以什，司之以伍，伍无非其之人，人无非其之里，里无非其之家，故亡奔者无所匿，迁徙者无所匿。"显然，西汉初年，国家对基层里中平民的什伍编制，起到了对居民强化控制的作用。而二十等爵所起到的划定平民标准作用，有效地保证了这种强化控制的实现。

（二）西汉国家通过拜爵，形成维持社会治安的激励机制

在西汉初年，国家为保证社会秩序的安定，形成维护社会治安的激励机制。国家将这种机制与拜爵结合起来。《二年律令·盗律》：

徼外人来入为盗者，要（腰）斩。吏所兴能捕若斩一人，捝（拜）

爵一级。①

这是说缘边的人如若扰乱内地的社会治安，会被视为盗，同时，对征发捕斩盗贼的官员，通过拜爵一级给予奖励。这种奖励，实际上，就是对维护社会治安的有功者的激励。其实，这种做法，在二十等爵创立之初，国家就开始实行了。《史记·商君列传》："令民为什伍，而相收司连坐。不告奸者腰斩，告奸者与斩敌首同赏，匿奸者与降敌同罚。"《索隐》曰："谓告奸一人则得爵一级，故云'与斩敌首同赏'也。"可见，在商鞅变法时，是将二十等爵与奖励军功以及维持社会治安联系在一起的。在对立军功者和维持社会治安有功者的奖励上，是没有差别的。在西汉初年，国家实行的以拜爵来鼓励人们协助国家维持治安的做法，是对秦制的承袭。

从《二年律令》的规定来看，国家为维持社会治安而实行的拜爵，主要有：鼓励对盗贼的抓捕；鼓励对诸侯国间谍的擒获；鼓励捕获盗铸钱者。关于对盗贼的抓捕的激励，在前引律文中，已作说明。对于鼓励对间谍和盗铸钱者的捕获，还要详细说明。

西汉初年，国家分封的各诸侯国的势力是比较强大的。这些诸侯国，实际上，是对中央政权潜在的，或公开的威胁势力。他们经常派间谍到中央政权的直属郡活动。固然，间谍活动是要刺探国家的政治、经济、军事情报，然而，间谍的活动也对国家治安秩序产生影响。《二年律令·捕律》：

> 捕从诸侯来为间者，搒（拜）爵一级，有（又）购二万钱。不当搒（拜）爵者，级赐万钱，有（又）行其购。②

由此律文可知，当时国家以拜爵一级为激励机制，鼓励对间谍的捕获。显然，这种做法，对维护国家直属郡的社会安定，属于必要的措施。

西汉初年，对扰乱经济秩序，主要是盗铸钱者，国家也以拜爵的方式鼓励对这些人的擒获。《二年律令·钱律》：

---

① 张家山二四七号汉墓竹简整理小组：《张家山汉墓竹简》，第142页。
② 张家山二四七号汉墓竹简整理小组：《张家山汉墓竹简》，第142页。

> 捕盗铸钱及佐者死罪一人，予爵一级。其欲以免除罪人者，许之。①

很明显，西汉国家对擒获"盗铸钱者及佐者"的鼓励做法，与捕获盗贼和间谍的鼓励是相同的，都是拜爵一级。这种激励机制不仅可以限制盗铸钱的违法行为，而且，对中央政府控制铸币权也是很有利的。

西汉国家，固然是通过拜爵一级的方式，形成对维持社会治安有功者的激励机制。但是，国家对维持治安有功者的拜爵，并不是无限制的。前引《二年律令·捕律》："其斩一人若爵过大夫及不当捼（拜）爵者，皆购之如律。"② 这就是说，国家对维持社会治安中立功者所拜的爵位不能够超过大夫级。在二十等爵中，大夫爵以下，属于小爵范围。

西汉初年，拥有小爵的国家编户与拥有侯、卿、大夫爵者，在获得的权益上，相差明显。这种有爵者在权益上的差别，表明这些小爵的拥有者，无疑都是属于国家的下层平民。因此，西汉国家对维持社会治安有功者的拜爵措施，只是在下层平民中实施。这些下层平民是广大的社会群体。这种做法表明，西汉国家是要通过维持社会治安的激励机制，使社会中的下层群体与二十等爵紧密联系起来。这样，不仅有利于维持社会治安的稳定，并且，也使社会下层群体在二十等爵的秩序中，明确自身的社会地位，因而，这就更有利于社会治安秩序的稳定。

（三）西汉国家将二十等爵与危害治安的惩罚制度密切结合起来

西汉初年，国家为维持社会治安秩序，确定了对危害社会治安者以及对维护治安不尽力者实行惩罚的制度。在这种惩罚制度中，引入了二十等爵的内容。《二年律令·贼律》：

> 其毋伤也，下爵殴上爵，罚金四两。③

这条律文说明，西汉国家，要保护二十等爵形成的等级秩序，维持按照爵位

---

① 张家山二四七号汉墓竹简整理小组：《张家山汉墓竹简》，第 160 页。
② 张家山二四七号汉墓竹简整理小组：《张家山汉墓竹简》，第 153 页。
③ 张家山二四七号汉墓竹简整理小组：《张家山汉墓竹简》，第 138 页。

高低建立的有序关系。对破坏这种关系者，要给予严厉的惩罚。对二十等爵秩序的维护，还表现在对危害高爵者人身安全的惩处上。《二年律令·贼律》：

> 及吏以县官事，殴詈五大夫以上，皆黥为城旦舂。[1]

这就是说，国家官员即使为国家事务，也不允许殴打五大夫以上的高爵者，否则，"黥为城旦舂"。这种惩处，可以说是很严厉的。由此可以推断，在正常情况下，五大夫以上的高爵者的安全就更受国家法律保护了。这说明，西汉初年，国家确立了对高爵者的人身安全的保障制度。虽然这项制度只限于五大夫以上的高爵者，可是，还是有利于保证二十等爵范围内治安秩序的稳定。

西汉国家为维持社会治安，还将以停止赐爵为惩处的做法，与限制违法活动联系起来。西汉时期，国家的编户齐民都可以获得爵位，可是，失去自由人的身份，就失去了获得爵位的权利。《二年律令·爵律》：

> 当拜爵及赐，未拜（拜）而有罪耐者，勿拜（拜）赐。[2]

这就是说，国家规定可以拜爵者，一旦被处耐刑，就失去了拜爵的机会。这显然是一种严厉的处罚，因为爵位在当时既是社会地位的象征，也是获得权益的依据。正因为如此，这种惩处，对有爵者和无爵者，无疑都可以起到约束作用。西汉国家将犯罪与爵位的丧失联系起来，还表现在爵位的继承上。《二年律令·置后律》：

> 当有罪耐以上，不得为人爵后。诸当拜（拜）爵后者，令典若正、伍里毋下五人任占。[3]

---

[1] 张家山二四七号汉墓竹简整理小组：《张家山汉墓竹简》，第140页。

[2] 张家山二四七号汉墓竹简整理小组：《张家山汉墓竹简》，第185页。

[3] 张家山二四七号汉墓竹简整理小组：《张家山汉墓竹简》，第185页。

这一律文说明，被处耐的刑罚，就失去了继承爵位的机会。应该说，这种惩处也是严厉的。西汉国家的这种规定，也是力图限制犯罪行为的发生。

西汉初年，国家还将夺爵的处罚，贯穿于社会生活的诸方面。《二年律令·杂律》：

> 博戏相夺钱财，若为平者，夺爵各一级，戍二岁。①

这条律文说明，在博戏活动中，国家实行对"为平者"夺爵的惩处，来保证在这种赌博活动中，不出现秩序混乱的现象。由此可见，西汉国家是要以夺爵作为处罚手段，在社会生活中，尽量防止出现危害社会治安的混乱状况。

西汉初年，国家为了保持社会治安的安定，还对维护治安不力者采取严厉的惩处措施。这种惩处也与夺爵结合起来。《二年律令·捕律》：

> 与盗贼遇而追北，及力足以追逮捕之……留畏耎弗敢就，夺其将爵一络（级），免之，毋爵者戍边二岁……②

西汉国家对维持社会治安不力者的这种惩处，显然与国家对维持社会治安有功者的奖励，是相互补充的。其目的都是要使执法者，在维持社会治安的行动中，能够尽职尽责。

综上可见，西汉初年，国家为维持社会治安秩序，将二十等爵与什伍之制以及维持社会治安的奖励和惩罚制度结合起来。国家采取这种结合的做法，不仅可以使有爵者内部的等级秩序具有法律的保证，并且，也能够充分体现二十等爵在维持社会治安秩序中的激励和惩处的重要作用。

三、二十等爵与养老制度结合对国家统治秩序的影响

西汉时期，国家实行养老制度。这种制度是对先秦时期养老制度的承

---

① 张家山二四七号汉墓竹简整理小组：《张家山汉墓竹简》，第 158 页。
② 张家山二四七号汉墓竹简整理小组：《张家山汉墓竹简》，第 152 页。

袭。不过，西汉初年，国家虽然承袭了先秦时期的养老制度，但是不同的是，养老制度的实施是与二十等爵结合在一起的。

首先，西汉国家是根据二十等爵位确定不同"老"的年龄。先看免老的情况。《二年律令·傅律》：

> 大夫以上年五十八，不更六十二，簪袅六十三，上造六十四，公士六十五，公卒以下六十六，皆为免老。①

由此可知，"免老"的标准，大夫是一界限。也就是说，在侯、卿、大夫的爵位等级中，是五十八岁为"免老"。而在小爵范围内，不更为六十二；簪袅为六十三；上造为六十四；公士为六十五。依次递增一岁。无爵的公卒为六十六岁。除"免老"外，还依据爵位规定了"睆老"的年龄标准。《二年律令·傅律》：

> 不更年五十八，簪袅五十九，上造六十，公士六十一，公卒、士五（伍）六十二，皆为睆老。②

在大夫以上，没有"睆老"。因为大夫以上，到五十八岁就为"免老"，因此，就没有必要再为他们划定"睆老"了。

其次，西汉国家规定了老年人受"王杖"的年龄。《二年律令·傅律》：

> 大夫以上年七十，不更七十一，簪袅七十二，上造七十三，公士七十四，公卒、士五（伍），皆受仗（杖）。③

再次，西汉国家还规定了受月赐米"老"的年龄。《二年律令·傅律》：

---

① 张家山二四七号汉墓竹简整理小组：《张家山汉墓竹简》，第181页。
② 张家山二四七号汉墓竹简整理小组：《张家山汉墓竹简》，第181页。
③ 张家山二四七号汉墓竹简整理小组：《张家山汉墓竹简》，第181页。

> 大夫以上（年）九十，不更九十一，簪袅九十二，上造九十三，公
> 士九十四，公卒、士五（伍）九十五以上者，禀鬻米月一石。①

这些规定说明，西汉初年，国家确定"老"是分为"免老"、"睆老"、受王杖老和受月赐米老不同类别的。尽管类别不同，但是一致的地方就是，都是依据爵位来确定这些"老"的年龄。在大夫爵以上，没有等级差别；在小爵的范围内，存在等级差别。并且，无爵者与有爵相比，等级差别也是明显的。

西汉初年，国家确定这样的养老标准，是同给予老年人应该享受的权益相联系的。从"免老"来看，实际上，就是免服徭役。按文献记载，西汉免服徭役的年龄规定为五十六岁，但是，西汉初年的情况与文献记载是不同的。据《二年律令》的规定，大夫以上免服徭役为五十八岁。小爵和无爵者免服徭役从不更六十二岁到公卒六十六岁，依次递增。

国家要求编户齐民服徭役，对编户齐民来说，是沉重的负担。而国家免除编户齐民的徭役，就是一种优待。因此，西汉时期，国家常有免徭役的举动。《汉书·宣帝纪》："流民还归者，假公田，贷种、食，且勿算事。"师古曰："不出算赋及给徭役。"国家免除老年人的徭役，固然是由于老人体力衰弱，已经不适宜服徭役，但是，西汉初年，国家将"免老"纳入二十等爵的体制中，尤其是在小爵的范围内，等次的差别就更明显。这是国家要在小爵和无爵者中，形成免老的差等，体现爵位在免老中的区别作用。这样，一方面要体现国家对老年人以及有老年人之家的优恤，另一方面，充分体现爵位在养老中的价值。

"睆老"也是免除老年人徭役的一种规定标准。《二年律令·徭律》：

> 睆老各半其爵繇（徭），□入独给邑中事。②

这就是说，达到"睆老"标准的，只服正常人一半的徭役。这种做法，当然

---

① 张家山二四七号汉墓竹简整理小组：《张家山汉墓竹简》，第 181 页。

② 张家山二四七号汉墓竹简整理小组：《张家山汉墓竹简》，第 187 页。

也是对老年人的优恤。这种优恤与"免老"一样，都是以爵位来区别差等的。如前所述，只是在大夫以上没有"睆老"的规定，说明到五十八岁，大夫爵以上就免除了全部的徭役，不必要再做"睆老"的规定。可见，在对"睆老"的优恤规定中，二十等爵也具有明显的决定作用。

对老年人赐予王杖，也是国家养老的重要体现。关于王杖，《续汉书·礼仪志中》记载："仲秋之月，县道皆案户比民。年始七十者，授之以玉杖，铺之糜粥。八十九十，礼有加赐。玉杖长尺，端以鸠鸟为饰。鸠者，不噎之鸟也。欲老人不噎。"《续汉书》中所说七十岁受王杖，只是大夫爵以上的年龄标准。在小侯和无爵者中年龄都高于七十岁，并且，有明显的差等。王杖是年过七十岁老年人获得权益的象征。武威王杖十简中，有具体权益的规定。如：

> 制诏御史曰：年七十受王杖者，比六百石入官廷不趋，犯罪耐以上毋二尺告劾，有敢侵辱者，比大逆不道。

显然，拥有王杖者，可以获得很高的社会地位。在西汉初年，由于爵位的不同，大夫以上爵以及在小爵范围内的人和无爵者，获得王杖的年龄存在差别，因而，在较高社会地位的获得上，也就有等级的差别。

在获得国家的月赐米上，大夫以上年龄以及小爵和无爵者的年龄的差等也是同样存在的。因此，老年人获得月赐米的规定，也明显存在等级差别。

以二十等爵为标准规定的养老制度，给编户齐民中的老年人带来必要的经济和政治权益，因此，这一制度有利于稳定各阶层的编户齐民。并且，就养老制度本身来看，国家要养老和敬老，是要实现"昭孝"的目的。西汉初年，国家对孝道是大力提倡的。《汉书·惠帝纪》记载："春正月，举民孝悌力田者复其身。"可见，在这些选拔者中，孝是居于首位的。《二年律令·贼律》：

> 贼杀伤父母，牧杀父母，欧（殴）詈父母，父母告子不孝，其子为收者，皆锢，令毋得以爵偿，免除及赎。①

---

① 张家山二四七号汉墓竹简整理小组：《张家山汉墓竹简》，第139页。

这一律文说明，国家对家庭子女中的不孝者，惩处是严厉的。西汉国家大力倡导孝道，是要使"于乡里先耆艾，奉高年"① 的教化，能够更有利于国家统治秩序的稳定。因此可以说，西汉初年，国家将养老制度与二十等爵密切结合起来，并且，以二十等爵为基础，来实施养老制度，一方面是要使养老制度的实行，在编户齐民中表现出差等；另一方面，要使养老制度服务于二十等爵制约的社会秩序。这就是说，在养老制度保证国家社会秩序安定的基础上，进一步使国家编户齐民明确社会中的尊卑秩序。这样，在国家的统治上，与二十等爵相结合的养老制度就是保证社会处于稳定、有序的秩序中，不可缺少的统治措施。

四、二十等爵与国家赏赐制度结合对国家统治秩序的影响

西汉初年，国家确定了赏赐制度。当时赏赐制度的内容是多方面的。既有对个别有功者的赏赐，也有对官员的赏赐，还有对所有编户齐民的赏赐。既有临时的赏赐，也有固定的赏赐。本文所说的，是对编户齐民固定的普遍的赏赐。关于这种赏赐，在文献中有记载。如《汉书·帝纪》："朕初即位，其赦天下，赐民爵一级，女子百户牛酒。"又如《汉书·宣帝纪》："其赦天下，赐民爵一级，女子百户牛酒，鳏寡孤独高年帛。"可见，在文献记载中，西汉国家对编户齐民的普遍赏赐是与赐爵联系在一起的。并且，这种赏赐还仅限于以百户为单位的女子以及鳏寡孤独者。实际上，西汉国家对编户齐民的赏赐，并不限于这一种方式。《二年律令·赐律》：

> 赐衣者六丈四尺，……五大夫以上锦表，公乘以下缦表，皆锦里；司寇以下，布表、里。②

又《赐律》：

---

① 《汉书》卷六《武帝纪》。

② 张家山二四七号汉墓竹简整理小组：《张家山汉墓竹简》，第172页。

赐棺享（椁）而欲受赏者，卿以上予棺级千、享（椁）级六百；五大夫以下棺钱级六百、享（椁）级三百；毋爵者棺钱三百。①

这两条律文说明，西汉初年，国家要向编户齐民赐衣和丧葬所用的棺椁。赐衣还不限于编户齐民，司寇以下的劳役刑徒也包括在内。在西汉初年，国家还向官员和普通的编户齐民赏赐食品。无爵者也可以获得这种赏赐，"毋爵者，饭一斗、肉五斤、酒大半斗、酱少半升"②。除此之外，"司寇、徒隶，酒少半斗，盐廿分升一"③。

由此可见，西汉初年，国家对编户齐民普遍实行赏赐衣服、棺椁钱和食品的制度。赏赐的对象不仅有有爵者，还有无爵者，甚至司寇、徒隶也包括在内。

西汉初年，国家对编户齐民，甚至编户齐民之外司寇之类的刑徒，都给予赏赐，自然是要以此来体现国家的统治意志。从西汉国家统治的特点来看，编户齐民是国家进行统治的基础。他们是国家徭役和赋税的来源。国家只有使编户齐民稳定，才能够使其统治基础获得保证。因此，国家就要通过赏赐来表现对编户齐民的恩恤。《大戴礼记·礼察篇》："若夫庆赏以劝善，刑罚以惩恶，先王执此之正，坚如金石，行此之信，顺如四时；处此之功，无私如天地尔，岂顾不用哉？"《春秋繁露·保位权篇》："故圣人之治国也，……务致民令有所好。有所好，然后可得而劝也，故设赏以劝之；有所好，必有所恶。有所恶，然后可得而畏也，故设罚以畏之。"这些对先秦古制的追述，都说明国家的赏赐是实行对民统治的手段。由此来看，西汉初年，国家规定对编户齐民的赏赐，其目的也正是要使社会形成稳定的统治秩序。

西汉国家为使赏赐制度能够更有效地在编户齐民中形成稳定的统治秩序，使赏赐与二十等爵密切联系起来。其实，国家将赏赐与爵位相联系是一种古制。《礼记·祭义》："禄爵庆赏，成诸宗庙，所以示顺也。"《礼记·祭统》："夫祭有十伦焉，……见爵赏之施焉。"《礼记·祭统》："古者于禘也，

---

① 张家山二四七号汉墓竹简整理小组：《张家山汉墓竹简》，第173页。
② 张家山二四七号汉墓竹简整理小组：《张家山汉墓竹简》，第173页。
③ 张家山二四七号汉墓竹简整理小组：《张家山汉墓竹简》，第173页。

发爵赐服，顺阳义也。"显然，在礼书中，都强调爵和赏赐结合的重要性。然而，爵和赐又不相同。《礼记·中庸》："序爵。所以辨贵贱也。"《大戴礼记·保傅篇》："上贵而尊爵，则贵贱有等，而下不逾矣。"都是说，爵位是用来区分贵贱的。而赏赐则是国家体现恩恤的方式。西汉时期，先秦古制对国家的施治方式还是有很大影响的。西汉初年，国家正是在改造古制的基础上，使爵位和赏赐实现了密切的结合。其表现就是，使二十等爵贯穿于国家的赏赐制度中，根据二十等爵将赏赐的物品的数量和质地分成等级。

从赐衣来看，虽然受赐者都可以获得六丈四尺的衣料，但是，爵位不同，衣料的质地差别很大。《赐律》："五大夫以上锦表，公乘以下缦表，皆锦里。"① 这就是说，五大夫以上和公乘以下，都可以获得丝织品的赏赐，只是五大夫以上为锦，而公乘以下为缦。锦为高级丝织品，缦为普通丝织品。《赐律》还规定："司寇以下，布表、里。"也就是说，国家对丧失自由身份的刑徒，只赏赐布质地的衣服。由此可以看出，无爵的编户齐民可获得与公乘爵以下相同质地衣服的赏赐。因此，可以说，国家赐衣分为三个等次：侯、卿为一等次；大夫、小侯、无爵的编户齐民为一等次；司寇以下的刑徒为一等次。

赐棺椁钱也分为三等次：一等次为侯、卿；二等次为大夫、小爵；三等次为无爵者。刑徒不授棺椁钱。

国家对酒的赏赐也是等次分明的。《二年律令·赐律》：

赐吏六百石以上以上尊，五百石以下以下尊，毋爵以和酒。②

这条律文规定并不是只限于对官员和无爵者赐酒。因为无爵者可以被赐给"和酒"，有爵者当然就更应该被赐予酒了。根据以下要提到的官员秩级与爵位的比照，六百石秩级相当于公乘的爵位，五百石秩级相当于公大夫、官大夫爵位。这就是说，公乘以上可以获得上尊酒；公大夫、官大夫以下有爵者可以获得下尊酒。国家在赐酒上，规定的爵位标准和赐衣与棺椁钱的标准略

① 张家山二四七号汉墓竹简整理小组：《张家山汉墓竹简》，第 172 页。

② 张家山二四七号汉墓竹简整理小组：《张家山汉墓竹简》，第 174 页。

有差异。

当时国家不仅在赏赐上确定了依据爵位来规定赏赐衣装、棺椁钱的标准，并且，在对官员的赏赐上，国家确立了官员秩级与二十等爵相比照的规定。《二年律令·赐律》：

> 赐不为吏及宦皇帝者，关内侯以上比二千石，卿比千石，五大夫比八百石，公乘比六百石，公大夫、官大夫比五百石，大夫比三百石，不更比有秩，簪袅比斗食，上造、公士比佐史。①

在官员秩级低于其爵位时，国家的赏赐以爵位为标准。《二年律令·赐律》：

> 吏官瘅（卑）而爵高，以宦皇帝者爵比赐之。②

这两条律文说明，在国家的赏赐中，二十等爵是进行赏赐的依据和基础。这样，国家在对编户齐民赏赐中，就使爵位的等级明显体现出来。

需要注意的是，国家规定对有爵者赏赐的等级，基本是以公乘为界限的。这就是说，国家是将赏赐分为侯、卿和大夫、小爵两大等次。这样的规定保留着古爵制的遗义。《续汉书·百官志》注引刘昭《爵制》："商君为政，备其法品为十八级，合关内侯、列侯凡二十等，其制因古义。……秦依古制，其在军赐爵为等级，其帅人皆更卒也，有功赐爵，则在军吏之例。自一爵以上至不更四等，皆士也。大夫以上至五大夫五等，比大夫也。九等，依九命之义也。自左庶长以上至大庶长，九卿之义也。关内侯者，依古圻内子男之义也。秦都山西，以关内为王畿，故曰关内侯也。列侯者，依古列国诸侯之义也。然则卿大夫士下之品，皆放古，比朝之制而异其名，亦所以殊军国也。"这就是说，二十等爵分为侯、卿、大夫、小爵四个等次，是对古爵制的承袭。《周礼·夏官·行司马》："王六军，大国三军，次国二军，小国一军，军将皆命卿。"这说明，在西周、春秋，卿可以担任军队组织的军将，

---

① 张家山二四七号汉墓竹简整理小组：《张家山汉墓竹简》，第 174 页。
② 张家山二四七号汉墓竹简整理小组：《张家山汉墓竹简》，第 174 页。

而大夫则不能。卿的任命一般由天子来决定。《礼记·王制》："天子三公、九卿。……大国三卿，皆命于天子。……次国三卿，二卿命于天子，一卿命于其君。……小国二卿，皆命于其君。"可见，只有小国之卿和次国一卿，由诸侯任命，因此，无论天子之卿，还是诸侯之卿，其地位都是很特殊的，与大夫不同。西汉国家赏赐，卿等次与大夫和小侯等次的不同，当是对古制的承袭。正因为如此，西汉初年，国家对二十等爵中卿等次的各爵，规定可以比照千石秩级的官员。千石秩级之官，在中央，可以是丞相、太尉长史、御史大夫之丞，还可以"自太常至执金吾，……丞皆千石"①。在地方，则可为县令。很明显，国家的赏赐活动，是将处于"卿"等次范围内各爵置于突出的地位。

西汉初年，尽管国家在赏赐上，具有明显的等级区分，可是，这种等级区分正表现了二十等爵在赏赐制度上的重要作用。西汉国家以二十等爵来区分赏赐的不同等次，正是要将编户齐民纳入二十等爵的序列中的重要方式。国家实施赏赐时，使编户齐民在社会中所处的等级有明显的体现。这样，就在国家不同的赏赐中，表现出编户齐民的尊卑和贵贱。这种尊卑和贵贱是与国家所给予的利益相联系的。因此，以二十等爵为基础的国家赏赐，实际上，是要造成编户齐民对由于爵位的不同而获得的权益不同的认同，进而使编户齐民的各阶层既有等级区分，又有不同利益的获得。在这样的基础上，使西汉国家要形成的尊卑有序的统治秩序，能够获得充分的体现。

总而言之，在《二年律令》中所见与二十等爵密切联系的制度有授田制度、治安制度、养老制度和赏赐制度。西汉国家将二十等爵与这些制度结合，是要充分发挥二十等爵对社会的调控作用，进而使这些制度更有利于社会秩序的稳定，并且，使国家的统治出现尊卑有序、等级分明的局面。应该说，西汉初年，国家统治秩序的稳定，与国家将二十等爵和这些制度的结合，有着密不可分的关系。

（原载《吉林师范大学学报》2005 年第 3 期）

---

① 《汉书》卷一九上《百官公卿表序》。

西汉养老制度简论

养老是中国古代社会的传统之一。先秦时期，为适应统治阶级的需要，养老逐渐形成国家的一项制度。西汉时期，最高统治者尤重养老，多次颁发养老诏令和规定养老措施，又进一步发展了传统的养老制度。因此，考察西汉国家养老的对象，揭示西汉养老制度的基本内容及社会作用，对认识西汉社会生活以及国家统治的特点，是有所裨益的。

一、西汉国家养老的对象

探讨西汉养老制度，首先需要说明国家养老的对象问题。因为这涉及西汉养老制度所实施的范围。在西汉，由于具体优待的形式不同，养老大致可以分为两种类型。一种是徭役免老，另一种则是养高年老。国家在确定这两种类型养老对象的实际标准上，既有一致性，同时，也存在着一些差别。

所谓徭役免老，就是对达到年龄标准的编户齐民免除徭役。《汉仪注》云："民年二十三为正。一岁为卫士，一岁为材官骑士，习射御骑驰战阵，……年五十六衰老，乃得免为庶民，就田里。"① 这些年过五十六岁，获得免徭役待遇的人，当时也称为"老"。《汉旧仪》就说："未二十三为弱，过五十六为老。"西汉统治者规定的这一免除徭役的年龄标准，是以战国到西汉的通行看法，即人过五十六岁，便开始体弱力衰，难以承担繁重的劳动为根据的。《黄帝内经·上古天真论篇》："丈夫八岁，肾气实，发长齿更，……七八肝气衰，筋不能动，天癸竭，精少，肾脏衰，形体皆极。"这里提到的"七八"，就是指五十六岁。正因为如此，年及五十六岁而被免除徭役，当然也

---

① 《史记》卷七《项羽本纪》集解引。

就被看作是一种养老的措施。汉昭帝时，御史大夫桑弘羊说："今陛下哀怜百姓，宽力役之政，二十三始傅，五十六而免，所以辅耆壮而息老艾也。"①

将免除徭役视为养老的做法，并不始自西汉，而是起源于先秦时期。《礼记·王制》说："凡三王养老皆引年。"郑玄注说："已而引户校年，当行复除也。"据《王制》所言，夏、商、周三代都曾有过为养老而免服徭役的规定。因此，西汉以免除徭役作为一种养老方式，正是对先秦时期传统做法的承袭。既然这种类型的养老，是以免除一般平民的徭役为特点的，这样，养老的对象就是比较广泛的。也就是说，只要达到五十六岁的编户齐民，都可以享受这种待遇。

当然，由于编户齐民在社会地位上还有所不同，因此国家虽然规定了免除徭役的一般年龄标准，可是对一些身份特殊者，还有不同的规定。当时担任乡三老的老人，就可以在五十岁，"复勿徭戍"。② 一般平民，如果"无爵为士伍，年六十乃免老"。显然，是提高还是降低年龄标准，表明在享受免徭役的待遇上，这些身份特殊者与普通的编户齐民，还存在着差别。由此可见，国家在确定徭役免老对象时，老人的身份地位的影响也是很明显的。

养高年老，则是西汉国家更高层次的养老方式。在西汉，老人享受养高年老的待遇，也要达到规定的年龄标准。在《武威王杖十简》中，有两条赐王杖的记载。

1. 制诏丞相御史：高皇帝以来，至本二年，朕甚哀老小，高年受王杖。

2. 制诏御史曰：年七十受王杖，比六百石，入宫廷不趋。③

"高年受王杖"和"年七十受王杖"的记载表明，西汉时期，所谓"高年"，是指七十岁以上的老人。因而养高年老，在年龄标准上，就不同于徭役免老，达到七十岁以上，是其先决条件。国家对达到这一年龄标准的老人，不仅赐以王杖，而且还要附加一些物资上的赏赐。例如，汉文帝时，对年过八十岁以上的老人，要赐米、肉、酒；九十岁以上者要赐帛、絮等。④武帝时，开始对七十岁以上的老人赐高年帛。在西汉，国家确定养高年老的

---

① 《盐铁论》卷三《未通篇》。

② 《汉书》卷一上《高祖纪上》。

③ 陈直：《甘肃武威磨咀子汉墓出土王杖十简通考》，《考古》1961年第3期。

④ 《汉书》卷四《文帝纪》。

对象，并不仅仅依据年龄标准，同时，也注意到高年者的身份。汉文帝时，颁发的《养老令》中明文规定：

> 有司请令县道，年八十已上，赐米人月一石，肉二十斤，酒五斗。其九十已上，又赐帛人二，絮三斤。赐物及当禀鬻米者，长吏阅视，丞若尉致。不满九十。啬夫、令史致。二千石遣都吏循行，不称者督之，刑者及有罪耐以上，不用此令。

颜师古注："刑，谓先被刑也。有罪，在吏未决者也。"① 也就是说《养老令》不适用于刑徒和犯罪而未被判决者。换言之，只有具有自由人身份的高年老人，才能享受国家养老的待遇。

以往的论著，把这些享受养老待遇的自由人，不是看作一般的平民，而是当作官僚及其亲属。其理由是，在残酷的阶级压迫和剥削之下，一般农民很少能活到七十岁以上。② 这种认为养高年老，只能在统治阶级中实行，而不可能推行到平民阶层中的看法，涉及西汉养高年老的对象问题，因此应辨别清楚。

实际上，西汉养高年老的对象，不仅有年老的统治阶级成员，也包括平民中的年老者。关于这一点，在文献中有明确的记载。在前引汉文帝《养老令》中，明文规定，凡"年八十已上"，及"九十已上"的老人，除"刑者及有耐罪以上"者，皆可享受国家赐予的不同养老待遇，是不对受赏赐者附加其他任何条件的。可以证明这一点的，还有其他一些例证。《汉书·武帝纪》："春二月，赦天下，赐民爵一级。年八十复二算，九十复甲卒。"这里所说的"赐民爵"，是包括全体编户齐民在内的，而"复二算""复甲卒"，则为西汉养老的具体方式。二者并提，说明养老和赐民爵一样，都是以平民为对象的。《续汉书·礼仪志》记载："仲秋之月，县道皆案户比民，年始七十者，授之以王杖，哺之糜粥，八十、九十礼有加赐。"可见只要是国家的编户齐民，年满七十岁，都可以享受养老的待遇。诚然，这条史料讲的是东

---

① 《汉书》卷四《文帝纪》。
② 郭沫若：《武威"王杖十简"商兑》，《考古学报》1965 年第 2 期。

汉制度，但东汉制度多沿袭西汉，也可以作为说明西汉养老对象的佐证。所谓西汉养高年老，只实行于少数统治阶级中的说法，显然是同历史实际不相符合的。

总之，不论是徭役免老，还是养高年老，只要达到规定的年龄标准的编户齐民，都可以享受国家规定的待遇。可以说，这两种养老方式所要求的对象，只存在年龄标准上的区别。

二、西汉养老制度的主要内容

西汉养老制度，包括徭役免老和养高年老两种不同的形式。关于徭役免老的具体方式，已如前文所述。这里主要论述国家养高年老的一些措施。

（一）存问高年者

在西汉国家所实行的养老措施中，存问制度占有重要位置。存问高年，分为定期和不定期两种方式。《汉书·元帝纪》："（初元元年）临遣光禄大夫褒等十二人，循行天下，存问耆老鳏寡孤独困乏失职之民。"《汉书·成帝纪》："（永始三年）临遣太中大夫嘉等循行天下，存问耆老。"即属于不定期存问。这种临时性的不定期存问，并不是主要的方式。国家主要的存问方式是定期存问。西汉政府对定期存问规定是严格的。第一，在存问高年者的时间上，有明确的规定。《汉书·文帝纪》："今岁首，不时使人存问长老，又无布帛酒肉之赐，将何以佐天下子孙孝养其亲？"可见西汉存问的时间固定在岁首。对这一日期，国家要求地方官吏必须严格遵守。第二，存问高年者时，有必要的物资赏赐。这种赏赐一般由国家责成地方官吏，依据高年者的年龄，赐给数量不等的米、帛、酒、肉等。例如，汉文帝时，"年八十以上，赐米月一石，肉二十斤，酒五斗。其九十已上，又赐帛人二匹，絮三斤。"①武帝时，开始把存问时的赏赐称为"受鬻法"。这说明存问时的物资赏赐，在规定上，就更明确和规范了。国家要求各地都必须认真实行这种赏赐。居延汉简中有："□酒一石，丞致，朕且时使人问存。"据此可知，不仅在内郡，就是在边郡，存问赏赐的执行，也是很严格和有效的。第三，国家对地

---

① 《汉书》卷四《文帝纪》。

方官吏存问高年者的执行情况有监督措施。在西汉，对高年者的存问，一般由地方县令负责。存问时，官吏的秩级根据存问对象的年龄来确定。汉文帝时，对年龄九十岁以上的老人，"赐物及当禀鬻米者，长吏阅视，丞若尉致。不满九十，啬夫、令史致"①。对存问的地方官吏，国家多以直接下诏的形式给予督促。对执行不得力的官吏要予以严厉的责备。《汉书·文帝纪》载养老诏令："今闻吏禀当受鬻者，或以陈粟，岂称养老之意哉。"即其例证。同时，国家还要求"二千石遣都吏循行，不称者督之"。也就是要求各郡太守严格检查其所属县存问高年者的执行情况。

（二）赐高年者王杖

赐王杖，是国家养高年老的重要形式。在西汉，这一措施的实施，有逐渐完善化的过程。武威磨咀子新王杖简载："高皇帝以来，至本始二年，朕甚哀怜耆老，高年赐王杖。"② 据此简的记载，对高年赐王杖，自西汉初年，似已实行。但至少到汉宣帝本始年间，王杖赏赐已经基本制度化。

如前所述，西汉国家对高年赐王杖，是以年过七十岁的一般平民为对象的。凡由国家赐予王杖者，享受到的优待是多方面的。获得王杖的高年老人，在政治地位上，高于一般编户齐民，而与"比六百石"的官吏相当。可以"入宫廷，不趋"，并享有"得出入官府郎（节）第，行驰道旁"的权利。③ 国家在法律上，对王杖获得者的地位也给予保护。其中规定："有敢妄骂詈殴之者，比逆不道。"在王杖十简和武威磨咀子新王杖简中，就有处罚"侵辱"获得王杖者的记载。这些简文中的记载说明，西汉国家对污辱王杖主者，无论是官吏，还是平民，都采取最严厉的"弃市"处罚。国家从法律上来保护王杖获得者，正是尊崇高年者的集中表现。因此，能获得国家赏赐的王杖，实际便成为高年老人享有较高社会地位的标志。

（三）赐高年帛

西汉国家养老，对高年老人，在经济上也给予扶助。其中最重要的措施，就是赐高年帛。西汉时期，国家赐高年帛，在《汉书》中，多见记载。

---

① 《汉书》卷四《文帝纪》。

② 武威县博物馆：《武威新出土王杖诏令册》，《汉简研究文集》，甘肃人民出版社，1984年。

③ 陈直：《甘肃武威磨咀子汉墓出土王杖十简通考》，《考古》1961年第3期。

赐高年帛开始于文帝时期。这时赐帛的年龄还限于九十岁以上。但从武帝元封元年，年龄标准就下降到七十岁。赐帛的数量一般为两匹。以后各朝都沿袭了武帝元封元年的规定。赐高年帛，当然具有提高高年老人社会地位的意义。但更重要的是，给高年老人以经济上的资助。帛在西汉属于高级丝织品。这类丝织品在当时市场上的价格很高。据日本学者佐藤武敏考证：汉武帝时，帛一匹为一百二十钱。西汉后期，则高达三百二十五钱。① 如果以武帝时的最低价格合计，国家一次赐高年帛就相当于编户齐民一家两口人的算赋。在西汉后期，由于帛的价格提高，这样，赐高年帛，对于高年者及其家庭，在经济上起到的扶助作用就更重要了。

（四）对高年者量刑从轻

西汉国家不仅从法律上保证高年者的利益，而且，在高年者触犯刑律后，量刑时，也采取从轻的原则。《汉书·惠帝纪》："民年七十以上，若不满十岁，有罪当刑者，皆完之。"孟康注："不加肉刑，髡剃也。"在国家规定中，对七十岁以上的高年者，是不施加肉刑的。对应该处以劳役刑的高年者，"毋二尺告劾，有敢征召，侵辱者，比大逆不道"②。年龄超过八十岁者，在量刑处罪上就更轻了。《汉书·宣帝纪》载元康四年诏书："自今以来，诸年八十以上，非诬告杀伤人，佗皆勿坐。"也就是说，除了犯有"诬告杀伤人"这样的重罪，对于八十岁以上的老人，一般都不予以刑事处罚。由此可见，在西汉法律上，对高年老人采取的是宽刑方针。这实际上，正是国家养老精神在量刑原则中的体现。

西汉国家所规定的上述措施，都是保证平民高年者利益的。因此，从养老制度上，也反映出西汉的编户齐民具有较高的社会地位。不过，他们同担任国家官吏者相比，差距还是较大的。国家官吏退休后，所享受的养老待遇明显多于一般平民。例如，国家对"吏比二千石以上，年老致仕者，参分其禄，以一与之，终其身"③。除保证必要的俸禄外，国家对担任重要官职的退休养老者，附加很多额外的赏赐。汉宣帝时，韦贤"七十余，为相五岁，地

---

① 佐藤武敏：《中国古代绢织物史研究（上）》，风间书房，1977 年，第 417 页。

② 陈直：《甘肃武威磨咀子汉墓出土王杖十简通考》，《考古》1961 年第 3 期。

③ 《汉书》卷一二《平帝纪》。

节三年,以老病乞骸骨,赐黄金百斤,罢归,加赐第一区"①。所以,国家规定的养老措施。除了保证一般平民的利益,同时,也给予国家官吏以特殊的优待。

三、西汉养老制度的社会影响

如前所述,在西汉,国家养老制度是非常系统和严格的。西汉国家大力推行这一制度,是因为养老制度在维护西汉国家的统治上,起到了很重要的作用。

首先,养老制度是国家推行"孝"道的保证。可以说,这也是使臣民服从最高统治者的重要社会条件之一。实际上,西汉的养老制度起源于先秦时期。这种制度在先秦时期,就同"孝"道的推广有密切的联系。《礼记·王制》:"司徒养耆老以致孝。"郑玄注:"耆老,所当孝养之人。养耆老,则民知孝矣。"西汉也与先秦时期的情况相同,国家养老制度同"孝"道的推广的结合是非常密切的。前引《汉书·文帝纪》:"今岁首,不时使人存问长老,又无布帛酒肉之赐,将何以佐天下子孙孝养其亲?"就说明了这一点。西汉国家虽然在提倡"孝"道上,有多种途径,可是养老制度却是其中重要的方式之一。这是因为西汉时期,家族组织所具有的明显特点就是父家长制。在当时的大、中、小家中都体现着这种精神。《法律答问》载:"'公室告,(何)也?'非公室告,可(何)也?贼杀伤,盗他人为'公室',子盗父母,父母擅杀、刑、髡、子及奴妾,不为'公室告'。"② 这说明,在秦代,家庭中的家长具有任意处罚家庭成员的权威,而不受法律的约束。西汉时期,家庭中家长的权威,在形式上有所改变。但是其基本精神与秦代是一致的。西汉国家提倡"孝"的主要目的,就是要保证和提高父家长在家庭中的地位,并且使家庭成员成为"善事父母者"。而国家实行的养老制度,所供养的老人主要是家庭中的家长。这样,国家就从尊崇和提高家长地位这一方面,使家庭内部父子、长幼关系得到明显的体现,因而,也就形成了使家族

---

① 《汉书》卷七三《韦贤传》。

② 睡虎地秦墓竹简整理小组:《睡虎地秦墓竹简》,文物出版社,1978年,第195页。

成员对家长尽"孝"的重要社会条件。

西汉国家通过养老来推行"孝"道，进而提高家长在家庭中的地位，实际还包含着更重要的目的。西汉国家的统治思想，在武帝"罢黜百家，独尊儒术"之前，主要为黄老思想。以后儒家思想逐渐占了上风。尽管这两种思想有很大的差别，可是在利用家族伦理观念为其统治服务上，却有一致之处。马王堆帛书《经法》集中体现了西汉初的黄老思想。其中："观国者观主，观家者观父。能为国则为主，能为家则能为父。"儒家积极倡导"以孝治天下""忠臣以事其君，孝子以事其亲，其本一也"。这些思想，都把反映家族伦理的"孝"观念，同国家政治统治巧妙地结合起来，因而，也就适应了西汉国家统治者进行统治的需要。这是因为社会各家庭中的家长制，实际是西汉国家专制统治得以维持的基础。同时，在国家的统治方式中，也贯穿着父家长制的原则。这样，家族伦理观念，就很容易和政治统治联系在一起。《汉书·张敞传》："臣闻，忠孝之道，退家则尽心于亲，进宫则竭力于君，……身逸乐而忘国事，非忠孝之节。"实际就说明了"孝"和"忠"的结合，在当时人们的思想中，已有了深厚的基础。正是基于这种状况，国家推行养老制度，就是通过向家庭成员灌输尊老、养老意识，以此使之向家长尽"孝"；在服务于国家统治者时，就必然形成"忠"的观念。很明显，养老制度的实施，更重要的作用就是，要形成全体臣民对国家最高统治者完全服从的意识。正如《汉书·宣帝纪》称："导民以孝，则天下顺。"

其次，国家推行养老制度，是要维持乡里的统治秩序并提高乡里教化者的地位。西汉时期，国家的基层组织是乡、里。其中"里"是最基层的行政组织。根据居延汉简所反映的情况，"里"中的各家庭多为异姓。这说明"里"中以血缘关系相联系的宗族组织还没有占据主要的地位。当然，乡组织的情况就更是如此了。正因为如此，国家要维持乡里的统治秩序，除了采取必要的行政措施外，同时还要利用传统的观念。其中最重要的就是"尚齿"的思想。这种思想，至少可以追溯到原始社会末期。《礼记·祭义》："昔者有虞氏贵德而尚齿，夏后氏贵爵而尚齿，殷人贵富而尚齿，周人贵族而尚齿。"到战国时期，农村公社组织逐渐破坏后，在民间，"尚齿"的观念依然支配着基层社会组织的活动。《孟子·公孙丑篇》："天下有达尊三。爵一，齿一，德一。朝廷莫如爵，乡党莫如齿，辅世长民莫如德。"就反映了这种情况。西汉时期，在乡里基层组织中，虽然依据家庭的财产，而出现了大、中、小家的区分，但是，在乡里居民的活动中，其次序的安排，主要还是依据"齿"，即年龄等次，而不是家庭财产的多少。武帝曾下诏，申明国家养老的目的，明确说明："古之立教，乡里以齿，朝廷以爵，扶世导民，莫善于德。然即于乡里先耆艾，奉高年，古之道也。"① 可见西汉国家把养老广泛地推行到乡里的各平民家庭中，维持"尚齿"的观念，也是其重要的意图。国家通过养老、尊老来教化广大被统治者，使乡里居民形成"先耆艾，奉高年"的思想，这样，就使乡里的活动秩序有了统一的标准，因而，自然有利于乡里统治秩序的稳定。

西汉国家通过养老，以"尚齿"来"主教"，同时，也是要保证乡里教化者的社会地位。西汉乡里组织的教化者，都是从老年人中选拔出来的。负责乡中教化的是乡三老。西汉初年就规定："举民年五十以上，有修行，能帅众为善，置以为三老，乡一人。"② 《汉书·食货志》也说："遣令长、三老、力田及里父老善田者，受田器，学耕种，养苗状。"汉简和文献中提到的"里父老"，就是"里"中的负责者。里父老，实际同农村公社组织存在时期的"父老"有渊源联系。《公羊传》宣公十五年何休注："在邑曰里，一里八十户，八家共一巷，中里为校室。选其耆老有高德者名曰父老。辨护伉健者为里正。田作之时，父老及里正，旦开门坐塾上。晏出后，时者不得出，暮不持樵者，不得入。"何休所说，正是农村公社存在时的情况。在西汉，农村公社已大体被破坏，但从"耆老有高德者"中选拔父老，并使其来掌管教化的传统仍保留下来。实际秦汉时，里父老在里中起到的作用是重要的，他们具有很大的号召力。《汉书·高祖纪》："（高祖）与沛父老曰：天下同苦秦久矣。今父老虽为沛令守，诸侯并起，今屠沛，沛令共诛令，择可立者，立之，以应诸侯。即室家完，不然，父子俱屠，无为也。父老乃帅子弟，共杀沛令，开城门，迎高祖。欲以为沛令。"即其明证。国家养老制度的实施，在乡里形成了尊老的思想气氛，这样，乡三老和里父老就更为乡里

① 《汉书》卷六《武帝纪》。
② 《汉书》卷一上《高祖纪上》。

居民所敬奉，这对提高他们在乡里的声望以及在乡里展开教化都是有益的。乡三老和里父老地位的提高，同乡里秩序的稳定是相辅相成的。他们教化的有效实施，也正是保证乡里秩序稳定的重要条件。

最后，国家养老制度的实施，对广大平民，尤其对小农起到了扶植的作用。如前所述，国家养老的对象具有广泛性，一般编户齐民符合年龄标准者都可以享受国家养老的待遇。在广大的编户齐民中，占大多数的是小农。西汉国家对小农有剥削的方面，然而，小农又是西汉国家维持统治的依靠力量。因此西汉国家统治者必然要注意到对小农的扶植。当时国家采取扶植小农的措施是多方面的。国家实施的养老制度，也具有这方面的意义。当时一般的小农家庭是比较脆弱的，他们很难应付国家的口赋、算赋、田租以及徭役的负担。正如晁错说："今农夫五口之家，其服役者，不下二人，其能耕者不过百亩，百亩之收不过百石。春耕、夏耘、秋获、冬藏。伐薪樵，治官府，给徭役。……尚复被水旱之灾，急政暴虐，赋敛不时，朝令而暮当具，有者半贾而卖，亡者取倍称之息。"[1] 一般的五口之家尚且如此，对有高年老人的小农家庭来说，其负担就更沉重了。因为高年老人的劳动能力基本丧失，这样的家庭还要承担供养老人的责任。武帝养老诏书说："今天下孝子顺孙，原自竭尽，以承其亲，外迫公事，内乏资财，是以孝心阙焉，朕甚哀之。"正透露了这种情况。因此，国家在养老制度中，所规定的一些经济措施，实际对赡养老人的小农家庭也能起到一定的稳定作用。从赐高年帛来看，如前所述，以武帝时的最低价格折算，一次赐帛就相当于小农一家两口的算赋。此外，国家对有高年老人的家庭，还采取免除家庭成员徭役的措施。武帝时，这种免徭役的做法，还仅仅涉及直系亲属，到汉宣帝以后，其范围又进一步扩大。《武威王杖十简》载："如山东复，有旁人养谨者，常养扶持，复除之。"据陈直先生考证：旁人指继承子，非亲生子而言。能孝养老人者，亦免除徭役之事。[2] 为国家服徭役，实际是小农家庭最沉重的负担。西汉国家对拥有高年老人的家庭成员免除徭役，而且，免徭役的范围不断扩

---

① 《汉书》卷二四上《食货志上》。

② 陈直：《甘肃武威磨咀子汉墓出土王杖十简通考》，《考古》1961年第3期。

大。这正是为防止小农家庭破产而采取的积极措施，其社会效果是不可低估的。

综上所述，西汉养老制度起到的社会作用是多方面的。可以说，这一制度，实际是西汉国家控制编户齐民的有效手段之一。

（原载《学习与探索》1992 年第 6 期）

试论西汉齐鲁地区纺织业的
发展特征

西汉时期，齐鲁地区是重要的纺织品产地。纺织业在齐鲁地区经济中占有很重要的地位。考察西汉齐鲁地区纺织业的发展特征，有助于认识西汉时期齐鲁地区经济发展的特色，对汉代纺织业的研究也不无裨益。因此，本文对这一地区纺织业的发展特征做一些探讨。

一

（一）临淄三服官的设置及生产规模

西汉齐鲁地区的官营纺织手工业主要是指设在临淄的三服官。然而，三服官在西汉却有不同的归属。这种不同的归属，可以从三服官生产品的用途看出。《汉书·元帝纪》："（初元四年）罢角抵、上林宫馆希御幸者、齐三服官。"李贤注引李斐："齐国旧有三服之官。春献冠帻纵为首服，纨素为冬服，轻绡为夏服，凡三。"李斐解说三服官时，提到"献"，是很值得注意的。所谓"献"，实际是西汉诸侯国的贡献。这种贡献，是要定期缴纳的。正如《汉书·高祖纪下》："令诸侯王、通侯常以十月朝献，及郡各以其口数率，人岁六十三钱，以给献费。"一些诸侯国的贡献，需要缴纳地方的特产。《后汉书·光武帝纪下》载建武十三年诏曰："往年已敕郡国，异味不得有所献御。今犹未止，非徒有豫养导择之劳，至乃烦扰道上，疲费过所。其令太官勿复受。明敕下以远方，口实，所以荐宗庙，自如旧制。"东汉的这种贡献，应该是从西汉延续而来的。由此来看，在三服官始设时，就与西汉国家所封的诸侯国缴纳贡献有关。

依据《汉书·元帝纪》李斐注，似乎可以推断，三服官的设置应该在汉高祖封刘肥为齐王后。其理由有二：一、《汉书·诸侯王表》：当时各诸侯王国"宫室百官，同制京师"。在汉高祖所封诸侯国中，齐国最大。陈直先生据出土封泥考证，汉初齐国官制同中央官制相仿，机构相当完备。①《汉书·百官公卿表上》载少府属官有六丞，其下所辖就有"东织、西织"。西汉政府设置东、西织室主要是为宫廷生活服务的。既然齐国官制同中央相仿，在齐国少府之下设置为宫廷服务的服官是很有可能的。在临淄出土的西汉初年封泥中有"齐左工丞""齐工长印""左工室印"。可见当时齐国已设官专门管理官营手工业。这应该是齐国有服官设置的佐证。二、在战国时期，临淄的官营纺织手工业就比较发展。《考工记》记载官营纺织业中的生产情况："画缋之事，杂五色。……五采备谓之绣。土以黄，其象方。天时变，火以圜。山以章，水以龙鸟兽蛇。杂四时五色之位以章之。谓之巧。""变氏湅丝以涗水。沤其丝七日，去地尺暴之。昼暴诸日，夜宿诸井。七日七夜，是谓水湅。"说明齐地官营纺织业工场中，有细致的分工。《管子·立政篇》也提道："使刻镂文采，毋敢造于乡，工师之事也。"也就是说，齐国专门设置工师来管理当地纺织业生产。这些情况说明，战国时期齐地纺织手工业是很发达的。因此，西汉初年，齐国能够以此为基础，继续发展官营纺织业，所以，在临淄设置三服官，就不是很困难的事。并且，由于齐国宫廷生活的需要，当然，就更要在临淄设置三服官这样的官营手工作坊。

关于齐国三服官的生产规模，虽然文献中无直接记载，但根据齐国三服官贡献的丝织品数量以及宫廷对丝织品的需求，可以看出一个大概。《汉书·元帝纪》载贡禹上疏："故时齐三服官输物不过十笥。"贡禹所说"故时"，应该是三服官还属齐国之时。而上输不过十笥的纺织品，则是这一时期贡献的数量。因为在汉代各郡国一直需要向中央贡献特产。而丝织品则是齐国贡献的主要特产。《急就篇》中提道："齐国给献素缯帛，飞龙凤凰相追逐。"反映了西汉齐国贡献高级丝织品的情况。有的论者，把贡禹提到的齐国贡献的纺织品当作三服官的实际产量，并不正确。不过，根据西汉前期齐国仅向国家贡献十笥纺织品这一记载，可以看出，齐国三服官的生产规

---

① 陈直：《汉书新证》，齐鲁出版社，1979 年，第 56 页。

模不会太大。不仅如此，西汉初期，宫廷对丝织品的消费量并不算高。高祖、惠帝、文帝、景帝都提倡节俭。史载，高祖、惠帝、文帝、景帝时，后宫"宫女不过十余"①。皇帝的后宫既然如此，诸侯王国宫廷对丝织品的需求量也不会很高，这自然要限制三服官的生产规模。

然而，在西汉，临淄三服官并非一直属于王国。《汉书·谷永传》："臣愿陛下勿许加赋之奏，益减大官、导官、中御府、均官、掌畜、廪牺用度，止尚方、织室、京师郡国工服官发输造作，以助大司农。"这是西汉中期以后，临淄三服官属国家少府所辖的明证。那么，齐国三服官何时由王国转归西汉政府的呢？我们认为三服官由齐国转归西汉政府是和齐国的存续相关的。齐国是高祖九年始封，文帝时分齐国为七，但齐国尚存。文帝时期，基本对诸侯国采取宽松政策。汉景帝平定吴楚七国之乱后，对诸侯王在政治上严厉打击，贬黜诸侯王的权力，可是，诸侯王国仍然在经济上拥有一些特权。例如，在王国中仍允许置铁官、盐官。这样，在汉景帝时期，西汉政府恐怕不大可能将三服官收归国家。

三服官所属的变化，当在武帝时期。史载，武帝元光五年，因齐厉王昌薨，无后，国除，齐国成为西汉政府的直辖郡。大概在这一变动中，三服官也就改由国家直接经营了。西汉政府直接经营的三服官生产情况和西汉前期有明显不同，主要表现有二：

其一，国家经营的三服官主要担负西汉宫廷所需要的高级丝织品和服饰生产。《汉书·元帝纪》："罢角抵、上林宫馆希御幸者、齐三服官。"颜师古引如淳："胡公曰：服官主作文绣，以给衮龙之服。"《汉书·贡禹传》："齐三服官输物不过十笥。"颜师古注："三服官主作天子之服，在齐地。"后世注家的这些解说，反映的都是三服官由国家直接经营后的生产情况。

其二，自武帝时期以后，三服官的生产规模也扩大很多。《汉书·元帝纪》：元帝时期，三服官"方今齐三服官作工各数千人，一岁费数巨万"。可见，在这一时期，三服官的纺织人数众多，花费也是很高的。这都是和三服官生产规模扩大相联系的。然而，在元帝初元元年，由于国家财政困难，

---

① 《汉书》卷七二《贡禹传》。

"罢建章、甘泉宫卫、角抵、齐三服官"①。除此之外，一直到东汉末年，它的生产规模都很可观。《汉书·哀帝纪》："齐三服官、诸官织绮绣，难成，害女红之物，皆止，无作输。"《通鉴》引此文，胡三省注："齐三服官，及诸织官皆无作难成之物，以输送也。"由此可见，到西汉末年，不仅三服官的生产规模很大，而且生产的纺织品也愈加奢华绮丽。

那么，为什么三服官的生产情况会出现上述变化？当然，促成临淄三服官生产规模的扩大，三服官由齐国转归西汉政府直接经营是其原因之一。但它生产扩大的缘故还不仅于此。至少还有另外两个原因。

第一，在西汉，官营纺织手工业生产主要是为了满足统治阶级奢侈生活和国家的需要，因此，临淄三服官生产规模的扩大和武帝以后皇室、官僚的生活愈益奢侈有密切关系。元帝时，贡禹上疏中提道，武帝以后，"争为奢侈，转转益甚，臣下亦相仿效，衣服履绔刀剑乱于主上，主上时临朝入庙，众人不能别异，甚非其宜"②。不仅皇帝，诸侯、官僚衣服华丽，而且，汉武帝时，"多取好女至数千人，以填后宫"③。在后宫中，等级分明，有昭仪、婕妤、姪娥、傛华、美人、八子、充依、七子、良人、长使、少使、五官、顺常、无涓、共和、娱灵、保林、良使、夜者等。④ 这种制度到西汉末年也没有改变，因而，后宫对丝织品需要量比武帝之前增加很多。

第二，武帝以后对外贸易的发展以及赠给匈奴丝织品数量的增加，也直接影响临淄三服官的生产。自武帝朝和西域的联系开通后，西汉政府和西域的贸易往来密切。西汉政府主要以丝织品换取这些国家的货物。张骞二次出使西域，"赍金币帛直数千巨万"⑤。此后，西汉派往西域的使者甚多。可见在同西域的贸易中需要大量的纺织品。在西汉政府与匈奴的往来中，西汉赠给匈奴的丝织品占相当数量。根据《史记·匈奴列传》和《汉书·匈奴传》的记载，将西汉政府赠给匈奴的丝织品情况列表如下：

---

① 《汉书》卷二四上《食货志上》。

② 《汉书》卷七二《贡禹传》。

③ 《汉书》卷七二《贡禹传》。

④ 《汉书》卷九七上《外戚传上》。

⑤ 《汉书》卷六一《张骞传》。

表 1　西汉赠匈奴丝织品情况

年代	丝织品种类	数量
文帝前六年(公元前 174 年)	绣	10 匹
	锦	30 匹
	赤绨	40 匹
	绿缯	40 匹
宣帝甘露三年(公元前 51 年)	锦、绣、绮、縠、杂帛	8000 匹
	絮	6000 斤
宣帝黄龙元年(公元前 49 年)	锦、绣、绮、縠、杂帛	17000 匹
	絮	14000 斤
元帝竟宁元年(公元前 33 年)	锦、绣、绮、縠、杂帛	34000 匹
	絮	28000 斤
成帝河平四年(公元前 25 年)	锦、绣、绮、縠、杂帛	54000 匹
	絮	48000 斤
哀帝元寿二年(公元前 1 年)	锦、绣、绮、縠、杂帛	84000 匹
	絮	78000 斤
王莽始建国元年(公元 9 年)	杂缯	1000 匹
王莽天凤三年(公元 16 年)	缯帛	?

从表 1 所列数字可以看出，文帝时赠给匈奴的丝织品数量不多，但从汉宣帝甘露三年到哀帝元寿二年，共赠给匈奴丝织品五次，每次数量至少在八千匹，最多达八万四千匹，其中包括大量的锦、绣、绮、縠等高级丝织品。西汉国家的这些用来贸易和赠赐的丝织品出自何处？《汉书·毌将隆传》："共养劳赐，壹出少府。"也就是说，自武帝中期以后，用于与匈奴贸易与赠赐的丝织品，都是来自西汉国家的少府。因为临淄三服官已经为少府所辖，因而，三服官的生产，当然要受到国家在对外关系中，对丝织品需求量扩大的影响。

（二）临淄三服官中主要生产者的身份

作为官营纺织手工业的临淄三服官，在生产中需要吸收大量的纺织工匠。文献载，汉文帝时期，三服官的纺织手工业者已"各数千人"①。这些三服官中的生产者主要是什么身份？这也是研究三服官经营特征时不能回避的问题。尽管记载缺如，但也并非无踪迹可寻。《考工记》载："治丝麻以成之，谓之妇功。"可见，在战国时期，官营纺织业中，多以妇女劳动为主。这些女工的身份，在云梦秦简中有记载。《秦律十八种》："隶臣妾欲以人丁粼者二人赎，许之。其老当免老，小高五尺以下及隶妾欲以丁粼者一人赎许之。赎者皆以男子，以共赎为隶妾。女子操憨红及服者，不得赎。"② 这就是说，秦律中规定，对从事纺织、制衣的隶妾是不准赎的。这种规定，正是要保证官营纺织业中劳动力的稳定。由这种法律规定还可以看出，在官营纺织业中，使用官奴婢是很普遍的现象。汉代承袭秦制，在官营纺织业中仍然主要役使官奴婢。《史记·外戚世家》："及诸侯畔秦，魏豹立为魏王，而魏媪内其女于魏宫。……汉使曹参等击虏魏王豹，以其国为郡，而薄姬输织室。豹已死，汉王入织室，见薄姬有色，诏内后宫。"这是西汉官营纺织业中使用官奴婢从事生产的例证。可见，西汉和秦代并无多大变化。因此，可以说，西汉临淄三服官，应当与其他官营纺织手工业作场中情况相同，大多数应是官奴婢。日本学者佐藤武敏推断，临淄三服官中以雇佣劳动者的劳动为主。③ 这种看法是不符合西汉的实际情况的。

二

(一) 独立纺织手工业者的经营

《史记·货殖列传》："夫用贫求富，农不如工，工不如商，刺绣文不如倚市门，此言末业，贫者之资也。"由此可以看出，在西汉专门从事纺织业经营，生产高级丝织品，与从事商业一样，也是致富的一种方式。由于历史的原因，在齐鲁地区，这种独立从事纺织经营的情况更为突出。《韩非子·说林上》："鲁人身善织屦，妻善织缟，而欲徙于越，或谓之曰：'子必穷

---

① 《汉书》卷七二《贡禹传》。

② 睡虎地秦墓竹简整理小组：《睡虎地秦墓竹简》，文物出版社，1978年，第54页。

③ 佐藤武敏：《中国古代绢织物史研究（上）》，风间书房，1977年，第335页。

矣。'鲁人曰：'何也？'曰：'屦为履之也，而越人跣行；缟为冠之也，而越人被发。以子之所长，游于不用之国，欲使无穷，其可得乎？'"这是关于独立纺织手工业者出现的最早记载。韩非所说，当是战国时期现象。可见，齐鲁一带是独立纺织手工业者出现较早的地区。西汉时期，这种经营方式有显著发展。《论衡·程材篇》："齐郡世刺绣，恒女无不能；襄邑俗织锦，钝妇无不巧。"王充所说，虽然是东汉的情况，但这应该是西汉纺织生产特点的延续。他提到的在齐郡有世世代代以刺绣为生的人，应是专门经营纺织业的独立手工业者。既然他做一事例来证引，说明这一现象已不是零星的，而是比较普遍的。应该说，刺绣是一种高级丝织品，要求生产技术很高，能够成为具有地方特色的产品，与齐鲁地区的纺织手工业者世代相传，不断改进生产技术是有很大关系的。根据这些生产刺绣的独立手工业者所达到的水平，可以推断，其他种类纺织品的生产技术水平也是很高超的。《西京杂记》："霍光妻遗淳于衍散花绫二十五匹。绫出钜鹿，陈宝光妻传其法。霍显召入其弟，使作之，一匹直钱一万。又与绿绫七百端，直钱百万。"① 很显然，汉宣帝时，巨鹿陈宝光妻专以纺织为业，已经能纺织出"散花绫""绿绫"等高级丝织品。可以说，西汉巨鹿的纺织业并不及齐鲁地区，在汉宣帝时，生产技术尚能如此，齐鲁地区的一些独立纺织手工业者的生产技术水平当然不会低于巨鹿。

由于西汉齐鲁地区纺织业中，这种独立经营的发展，在这些独立纺织手工业者中出现了经营规模大小的差异以及贫富的区别。其富者，可以称为"素封"。他们一年能够生产并销售"帛絮细布千钧，文采千匹，榻布皮革千石"，能盈利二十万钱，可以"比千乘之家"②。这样的独立纺织经营者，他们的经营规模是较大的。单就一年生产"帛絮细布千钧，文采千匹"来看，绝不是一人，或者五口之家的能力所及。《九章算术》卷三衰分载："今有女子善织，日自倍，五日织五尺。"女工生产熟练后，一日才织"二尺五寸三十一分寸之二十五"。以西汉这样的纺织工效来计算，一人一年最多不过生产纺织品八十多匹，既然如此，这些经营规模较大的纺织业者，一定要有其

① 《太平御览》卷八一六《布帛部三》引。
② 《史记》卷一二九《货殖列传》。

他的劳动力来源。这些劳动者应该主要为女奴。在齐鲁一带家庭纺织业中，使用女奴劳动的现象，春秋时期就已出现。《国语·晋语》："桓公卒……诸侯叛齐。子犯知齐之不可以动，而知文公之安齐而有终焉之志也，欲行，而患之，与从者谋于桑下。蚕妾在焉。"这里提到的"蚕妾"，就是专门为家庭纺织业服务的。西汉家庭丝织业中，使用女奴从事生产的现象已比较普遍。《汉书·张汤传》："（张）安世尊为公侯，食邑万户，然身衣弋绨，夫人自纺绩，家僮七百人，皆有手技作事，内治产业，累积纤微，是以能殖其货，富于大将军光。"既然一些富裕的纺织业经营者，可以称为"素封"，那么他们的生产情况恐怕和张安世的家庭纺织业差别不会太大。当然，由于纺织生产经营状况发展得不平衡，在齐鲁地区还有一些"勤于纤微，而织归于府"①的独立纺织手工业者。这些人的生产规模很小，因而，很难依靠经营纺织业致富。很明显，这些小纺织手工业者，不仅生活贫苦，而且，他们的产品在出售上，也难以同"百钟之家""千钟之家"相竞争。可以说，在西汉齐鲁地区独立纺织手工业者中，这种经营规模大小与生活贫富的差别，实际上，也正是大经营商与小手工业者阶层区分的反映。

（二）小农家庭副业中的纺织品的生产

西汉齐鲁地区小农众多，因而，小农家庭纺织业生产，在这一地区纺织业中，占有重要地位。西汉时期小农家庭纺织业的生产特征是战国时期的继续和发展，因此，需要先说明一下战国时期齐鲁一带小农家庭纺织业的生产特点。

战国时期受田农民的前身就是农村公社的农民。在齐鲁地区，虽然战国中期，农村公社就已瓦解，可是公社农民那种耕织结合的传统生产方式，还浓厚地保留下来。纺织生产构成小农家庭生产的重要方面，满足家庭生活的需要，是这一时期小农家庭纺织生产的主要目的。可是，纺织生产还有一个重要用途，就是用于交纳国家的赋税。《孟子·尽心篇下》："有布缕之征，粟米之征，力役之征。君子用其一，缓其二，用其二而民有殍。用其三而父子离。"据孟子所说，在战国中期，布帛税的征收，似乎还没有固定下来。《管子·入国篇》："所谓慈幼者，凡国都皆有掌幼，士民有子，子有幼弱不

---

① 《管子·臣乘马篇》。

胜养为累者。有三幼者，妇无征，四幼者尽家无征。"《入国篇》成书时代较晚，为战国后期作品。这里提到的"妇征"，应该是孟子所说的"布缕之征"。由此可以看出，战国后期布帛作为赋税征收，在齐国已经基本固定化。无论是满足家庭生活之用，还是上缴赋税的需要，作为小农家庭副业的纺织生产，还都属于自然经济。不过，这种由农村公社遗留下来的传统生产方式，到战国后期已出现了一些变化。《管子·重令篇》："菽粟不足，末生不禁，民必有饥饿之色，而工以雕文刻镂相稚也，谓之逆。布帛不足，衣服毋度，民必有冻寒之伤，而女以美衣锦绣綦组相稚也，谓之逆。"由此可以看出两点：一、在齐鲁地区小农家庭纺织业中，已经有高级丝织品生产的出现。二、这种生产在当时已被视为末业而加以禁止。这说明小农家庭纺织业中，这种高级丝织品生产已具有商品生产的性质。这种商品生产出现，表明齐鲁地区小农家庭纺织业的经营已有了明显的进步。

西汉时期，齐鲁地区小农家庭纺织业生产主要还是满足家庭生活之需。这与战国时期的情况大体是相同的。不过，西汉时期商业的活跃，以及在口赋、算赋的征收上，以铜钱计算，布帛已不大作为货币流通，这样就使齐鲁地区小农家庭纺织业生产与市场联系加强了，从而使战国时期已经出现的小农家庭纺织业中的商品生产得到发展。汉景帝下诏："雕文刻镂，伤农事者也；锦绣纂组，害女红者也。农事伤则饥之本也，女红害则寒之原也。夫饥寒并至，而能亡为非者寡矣。"[1] 在这一时期，景帝下诏书，陈述生产"锦绣纂组"的害处，说明生产高级丝织品的小农家庭已非少数。在纺织业发展的齐鲁地区，这种现象更为突出。《管子·轻重乙篇》："夫岁有四秋，而分有四时，故曰：农事且作，请以什伍农夫赋耜铁，此之谓春之秋。大夏且至，丝纩之所作，此之谓夏之秋。而大秋成，五谷之所会，此之谓秋之秋。大冬营室中，女事纺织缉缕之所作也，此之谓冬之秋。"按，《管子》轻重诸篇，当在西汉成文。其所反映的，应该是西汉齐地情况。据此可见，在一年四季中，小农有二秋都以纺织为事。一秋为缫丝，一秋为纺织。可以说，丝织品的生产，在齐鲁小农家庭纺织业中占有很重要的地位。并且，这些丝织品大部分都是为了出卖而生产的。《管子·轻重戊篇》："'鲁梁之民俗为绨，公服

---

① 《汉书》卷五《景帝纪》。

绨，令左右服之，民从而服之，公因令齐勿敢为，必仰于鲁梁，则是鲁梁释其农事而作绨矣。'桓公曰：'诺。'即为服于泰山之阳，十日而服之。管子告鲁梁之贾人曰：'子为我致绨千匹，赐子金三百斤，什至而金三千斤，则是鲁梁不赋于民而财用足也。'"此事虽系伪托，但应是西汉时期实际情况的反映。这说明齐鲁地区小农家庭纺织业生产的丝织品，仰赖商人收购，是比较普遍的现象。因为小农家庭纺织业中商品生产的发展，西汉中期以后，"绣绣罗纨""素绨冰锦"①，都大量充斥于市。由此来看，齐鲁地区小农家庭纺织业中的商品生产对活跃当地纺织品市场，起到的作用是显著的。

三

在西汉，除了少数偏僻的边地外，纺织手工业在全国各地具有普遍发展的特征。在燕代地方，"田畜而事蚕"，纺织业很兴盛。兖豫一带，纺织品种类很多，既有丝织品，也有麻织品。在陈留襄邑设有服官，锦的生产名闻全国。三辅地区纺织业也呈现出一派兴旺景象。在首都长安设有东、西织室，显然官营纺织业占有重要地位。巴蜀的纺织业发展迅速。杨雄《蜀都赋》称，"布则蜘蛛作丝，不可见风，筒中黄润，一端数金"②。对蜀地的纺织业倍加赞美。然而，与上述纺织业发展的地区相比较，齐鲁地区的纺织业具有以下地区性特点：

其一，齐鲁地区的纺织业具有悠久的发展历史。西周时期，齐国始建，国家"劝其女功，极技巧"③，纺织手工业有了迅速发展。春秋时期已有"齐冠带衣履天下"④ 之称，成为纺织业最发达的地方。

其二，西汉时期，齐鲁地区生产的纺织品丰富多彩，种类繁多，工艺水平很高。据文献记载，锦、绣、罗、绮一类的高级丝织品，在齐鲁地区均有出产。其中"绣"为齐鲁地区特产，以齐郡出产最多。《论衡·程材篇》："齐郡世刺绣，恒女无不能。"临淄三服官大量生产"冰纨、方空縠、吹纶

---

① 《盐铁论》卷六《散不足篇》。
② 《后汉书》卷四九《王充传》李贤注引。
③ 《史记》卷一二九《货殖列传》。
④ 《史记》卷一二九《货殖列传》。

絮"①。都是罗属高级丝织品。显然，罗属的单色提花丝织品已达到很高水平。用平机织成的一般平纹丝织品，见于记载的有：绨、缟、缣、阿、素等，种类也很多。因此，齐鲁地区的丝织业足以代表西汉时期的纺织水平。而且，麻布生产在齐鲁地区也同样发达。《尚书·禹贡》载青州"厥贡盐烯，海物惟错。岱畎丝、枲、铅、松、怪石"。枲，就是雄麻。可见，战国时期，麻布已是齐鲁地区的主要特产。《管子·轻重丁篇》："是以田不发，五谷不播，麻桑不种，玺缕不治，内严一家而三不归，则帛布丝纩之贾安得不贵？"说明到西汉时期，齐鲁地区的麻布和丝织品一样都是纺织业中的重要产品。

其三，西汉齐鲁地区官营纺织业的生产，在全国所处地位最重要。据文献记载，在西汉比较著名的官营纺织手工业作场主要有四处：襄邑的服官，临淄的三服官，长安的东、西织室。这四处官营纺织手工业作场，它们生产的纺织品的主要用途和生产规模都不尽相同。《续汉书·舆服志下》："衣裳玉佩备章采，乘舆刺绣，公侯九卿以下皆织成，陈留襄邑献之云。"可见，襄邑生产的高级丝织品，虽然很精美，但这些纺织品主要供九卿以下的官员所用。东、西织室则主要"织作文绣郊庙之服"。②

从产品的用途上看，襄邑服官和东、西织室都无法同专门生产皇帝宫廷所需要的丝织品和服饰的临淄三服官相比。《汉书·贡禹传》记载了临淄三服官和东、西织室的生产规模。其中提道："方今齐三服官作工各数千人，一岁费数巨万。蜀广汉主金银器，岁各用五百万。三工官官费五千万，东西织室亦然。"可见，东、西织室的费用与三服官相差甚多。这种花费的差距，反映出三服官的生产规模要比东、西织室大得多。汉元帝时，西汉政府曾罢省三服官一次。哀帝时，因三服官的产品过于奢华，国家曾加以限制。对其他官营纺织手工业作场的情况并无明确记载。这些情况表明，临淄三服官最受国家重视，它的生产规模也是最大的。

其四，西汉齐鲁地区民间纺织品的买卖、流通，也在全国占有重要地位。《汉书·地理志下》："故其俗弥侈，织作冰纨绮绣纯丽之物，号为冠带衣履天下。"颜师古注："言天下之人冠带衣履，皆仰齐地。"这就是说，西

---

① 《后汉书》卷三《章帝纪》。

② 《三辅黄图》卷三。

汉齐鲁地区民间生产的纺织品销售面很广，而且，齐鲁地区的纺织品几乎遍及西汉各地。应该说，由这些因素所决定，可以明确，西汉齐鲁地区的纺织手工业，在全国最发达。

（原载《东北师大学报（哲学社会科学版）》1989 年第 1 期）

《盐铁论·散不足篇》所反映的
西汉社会生活

　　《盐铁论》是西汉人桓宽根据汉昭帝时的盐铁会议的记录整理而成的一
部典籍。这部典籍对研究西汉时期的政治、经济、思想有重要的参考价值。
《散不足篇》是《盐铁论》中的重要篇章。从全篇来看，文章虽然是以贤良
与御史大夫桑弘羊辩论的形式表现的，但是，主要问题是由贤良阐述的，所
以《散不足篇》所反映的，基本是贤良对社会问题的看法。西汉时代的贤良
是由各郡国推举的，因此他们的看法也反映了西汉各地方人民生活的一些实
际情况。

一

　　《散不足篇》中叙述的大量情况是当时民间的衣、食、住、行问题。然
而，它所反映的，并不是整个西汉时代，而是特定的历史时期，也就是武、
昭、宣帝时期的现象。以下对这些问题分别叙述。

　　（一）服饰问题

　　在西汉，服饰除了具有避暑御寒的作用外，还具有社会功能，也就是
说，它可以是一个人身份和地位的象征。因而当时的服饰，既有习惯约定，
国家在法律上也加以限制。例如，国家官员的正式服饰，代表官位的秩级，
在穿着上就不具有随意性。西汉前期，国家对平民的服饰，在法律上也有限
定，不允许商人穿着丝织的服饰。因此，吕思勉先生认为，汉代的服饰重视
等级，[①] 是正确的。不过，西汉是商品经济比较发达的时代，因此，在民间，

---

　　① 　吕思勉：《秦汉史》，上海古籍出版社，1983年，第578页。

服饰更多地受到经济条件的制约。汉文帝时，贾谊上疏中提道："今民卖僮者，为之绣衣丝履偏诸缘，内之闲中，是古天子后服，所以庙而不宴者也，而庶人得以衣婢妾。白縠之表，薄纨之里，緁以偏诸，美者黼绣，是古天子之服，今富人大贾嘉会召客者以被墙。古者以奉一帝一后而节适，今庶人屋壁得为帝服，倡优下贱得为后饰，然而天下不屈者，殆未有也。且帝之身自衣皂绨，而富民墙屋被文绣；天子之后以缘其领，庶人孽妾缘其履；此臣所谓舛也。夫百人作之，不能衣一人，欲天下亡寒，胡可得也？"① 据贾谊所说，在汉文帝时，民间的服饰已不受社会等级的约束，完全可以依据其经济实力决定服饰的样式。可见国家法律对民间服饰的制约，已显示不出多大的效力。

汉武帝时期以后，民间的豪民在服饰穿着上更加靡丽。《散不足篇》说："今富者缛绣罗纨，中者素绨冰锦。"正是说的这个时期的情况。在当时人看来，"夫罗纨文绣者，人君后妃之服也"②。因此贤良将这种情况斥为："常民而被后妃之服，亵人而居婚姻之饰。"③ 很明显，这一时期豪民对服饰的追求，是朝着奢侈化方向发展的。

这些豪民所穿着的"绣罗纨""素绨冰锦"，都属于高级丝织品，在当时价格很昂贵。《散不足篇》说："夫纨素之贾倍缣，缣之用倍纨也。"指出了这些丝织品价格昂贵的一般情况。日本学者佐藤武敏对这一时期高级丝织品的价格做了精细的考证。他认为，汉昭帝时，帛一匹大约372钱；西汉后期，缣一匹在800钱左右，白素一匹1000钱，鹑绨1000钱。④ 然而，在这个时期，粮食的价格却十分低廉。《汉书·食货志》说："宣帝即位，用吏多选贤良，百姓安土，岁数丰穰，谷至石五钱，农人少利。"如果以粮食价格作参照，就可以看出，这些高级丝织品制成的服饰的昂贵程度，不是普通平民能够承受的。

社会上的豪民冬季服装也极为考究。他们以毛皮的华贵为荣。《散不足篇》说："今，富者鼲貂，狐白凫翯。中者鼲衣金缕，燕𫛭代黄。"这里提到的鼲，即为灰鼠皮；貂，为貂皮；狐白，为白狐皮；凫翯，即鸭绒袍子；鼲

① 《汉书》卷四八《贾谊传》。
② 《盐铁论》卷六《散不足篇》。
③ 《盐铁论》卷六《散不足篇》。
④ 佐藤武敏：《中国古代绢织物史研究（上）》，风间书房，1977年，第416页。

衣，即金丝绒线布，由西域引进；燕貉，为燕地产貉鼠皮；代黄，为代地出产的黄鼠狼皮。这些华贵的皮装在价格上自然也是极为昂贵的。

《散不足篇》中反映的豪民阶层的服饰消费，无疑是一种奢侈性消费。这种消费与当时社会生产和积累的水平是不相适应的。贤良们虽然没有明确了解这一点，但是，对其弊端却已有认识。在他们看来，"古者，庶人耋老而后衣丝，其余则麻枲而已，故命曰布衣。及其后，则丝里枲表，直领无祎，袍合不缘"①。他们对古制的怀念，正是由对奢侈性消费不满而引发的。因此，他们将"衣服靡丽"，视为"布帛之蠹也"。② 这显然是代表了社会上一部分不满意奢侈消费的人们的意见。

（二）饮食问题

西汉时期，饮食在不同社会阶层差别很大，并随着社会经济的发展而发生变化。西汉前期，国家经济尚在恢复，因此一般平民能达到果腹的程度就很不容易了。在正常年景，人们多为素食，肉食很少。只是在家中有宾客或举行婚礼时，饮食才稍有变化，即使是殷实之家也是如此。《散不足篇》说："宾婚相召，则豆羹白饭，綦脍熟肉。"正是说的这种情况。

然而，自武帝时期以后，由于国家经济的发展，平民生活安定，一些豪民的积累也有了增加，因此简单的饮食消费，已不能满足他们的需求。这样，在饮食上的节俭风气发生很大变化。《散不足篇》说："今，闾巷县佰。阡陌屠沽，无故烹杀，相聚野外。负粟而往，挈肉而归。"这是说，在豪民的日常生活中，肉食已经很常见。

这些豪民大家为了享受的需要，还经常举行家宴。《散不足篇》说："今民间酒食，淆旅重叠，燔炙满案。"家宴席已不限于普通肉食，还有很多贵重的美味佳肴。正如《散不足篇》说："臑鳖脍鲤，麑卵鹑鷃橙枸，鲐鳢醢醯，众物杂味。"可见在宴席上，有鱼、鳖、鹿肉、鸡蛋、鹌鹑等，真可谓物丰味美，极尽铺张之能事。一些豪民为了显示其富有，还到处搜寻珍贵食品。《散不足篇》说："今富者逐驱奸罔罝，掩捕麑殼，耽湎沉酒铺百川。鲜羔挑，几胎肩，皮黄口。春鹅秋鸧，冬葵温韭，浚茈蓼苏，堇荼耳菜，毛果

---

① 《盐铁论》卷六《散不足篇》。
② 《盐铁论》卷六《散不足篇》。

虫貉。"他们为满足自己的食欲，真可以说是费尽了心机。

武帝以后，一些富裕家庭饮食构成的变化，使市场上出售的食品种类和数量也明显增多。《散不足篇》说："今熟食遍列，肴旅成市，作业堕怠，食必趣时，杨豚韭卵，狗臁马朘，煎鱼切肝，羊淹鸡寒，桐马酪酒，寒捕庸脯，胹羔豆赐，毂膹雁羹，白鲍甘瓠，热粱和炙。"这就是说，在市场上出售的有：蒸猪、韭菜炒鸡蛋、狗肉、马肉、煎熟的鱼、切好的肝、咸羊肉、冷酱鸡、马奶酒、驴肉干、狗肉脯、羊羔肉和糖浆、小鸟肉和雁羹、咸鲍鱼和瓠瓜，还有米饭和炸肉。其中肉食品，显然，占主要成分。这种情况，与司马迁在《史记·货殖列传》中所记载，已有很大的不同。《货殖列传》所反映的大都是文、景帝时期的情况，其中大都市市场上出售的食品，只有酿酱、蘖麹盐豉类，很少有熟肉制品。由此来看，《散不足篇》所反映的当时食品出售的多样化，自然与民间对食品需求的情况相适应。豪民阶层追求奢侈消费的风气当然是促成这种情况的重要因素。

豪民在饮食上的奢侈追求，不仅体现在食品上，而且，在饮食器具上亦有所表现。《散不足篇》说："今富者银口黄耳，金罍玉钟。中者野王纻器，金错蜀杯。"所谓"银口黄耳"就是以银镶器具，以金、铜装饰器具两耳；"野王纻器"，就是野王地方出产的纻麻器具；"黄错蜀杯"，即蜀地出产的镶金酒杯。可见豪民大家在饮食器具上，也极力追求华丽考究。

武、昭、宣帝时代，民间饮食上出现的这种奢侈性消费，并不是普通平民能够承受的，就是对于豪民阶层来说，浪费也是极大的。从食品的情况来看，《散不足篇》说："夫一豕之肉，得中年之收，十五斗粟，当丁男半月之食。"饮食器具也是如此。《散不足篇》说："夫一文杯得铜杯十，贾贱而用不殊。箕子之讥，始在天子，今在匹夫。"这种奢侈行为造成的浪费，给社会带来的危害是非常明显的。因此贤良认为，"口腹从恣，鱼肉之蠹也"[1]，是毫不夸张的。

（三）居住问题

西汉时期，居室的营建和装饰在不同的社会阶层差别很大。例如，西汉初年，未央宫的营建就极其壮丽。武帝所建宫室也以豪华著称。一般的贵族、官僚也多居"大第"。皇室、贵族、官僚的居住情况同民间的简陋居室

---

[1] 《盐铁论》卷六《散不足篇》。

形成鲜明的对照。

不过，自武帝时期以后，皇室、贵族、官僚的豪华的居住状况，对民间产生了很大的影响。《散不足篇》说："古者，采椽茅茨，陶桴复穴，足御寒暑、蔽风雨而已。及其后世，采椽不斫，茅茨不剪，无斫削之事，磨砻之功。大夫达棱楹，士颖首，庶人斧成木构而已。今富者井干增梁，雕文槛楯，堊幔壁饰。"这里叙述了从上古到武、昭、宣帝时期，居室建筑演化的一般情况。虽然不能反映全貌，但是至少可以看出，武、昭、宣帝时期，豪民阶层不仅注重衣、食，对居室也大力投资修建，以使其展示出华美的建筑风格。

豪民大家不仅注重居室的外观美，对室内的装饰也力求奢华、舒适。《散不足篇》说："今富者黼绣帷幄，涂屏错跗。中者锦绨高张，采画丹漆。"也就是说，这些豪民要用黑白花纹的丝绸做帐子，床前设置有绘画、雕刻的屏风。这些帐子和屏风都制作得非常精致。不仅如此，他们还选择柔软的质料做铺垫，以图居住舒适。《散不足篇》说："今，富者绣茵翟柔，蒲子露床。中者滩皮代旃，阘坐平莞。"这里所说，就是豪民大家一般使用野鸡毛做成的褥子和蒲草编成的凉席；中家也要用獐皮代替毡子，床前踏板上都铺着莞草垫。

由此可见，武、昭、宣帝时代，豪民阶层的居室是朝着外部建筑美观化，内部装修奢华、舒适化方向发展。因此豪民阶层在居住上的消费，也表现出了奢侈性。

（四）车辆问题

在西汉，车辆是重要交通工具。无论是官府，还是民间，旅行都需要用车。因为车辆在交通上占有重要地位，所以国家对车辆的修造及装饰的等级都规定得非常严格。国家最高统治者皇帝，有不同用途的车辆，并且，装饰精美。对于官僚来说，则按官位的级别乘坐不同的车辆。《续汉书·舆服志》中详细记载了这种等级的规定。西汉国家虽然对民间的车辆没有明确规定，但是，皇帝、贵族、官僚所乘车辆的森严等级，自然要对民间产生很大的影响。

应该说，西汉是商品经济相对发达的时代，因而，当时人们不仅注意到政治地位，而且，也很看重经济实力。司马迁在《史记·货殖列传》中记载了一大批"素封"①，正是把握住了时代的特点。正因为如此，社会中的豪民

---

① 《史记》卷一二九《货殖列传》。

虽然在政治上的地位不高，可是，他们总是要凭借经济力量来显示其身份的高贵。自然，车辆也成为他们身份的炫耀物。西汉前期，一些大商人已经开始"乘坚策肥"①。自武帝以后，随着奢侈风气的盛行，豪民阶层大量花费钱财装饰车辆已成为时尚。《散不足篇》说："今，庶人富者银华左搔，结绥韬杠。中者错镳涂采，珥靳飞轮。"所谓"银华左搔"，就是用金银玉石装饰车盖；"结绥韬杠"，即安装登车把手，用熟皮包裹车辕；"错镳涂采"，就是为马嚼子镶金画彩；"珥靳飞轮"，即用珠玉装饰马和车窗。豪民为他们乘坐的车辆所做的这些装饰，同当时贵族和高级官员的车辆几乎没有多少区别。

这些豪民在马具的使用上，也注意到精巧、华丽。《散不足篇》说："今富者镔耳银镊鞬，黄金琅勒，罽绣弇汗，华珥明鲜。中者漆韦绍系，采画暴干。"这里所说的，就是当时豪民驾车所用马匹的耳朵上有皮革的装饰，马头上有银的装饰；马嚼子金光闪闪，用绣花毛织物遮汗；马耳朵上悬挂着珠玉红缨。中等人家的马具也用油漆的皮绳拴结。而且，这些豪民在马匹的使用上，也要显示出他们的气派。正如《散不足篇》所说："今富者连车列骑，骖贰辎轺。中者微舆短毂，繁髦掌蹄。"因此，豪民阶层无论是在车辆，还是马具、马匹上，都以奢华作为他们追求的目标。他们对车辆和马匹的这种修饰，在当时人们看来，不仅同先秦时代差别很大，就是在当时的生活中也是极大的浪费。仅就驾车的马匹来看，《散不足篇》说："夫一马伏枥，当中家六口之食，亡丁男一人之事。"显然，豪民在车辆上花费钱财的数目是非常之多的。

总之，《散不足篇》反映的情况，说明武、昭、宣帝时代，豪民阶层在衣、食、住、行上的消费是极其浪费的。这种消费并不是正常的，是为显示其富有而进行的奢侈性消费。

二

《散不足篇》对武、昭、宣帝时代民间的婚姻、丧葬、祭祀和娱乐活动也有记载。由于贤良是从批评奢侈风气的角度来看问题，所以对这些活动的

① 《汉书》卷二四上《食货志上》。

说明，并不是着眼于全貌，而是仅仅局限于对社会产生不良影响的弊端方面。

《散不足篇》反映的民间婚姻情况，主要是豪民阶层的多妻制。其实，西汉时期，民间比较普遍的婚姻形式是一夫一妻制。当时五口之家被认为是平民家庭的通常形态。只有在皇室、贵族阶层中，才实行多妻制。特别是在武帝时期，他依仗着国力雄厚，不仅实行多欲政治，在个人生活上也极为奢侈，以至后宫宫女多达上千人。

上层统治者在生活上的这种纵欲风气，自然也影响到民间。豪民阶层凭借其经济实力，也以多娶妻妾为荣。《散不足篇》说："今诸侯百数，卿大夫十数，中者侍御，富者盈室。"正是说的这种情况。豪民妻妾人数的增多，对民间的婚姻造成很大的影响，使当时很多地方，"女或旷怨失时，男或放死无匹"[①]。

豪民在婚姻上，不仅多娶妻妾，而且，举行婚礼也不惜花费大量钱财。在当时，"富者皮衣朱貉，繁露环佩。中者长裾交袆，璧瑞簪珥"[②]。就是说，结婚时，富家的人要穿红色的貉皮衣服，珠玉满头。中等人家的人则穿着长裙，腰里系着有香料的带子，头上戴着玉石簪子和耳环。可见，豪民婚礼上的衣着和装饰是非常奢华的。《散不足篇》虽然对豪民的婚姻状况叙述不多，可是，仅从这些方面，也可以看出，他们在婚姻活动中，也要充分表现出他们的富有，并满足他们的奢欲。

《散不足篇》也注意到武、昭、宣帝时代的丧葬活动。因为丧葬在古代社会始终是人们生活中的大事。西汉时期，在民间为了表达对死者的哀思，祈祷亡灵的福祐，人们对葬礼是很重视的。但是，因为民间家庭经济状况不同，丧礼的规模是有差别的。对于豪民来说，他们在举行葬礼时，也要充分显示其经济实力，以表现出他们社会地位的高贵。因此《散不足篇》说："今生不能致其爱敬，死以奢侈相高；虽无哀戚之心，而厚葬重币者，则称以为孝，显名立于世，光荣著于俗。"正因如此，这些豪民在坟墓的修建上，极力追求宏大。《散不足篇》说："今富者积土成山，列树成林，台榭连阁，

① 《盐铁论》卷六《散不足篇》。
② 《盐铁论》卷六《散不足篇》。

集观增楼。中者祠堂屏合，垣阙罘罳。"很明显，豪民对坟墓、祭奠墓祠的修建，以及墓旁林木的种植都要以奢华为目标。

在灵车的装饰和棺椁的制造上，豪民力求精致华贵。《散不足篇》说："今，富者绣墙题凑。中者梓棺楩椁。"这里提到的"绣墙题凑"，就是柩车布帷上绣着花纹，棺材外垒着木头；"梓棺楩椁"，就是梓木做棺，楩木做椁。对柩车和棺椁的这样修造和装饰，显然是很奢侈的。

这些豪民还在陪葬物上，大肆挥霍钱财。《散不足篇》说："今，厚资多藏，器用如生人。"可见，当时豪民所用的明器是很精致的，达到了栩栩如生的程度。这同一般平民的状况形成鲜明的对照。正如《散不足篇》说："匹夫无貌领，桐人衣纨绨。"

豪民阶层在丧葬上的这些做法，不仅大量地浪费社会财富，而且带来消极的社会后果，助长了民间奢侈风气的盛行，成为促使社会群体两极分化的重要因素。《散不足篇》说："故黎民相慕效，至于发屋卖业。"这就是说，无经济实力的小农为了使葬礼隆重，已达到了破产的地步。由于西汉人极其重视丧葬，所以这种奢侈风气所带来的危害就更为严重。

《散不足篇》对民间的祭祀活动，也有较多的反映。因为当时人们对鬼神信仰的风气是很盛行的。正如《散不足篇》说："世俗宽于行而求于鬼，怠于礼而笃于祭。"因为祭祀活动在民间生活中占有很重要的地位，所以豪民非常注重祭祀仪式的隆重程度。《散不足篇》说："今富者祈名岳，望山川，椎牛击鼓，戏倡舞像。中者南居当路，水上云台，屠羊杀狗，鼓瑟吹笙。"可见，这些豪民在祭祀时，要击鼓杀牛，屠羊杀狗，演戏，耍木偶，吹奏乐器。这样隆重的场面，自然要耗费大量钱财。

豪民在祭祀上的这种奢侈做法，对一般平民的影响很大。一些贫困之家极力仿效。《散不足篇》说："贫者鸡豕五芳，卫保散腊，倾盖社场。"他们这些活动，必然使其家庭陷入困境。因为自战国以来，祭祀用费一直是小农家庭的负担之一。时人估算，"社闾尝新春秋之祠，用钱三百"[①]，几乎占五口之家一年纯收入的三分之一。一旦在祭祀用费上增加开支，显然要造成小农家庭经济的不稳定。

---

① 《汉书》卷二四上《食货志上》。

民间祭祀活动上的奢侈风气的盛行，还为巫、祝活动提供了有利的条件，使社会中巫、祝的数量明显增多。《散不足篇》说："今世俗饰伪行诈，为民巫祝，以取厘谢，坚贿健舌，或以成业致富，故惮事之人，释本相学。是以街巷有巫，闾里有祝。"由此看来，当时不仅巫、祝的数量很多，而且，这些巫、祝利用民间对鬼神的虔诚信仰，大肆骗取钱财，并以此作为致富的手段。这种情况完全是社会生活中的一种畸形现象。因为它只能使人们空耗资产，对社会完全无益。

《散不足篇》还对武帝以后民间的娱乐有一些反映。但是，它反映的主要是豪民阶层的娱乐活动。因为在这一时期，豪民已具有很强的经济实力，他们不仅在衣、食、住、行上追求奢侈消费，也寻求舒适安逸的娱乐活动。他们在举行家宴时，经常是"富者钟鼓五乐，歌儿数曹。中者鸣竽调瑟，郑舞赵讴"①。用这些舞乐来消遣，不花费大量钱财是很难办到的。豪民阶层在娱乐活动上的这种风气同西汉前期有很大的不同。《散不足篇》说："往者民间酒会，各以党俗，弹筝鼓缶而已。无要妙之音，变羽之转。"这就是说，在西汉前期民间的娱乐活动中，节俭风气是占主导地位的。同西汉前期的情况相对比，显然，武帝以后，豪民的娱乐活动已是很奢侈的了。

豪民的这种奢侈的娱乐还表现在，他们为追求舒适安逸，甚至一些应该遵守的礼节也不顾及。例如，当时人们一般是"邻有丧，舂不相杵，巷不歌谣"，可是，这些豪民却"因人之丧以求酒肉，幸与小坐而责辨，歌舞俳优，连笑伎戏"。②

综上可见，《散不足篇》对西汉武帝以后，民间的婚姻、丧葬、祭祀、娱乐活动的揭示，表明在豪民阶层中，奢侈消费已占了主导的地位。

《散不足篇》虽然文字不多，但是它对武、昭、宣帝时代社会生活中的问题的反映却是比较全面的。其中贯彻的主导思想是对奢侈风气的批评。反对社会中的奢侈风气，是汉文帝以来，一些有见识的思想家的一贯主张。贾谊、严安、王吉、贡禹等人都明确指出了这种风气的危害。然而，这些人虽然看到了奢侈风气的弊端，并提出了一些措施，但是，都不如《散不足篇》

---

① 《盐铁论》卷六《散不足篇》。

② 《盐铁论》卷六《散不足篇》。

揭露得彻底和全面。正因为如此，《散不足篇》也就为我们了解西汉社会生活畸形发展这一方面，提供了宝贵的材料。因而，无论从社会生活史，还是从经济思想史的角度，我们都可以从《散不足篇》中得到重要的启示。本文只是从社会生活方面说明了《散不足篇》的意义，它在经济思想方面的价值，还有待于做进一步的开掘。

（原载《中国典籍与文化》1995 年第 4 期）

东汉宗族组织试探

　　东汉时代，是社会中宗族组织发展的重要时期。宗族在各地方分布广泛，实际已经成为重要的社会组织。东汉宗族的存在和发展，不仅制约宗族中各家庭和家族的活动，而且，也影响到国家的地方统治秩序。因此探讨东汉宗族组织的构成特点、宗族内族人的联系、族人和国家法律的关系以及宗族对社会的影响，有益于深入认识东汉社会内部的特征。本文拟就上述问题做一些考察。

一、宗族组织构成的特点

　　东汉宗族组织，是在先秦宗法组织瓦解后，适应东汉的社会条件，而形成的又一种共同祖先、共同血缘关系的家庭和家族的共同体。这种共同体，在组织构成上，比较严密，具有非常明显的特点。下面分别论列之。

　　第一，在东汉宗族组织中，有共同尊奉、祭祀祖先的仪式。同血缘的族人对共同祖先的祭祀，是宗族组织构成的基础。东汉时代，宗族族人尊奉祖先的意识是强烈的。《东观汉记·邓晨传》："邓晨，南阳人。与上起兵，新野吏乃烧晨先祖祠堂，污池室宅，焚其冢墓。宗族皆怒，曰：'家自富足，何故随妇家入汤镬中？'"① 邓晨的先祖祠堂和冢墓被毁，而引起全宗族族人的愤怒，正说明他们有着共同的尊祖情感。由族人的这种尊祖意识所决定，在宗族组织中已出现了族人共同祭祀先祖的场所——祠堂。东汉宗族中，设置祠堂，进行祭祀，是很普遍的情况。《潜夫论·浮侈篇》提到，当时京城贵戚、郡县豪家，都"造起大冢，六种松柏，庐舍祠堂，崇侈上僭"。不过，

---

① 《太平御览》卷四八三引《东观汉记》。

东汉宗族祠堂的设置有其独特的特点。《后汉书·桓荣传附桓典传》："国相王吉以罪被诛，故人亲戚莫敢至者。典独弃官收殓归葬，服丧三年，负土成坟，为立祠堂。"说明当时祠堂都设置在坟墓旁。东汉这种设祠的惯例，明显受到西汉以来，皇帝于陵墓附近设置原庙制度的影响。当时人们试图以这种形式，加深对先祖魂灵的敬意。正因为如此，宗族族人所共同奉祀的先祖祠的设置，就是唯一的。这样，就更有利于族人举行共同的祭祀先祖的活动。在宗族组织中，族人对共同先祖的祭祀活动是非常频繁的。《四民月令》记载：在每年正月、二月、六月、八月、十一月、十二月，都要以正祭、荐礼等不同方式祭祀先祖。① 然而，在祭祀先祖时，宗族族长同一般族人所处的地位并不相同。《四民月令》说："及祀日，进酒将神毕，乃家室尊卑，无小无大，以次列坐先祖之前，子、妇、孙、曾，各上椒酒于其家长，称觞举寿，欣欣如也。"在主祭先祖的家族中，尚且这样尊卑有序，助祭的族人的地位和族长的差别就更大了。这种主祭和助祭的区别，只是先秦宗法组织中祭祖惯例的沿袭。也就是要在祭祖活动中，体现出宗族中族长和族人地位的差别。但祭祀活动中的尊祖意识，却是共同的。在东汉宗族组织中，形成了共同祭祀祖先的仪式，这使族人在血缘结合上，有了比较稳固的宗教情感基础。

第二，在东汉宗族组织中，有共同的族人会议。《东观汉记·张表传》："（张表）遭父丧，疾病旷年，目无所见，耳无所闻。服阕，医药救疗，历岁乃瘳。每弹琴恻怆不能成声，见酒肉未尝不泣，宗人亲厚节会饮食宴，为其不复设乐。"② 这里提到的，在固定节日里，宗族族人共同举行宴饮，实际就是一种定期举行的族人会议。会议采取宴饮的形式，正是原始集会习俗的遗存。除此而外，在全体族人举行对先祖的正式祭祀完毕后，也常常要召开族人会议，《四民月令》说："其明日，又祀，是谓蒸祭。后三日，祀冢。事毕，乃请召宗族、婚姻、宾旅，讲好和礼，以笃恩纪。"族人会议，对宗族组织极为重要。因为宗族和族人个人的大事，一般都要在族人会议上商议。如东汉末年，程昱"宗人奉牛酒大会"，他就在会上提出，"知足不辱，吾可

---

① 崔寔：《四民月令》，缪启愉辑释本。
② 《太平御览》卷四一二引《东观汉记》。

以退矣",① 明确向族人表示了自己退官的要求。因此，在东汉宗族组织中，定期召集的族人会议，实际是原始的氏族会议的残存，仍然能够保证族人之间相互联系和形成共同的意志。

第三，东汉宗族组织中，由族长支配全体族人。《通典·礼部》说："汉石渠议：大宗无后，族无庶子，已有一嫡子，当绝父祀，以后大宗不？戴圣云：大宗不可绝，言嫡子不为后者，不得先庶耳。族无庶子，则当绝父，以后大宗。闻人通汉云：大宗有绝，子不绝其父。宣帝制曰：圣议是也。"这段记载，虽然是对宗族继承制的讨论，可是，其中自然要渗入汉代的一些现实情况。由此可以看出，汉代宗族组织中，仍然同先秦时代的宗法组织一样，还是由宗子，也就是族长统领族人。由于族长仍有宗子之称，所以宗族的族权实际是固定在族中有实力的家族中的。《后汉书·耿纯传》："会王郎反，世祖自蓟东南驰，纯与从昆弟䜣、宿、植共率宗族宾客二千余人，老病者皆载木自随，奉迎于育。"从耿纯的行动来看，他无疑是全体族人的统领者。而他的身份却是"钜鹿大姓"②。并且，随着东汉田庄的形成，宗族的族长常常是同田庄主合二为一的。诸如樊氏田庄中的樊宏、《四民月令》记载中的"家长"，都是田庄主。他们都能够支配自己田庄中的族人。因此，东汉宗族的族权，很明显，是掌握在宗族中的豪民大家手中的。

东汉宗族族权，为族中的豪民大家所控制，一方面同他们家族的雄厚经济实力相关。同时，与这种大家族在传袭上的稳定性，也有不可分割的关系。豪民大家所处地位优越，如果没有受到国家政治、法律上的干预，他们的家族很难衰败。《后汉书·韩棱传》："（韩棱）弓高侯颓当之后也，世为乡里著姓。"《后汉书·王龚传》："（王龚）世为豪族。"这样，宗族组织的族权，就可以由豪民家族世代传承。因而，也就使宗族组织能够保持相对的稳定性。

东汉宗族组织的族权，是由族中的豪民大家所操纵，因此就更增强了族长对族人的控制。他们不仅可以主持族中的祭祀，召集族人会议，而且，能够用族规来约束族人。《后汉书·邓禹传》："自祖父禹教训子孙，皆遵法度，

① 《三国志》卷一四《魏书·程昱传》。
② 《后汉书》卷二一《耿纯传》。

深戒窦氏，捡敕宗族，阖门静居。"又《后汉·梁统传》："捡御门族，未曾以权盛干法。"这些记载中提列的"捡敕""捡御"，都是按族中规定，来检查族人的行动。随着宗族组织内依附关系的滋生和发展，族长甚至可以支配族人的财产。如《东观汉记·耿纯传》："耿纯率宗族归光武，时郡国多降邯郸，纯兄归烧宗家庐舍。上以问纯，纯曰：'恐宗人宾客，卒有不同，故焚烧庐舍，绝其反顾之望。'"① 不仅如此，处于依附地位的族人还要"父子低首奴事，躬率妻孥为之服役"②。由此可见，东汉宗族组织中族长的父家长的特征是非常明显的。他们对族人的支配，既利用了血缘关系上的优越地位，又利用财产上的优势。因而使族长和族人的关系，带有浓厚的阶级统治的色彩。

第四，东汉宗族组织中，族人亲族范围明确。在宗族中，虽然血缘关系是族人结合的基础，但是这种血缘亲族的范围并不是无限止的。《后汉书·郭伋传》："（郭）伋以老病上书乞骸骨。二十二年，征为太中大夫，赐宅一区，及帷帐钱谷，以充其家，伋辄散与宗亲九族，无所遗余。"在这一记载中，"宗亲"和"九族"并提，应该说二者有等同的意义。不仅如此，在文献记载中"九族"还同"宗族""宗亲"一样，可以同地方乡里组织并称。如《后汉书·循吏传》：童恢"父仲玉，遭世凶荒，倾家赈恤，九族乡里赖全者以百数"。这实际上，也是宗族与"九族"联系密切的佐证。因此，东汉宗族应该是由"九族"范围内的族人组成。关于"九族"的记载，始见于《尚书·尧典》。其中有"以亲九族"的说法。今、古文家对"九族"的解释，各不相同。郑玄说："九族，上自高祖，下至玄孙，凡九族。"③ 马融同于郑玄，都是本于古文家说。而许慎、应劭则以为，九族，乃是父族四、母族三、妻族二，以今文家说立论。关于《尚书·尧典》中的"九族"，且置不论，就东汉文献中的"九族"来说，依据今文家的解释，很难讲通。如前所述，在东汉，同"九族"并称的，是"宗族""宗亲"，都是父系亲族，并不曾涉及母族和妻族。由此可见，郑玄、马融的看法，比较符合东汉的情

---

① 《艺文类聚》卷六四引。

② 崔寔：《政论》，清严可均辑本。

③ 《三国志》卷一八《魏书·许褚传》。

况。当然，还需要指出的是，《白虎通》曾对"九族"做了比较详细的解释。其中《宗族篇》说："族者，何也，族者凑也，聚也，谓恩爱相流凑。上凑高祖，下至玄孙，一家有吉，百家聚之，合而为亲。生相亲爱，死相哀痛，有合聚之道，故谓之族。"应该说，这种解释是东汉人对当时"九族"的恰当认识。所以，更具体地说，东汉宗族所能包容的族人范围，只是上到高祖、下至玄孙的亲族。如果超出这个范围，就没有宗亲关系了，也就不称其为族人。因此《释名·释亲》说："玄孙之子曰来孙，此在无服之外，其意疏远，呼之乃来也。"可见东汉宗族族人的血缘结合，已同原始的血亲联系的无限性，有很大的不同了。

总之，上述特征表明：东汉的宗族组织，是在"九族"范围内，以血缘关系为纽带的家庭和家族的组合。豪民大家实际控制了族权，在族人共同尊祖和血缘联系的掩盖下，阶级的支配关系已经占据了主导的地位。因此，这种血缘共同体只是父家长家庭公社残余的变态组织形式。

二、宗族内的救恤活动

东汉宗族组织，固然是有亲族联系的家庭和家族的结合体，但是，在宗族内部，各家庭和家族的生产、生活都是独立的。族人的相互联系，主要表现在相互的救恤活动上。宗族组织，还带有父家长家庭公社的残迹，因此族内的救恤活动具有多种形式。

（一）经济上相互赈恤

东汉宗族内部，族人之间在经济上相互救助，主要是以钱财赈施。关于这种赈施的事例，在文献记载中多见。如《后汉书·韦彪传》："（韦）彪清俭好施，禄赐分与宗族，家无余财。"《后汉书·张纯传》："（张奋）常分损租奉，赡恤宗人，虽至倾匮，而施与不息。"在一些宗族组织中，这种赈施还形成定期的活动。《四民月令》说："三月，……冬谷或尽，椹、麦未熟，乃顺阳布德，振赡匮乏，务先九族，自亲者始。""九月，存问九族孤、寡、老、病，不能自存者，分厚彻重，以救其寒。"宗族族人中有丧葬大事，就更重视对丧家的赈施。这种赈施，经常是由族长亲自召集族人扶助丧家。《四民月令》说："五谷既登，家储蓄积，乃顺时令，敕丧纪。同宗有贫窭久不堪葬者，则纠合宗人，共兴举之"便是证明。如果遇到灾荒之年，宗族内的经济救助，就更为经常。《后汉书·方术传》："（寥）扶逆知岁荒，乃聚谷数千斛，悉用给宗族姻亲，又殓遭疫死亡不能自收者。"又《后汉书·独行传》："（刘）翊救给乏绝，资其食者数百人。分族贫者，死亡则为具殡葬。"有些宗族中的富家，甚至"倾家赈恤，九族乡里赖全者以百数"①。

东汉宗族中的这种赈施活动，对稳定宗族组织起到非常重要的作用。因为在宗族中，贫富的分化是非常严重的，所以，这种经济上的赈施，实际都是族中富家对贫族的扶助。在当时文献记载中，屡屡提到一些族人"尽散家资，以分宗里故旧之贫赢者"②，"赏赐以振施贫者"③。宗族的赈施，至少可以防止或减少族中贫困家庭的破产。甚至能够帮助一些负债家庭重新恢复经济。《金广延母徐氏纪产碑》载：金氏家族"蓄积消灭，责负奔亡，□□□立，依附宗家，得以苏（下缺）及归故主，三分屋一，才得廿一万六百"④，即其例证。因此东汉宗族组织内的经济救济，还残留着原始血缘救助的特征。但是，宗族中豪民大家对族权的把持，也使经济赈施，渗入了他们的阶级意志。因为在宗族组织中，能实行赈施的，大多数是豪民和官僚士大夫。《后汉书·樊宏传》："樊重，资至巨万，而赈赡宗族。"这就是乡里豪民的赈施。《东观汉记·刘般传》："（刘般）迁宗正，在朝廷竭忠尽节，勤身忧国，夙夜不怠，数纳嘉谋，州郡便宜，清净畏惧，受职修治，振施宗族。"则是官僚士大夫的赈施。虽然豪民和官僚士大夫的地位并不相同，但是，二者具有密切的联系。在东汉，儒学世家与豪族强宗是结合为一体的。⑤ 他们对族人实施赈施，正是由他们居于控制族权的地位上，所进行的"收族"活动。所谓"收族"，是先秦宗法制度的重要内容。诚如《礼记·大传》称："亲亲故敬祖，尊祖故敬宗，敬宗故收族，收族故宗庙严。"其实，东汉宗族中的豪民大家，以赈施来"收族"，同这种古老的传统的意义是相同的。《后汉书·朱晖传》："建初中南阳大饥，米石千余，晖尽散其家资，以分宗里故旧

① 《后汉书》卷七六《循吏传》。

② 《后汉书》卷四三《朱晖传》。

③ 《后汉书》卷七七《酷吏传》。

④ 《隶释》卷一五《金广延母徐氏纪产碑》。

⑤ 何兹全：《中国古代社会》，河南人民出版社，1991年，第379页。

之贫赢者，乡族皆归焉。"又《三国志·魏书·司马朗传》："（司马朗）乃将家还温。时岁大饥，人相食，朗收恤宗族，教训诸弟，不为衰世解业。"都说明了这一点。由此可见，宗族豪民大家以经济上的赈施来"收族"，就更增强了宗族组织的凝聚力。在东汉依附关系逐渐发展的社会条件下，这种凝聚力的作用，自然使依附的族人很难同豪民大家脱离关系。经济赈施的吸引，像无形的网络，把这些族人紧紧束缚住。

（二）为族人血亲复仇

在东汉宗族中，族人相互救恤，血亲复仇也是重要的内容。宗族中的族人被他人伤害后，同族者复仇的意识是很强的。"族人之仇，不共邻"①，这种信条已为宗族族人所恪守。正因为如此，当时宗族族人不仅要向一般普通仇人复仇，就是官府依法诛杀了同宗族的族人，他们也要聚集起来，进行复仇行动。如大姓公孙丹指使其子杀人，郡太守董宣知，"即收丹父子杀之。丹宗族亲党三十余人，操兵诣府，称冤叫号"②。这种复仇活动，起源久远。在氏族社会中，它是氏族成员"在受到侵害时提供帮助、保护和支援的相互义务"③。东汉宗族成员为自己的族人复仇，正是沿袭了这种习俗，所以他们的复仇，仍然具有保护、帮助和支援族人的性质。这种原始的复仇习俗在宗族组织中残存下来，实际也成为加强族人联系和合作的重要因素。

（三）收养族中的孤弱者

东汉宗族族人对于同族的孤弱者，负有收养的责任。《后汉书·任光传》："（任愧）少好黄老，清静寡欲，所得奉秩，常以赈恤宗族，收养孤寡。"这种收养，并没有剥夺被收养者的自由，使其丧失自由人的身份。如侯瑾"少孤贫，依宗人居"。可是，他却能"昼为人佣赁，暮辄燃柴薪以读书"④。同时，这种收养也不能占有被收养者的财产。《后汉书·逸民传》；"（周党）太原广武人也。家产千金。少孤，为宗人所养，而遇之不以理，及长，又不还其财。党诣乡县讼，主乃归之。"可见占有被收养族人的财产，在国家法律上，也是被严格禁止的。所以，同族人收养同宗的贫弱者，是族

---

① 《白虎通义》卷四《诛伐篇》。

② 《后汉书》卷七七《酷吏·董宣传》。

③ 马克思、恩格斯：《马克思恩格斯选集（四卷）》，人民出版社，1972年，第96页。

④ 《艺文类聚》卷八〇引《汝南先贤传》。

人相互救恤的一种体现。实际上，这种收养也是原始的"慈幼"习俗，在宗族组织中的残留。

（四）以武装方式相互扶助

东汉宗族族人在正常社会条件下，可以利用传统的习俗相互救恤。在战乱时代，他们相互扶助的意识就更强烈。组织武装，修建坞壁，共同自卫，成为这种社会环境下宗族救助的特点。如《后汉书·第五伦传》："（第五）伦少有义行，王莽末，盗贼起，宗族闾里争往附之。伦乃依险固筑营壁，有贼，辄奋厉其众，引强持满以拒之，铜马、赤眉之属前后数十辈，皆不能下。"在宗族中，有些人甚至奋不顾身援助自己的族人。《后汉书·虞延传》："王莽末，天下大乱，延常婴甲胄，拥卫亲族，捍御钞盗，赖其全者甚众。"即其例证。东汉末年，随着宗族内部依附关系的增强，武装自救的宗族团体，更为广泛地出现。如许褚"汉末，聚少年及宗族数千家，共坚壁以御寇"①。宗族族人以武装的形式相救助，正是要在战乱中求得生存。因此宗族的这种救助，就具有明显的共同性。东汉宗族内部私人武装，也正是利用这种救助的共同性的特点，开始发展起来。

三、宗族族人的法律连带责任

东汉宗族族人在血缘联系上具有密切性，同时，宗族组织的牢固性日益增强，这就使同宗族人在法律上具有了较强的连带责任。所谓法律连带责任，是东汉国家从宗族组织的外部，强给族人的刑罚株连。

从刑罚上株连同犯罪者有血缘关系的亲族，开始出现在秦国。特别是商鞅变法后，这种株连开始严厉起来。《汉书·刑法志》说："秦用商鞅，造参夷之诛。"所谓"参夷"，正是指株连涉及三族。秦代提倡家庭分居，打击宗族的结合，所以株连仅以家族为限。自西汉中期以后，宗族组织开始发展，所以刑罚上的连带责任随之扩大。到东汉时代，宗族族人都开始负有刑罚连带责任。这种连带责任，以死刑和禁锢刑最为突出。

---

① 《三国志》卷一八《魏志·许褚传》。

（一）宗族族人在死刑上的连带责任

东汉，死刑处罚涉及的面很广泛。当时国家对谋反、诽谤朝廷、诬罔、矫诏、擅议宗庙、不道、不敬等，都要处以死刑。不仅处罚犯罪者本人，而且要连带本宗族的族人。对宗族族人的死刑连带突出表现有二：

其一，在死刑上连带族人具有严酷性。当时宗族中，如有人犯有死罪，全体同宗族人几乎都要遭到杀戮。正如左雄和郭虔上疏说："一人犯法，举宗群亡。"① 不仅平民如此，对官僚士大夫也同样处置。如汉桓帝诛杀外戚梁冀，"诸梁及孙氏中外宗亲送诏狱，无长少，皆弃市"②。王允被董卓所杀，"长子侍中盖，次子景、定及宗族十余人皆见诛害"③。

其二，在死刑连带族人的执行上，具有随意性。在东汉前期，国家对死刑连带的执行，尚能遵循一定的法规，可是，到东汉后期，国家政治黑暗，滥杀无辜，对宗族族人的死刑株连，完全可以恣意妄为。诚如《后汉书·宦者传》说："阿旨曲求，则光宠三族。直情忤意，则参夷五宗。汉之纲纪大乱矣。"李贤注说："五宗，五服内之亲也。"尤其是，当时国家统治者对有悖于其统治意志的党人，惩治得异常残酷。国家不仅肆意杀戮、禁锢党人及其宗亲，而且，对保护党人者，也以死刑株连加以处罚。如党人张俭避难，"其所经历，伏重诛者以十数，宗亲皆殄灭，郡县为之残破"④。在黑暗的政治统治之下，宗族族人所负有的这种法律上的连带责任，实际是套在他们身上的枷锁，并且，随时都可能招致杀身的大祸。由于东汉国家强加给宗族族人的死刑连带责任具有残酷性和随意性，族人的这种连带责任，给宗族的存在带来的是极为消极的后果，常常使整个宗族归于覆灭。

（二）宗族族人在禁锢刑上的连带责任

汉代的禁锢，是国家对官吏和平民任官资格的剥夺，类似近代褫夺公权的刑罚。西汉时，国家的禁锢刑罚，仅罪及犯罪者本人，很少使犯罪者的亲族承受连带责任。东汉时期，则完全不同于西汉，国家不仅滥施禁锢，并且，使这种刑罚株连的范围不断扩大。东汉前期，禁锢刑的连带，一般是根

---

① 《后汉书》卷六一《左雄传》。

② 《后汉书》卷三四《梁统传附梁冀传》。

③ 《后汉书》卷六六《王允传》。

④ 《后汉书》卷六七《张俭传》。

据犯罪者的罪行轻重不同来决定。《后汉书·章帝纪》载元和元年诏:"……往者妖言大狱,所至广远,一人犯罪,禁及三属,莫得垂缨仕宦王朝。"沈家本认为,三族当以本宗为断,未必及母族、妻族。① 据此,东汉前期,即便宗族族人受到禁锢株连,最多也是犯罪者的直系三族负有连带责任,还没有扩展到宗族中的全体族人。然而,到东汉后期,禁锢刑的实施已非常混乱,而且禁锢刑的连带范围也明显扩大。《后汉书·陈蕃传》:"徙其(指陈蕃)家属于比景,宗族、门生、故吏皆斥免禁锢。"说明宗族的全体族人都要受到禁锢株连。由于国家政治混乱,禁锢的量刑,完全脱离刑罚的规定。特别是国家对党人的打击,完全以其统治的意志来决定。只要与党人有联系,都要"免官禁锢,爰及五属"②。使受牵连的宗族遭受极大的损害。以至当时就有人指责,这种禁锢连带"既乖典训之文,有谬经常之法"③。东汉时代,宗族族人所承受的禁锢连带责任,虽然不能招致宗族的覆灭,但是,全体族人仕进的权力被剥夺,自然降低了宗族组织在地方的地位。因此对宗族的存在和发展的影响也是重大的。

四、宗族组织对国家地方统治的影响

如前所述,东汉宗族组织在构成上具有严密性和稳定性,已成为重要的社会组织。特别是宗族组织一般都被族内的豪民大家所控制,因此宗族对当时的社会秩序产生了较大的影响。不过,东汉国家的集权统治比较强大,所以宗族组织影响最大的,是国家的地方统治秩序。

(一)宗族组织影响地方政权的施政

东汉时期,宗族组织已同地方乡里组织有了比较密切的联系。在有关东汉的文献记载中,宗族经常与乡党、乡里并称。如《后汉书·周燮传》:"(周燮)常肆勤以自给。非身所耕渔,则不食也。乡党宗族希得见者。"有

① 《历代刑法考·刑法分考一七》。
② 《后汉书》卷六七《党锢传序》。
③ 《后汉书》卷六七《党锢传序》。

些记载，甚至把宗族和乡里合称为"乡族"①。具体说来，乡里和宗族的密切联系，明显的表现有二：

第一，在很多地方乡里居民的分布上，已经呈现出同血缘、同宗族化的倾向。东汉宗族组织主要是由同宗的"九族"亲族组成，因而所能包容的族人很多。当时拥有千家以上的宗族，是普遍存在的。《后汉书·荀彧传》："同郡韩融，时将宗亲千余家，避乱密西山中。"众多的同姓宗族族人聚居在一起，是拥有颇大社会势力的，因而他们对非同血亲家庭的排斥力很强。在当时乡里中，也存在一些"细族孤门"。② 这正是魏晋时期的"家世单门，傍无戚援"③ 的单家。这些单家在"强宗"势力面前，有的是投靠乡里强宗，成为他们的宾客，以此求得生存。但是，多数家庭要在经济、政治上获得发展，就只能迁徙到宗族势力比较薄弱的地区。《三国志·裴潜传》注引《魏略》就提到，单家严干、李义避开本郡"冠族"势力，而"皆仕东郡右职"。因而，宗族势力的发展，极大影响了乡里居民的分布状况。《三国志·蜀书·周群传》称："昔者吾居涿县，特多毛姓，东西南北皆诸毛也。涿令曰：诸毛绕涿居乎。"这说明，东汉后期，一些县中居民姓氏单一化的现象很突出。县中居民的分布情况尚且如此，乡里的情况当然也就更严重了。由此可见，在东汉乡里中，居住的主要是以宗族组织相联系的居民。乡里居民的同宗族化，正是地方强宗控制乡里秩序的社会基础。

第二，乡里宗族组织的代表，实际操纵了乡里的支配权。东汉乡里秩序，是由乡官维持的。因为东汉时代，地方乡里宗族势力的强大，必然使乡里地方权力与宗族族权结合在一起。《后汉书·樊宏传》："（樊重）赀至巨万，而赈赡宗族，恩加乡闾。……县中称美，推为三老。"就说明了这一点。宗族中的豪民大家把持乡里的权力，乡里社会的统治秩序自然就要被他们的意志所左右。

地方宗族组织不仅可以完全控制乡里的统治秩序，而且，还有一些实力强大的宗族，可以凭借他们在经济、政治上的影响，把控制力伸展到县、

---

① 《后汉书》卷八一《独行·刘翊传》。

② 《论衡·自纪篇》。

③ 《陈书》卷三四《文学·颜晃传》。

郡。在文献记载中，多有大姓、冠族、著姓、甲族之称。这些"大姓"，实际都是地方上的"强宗"。虽然乡里仍然是他们活动的基础，可是，其实力和影响，却比一般宗族大得多。在全国很多郡，都有这类"强宗"的分布。例如：冯翊有桓、田、吉、郭氏；弘农有杨氏；河南尹有种氏；河东有马氏；京兆有张、第五氏；清河有赵氏；渔阳有阳氏；上党有陈氏；太原有王氏；天水有姜、任、赵氏；敦煌有盖氏；犍为有张氏；吴郡有顾、陆、朱、张氏；会稽有虞、魏、孔、贺氏；北海有公孙氏；广陵有雷、蒋、谷、鲁氏；下邳有陈氏；汝南有袁氏；颍川有韩、郭氏。这些"强宗"提高族望，各自有不同的途径。有的"大姓"，是从经济上，"世以货殖著姓"①，有的则是以"文雅显"②，还有的是"家世衣冠"③"世吏二千石"④。也就是说，这些"强宗"，是由于他们在经济、政治和文化上，具有优越的地位，才成为能够影响一郡的"郡族姓"。

这些"强宗"能够对郡、县产生实际的影响，主要在于他们能够占据属吏任职的优先权。东汉国家实行严格的地方长吏回避制度。也就是说，由国家直接任命的郡太守、县令、长，必须由外籍人充当。可是，属吏则由郡太守、县令在本籍人中选拔。因为地方"强宗"在政治、经济、文化上占据优势地位，所以属吏很多出自这些地方"强宗"。如新莽末，地方豪强寇恂，就曾担任过郡功曹。⑤ 到东汉后期，郡属吏由"强宗"的代表出任，已成为惯例。因此，公孙瓒把"衣冠子弟"派往穷苦地方任职时，就说："今取衣冠子弟及善士富贵之，皆自以为职当得之，不谢人善也。"⑥ 地方郡、县属吏由"强宗"的代表充任，就使这些"强宗"具有很大的左右郡县事务的能力。不仅如此，东汉时代，孝廉也多从地方属吏中选拔。在《后汉书》中，有传的孝廉有 423 人，由地方属吏起家的约有 138 人，占有传人数的将近三分之一。这些宗族的代表，通过选举成为国家官僚，自然又增强了地方"强

① 《后汉书》卷一五《李通传》。

② 《后汉书》卷八〇上《文苑上·傅毅传》。

③ 《后汉书》卷四三《朱晖传》。

④ 《后汉书》卷二五《鲁恭传》。

⑤ 《后汉书》卷一六《寇恂传》。

⑥ 《三国志》卷八《魏志·公孙瓒传》引《英雄记》。

宗"的政治实力。这样，他们可以相互依赖，上下结合，造成盘根错节的形势。因而要动摇"强宗"对地方郡、县统治秩序的影响，就是非常困难的了。

（二）宗族组织影响地方的选举

东汉宗族势力，为了维持其自身的利益，也将其意志渗透到地方选举活动中。东汉国家在孝廉选举上，注重乡里对被选举者的评议。孝廉选举所具有的这种特点，为地方宗族操纵选举创造了条件。由于宗族势力已控制了乡里的权力，因此他们能够掌握对被选举者评议的"乡论"。宗族势力对不符合其意图，或不能代表其利益的受选者，都坚决予以排斥。如度尚"家贫，不修学行，不为乡里所推举"[1]。至于家势孤微的单家，就更难获得仕进的机会。正如王充《论衡·自纪篇》称："（王）充，细门孤族。或嘲之曰：宗祖无淑懿之基，文墨无篇籍之遗，虽著鸿丽之论，无所禀阶，终不为高。"而一些试图通过"乡论"，获得仕进的族人，则要采取各种方式和手段，来博得宗族的赞誉。如会稽人许武"以二弟晏、普未显，欲令成名，……共割财产以为三分，武自取肥田广宅奴婢者，二弟所得，并悉劣少。乡人皆称弟克让，而鄙武贪婪，晏等以此并得选举"[2]。因此，能够获得仕进机会的人，一般都能够代表本宗族的利益。由此可见，评论被选举者的"乡论"，很大程度上，是以宗族的意志作为标准，实际是代表了宗族中豪民大家的旨意。正因为如此，东汉的地方选举，就同国家要求的标准相差甚远，一般很难推举真正的贤才。汉明帝时，曾下诏，责备地方"选举不实"[3]，汉章帝也下诏说："选举乖实，……茂才孝廉，岁以百数，既非能显。"[4] 东汉在地方选举上所存在的这些弊端，应该说，同地方宗族势力对"乡论"的操纵，有很大的关系。

（三）宗族组织武装的发展使地方独立的趋势增强

东汉宗族组织，一般都拥有私家武装。这种宗族武装是以同宗的族人为基础，加上依附的宾客而组成的私兵。宗族的私家武装，是在新莽末年，宗

---

① 《后汉书》卷三八《度尚传》。
② 《后汉书》卷七六《循吏·许荆传》。
③ 《后汉书》卷二《明帝纪》。
④ 《后汉书》卷三《章帝纪》。

族族人为相互救恤而发展起来的。如《后汉书·樊宏传》说："更始立，欲以宏为将，宏叩头辞曰：'书生不习兵事。'竟得免归，与宗家亲属作营堑自守，老弱归之者千余家。"在战争激烈的三辅地区，"强宗右姓，各拥众保营，莫肯先附"①。宗族自卫的坞壁，遍及许多地方。当时，一些宗族武装除了自卫外，还由族长"各率宗亲子弟"②，加入军队组织中。可见一些宗族组织的武装在东汉初年，已有很强的实力。国家在安定以后，并没有明禁私人武装的命令。因此很多地方宗族组织的私兵，仍然存在。《四民月令》说："八月……得凉燥，可上角弓弩，缮治，檠正，缚徽弦，遂以习射。"说明宗族田庄中的私兵，仍要定期训练。不过，这时的宗族私兵，大多数是亦兵亦农的。宗族中的豪民把族人武装起来，主要目的在于，"警设守备，以御春饥草窃之寇"③。当然，在国家需要的时候，也有一些宗族武装，能够在族长率领下应募充兵。《后汉书·滕抚传》："下邳人谢安应募，率其宗族，设伏击凤，斩之。"即其一例。

东汉宗族私家武装的发展，更增强了宗族组织在地方上的势力。宗族可以把武装的私兵，同他们对地方的影响力结合起来，而使其独立性越来越明显。尤其对那些能够影响郡、县的"强宗"，更是如此。一些宗族可以在国家统治比较薄弱的地区，公然举兵反抗国家的统治。例如：在东汉前期，"时甾县五姓共逐守长，据城而反"。李贤注说："五姓，盖当地强宗豪右也。"④ 除此而外，至少从东汉中期开始，在很多的地方，一些"强宗"，常依仗他们的势力，驱除不符合他们意志的长吏。质帝时，曾在诏书中提道："顷者，州郡宪防，竟逞残暴，造设科条，陷入无罪。或以喜怒驱逐长吏。"⑤ 到东汉后期，这种情况愈演愈烈，以至在汉桓帝时，要下诏明令，"州郡不得迫胁驱逐长吏"⑥。这说明，拥有武装的地方"强宗"，已经尾大不掉，可以公然与国家的地方政权对抗，国家已经很难遏制他们势力的发展。实际

---

① 《后汉书》卷三一《郭伋传》。

② 《后汉书》卷一上《光武帝纪上》。

③ 崔寔：《四民月令》缪启愉辑释本。

④ 《后汉书》卷一八《吴汉传》。

⑤ 《后汉书》卷六《质帝纪》。

⑥ 《后汉书》卷七《桓帝纪》。

上，这些地方"强宗"已成为国家分裂的隐患。因而，到东汉末年，一旦皇权衰微，地方"强宗"的实力立刻膨胀。武装势力小的宗族，成为地方军阀势力的支持力量。政治和武装势力大的宗族，则转变为盘踞地方的大、小军阀。东汉末年，国家分裂局面的产生，当然，有着政治、经济、军事上的诸种原因，而东汉地方宗族组织武装的长期存在并发展，应该是其中不可低估的重要因素。

（原载《中国史研究》1993 年第 1 期）

东汉辟举问题探讨

东汉辟举是一种官吏选拔制度。文献中，又将其称为"辟选""辟除""辟召"。这种选举方式在西汉已开始实行。至东汉，在当时的选举活动中，辟举开始占据很重要的地位。因此，探讨东汉辟举的特点，对认识当时的选举制度以及官吏体制的构成都是必要的。

一

东汉的辟举是以选拔中央和地方州郡各官府的属吏为目的的。在辟举权力的行使上，从西汉至东汉，有一个演变过程。《续汉书·百官志一》："汉初掾史辟，皆上言之，故有秩比命士；其所不言，则为百石属。其后皆自辟除，故通为百石云。"据此可知，到东汉时期，国家已将三公（太尉、司徒、司空）属吏的选拔权下放至三公。也就是说，三公可以自行辟除属吏。当时与三公地位相差不多的太傅和大将军也都有这种权力。《后汉书·张霸传附张楷传》："（张楷）五府连辟，举贤良方正，不就。"李贤注说"五府，太傅、太尉、司徒、司空、大将军"。当然，与三公具有同样辟举权的尚不限于此。据《后汉书》载，骠骑将军和车骑将军也具有辟举权。《后汉书·朱晖传》：郡吏朱晖在地方声望颇好，"骠骑将军东平王苍闻而辟之，甚礼敬焉"。又《后汉书·崔骃传》："及（窦）宪为车骑将军，辟骃为掾。"皆其例证。

东汉时代，中央九卿也开始具有辟举属吏的权力。《后汉书·虞诩传》："诚宜令四府九卿，各辟彼州数人。"李贤注"四府谓太傅、太尉、司徒、司空府也。九卿谓太常、光禄、卫尉、廷尉、太仆、大鸿胪、宗正、大司农、少府等也"。除此而外，据文献记载，执金吾、司隶校尉、北军中侯也都可以辟除属吏。如《汉官》云："(北军中候)员吏七人,候自得辟召,通大鸿胪一人,斗食。"① 只是九卿及执金吾、司隶校尉、北军中候拥有的属吏与三公相差甚多,因而,他们辟举属吏的数量自然无法与三公相比。

东汉州郡长官都拥有属吏。《续汉书·百官志五》:"(刺史)皆有从事史、假佐。""(郡守)皆置诸曹掾史。"州、郡长官的这些属吏,都由他们自行辟除。《后汉书·郑均传》:"(郑均)好义笃实,养寡嫂孤儿,恩礼敦至。常称病家庭,不应州郡辟召。"这里将州、郡并提,说明州、郡长官在辟举属吏上,具有较多的一致性。

东汉时期,从中央到地方州郡,国家都赋予了这些官员自行辟除属吏的权力。但这并不是说,国家对各级辟主的辟举就不加干预了。实际上,国家对辟主的辟举有较多的限制措施。

(一)皇帝可以指令三公辟举

《后汉书·寒朗传》记载,汉章帝发现寒朗有治理地方的才能,"至梁,召见朗,诏三府为辟首,由是辟司徒府"。可见,皇帝确定辟选对象后,三公只能依照皇帝的意志执行。不仅如此,如果中央、地方官员发现人才上奏给皇帝,皇帝也可以命令三公辟举。如《后汉书·张酺传》:"(张酺)乃上疏荐青三世死节,宜蒙显异。奏下三公,由此为司空所辟。"这种由皇帝指令三公辟举的行为,当时已有固定的制度来保证。正如《后汉书·杨震传》:皇帝敕令三公辟举,"宜有尚书敕"。这种固定制度的形成,说明东汉由皇帝指令三公辟举,并不是个别现象,皇帝是可以随时贯彻其辟召意志的。

(二)国家对辟举的标准做了明确的规定

应劭《汉官仪》载光武帝诏令:

> 方今选举,贤佞朱紫错用。丞相故事,四科取士:一曰德行高妙,志节清白;二曰学通行修,经中博士;三曰明达法令,足以决疑,能案章覆问,文中御史;四曰刚毅多略,遭事不惑,明足以决,才任三辅令,皆有孝悌廉公之行。自今以后,审四科辟召,及刺史、二千石察茂才尤异孝廉之吏,务尽实核,选择英俊、贤行、廉洁、平端于县邑,务

---

① 《续汉书·百官志四》刘昭注引。

授试以职。有非其人，临计过署，不便习官事，书疏不端正，不如诏书，有司奏罪名，并正举者。①

这就是说，国家要求辟主辟举属吏，必须注意到被辟召者的道德品质、经学水平、掌握和实施法令的状况以及处理公务的能力。这正是四科辟召标准。可以说，国家对被辟举者的要求标准是很高的。光武帝确定这些标准，既是对辟主辟举属吏的约束，同时也是要保证被辟除属吏的质量。

（三）国家对辟主的辟举做出必要的限制规定

这些规定举其大要如下：

一是辟主和被辟召者要在籍贯上回避，也就是他们必须不属于同一郡望。《后汉书·乐恢传》："（乐恢）辟司空牟融府。会蜀郡太守第五伦代融为司空，恢以与伦同郡，不肯留，荐颍川杜安而退。"乐恢作为司空属吏，因为与后调任的司空第五伦属于同一籍贯而辞职，这说明三公与属吏任职需要籍贯回避。因为这种回避制度的制约，三公辟举属吏时，一般是不能够辟召与其同一郡望者的。

东汉时代，郡太守和属吏也存在籍贯回避。具体说来，地方郡太守一般要由外郡人充当，而郡属吏则由本郡人担任。《巴郡太守张纳碑阴》载题名者74人，均为太守张纳属吏。② 这些属吏来自宕渠、江州、阆中、安汉、朐忍、枳、垫江、充国、平都。这些县均属巴郡。这说明，东汉时期，郡太守与属吏在籍贯上的回避制度确实得到严格执行。由于郡太守和属吏任职上的这种限制，郡太守只能在其管辖郡所属县中辟举属吏。

在东汉各州任职的刺史，也与属吏的籍贯不同。《冯焕残碑阴》载，刺史冯焕的属吏，其籍贯为汝南郡、河内郡、汉中郡、颍川郡和陈国。③《后汉书·冯焕传》载，冯焕为巴郡人。显然，刺史冯焕与这些属吏的籍贯都不属于同一郡望。由于州刺史与其属吏也实行籍贯回避制，自然在辟举时，也就不能辟除与刺史属于同一郡望者。不过，州刺史与属吏的籍贯回避与各郡不

① 《续汉书·百官志一》刘昭注引。
② 《隶释》卷五。
③ 《隶释》卷一三。

同的是，被辟除的属吏只要求与刺史不同郡便可以了，属吏的籍贯不必限定在同一州内。

二是国家严禁辟主辟举被禁锢者。汉代的禁锢是一种褫夺公权的刑罚。也就是剥夺犯罪者或受株连者的任官权利。东汉国家对这种刑罚执行得很严格。正因为如此，在辟举上，是严禁选拔受禁锢者的。《后汉书·桓荣传附桓焉传》记载，汉顺帝即位，桓焉"拜太傅，与太尉朱宠并录尚书事。焉复入授经禁中，因宴见，建言宜引三公、尚书入省事，帝从之。以焉前廷议守正，封阳平侯，固让不受。视事三年，坐辟召禁锢者为吏免"。这说明，国家对辟主辟举禁锢者的处罚是很严格的。至东汉后期，因国家滥用禁锢刑，大批清流党人遭到禁锢。当然，对这些人，就更不能辟举了。例如，司徒杨赐便"坐辟党人免"①。可见，东汉国家处罚辟举党人的官员是毫不手软的。

三是国家禁止辟主辟召先旧、亲属。《后汉书·李固传》载，诬陷李固飞章，其中提到太尉李固"及所辟召，靡非先旧。或富室财赂，或子婿婚属，其列在官牒者凡四十九人"。从强加给李固的这些罪名来看，东汉国家对辟主辟召先旧和亲属都是严格禁止的。东汉国家对辟主所做的这些限制规定，其目的是要防止辟举时，产生徇私舞弊、违犯国家禁令以及任人唯亲行为的发生，使辟举能够体现出合理性和公正性。

四是国家对辟主辟举不胜任或犯罪者，有比较严格的惩处措施。《后汉书·陈蕃传》："帝讳其言切，托以蕃辟召非其人，遂策免之。"这说明，辟主对他辟举的属吏不能胜任职责，是负有连带责任的。国家对这样的辟主，一般给予免官处罚。当然，辟主辟举了有犯罪行为者，就不限于免官了。《后汉书·虞延传》：司徒虞延"又欲辟幽州从事公孙弘，以弘交通楚王而止，并不奏闻。及英事发觉，诏书切让，延遂自杀"。据此可知，虞延受到自杀的处分，是因为他准备辟举参与楚王刘英谋反的公孙弘，并且，没有向朝廷上奏。尽管如此，虞延受到的处罚还是如此严格。如果辟主辟召了有犯罪行为者，受到的惩处，会更加严厉。

五是国家对辟主辟举属吏有必要的检核措施。《后汉书·张酺传》："后以事与司隶校尉晏称会于朝堂，酺从容谓称曰：'三府辟吏，多非其人。'称

---

① 《后汉书》卷五四《杨震传附杨赐传》。

归，即奏令三将各实其掾史。"这就是说，对于三公辟举属吏有不称职者，国家官员可以举报给司隶校尉，然后由司隶校尉进行考核。不过，这样的考核并不是定期举行的，当是在官员举报后而采取的措施。东汉国家委任具有监察京师百官大权的司隶校尉负责检核三公辟举，正是要在对辟主采取限制措施的基础上，进一步防止辟举陷于混乱。

总之，东汉时期，中央三公、大将军、骠骑将军、车骑将军、九卿以及地方州、郡长官都可以自行辟除属吏。但是，东汉国家对这些辟主行使辟举权，也实行了必要的限制措施。这些限制措施可以约束辟主在辟举中带有随意性。

二

东汉时期，中央和地方辟主辟举，是要征集僚佐，以便能够保证各级官府的办事效率以及有效地实施国家政令。因而，中央和地方辟主在正常情况下，是比较注意辟除对象的素质的。东汉被辟除的对象，主要有以下几类：

（一）中央和地方辟主注意辟举经学水平较高者，知名大儒尤其受到重视

东汉是经学发展的时期。当时人研习经学的状况，是检验士人文化和道德水准的重要标准。因而，"经明行修"的儒生受到社会各阶层人士的尊重。这样，中央和地方辟主在辟举时，很注意选拔这些儒生。《后汉书·朱穆传》记载，朱穆任冀州刺史，"所辟用皆清德长者"。又《后汉书·赵孝传》：赵孝，"乡党服其义，州郡辟召，进退必以礼"。可见，在州郡辟召中，儒生是占有很重要地位的。三公在辟举时，不仅选拔一般儒生，而且，对知名大儒更注意辟举。《后汉书·张纯传》：张纯"（建武）二十三年，代杜林为大司空。在位慕曹参之迹，务于无为，选辟掾史，皆知名大儒"。这说明，东汉初年，一些三公便开始将知名大儒辟为僚佐。这种做法，至东汉后期也没有改变。东汉的著名儒生郑玄、郑兴、郑众、蔡邕、何林等人都受到三公的辟召。三公辟除这些大儒作为属吏，显然是要借助这些儒生的影响来提高他们的声望。诚如宋人徐天麟说："然东汉之世，公卿尤以辟士相高……往往名公巨卿，以能致贤才为高，而英才俊士，以得所依秉为重。是以誉望日隆，名节日著，而一洗末世苟合轻就之风。"① 不过，至东汉中后期，由于国家政

---

① 《东汉会要》卷二七《选举下》按语。

治日益腐败，这些大儒即使被辟除为僚佐，也很难完全施展他们的才能。

（二）中央辟主将"名士"作为辟举的重要对象

所谓名士，是东汉后期出现的一个社会阶层。范晔曾评论说："刻情修容，依倚道艺，以就其声价。"① 唐长孺先生认为，范晔的评论虽然不能说明所有名士都具有这种行为，但是，他却真实地描绘了一时风气。② 实际上，这些名士不过在某种道德方面出人一等，因而出了名，他们凭借这种名气，进而能够在社会中居于一种特殊的地位。东汉后期，名士的社会影响比较大，因此，一些辟主自然要借助他们的声望，而将他们辟为僚佐。如《后汉书·胡广传》："（胡广）自在公台三十余年……其所辟命，皆天下名士。"三公辟召名士的这种风气，在东汉后期，可以说是很兴盛的。诸如大名士李膺、杜密、郭太都受到三公的辟召。名士宗慈甚至受到"九辟公府"③ 的礼遇。三公将名士作为重要辟举对象，实际上，是将辟举向地方大姓、冠族倾斜。因为名士虽然不能说全部出自地方大姓、冠族，但大姓、冠族出身的人占有相当大的比例，则是毫无疑义的。因而，三公辟举众多名士，便为地方大姓、冠族拓展政治势力创造了条件。

（三）中央辟主可以辟举州郡属吏为僚佐

可以说，中央辟主从地方州郡属吏中辟举僚佐，在东汉初年便已实行。如《后汉书·蔡茂传》载，建武二年，司徒蔡茂"乃辟（郭）贺为掾"。这种做法，一直是东汉中央辟主选举僚佐的重要方式。如法雄"初仕郡功曹，辟太傅张禹府"④，邓彪"后仕州郡，辟公府"⑤，陈宠"少为州郡吏，辟司徒鲍昱府"⑥。东汉中央辟主从州郡属吏中选拔僚佐，是因为这些州郡属吏有处理地方具体事务的经验，将他们辟为属吏有利于提高各官府的办事效率。由于从州郡属吏中辟举僚佐是出于这种目的，所以左雄上疏，提出改革选举

---

① 《后汉书》卷八二上·《方术传论》。

② 唐长孺：《东汉末期的大姓名士》，《魏晋南北朝史论拾遗》，中华书局，1983 年，第 28 页。

③ 《后汉书》卷六二《党锢·钟皓传》。

④ 《后汉书》卷三八《法雄传》。

⑤ 《后汉书》卷四四《邓彪传》。

⑥ 《后汉书》卷四六《陈宠传》。

措施时，便强调"吏职满岁，宰府州郡乃得辟举"①。实际上，这是要求州郡属吏要有处理地方事务的必要时间保证，进而在辟举为三公僚佐后，就更能胜任其职务。不过，至东汉后期，由于州郡属吏的任职完全为地方大姓、冠族控制，从州郡属吏中辟举僚佐，很难实现上述目的。

（四）中央辟主可以辟举被地方举为孝廉者

东汉时期，各郡国举孝廉，是选举的重要科目。凡被举为孝廉者，国家首先授以郎官职。可是，在各郡被举为孝廉者中，还有一些人并非如此。《后汉书·儒林传》载，董钧"建武中，举孝廉，辟司徒府"。这说明，通过孝廉选举者，仍然可以接受中央辟主的辟举，成为三公的属吏。这种情况在东汉并不是特例，当时文献记载中多见。诸如黄宪"初举孝廉，又辟公府"②，种皓"召署主簿，遂举孝廉，辟太尉府，举高第"③。这些被举为孝廉者，仍然接受中央辟主的辟召，重要原因在于官位的晋升。《后汉书·李膺传》："初举孝廉，为司徒胡广所辟，举高第，再迁青州刺史。"又《后汉书·党锢传》："（陈翔）察孝廉，太尉辟举高第，拜侍御史。"这些记载说明，凡被三公辟为属吏的，仍然可以受到三公的推荐，由属吏晋升为国家的中央或地方官员。孝廉由这种途径晋升官职，是优于由孝廉直接任职的。正因为如此，自然要吸引一些通过孝廉选举者，再接受三公的辟举。

（五）中央和地方辟主可以辟举失去官位者

《槁长蔡湛颂》："应司徒府，除广川长，公事去官，复辟大辟。"④ 又《后汉书·韦彪传》："（韦义）以兄丧去官。比辟公府，不就。"可见，因事去官者，可以为中央辟主辟举。对这些弃官者，地方州、郡长官也同样可以辟举。《后汉书·陈蕃传》记载，"（陈蕃）遭母忧，弃官行丧，服阕，刺史周景辟别驾从事"，就是一例。据《后汉书》及汉碑所载，东汉中央和地方州、郡辟主辟举去官者，多为因事、因病而舍弃官职的。不过，国家对一些受到免官处罚而没有遭到禁锢的人，在辟举上，也多不加限制。如《后汉

---

① 《后汉书》卷六一《左雄传》。
② 《后汉书》卷五三《黄宪传》。
③ 《后汉书》卷五六《种皓传》。
④ 《隶释》卷五。

书·崔瑗传》："（崔瑗）为度辽将军邓遵所辟。居无何，遵被诛，瑗免归。后复辟车骑将军阎显府。"因此，可以说，东汉国家让失去官位者重新任职，是保证中央和地方州、郡属吏来源的重要措施。

综上可见，东汉中央和地方辟举对象的类别是多种多样的。这样，自然保证了中央和地方辟举有多方面的人才来源。

三

如前所述，东汉辟举，是要选拔为辟主服务的僚佐。可是，在东汉的社会条件下，辟举起到的作用，不只是使辟主获得一些僚佐，而且也为一些比较稳固的官僚集团的形成创造了条件。辟举产生的这种社会影响主要表现在以下诸方面。

（一）由于辟举，辟主和属吏之间形成了比较牢固的隶属关系

在东汉，辟主辟举属吏，进而形成上、下级的从属关系，并不只由辟主单方面来决定，也要看被辟召者是否应辟。在文献中，多见被辟召者不接受辟除的记载。如承宫"三府更辟，皆不应"①，郑兴"客授阌乡，三公连辟不肯应，卒于家"②，张衡"举孝廉不行，连辟公府不就"③。不仅三公辟召如此，州、郡辟召也不例外。如《后汉书·郎𫖮传》：郎𫖮"州郡辟召，举有道、方正，不就"。由此来看，被辟举者应辟，一般是不能强迫的。因而，辟主与僚佐从属关系的建立，是以自愿为基础的。可是，辟主与僚佐之间的从属关系一旦建立，他们便形成了无法脱离的联系。这种联系是以辟主和属吏之间的君臣之义体现出来的。

辟主与属吏之间存在君臣之义，在东汉前期便已出现。《后汉书·郑悍传》载，汝南太守欧阳歙辟郑悍为郡功曹，郑悍指斥郡属吏延资说："司正举觥，以君之罪，告谢于天。案延资贪邪，外方内员，朋党构奸，罔上害人，所以荒乱，怨慝并作。明府以恶为善，股肱以直从曲，此既无君，又复

① 《后汉书》卷二七《承宫传》。

② 《后汉书》卷三六《郑兴传》。

③ 《后汉书》卷五九《张衡传》。

无臣，恽敢再拜奉觚。"这说明，被辟召的属吏要将辟主视为君，而将自己视为臣。因此，清人赵翼说："是时郡吏之于太守，本有君臣名分。"①《景君碑》中有"惟故臣吏，慎终追远，谅暗沈思"之语。清人钱大昕认为，此语非臣下可用。② 可见，东汉辟主与属吏之间以君臣之义为表现的隶属关系已很牢固。在君臣之义观念的支配之下，属吏要为辟主尽必要的义务，"往往周旋于死生患难之间"③。特别是，属吏要为辟主服丧。《后汉书·李恂传》："太守颍川李鸿请署功曹，未及到，而州辟为从事。会鸿卒，恂不应州命，而送鸿丧还乡里。既葬，留起冢坟，持丧三年。"李恂只受到郡太守李鸿的辟召，并未成为属吏，尚且要服丧三年，成为属吏的人就更是如此了。这种服丧期限，与子为父母服丧完全相同。由此可以看出，辟主与属吏之间的关系，已类似于父家长家庭中的父子关系。

不仅如此，辟主与属吏在法律上也负有连带责任。《后汉书·羊续传》："（羊续）辟大将军窦武府。及武败，坐党事，禁锢十余年，幽居守静。"可见，辟主犯罪，属吏必然要受到株连。这些情况表明，辟主和属吏形成的这种君臣之义联系，已远远超出上、下级的隶属关系，而具有很强的主从关系。在这种主从关系约束下，辟主和属吏在政治活动中，必然要有共同的意向。因此，辟主与属吏在行动中，形成密不可分的牢固的政治集团的情况，也就无法避免了。

（二）辟举为以辟主为中心的政治集团的扩大创造了契机

东汉时期，辟主与属吏之间的上、下级联系并不是固定不变的。从中央三公的属吏来看，他们还可以受到辟主的举荐而成为国家官员。当时辟主举荐属吏的方式很多，主要有"举高第""举理剧""举尤异"等。通过辟主的这些举荐，属吏便获得晋升的机会。《后汉书·桓典传》："（桓典）辟司徒袁隗府，举高第，拜侍御史。"又《后汉书·独行·李善传》："（李善）显宗时辟公府，以能理剧，再迁日南太守。"可见三公僚佐因辟主的举荐，可以很快晋升为中央或地方的重要官员。正如东汉人崔寔说："三府掾属，或期月

---

① 赵翼：《廿二史札记》卷五。
② 钱大昕：《潜研堂金石文跋尾》。
③ 赵翼：《廿二史札记》卷五。

而长州郡，或数年而长公卿。"① 在东汉，属吏由辟主举荐成为国家官员后，虽然他们与辟主在行政上脱离了关系，可是，他们仍然被视为辟主的故吏。这些故吏与辟主之间的君臣之义并没有消失。这些故吏仍然对辟主负有义务。诸如，故吏在政治上，要支持辟主；在经济上，对辟主及其家属要进行扶助；在丧葬上，对辟主仍要服三年丧等。而且，在法律上，故吏与辟主仍负有连带责任。《后汉书·陈禅传》："及邓骘诛废，禅以故吏免。"又《后汉书·张奂传》："明年，梁冀被诛，奂以故吏免官禁锢。"这些都证明故吏对辟主所负的法律株连责任，并不亚于属吏。这就是说，故吏与辟主之间仍然具有严格的主从关系。在这种主从关系支配下，故吏对辟主在政治上的支持是很有力的。《后汉书·党锢传序》："熹平五年，永昌太守曹鸾上书大讼党人，言甚方切。帝省奏大怒，即诏司隶、益州槛车收鸾，送槐里狱掠杀之。于是又诏州郡更考党人门生、故吏、父子兄弟，其在位者，免官禁锢，爰及五属。"在党锢事件中，党人的故吏被免官禁锢，很大程度上，是因为与党人政治立场一致所造成的。由此可见，这种故吏阶层的存在，是以辟主为中心的政治集团扩大政治势力的基础。然而，辟主造就众多的故吏，都是以其拥有辟举权作为必要前提的。因而，对辟举产生的这种社会影响，也应该有充分的估计。

四

东汉中后期，国家政治趋于腐败，并且，地方大姓、冠族势力也日益发展。这种社会形势，自然要对与国家统治联系密切的辟举产生很大影响。虽然东汉国家对辟主辟举属吏做了一些约束，可是，这些约束很难收到实效。因而，在中央和地方辟举中，无可避免地会出现很多弊端。

首先，皇帝、外戚、宦官对辟主辟举进行干扰，而使辟举出现混乱。实际上，东汉皇帝可以指令辟主辟举。但是，在东汉前期，皇帝指令辟主辟举，多是以选拔人才为目的。而到东汉后期，他们则置选拔人才于不顾，要通过辟举，选拔迎合其意志者。其中汉灵帝从鸿都门学生徒中辟举的行为，

---

① 《北堂书钞》卷六八引崔寔《政论》。

便开了一个恶劣的端绪。《后汉书·蔡邕传》："光和元年，遂置鸿都门学，画孔子及七十二弟子像。其诸生皆敕州郡、三公举用辟召，或出为刺史、太守，入为尚书、侍中，乃有封侯赐爵者，士君子皆耻与为列焉。"这说明，汉灵帝赐予这些生徒在辟举上优先的特权，而且，这些生徒通过辟举能够很快晋升为国家中央或地方官员。可是，鸿都门学的生徒无论在学识上，还是在人品上，都是很差的。正如蔡邕评论说："本颇以经学相招，后诸为尺牍及工书鸟篆者，皆加引召，遂至数十人。侍中祭酒乐松、贾护，多引无行趋势之徒，并待制鸿都门下。"① 国家将这些生徒辟除为僚佐，进而晋升为中央或地方官员，只能使吏治更加败坏。因此，可以说汉灵帝的这种做法，是对辟举的严重干扰，产生的社会影响是很恶劣的。

东汉外戚和宦官也利用他们控制的权力，干扰辟主的辟举。《后汉书·杨震传》：

> 延光二年，代刘恺为太尉。帝舅大鸿胪耿宝荐中常侍李闰兄于震，震不从。宝乃自往候震曰："李常侍国家所重，欲令公辟其兄，宝唯传上意耳。"震曰："如朝廷欲令三府辟召，故宜有尚书敕。"遂拒不许，宝大恨而去。皇后兄执金吾阎显亦荐所亲厚于震，震又不从。司空刘授闻之，即辟此二人，旬日中皆见拔擢。由是震益见怨。

这是外戚与宦官相互串通，强迫三公辟举其亲属的典型事例。尽管杨震予以抵制，可是，其他的辟主却俯首顺从他们的意志。可见，外戚和宦官对辟主辟举的干扰是很大的。

对掌握大权的外戚来说，他们不仅要辟召迎合其意志者，而且，还要将其辟举的意图强加给其他辟主。曾经骄横一时的外戚梁冀，就是典型代表。《后汉书·黄琼传》："永兴元年，迁司徒，转太尉。梁冀前后所托辟召，一无所用。虽有善人而为冀所饰举者，亦不加命。"太尉黄琼敢于抵制梁冀对其辟举的控制，这只是特例。由此可以看出，梁冀强迫三公辟举其亲信的行为是经常发生的。外戚和宦官多是行为不端者，因而，在他们的干扰之下，

---

① 《后汉书》卷六〇下《蔡邕传》。

辟举必然陷于混乱。正如杨震上疏说："宰司辟召，承望旨意，招来海内贪污之人，受其货赂，至有臧锢弃世之徒复得显用。白黑溷淆，清浊同源，天下欢哗，咸曰财货上流，为朝结讥。"① 东汉辟举出现这种后果，说明辟举不仅失去了公平性，而且，国家对辟举所做的各种限制，已很难产生有效的约束力。

其次，一些三公无视国家辟举标准，专门辟除迎合其意志者。三公辟举属吏不实的情况，在东汉中期就已出现。汉和帝时，太尉张酺尖锐地指出："三府辟吏，多非其人。"② 之所以会出现这种结果，正是因为辟主将是否迎合其意志作为辟举的首要标准。由这种状况所决定，在辟主的僚佐中，不务正业、阿谀逢迎之徒所占数量很多。《后汉书·陈宠传》："（陈躬）辟司徒鲍昱府，是时三府掾属专尚交游，以不肯视事为高。"正反映了这种情况。更有甚者，在一些辟主的僚佐中，还出现了贪污不法之徒。《后汉书·儒林·杨仁传》："后辟司徒桓虞府。掾有宋章者，贪奢不法，仁终不与交言同席，时人畏其节。"便是明证。反之，一些刚直不阿之士，尽管能够被辟为僚佐，可是，却受到排斥，甚至被逐出僚佐队伍。《后汉书·崔骃传》载，崔骃为窦宪掾属，"宪不能容，稍疏之，因察骃高第，出为长岑长。骃自以远去，不得意，遂不官而归"，就是一例。

至东汉后期，一些三公不仅无视国家辟举标准，竟然将名士对人物的评品作为辟举的依据。《后汉书·符融传》："时汉中晋文经、梁国黄子艾，并恃其才智，炫曜上京，卧托养疾，无所通接。洛中士大夫好事者，承其声名，坐门问疾，犹不得见。三公所辟召者，辄以询访之，随所臧否，以为与夺。"可见，名士的意见已经能够左右三公的辟举。这就是说，名士已暗操了三公的辟举权。可以说，东汉名士除了极少数出身寒微外，大部分出自地方大姓、冠族。他们对人物的臧否，自然代表这些地方大姓、冠族的意志。当时三公纵容名士暗操辟举权，只能使出自地方大姓、冠族的一些平庸之辈占据三公僚佐的重要位置。由于这种风气的盛行，三公辟举很难选拔出有用的人才。

---

① 《后汉书》卷五四《杨震传》。

② 《后汉书》卷四五《张酺传》。

再次，在地方州郡，出现了地方大姓、冠族完全可以左右辟举的趋势。在东汉各郡的辟举中，这种情况表现得更加明显。如前所述，东汉各郡长官和属吏任职，实行回避制度。也就是说，各郡长吏由外郡人担任，而属吏则由本郡人担当。可是，到东汉后期，这种回避制度不仅没有遏制地方大姓、冠族势力的发展，反而为他们出任郡属吏创造了条件。《三国志·魏书·公孙瓒传》注引《英雄记》："（公孙）瓒统内外，衣冠子弟有材秀者，必抑困使在穷苦之地。或问其故，答曰：'今取衣冠家子弟及善士富贵之，皆自以为职当得之，不谢人善也。'所宠遇骄恣者，类多庸儿。"由此可知，至少到东汉后期，郡属吏由地方大姓、冠族充任，已成为惯例，普通编户平民很难跻身到郡属吏的行列中。因而，地方辟举已不具有任何公平性，只是地方大姓、冠族拥有的特权。

这些充任地方属吏的大姓、冠族，还能够利用中央三公辟举的机会，成为三公的僚佐，进而晋升为国家官员。例如，王允"世仕州郡为冠盖"，便由州的别驾从事为"三公并辟，以司徒高第为侍御史"①。由此来看，地方大姓、冠族拥有地方州郡辟举的特权，不仅能够使他们垄断地方属吏的任职，而且，也为他们进一步拓展政治势力创造了重要条件。在这些大姓、冠族势力越来越膨胀的社会形势下，地方辟举的这种弊病已陷于无法遏制的境地。因而，东汉后期，地方社会秩序日益混乱，除了政治、经济诸方面因素外，与地方大姓、冠族控制辟举也有重要的关系。

（原载《吉林大学社会科学报》2000 年第 4 期）

---

① 《后汉书》卷六六《王允传》。

东汉故吏问题试探

东汉时期，在社会中出现了被称为故吏的社会阶层。这一社会阶层的形成及其活动都有自身的特点。考察故吏问题，有益于认识东汉社会中依附关系发展的特征及影响，所以，对这一问题有必要继续探讨。

一、故吏与举主、府主关系构成的特点

考察故吏与举主、府主关系构成特点之前，首先需要对故吏的内涵做一些说明。故吏一语，最早见之于《汉书》。《汉书·昭帝纪》："（始元二年）冬，发习战射士诣朔方，调故吏将屯田张掖郡。"颜师古注说："调谓发选也。故吏，前为官职者。"也就是说，这里提到的故吏，是指曾经做过官的人，并不具有其他的意思。在《汉书》其他处所见"故吏"，与《昭帝纪》中的意思大抵相同。

然而，至东汉时期，故吏的含义已与西汉不大相同，有了新的意义。这在汉碑和文献记载中，都表现得很明显。《泰山都尉孔宙碑阴》中，就有八位故吏的刻名。① 此碑显然是故吏为孔宙所立。宋人洪适在按语中对故吏解释说："旧所治官府，其掾则曰故吏。"② 洪适对故吏的说明，是很恰当的。据洪适所说，在东汉社会中，要成为故吏，必须具备两个条件：一是故吏曾是官府属吏。二是故吏所随从的府主，不是现任，而是"旧所治官府"。对后一点，碑文中记载得很清楚。其云：孔宙"会遭笃病，告困致仕，得其所

---

① 《隶释》卷七。

② 《隶释》卷七《泰山都尉孔宙碑阴》按语。

好，年六十一"①。这就是说，孔宙在病故前，已不任泰山都尉，因此，其原属吏可以称为故吏。可见东汉人对故吏与属吏的区别是很明确的。对此，尚有反证材料。如《巴郡太守张纳碑》中，有属吏74人的刻名，都不书故吏。② 洪适考证说："此碑乃掾属李元等为之，碑阴各书曹掾之职，而不称故吏，则是张君在郡之所立。"③

故吏具有的这种意义，在文献中也有记载。《后汉书·杨震传》："会太史言星变逆行，遂共谮震云：'自赵腾死后，深用怨怼；且邓氏故吏，有惠恨之心。'及车驾行还，便时太学，夜遣使者策收震太尉印绶，于是柴门绝宾客。"李贤注："震初邓骘辟之，故曰故吏。"很明显，杨震曾为邓骘掾属，后任太尉，因此便被视为邓骘故吏。又《三国志·魏书·刘表传》注引《傅子》记载，从事中郎韩嵩、别驾刘先曾对刘表说："夫事君为君，君臣名定，以死守之。今策名委质，唯将军所命，虽赴汤蹈火，死无辞也。……设计未定，嵩使京师，天子假嵩一官，则天子之臣，而将军之故吏耳。在君为君，则嵩守天子之命，义不得复为将军死也。唯将军重思，无负嵩。"这说明，地方州郡的情况与中央三公大体相同。因此，可以说，有辟举属吏权的三公、刺史、郡守，即是举主、府主，其属吏只要同他们脱离，便成为故吏。有的论著认为，故吏就是东汉国家和地方官员辟除的属吏，④ 这显然是混淆了故吏与属吏的差别。

具体说来，东汉时代，一些人能够成为三公（也包括太傅、大将军等）、刺史、郡守的故吏，自然这些官员具有辟除属吏之权是其前提。但是，属吏转化为故吏却要经历不同的途径，大体有以下几种情况：

一是中央官员的属吏被国家提升为长吏。《后汉书·周举传》："（周景）辟大将军梁冀府，稍迁豫州刺史、河内太守。"即其一例。

二是地方郡守属吏由于察举而成为故吏。东汉地方郡太守察举孝廉，是选举的重要方式。郡守的属吏也是被选举的对象。当时有不少郡属吏被推举

---

① 《隶释》卷七《隶山都尉孔宙碑》。

② 《隶释》卷五。

③ 《隶释》卷五《巴郡太守张纳碑阴》按语。

④ 郭沫若：《中国史稿（第二册）》，人民出版社，1979年，第301页。

为孝廉。如《沛相杨统碑阴》有："故吏孝廉柠秋刘旭字子明"的记载。① 又如《后汉书·郑弘传》："（郑）弘少为乡啬夫，太守第五伦行春，见而深奇之，召署督邮，举孝廉。"这些被推举为孝廉的属吏，就视郡太守为举主，他则为郡太守的故吏。

三是由于府主调任，使原来的属吏成为故吏。《博陵太守孔彪碑阴》② 有故吏 13 人的刻名：

> 故吏司徒掾博陵安平崔烈字威考
> 故吏齐（缺）博陵安平崔恢字行孙
> 故吏乘氏令博陵安平王沛字公豫
> 故吏司空掾博陵安国刘德字伯桓
> 故吏外黄令博陵安国刘杨字子长
> 故吏五官掾博陵安平刘麟字幼公
> 故吏五官掾博陵高阳史应字子声
> 故吏五官掾博陵安国刘机字（缺）

此碑阴中的故吏，依据其所任职官，可分为三类：一类是国家所任县令。二类是三公属吏，即司徒掾。三类为五官掾，均为博陵郡属吏。前两类故吏自然与其升迁有关，而后一类故吏则同前两类不同。《博陵太守孔彪碑》载，孔彪乃孔子十九世孙，历任郎中、博昌长、尚书侍郎、治书御史，出任博陵太守、下邳相、河南太守。由此看来，后一类故吏，显然应该是孔彪任博陵太守时的属吏。只是由于孔彪调往其他地方任职，便成为其故吏。除此之外，府主致仕后，其原属吏也可被视为故吏。前引《泰山都尉孔宙碑》的记载，便是明显的例证。因此，将故吏的形成，仅仅看作是由于征辟、察举的选举方式造成的看法，是不全面的。

东汉时代，从表面特征看，故吏已同举主、府主脱离了关系，但是，实际上，他们同举主、府主仍然保持非常密切的联系，而且形成了特殊关系。

---

① 《隶释》卷七。
② 《隶释》卷八。

东汉故吏继续与举主、府主保持密切的联系，自然有其历史的原因。其中最重要的，就是当时府主与属吏之间君臣之义关系的发生。清人赵翼认为，西汉武帝时，已有君臣之义出现。① 赵氏说法是否得当，且置不论。不过，东汉时代，府主与属吏间的君臣之义已很明显。《后汉书·郅恽传》载，汝南太守欧阳歙任郅恽为郡功曹，郅恽向欧阳歙指斥属吏延资说："司正举觥，以君之罪，告谢于天。案延资性贪邪，外方内员，朋党构奸，罔上害人，所在荒乱，怨詈并作。明府以恶为善，股肱以直从曲，此既无君，又复无臣，恽敢再拜奉觥。"门下掾郑敬也说："君明臣直，功曹言切，明府德也，可无受觥哉？"郅恽、郑敬二位郡属吏都将郡守视为君，将其看作臣，这显然是一种君臣之义。欧阳歙任汝南太守，是在建武年间。这说明，东汉初年，府主与属吏间的君臣之义的观念已很牢固。这种君臣之义，实际上是一种主从关系的体现，是当时社会中依附关系发展渗透到府主与属吏关系中的结果。

在东汉，君臣之义并不只是保持在府主与属吏之间。随着当时社会中依附关系的发展而进一步深化，以至在属吏与府主脱离关系，成为故吏后，仍然保持君臣之义。《北海相景君碑》中有"谅暗沈思""陵成宇立"诸语。② 清人钱大昕以为，这些话非臣下可用。③ 田余庆先生据此认为，景君与其故吏之间，确有君臣之分。④ 由此可见，东汉中期以后，故吏与举主、府主保持君臣之义的联系已经很牢固。

尤其东汉后期，文献中屡见关于故吏与举主、府主君臣关系的记载。《后汉书·公孙瓒传》："（公孙瓒）后从涿郡卢植学于缑氏山中，略见书传。举上计吏。太守刘君坐事槛车征，官法不听吏下亲近，瓒乃改容服，诈称侍卒，身执徒养，御车到洛阳。太守当徙日南，瓒具豚酒于北邙上，祭辞先人，酹觞祝曰：'昔为人子，今为人臣，当诣日南。日南多瘴气，恐或不还，便当长辞坟茔。'慷慨悲泣，再拜而去，观者莫不叹息。"就是明显事例。因为如此，故吏与举主、府主之间不仅具有联系，而且，这种联系，还具有其明显特点：

---

① 《廿二史札记》卷三。

② 《金石萃编》卷七。

③ 《潜研堂金石文跋尾》。

④ 翦伯赞：《中国史纲要（第二册）》，人民出版社，1979年，第176页。

其一，故吏与举主、府主之间的联系具有不可分离的牢固性。这一特点可以从当时国家禁锢刑的处罚上反映出来。《后汉书·张奂传》："（张奂）后辟大将军梁冀府，乃上书桓帝，奏其章句，诏下东观。以疾去官，复举贤良，对策第一，擢拜议郎。……延熹元年，鲜卑寇边，奂率南单于击之，斩首数百级。明年，梁冀被诛，奂以故吏免官，禁锢。"可见，东汉时府主犯罪，故吏一般要受到禁锢株连。汉代的禁锢刑是一种褫夺公权的刑罚，以阻止任官者和一般平民的仕进为目的。在当时，这种刑罚是很严厉的。就禁锢株连来说，一般施及与犯罪者关系最密切的人。《后汉书·党锢传序》："熹平五年，永昌太守曹鸾上书大讼党人，言甚方切。帝省奏大怒，即诏司隶、益州槛车收鸾，送槐里狱掠杀之。于是又诏州郡更考党人门生、故吏、父子兄弟，其在位者，免官禁锢，爰及五属。"这说明，在禁锢株连上，故吏所处的地位与府主的父子兄弟相同。从这种意义上说，故吏与举主、府主的联系，已经具有类似一种父家长制家族中的仆从关系。因此，故吏不仅要同举主、府主保持关系，而且，这种关系是难以分割的。

其二，故吏对举主、府主表现出卑微化的倾向。由于故吏与举主、府主的主从关系已很牢固，因此故吏的地位自然要低于举主、府主。不过，一些故吏又是国家任命的官员。因为他们的官位升迁是由国家决定的，因而有时出现故吏的官位与举主、府主相差不多，或超过的状况。即便如此，故吏仍然与举主、府主表现为主从关系。如《后汉书·郑弘传》："（郑弘）元和元年，代邓彪为太尉。时举将第五伦为司空，班次在下，每正朔朝见，弘曲躬而自卑。帝问其故，遂听置云母屏风，分隔其间，由此以为故事。"又如《后汉书·胡广传》："（胡广）其所辟命，皆天下名士。与故吏陈蕃、李咸并为三司。蕃等每朝会，辄称疾避广，时人荣之。"这些故吏对原举主、府主的回避做法，说明故吏虽然已同举主、府主形式上脱离关系，但由内在的主从关系所决定，其相对卑微的地位却不会改变。

故吏不仅对举主、府主表现出卑微的倾向，就是对他们的子弟也是如此。《后汉书·周举传附周勰传》："（周勰）少尚玄虚，以父任为郎，自免归家。父故吏河南召夔为郡将，卑身降礼，致教于勰。勰耻交报之，因杜门自绝。"便是证明。至东汉后期，一些故吏对举主、府主的子弟表现得更为谦卑。例如，冀州刺史韩馥面对战乱形势，决定依从对象时，便说："吾袁氏故吏，且才不如本初。度德而让，古人所贵，诸君独何病焉？"后来，果然将冀州让给袁绍。袁氏故吏韩馥的这种行动，完全是一种仆从心态的反映。

综上可见，东汉故吏与举主、府主的关系是君臣之义发展的产物。由于受君臣之义观念的制约，故吏与举主、府主之间结成了牢固的主从关系。他们实际是举主、府主的仆从，无法摆脱相对卑微的地位。

二、故吏对举主、府主的义务

如前所述，东汉时代，故吏与举主、府主已结成以君臣之义为表现特征的主从关系，因而，故吏不仅要屈从于举主、府主，而且，必须要为他们承担一些义务。

首先，故吏在政治上有支持举主、府主的责任。在一般情况下，故吏的政治态度与举主、府主是一致的。《后汉书·儒林下·何休传》："（何休）任城樊人也。……太傅陈蕃辟之，与参政事。蕃败，休坐废锢。"何休被禁锢的原因，除了与陈蕃有主从关系外，很大程度上，同他支持陈蕃的政治活动有关。

一些故吏不仅在举主、府主生前能附和他们的意志，就是在举主、府主死后，也多能遵从其遗命。如《三国志·蜀书·麋竺传》："（麋竺）祖世货殖，僮客万人，赀产巨亿。后徐州牧陶谦辟为别驾从事。谦卒，竺奉谦遗命，迎先主于小沛。"

故吏在政治态度上，对举主、府主的迎合，主要是由于他们处于仆从地位决定的。然而，必须看到，一些故吏取悦于举主、府主，是为了在政治上获得更多的利益，正如时人徐干评论说：这些人"至乎怀丈夫之容而袭婢妾之态，或奉货而行赂以自固，结求志属托规，图仕进然"。他们已完全丧失了自己的独立人格和立场。

然而，东汉时代，并不是全部故吏都是如此。由于儒家思想影响的深化，一些故吏对东汉中期以后，由于外戚、宦官交替专权而造成的腐败、黑暗的政治现实不满，因此他们不愿随从祸国殃民之主做违心之事。例如，崔骃为外戚窦宪故吏，"宪擅权骄恣，骃数谏之。及出击匈奴，道路愈多不法，骃为主簿，前后奏记数十，指切长短。宪不能容，稍疏之，因察骃高第，出为长岑长。骃自以远去，不得意，遂不官而归。永元四年，卒于家"①。不过，像崔骃这类对不法府主采取消极对抗态度的故吏，在当时是不多见的。

其次，故吏对举主、府主及其家属有经济扶助的义务。所谓经济扶助，就是故吏用钱物支持举主、府主。《谢承后汉书》："（杨）秉免归，雅素清俭，家至贫窭，并日而食。任城故孝廉景虑赍钱百余万，就以饷秉，秉闭门，拒绝不受。"② 即其例证。

至于故吏为举主、府主提供物质支持的事例就更多了。例如，邓训"尝将黎阳营兵屯狐奴，后迁护乌桓校尉，黎阳营故吏皆恋慕，故吏最贫羸者举国，念训尝所服药北州少乏，又知训好青泥封书，从黎阳步推鹿车于洛阳市药，还过赵国易阳，并载青泥一襆，至上谷遗训。其得人心如是"③。由此看来，故吏为满足其主的物质需求，一般都竭尽全力。甚至一些故吏还将大量金钱送给举主、府主。《后汉书·朱晖传》李贤注引《东观汉记》："（朱）晖为掾督邮，况当归女，欲买晖婢，晖不敢与。后况卒，晖送其家金三斤。"即其一例。

故吏不仅在经济上支持举主、府主本人，并且对其家属也同样对待。《三国志·吴书·刘繇传附刘基传》："（刘基）年十四，居繇丧，尽礼。故吏馈饷，皆无所受。"这种居丧时的馈赠，正是对举主、府主家属的一种经济扶助。当然，经济扶助的做法并不限于此。例如，袁术被刘备打败，"因愤慨结病，呕血死。妻子依故吏庐江太守刘勋"④。故吏对举主、府主家属的收养，实际也是经济扶助的一种重要方式。

除此而外，故吏对举主、府主在经济上还有其他的责任。《后汉记·孝明皇帝纪》："（廉）范既归，事博士薛汉。初，范家之入蜀，以良田百余顷属故吏毛仲。范归，仲子叔奉仲遗命，以田归范。"这说明，为举主、府主代管田产及其财物也是故吏不可推卸的义务。

再次，举主、府主死后，故吏在丧葬活动中，起到非常重要的作用。在汉代，丧葬是当时社会生活中的一件大事，因而，故吏一般都积极参与举

---

① 《后汉书》卷五二《崔骃传》。

② 《后汉书》卷五四《杨震传附杨秉传》李贤注引。

③ 《太平御览》卷六〇六引《东观汉记》。

④ 《后汉书》卷七五《袁术传》。

主、府主的丧葬活动，以下分别叙述之：

收葬。故吏收葬举主、府主是其重要的责任。尤其对非正常死亡的举主、府主更是如此。《后汉纪·孝献皇帝纪》："李傕杀故太尉黄琬、司徒王允及其妻子。众庶为之流涕，莫敢收允，故吏京兆赵戬葬允。"又《三国志·魏书·桓阶传》："（桓阶）仕郡功曹。太守孙坚举阶孝廉，除尚书郎。父丧还乡里。曾坚击刘表战死，阶冒难诣表乞坚丧，表义而与之。"很明显，故吏赵戬、桓阶收葬其举主、府主的举动都是一种恩义行为的表现。有些故吏为了体现与举主、府主恩义关系的密切，甚至有送丧的举动。例如，廉范曾为邓融故吏，邓融犯罪下狱，"范随而养视，及死，竟不言，身自将车送丧致南阳，葬毕乃去"①。故吏的这些收葬活动表明，故吏与举主、府主的主从关系的表现是复杂的，其中恩义联系还起着重要的作用。

赙赠。在举主、府主亡故后，故吏都要赙赠钱财。《后汉书·廉范传》："（廉）范父遭丧乱，客死于蜀汉，范遂流寓西州。西州平，归乡里。年十五，辞母西迎父丧。蜀郡太守张穆，丹之故吏，乃重资送范，范无所受，与客步负丧归葭萌。"故吏对举主、府主的赙赠不仅是经济扶助，也是尽"义"的重要表现。

服丧。故吏为举主、府主服丧已是当时必须遵行的惯例。正如《后汉书·傅燮传》说："（傅燮）少师事太尉刘宽。再举孝廉，闻所举郡将丧，乃弃官行服。"当时服丧时间，一般为三年。《后汉书·桓荣传》："（桓鸾）年四十余，时太守向苗有名迹，乃举鸾孝廉，迁为胶东令。始到官而苗卒，鸾即去职奔丧，终三年然后归，淮、汝之间高其义。"便是证明。清人赵翼认为，两汉服丧时间无定期，② 似不确。就故吏对举主、府主服丧时间来说，便在东汉逐渐固定化。《后汉书·荀淑传附荀爽传》："（荀爽）党禁解，五府并辟，司空袁逢举有道，不应。及逢卒，爽制服三年，当世往往化以为俗。"就说明了这一点。故吏服三年丧，与当时一些孝子为父母服丧的时间相同，其意义当也有相似之处。正如荀子说："三年之丧，何也？曰：称情而立文，因以饰群，别亲疏贵贱之节，而不可损益也。故曰：无易之道也。创巨者其

---

① 《后汉书》卷三一《廉范传》。

② 《廿二史札记》卷三。

日久，痛甚者其愈迟，三年之丧，称情而立文，所以为至痛极也。"① 荀子实际表述了儒家对服三年丧的看法。东汉，正是儒家思想占支配地位的时期，因此时人服三年丧的目的，当与荀子所论相同。故吏与举主、府主的主从关系已很牢固，因此，这种服丧正是故吏对至尊者表示哀痛的体现。

墓祭。东汉时代，墓祭活动已很活跃。这种墓祭是丧葬活动的延续。当时故吏以墓祭的方式，祭奠举主、府主的事例很多。如《三国志·魏书·田畴传》："（田）畴时年二十二矣。虞乃备礼请与相见，大悦之，遂署为从事，具其车骑。……畴以为，天子方蒙尘未安，不可以荷佩荣宠，固辞不受。朝廷高其义。三府并辟，皆不就。得报，驰还，未至，虞已为公孙瓒所害。畴至，谒祭虞墓，陈发章表，哭泣而去。"这种祭祀，不仅是故吏对举主、府主寄托哀思的表现，实际也是要表现出尽"义"的浓厚情感。

树碑颂德。故吏在举主、府主死后，树碑颂德是其重要责任。现在流传下来的汉碑中，故吏为府主、举主所树，占相当数量。碑文内容大多是对举主、府主功德的颂扬。如《桂阳太守周憬功勋铭》："于是熹平三年，岁在摄提，仲冬之月，曲红长零陵重安区祉，字景贤，遵承典宪，宣扬德训，师礼不越，钦仰高山，乃与邑子故吏龚台、郭苍、龚雏等命工击石，建碑于泷上，勒铭公功，传之万世，垂示无穷。"② 故吏的这种行为，主要目的是表现他们与举主、府主的君臣之义。《山阳太守祝睦后碑》："故吏王堂等窃闻下有述上之功，臣有叙君之德，自昔在前列，莫不纪名于典。"③ 就是明显的例证。

总之，东汉时期故吏对举主、府主所承担的这些义务，表明了他们之间主从关系的深化。虽然一些活动表面上还表现出恩义的关系，实际上，在这种恩义关系中，已渗入依附化和卑微化的内容，其行动完全为君臣之义所制约。

三、故吏与举主、府主主从关系形成的社会影响

东汉时期，社会中依附关系逐渐发展，它表现在很多方面，不同程度地

---

① 《荀子·礼论篇》。
② 《隶释》卷四。
③ 《隶释》卷七。

影响着当时的社会生活。故吏与举主、府主的主从关系，正是依附关系发展的表现之一，因此，对社会产生影响是必然的，并且这种影响是多方面的。

一是故吏与举主、府主主从关系的发展，影响东汉社会的选举。如前所述，当时三公、刺史、郡守能够拥有故吏的前提条件，就是他们有辟除属吏的权力，而且，三公可以向国家推荐其属吏继续升迁，郡太守则可以通过察举的方式，向国家推荐其属吏为孝廉。这些府主为了使他们举荐的官员继续同他们保持君臣之义，必然使选举向任人唯亲的方向发展。

东汉一朝，三公辟举属吏时，不实的情况很严重。因此，汉和帝时，张酺曾举奏："三府辟吏，多非其人。"以至朝廷不得不"即奏令三将各实其掾史"①。地方郡太守察举孝廉，也多推举其亲近属吏。正如《后汉书·樊宏传附樊鯈传》："（樊鯈）上言郡国举孝廉，率取年少能报恩者，耆宿大贤多见废弃，宜敕郡国简用良俊。"统计《后汉书》中被举为孝廉者，有三分之一出自郡属吏。由于选举存在着这些弊端，因而，在这方面的不正之风甚为严重。东汉人郎颉曾说：选举时，"公府门巷，宾客填集，送去迎来，财货无已。其当迁者，竞相荐谒，各遣子弟，充塞道路，开长奸门，兴致浮伪，非所谓率由旧章也"②。正反映了这种情况。

东汉一些有识之士，目睹选举混乱对社会造成的极大危害，试图扭转这种风气。例如，韦彪曾上奏："伏惟明诏，忧劳百姓，垂恩选举，务得其人。夫国以简贤为务，贤以孝行为首。……士宜以才行为先，不可纯以阀阅。然其要归，在于选二千石。二千石贤，则贡举皆得其人矣。"③韦彪虽然看到了举主、府主的行为对选举的影响颇大，可是，在君臣之义已经形成的社会条件下，要从根本上扭转选举不实的状况是很难做到的。因为举主、府主需要绝对服从他们的属吏和故吏，这样，辟举，或察举在很大程度上，就以举主、府主的意志为转移。东汉选举出现种种弊病，其重要的根源正在于此。

二是故吏与举主、府主主从的关系形成，促使官僚阶层中出现了以举主、府主为中心的大小不同的政治集团。东汉时期，因为当时社会中，官

---

① 《后汉书》卷四五《张酺传》。

② 《后汉书》卷三〇下《郎颉传》。

③ 《后汉书》卷二六《韦彪传》。

僚、经学世家、豪强已具有三位一体的趋势，所以举主、府主在政治、经济、文化上都具有很大的社会势力。他们具有这种优势，必然要利用与故吏的主从关系而结成政治集团。因此，这种大小不同的政治集团的存在，便成为东汉政治形势的一个重要特点。正因如此，东汉时期，官僚阶层中的斗争，就不是他们的个人之争，而成为政治集团间的斗争。所以，常常出现一损俱损、一荣俱荣的局面。如《后汉纪·孝桓皇帝纪》："（桓帝）既与中官成谋，乃召尚书令尹勋，使任其事。上素恶冀，仓卒恐不能办。勋临事明断，甚有方略。冀既诛，上嘉其能。坐冀所连及公卿、列侯、校尉、刺史、二千石死者数十人，冀故吏、宾客免黜者三百余人，朝廷为之一空，唯光禄勋王躬、廷尉邯郸义在焉。"汉桓帝清除外戚梁冀势力，是东汉后期较大的一次政治斗争。由此可以看出，斗争不仅激烈，而且带有非常明显的集团性。

东汉社会政治斗争的这种特点，使故吏有时可因举主、府主在政治上得志而获得升迁。可是，一旦举主、府主在政治上失败，他们也难免受到株连。《后汉书·党锢·李膺传》："（李膺）乃诣诏狱。考死，妻子徙边，门生、故吏及其父兄，并被禁锢。"又《后汉书·羊续传》："（羊）续以忠臣子孙拜郎中，去官后，辟大将军窦武府。及武败，坐党事，禁锢十余年，幽居守静。"都说的是这种情况。由此可见，当时的政治斗争不仅呈现出复杂性，而且，卷入斗争的人数众多，斗争的规模也非常之大。东汉后期，国家政治腐败、黑暗，加之政治斗争的这种集团性，必然使大批清白之士蒙受不白之冤。党锢事件中对清流士人的大株连，正是政治斗争集团性发展的必然结果。

三是由于故吏与举主、府主主从关系结合得牢固，故吏成为东汉末年分裂集团发展势力的重要依靠。可以说，东汉官僚阶层内部，由于形成大小不同的政治集团，自然要向其独立性方面发展。皇权强大时，这种独立性受到限制，一旦皇权衰微，不同政治集团便会立即膨胀，成为割据一方的分裂集团。东汉末年的董卓、袁绍、曹操、公孙瓒、刘表等都是这类集团。这种集团在形成时，大都利用了与故吏的主从关系。董卓部属伍琼等人说："袁氏树恩四世，门生故吏遍于天下，若收豪杰以聚徒众，英雄因之而起，则山东非公之有也。"① 正道破了故吏在东汉末对割据势力发展的作用。具体说来，

---

① 《后汉书》卷七四上《袁绍传》。

一些占据州郡的故吏，可以向举主、府主出让州郡，以示对他们的支持。拥有武装的故吏，则动员其军事力量，全力支持其举主、府主。《后汉纪·孝献皇帝纪》："公孙瓒与刘虞有隙，虞惧其变，遣兵袭之。……于是虞故吏渔阳鲜于辅率其州人及三郡、乌桓、鲜卑，与瓒所置渔阳太守邹丹战于潞水，大破之，斩丹。既而持其众，奉王命，帝嘉焉。"即其一例。因此，分裂集团形成时，其中故吏的支持力量是不能低估的。割据势力在巩固和发展其势力时，同样注意到对故吏的依靠。这些政治集团为了有效地控制下属官员，保持和发展势力，通常采用的重要手段，就是使其下属官员成为故吏。其中曹操集团在这方面做得尤为明显。曹操政治集团的构成中，固然其宗族、宾客是重要力量。然而，还有一些是后来投靠曹操的官员。曹操对这部分官员的控制，对加强其势力至关重要。为此，他充分注意到利用府主与故吏间的君臣之义的观念。《三国志·魏书·国渊传》："（国渊）师事郑玄。后与邴原、管宁等避乱辽东。既还旧土，太祖辟为司空掾属，每于公朝论议，常直言正色，退无私焉。太祖欲广置屯田，使渊典其事。……太祖大悦，迁魏郡太守。"又《三国志·魏书·徐奕传》："（徐奕）避难江东，孙策礼命之。奕改姓名，微服还本郡。太祖为司空，辟为掾属，从西征马超。超破，军还。时关中新服，未甚安，留奕为丞相长史，镇抚西京，西京称其威信。转为雍州刺史，复还为东曹属。"这些事例说明，曹操利用他特殊的政治地位，使国渊、徐奕这类官员很快成为与他具有主从关系的故吏。曹操集团能够日益稳固，并且其势力不断扩大，与他采取了这种控制下属官员的手段不能不说有密切的关系。

东汉末年的史实表明：故吏与举主、府主的主从关系的形成和稳固化，是历史演化的结果。然而，一旦皇权衰微，它也会成为促成分裂的重要因素。因此对这种主从关系所产生的社会影响，应该有充分的估计。

（原载《吉林大学社会科学报》1995 年第 5 期）

东汉时代的私学

东汉时代，办学校的风气兴盛。当时"四海之内，学校如林，庠序盈门"①。在全国各地广泛分布的学校中，私学占有重要地位。因此，探讨东汉的私学，对认识当时教育的发展特点有所裨益。本文拟就东汉私学的发展状况做一些考察。

一、东汉兴办私学的社会阶层

东汉私人办学呈现出比较发展的趋势。当时国家对私人办学没有任何条件限制，因此社会中创办私学的人数众多，而且涉及的社会阶层也是广泛的。现将东汉兴办私学的社会阶层分别论列如下：

一是普通平民。东汉凡是受过经学教育的一般平民，不受家庭经济状况的限制，都可以招收学生，创办学校。史载公沙穆"北海胶东人也。家贫贱。自为儿童不好戏弄，长习《韩诗》《公羊春秋》。……后遂隐居东莱山，学者自远而至"②。张楷"家贫无以为业，常乘驴车至县卖药，足给食者，辄还乡里。……隐居弘农山中，学者随之，所居城市，后华阴山南遂有公超市"③。据此可知，公沙穆和张楷的社会地位都不会很高，只能是一般平民。并且，公沙穆不仅家"贫"而且"贱"，所以很可能是家势孤微的单家。这些平民家庭的经济生活条件较差，因此他们在办学教授学生时，一般都不脱

---

① 《后汉书》卷四〇下《班彪传附班固传》。
② 《后汉书》卷八二下《方术下·公沙穆传》。
③ 《后汉书》卷三六《张霸传附张楷传》。

离生产。例如，陈弇"以《尚书》教授，躬自耕种"①。孙期"少为诸生，习《京氏易》《古文尚书》。家贫，事母至孝，牧豕于大泽中，以奉养焉。远人从其学者，皆执经垄畔，以追之"②。直到东汉末年，仍有这样家境贫困的平民坚持办学。如郑玄"家贫，客耕东莱"，然而"学徒相随已数百千人"③。

二是地方豪族。东汉，地方豪族势力有很大的发展。在文献中，一般把他们称为"大姓""著姓"。这些地方豪族拥有众多的宗族和宾客，用大庄园的形式组织生产，并且可以担任郡县属吏，以此控制地方。正如仲长统说这些豪民"馆舍布于州郡，田亩连于方国，身无半通青纶之命，而窃三辰龙章之服。不为编户一伍之长，而有千室名邑之役。荣乐过于封君，势力侔于守令"④。他们在地方上，不仅在经济和政治上有很强的实力，而且，还要在文化上扩大其影响。因此，在地方豪族中，兴办私学，传授经术的人很多。如《后汉书·钟皓传》记载："（钟皓）颍川长社人也。为郡著姓，世善刑律。皓少笃行称，公府连辟，为二兄未仕，避隐密山，以诗律教授门徒千余人。"这些豪族在办学时，可以借助其经济实力，所以，他们所办的学校一般都有比较大的规模。

三是世宦家族子弟。东汉的世宦家族是当时社会中，具有很高地位的社会阶层。他们被当时人称为"家世衣冠""世吏二千石""家世名族"。这些家族世代有人做高官，所以在社会中具有颇大的势力。而且，一些家族多为经学世家，因而在文化上占据很大的优势。世宦家族子弟广招门徒，兴办学校，成为其文化活动的重要内容。如鲁丕的家族"世吏二千石"，他本人"兼通五经，以《鲁诗》《尚书》教授，为当世名儒"。⑤郭躬"家世衣冠"，"讲授徒众常数百人"⑥。并且，他们所办的私学多是传袭家学。《后汉书·宋均传》："（宋京）以《大夏侯尚书》教授，至辽东太守。意少传父业。"《后汉书·贾逵传》记载："（贾）逵悉传父业，弱冠能诵《左氏传》及五经本

---

① 《后汉书》卷七九上《儒林上·欧阳歙传》注引《续汉书》。

② 《后汉书》卷七九上《儒林上·孙期传》。

③ 《后汉书》卷三五《郑玄传》。

④ 《后汉书》卷四九《仲长统传》。

⑤ 《后汉书》卷二五《鲁恭传附鲁丕传》。

⑥ 《后汉书》卷四六《郭躬传》。

义，以《大夏侯尚书》教授。"因此，他们所办的学校存续的时间是比较长久的。

四是官僚士大夫。东汉，官僚士大夫在社会中，已成为有重大影响的社会阶层。他们大多数都精通经学，有些人就出身于经学世家，因此，他们在任官期间，也不放弃对经学的传授，仍然兼办私学，主讲经术。如洛阳曹曾"从（欧阳）歙受《尚书》，门徒三千人，位至谏议大夫。子祉，河南尹。传父业教授"①。广招门徒，"虽有官，不废教授"②，在当时的官僚士大夫中已形成了风气。他们具有很高的政治地位，并且，很多人在经学上的造诣很深，所以他们兴办的私学在社会中具有较大的影响。如张兴"拜太子少傅。显宗数访向经术。既而声称著闻，弟子自远至者，著录且万人，为梁丘家宗"③。这些官僚士大夫不仅在任期间办学传授经术，即使在退官后，一般也不放弃办学。如韦彪"建武末，举孝廉，除郎中，以病免，复归教授"④。吴祐"自免归家，不复仕，躬灌园蔬，以经书教授"⑤。因过失被免官者，也同样如此。《后汉书·郅恽传》："（郅）恽再迁长沙太守。……后坐事左迁芒长，又免归，避地教授，著书八篇。"

总之，东汉时期，不论是处于社会下层的一般平民，还是具有很高政治地位的官僚士大夫，凡"明经"者都要兴办私学，传授经术。这是东汉很突出的社会现象。

为什么东汉兴办私学的社会阶层如此广泛？这是同当时经学的发展相联系的。因为东汉私学传授的主要内容都是经学。而这些私学的兴办者，不论社会地位怎样不同，有一点是一致的，即都是儒家经学的信奉者。对于东汉的这些知识分子来说，"明经"和"明经行修"已成为他们追求的最高目标。然而，在东汉，要做到"明经"和"明经行修"，不仅要通晓经术，而且还要传授经术。例如甄宇"治《严氏春秋》，持学精微，以白衣教授"。所以，

----

① 《后汉书》卷七九上《儒林上·欧阳歙传》。

② 《北堂书钞》卷一○○引《东观汉记》。

③ 《后汉书》卷七九上《儒林上·欧阳歙传》。

④ 《后汉书》卷二六《韦彪传》。

⑤ 《后汉书》卷六四《吴祐传》。

在当时的文献中，多有"经明教授"① "通经教授"② 的记载。当时的社会，已把传授经术的状况，作为检验一个士人的学识和道德的标准。如冯豹"长好儒学，以《诗》《春秋》教丽山下。乡里为之语曰：'道德彬彬冯仲文'"③。正因为如此，兴办私学，主讲经术，便成为士人提高社会声誉的重要途径。

具体说来，兴办私学对于不同的社会阶层，其意义还有所不同。从一般平民、地方豪族和世宦豪族子弟的情况来看，他们除了受"明经"社会风气的影响外，更重要的是，他们当中的一些人要借助在传授经术中，所造成的影响，使自己能够进入仕途。因为东汉选举，既注重被选举者的学识，同时又看重他们在地方上的声望。兴办私学，可以使二者兼而有之。所以文献中多有因为办学而被推举为茂才、孝廉的记载。如牟融"以《大夏侯尚书》教授"而"名称州里，以司徒茂才为丰令"④，寒朗"以《尚书》教授，举孝廉"⑤，郅恽"客居江夏教授，郡举孝廉，为上东城门侯"⑥。这正是促使这些社会阶层中的一些人，兴办私学的重要原因。

当然，在东汉的这些社会阶层中，还有一些人并不愿意出仕为官。《后汉书·郎颛传》："颛少传父业，兼明经典，隐居海畔，延致学徒常数百人。"《后汉书·庞参传》："郡人任棠者，有奇节，隐居教授。"又《后汉书·朱晖传》："时同郡赵康叔盛者，隐于武当山，清静不仕，以经传教授。"可见这类办学者还是有相当数量的。这些人"隐居教授"的行为固然是当时士风的一种表现，但深究其原因，他们仍然是要凭借兴办私学所带来的声誉，并以隐居为条件，而在地方上获得更高的名望。如韦彪"复归教授，安贫乐道，恬于其趣，三辅诸儒莫不慕仰之"⑦。在这些隐士中，很多人就是地方上的"名士"。东汉的"名士"在地方上地位很高，并且有着重大的影响。他们可

---

① 《后汉书》卷七七《酷吏·李章传》。
② 《后汉书》卷四八《爰延传》。
③ 《后汉书》卷二八下《冯衍传附冯豹传》。
④ 《后汉书》卷二六《牟融传》。
⑤ 《后汉书》卷四一《寒朗传》。
⑥ 《后汉书》卷二九《郅恽传》。
⑦ 《后汉书》卷二六《韦彪传》。

以臧否人物，操纵选举。到东汉后期，对选举几乎有着决定性的作用。毫无疑义，对这些人来说，私学的兴办，有助于他们获得"名士"地位。

东汉的官僚士大夫兴办私学更看重的是，可以利用办学所带来的声誉广招门徒。因为他们招收学生的数量，主要取决于其名望。《后汉书·儒林传》称："（楼望）迁大司农。十八年，代周泽为太宰。建初五年，坐事左迁太中大夫，后为左中郎将。教授不倦，世称儒宗，诸生著录九千余人。"就说明了这一点。而官僚士大夫周围学生的多少，直接影响到他们的政治势力。例如东汉后期，袁绍"树恩四世，门生故吏遍于天下"①，就有很大的号召力。这是因为东汉社会中依附关系日益发展，也开始渗透到师生关系中，因而，对于官僚士大夫来说，学生不仅是受业者，并且也是他们政治上的支持者。东汉官僚士大夫积极兴办私学，除了"明经"和能够使家学延续外，常常包含着这种政治目的。

总而言之，东汉各社会阶层积极兴办私学，主要是为了实现"经明行修"的目的。由此可以提高他们的社会声望，从而使他们各自获得不同的利益。所以，从根本上说，东汉私学兴办所具有的这种广泛性，主要是经学发展影响的结果。

二、东汉私学的类型

东汉各私学传授的内容，如前所述，主要是经学。但在各阶层兴办的私学中，传授的具体内容，却由于传授对象和各私学师长的专长不同，而存在着差别。根据当时私学教授的对象和传授内容的特点，私学大体上可以划分为两种类型。

一是以启蒙教育为主的私学。这种私学的教授对象，主要是儿童。《后汉书·承宫传》："（承宫）琅邪姑幕人也。少孤，年八岁为人牧豕。乡里徐子盛者，以《春秋》经授诸生数百人，宫过息庐下，乐其业，因就听经。遂请留门下，为诸生拾薪。执苦数年，勤学不倦。"徐子盛在乡里创办的私学，就是属于启蒙类型的学校。这种类型的私学，在讲授的内容上，多采取适宜

---

① 《后汉书》卷七四上《袁绍传》。

启蒙教育的典籍。《三国志·邴原传》注引《原别传》："（邴）原十一而丧父，家贫早孤。邻有书舍，原过其旁而泣。……师曰：'童子苟有志，我徒相教，不求资也。'于是遂就书。一冬之间，诵《孝经》《论语》。自在童龀之中，嶷然有异。"说明东汉私学的启蒙教育，主要是传授《孝经》和《论语》。其中《孝经》是列在首位的。

关于《论语》且置不论，就《孝经》来说，私学在启蒙教育中，将其列为主要内容，并不只是由于它浅显易读，这也是要适应东汉国家推广"孝"道的需要。《后汉书·荀爽传》："荀爽举贤良、方正，对策曰：臣闻火生于木，故其德孝。汉之谥帝称孝者，其义取此也。故汉制使天下皆讲《孝经》，选吏举孝廉，盖以孝为务也。"可见自西汉以来，《孝经》一直被定为启蒙教育的主要内容。尤其西汉平帝时，"立官稷及学官。郡国曰学，县、邑、侯国曰校。校、学置经师一人。乡曰庠，聚曰序。序庠置《孝经》师一人"①。东汉仍延续了西汉的这种惯例，因而东汉私学中，以《孝经》为主要启蒙读物，实际上，是迎合了国家统治的意志。这样，也就把私学的启蒙教育，纳入国家普及《孝经》教育的体系中。

私学的启蒙教育，当然，并不只是教授《孝经》《论语》，还有其他的内容。《后汉书·张霸传》："（张霸）蜀郡成都人也。……七岁通《春秋》，复欲进余经。"《后汉书·周燮传》："（周燮）始在髫龀，而知廉让；十岁就学，能通诗、论。"又《后汉书·荀椒传》："（荀）爽字慈明。一名谞。幼而好学，年十二能通《春秋》《论语》。"据此可知，在东汉私学的启蒙教学内容中，还包括《诗》和《春秋》。《诗》和《春秋》都是东汉经学的重要典籍，国家立有博士官，它们是当时的士人"明经"的重要内容。私学在启蒙教育阶段，增加这些内容，正是为受教育者进一步通晓经术打下基础。所以，私学的启蒙教育与"明经"教育并不是截然分开的，二者既有区别，同时又是密切联系着的。

二是以"明经"教育为主的私学。这类私学的兴办的目的，在于提高学生的经学水平。实际上，是为学生进入仕途做必要的准备。因为在东汉，"明经"是选举的重要条件。《后汉书·安帝纪》："延光二年八月，初令三署

---

① 《汉书》卷一二《平帝纪》。

郎通达经术，任牧民者，视事三岁以上，皆得察举。"正因为如此，当时创办私学者，多以自己所擅长的一经或数经传授。由于当时各私学师长的专长并不相同，因而在"明经"的教授中，大致出现以下几种形式：

其一，专门传授一经。在东汉，这种私学，为数很多。如李章"习《严氏春秋》，经明教授"①，李恂"少习《韩诗》，教授诸生常数百人"②。如前所述，当时一些世宦家族的子弟多承袭父业，传授家学。他们传授的内容，也多以一经为主。如桓荣三代为官，都能"传父业，以《尚书》教授"。又如甄宇"习《严氏春秋》"，"传业子普，普传了承，承尤笃学，未尝视家事，讲授常数百人。诸儒以承三世传业，莫不归服之"。③由于他们恪守一经，因此传授的内容具有很高的学术水平，甚至形成独具一格的专门学问。《后汉书·樊宏传》："初，（樊）鯈删定公羊《严氏春秋》章句，世号'樊侯学'，教授门徒前后三千余人。"

其二，数经兼传。在当时兴办私学者中，多有一些"大儒""通儒"。这些儒生不只通一经，而是数经兼通，因此，他们教授的内容，并不限于一经。例如，廖扶"习《韩诗》《欧阳尚书》。教授常数百人"④。东汉时，士人"明经"，不仅注重"家法"，而且，很重视数经的兼通。如胡广"有雅才，学究五经，古今术艺，皆毕览之"⑤，任安"受孟氏易，兼通数经"⑥。因而，一些为了兼通数家之学的儒生，多到这类私学中求学受业。东汉末年，郑玄"师事京兆第五元先，始通《京氏易》《公羊春秋》《三统历》《九章算术》。又从东郡张恭祖受《周官》《礼记》《左氏春秋》《韩诗》《古文尚书》。以山东无足问者，乃西入关，因涿郡卢植，事扶风马融"⑦，就是明显的事例。

其三，传经兼传方术。东汉谶纬和方术盛行。在社会中出现了一些方士化的儒生。他们一般都把经学同方术、谶纬结合在一起传授。《后汉书·方

① 《后汉书》卷七七《酷吏·李章传》。

② 《后汉书》卷五一《李恂传》。

③ 《后汉书》卷七九下《儒林·甄宇传》。

④ 《后汉书》卷八二上《方术上·廖扶传》。

⑤ 《后汉书》卷四四《胡广传》引《谢承后汉书》。

⑥ 《后汉书》卷七九上《儒林·任安传》。

⑦ 《后汉书》卷三五《郑玄传》。

术传》："（樊英）少受业三辅，习《京氏易》，兼明五经。又善风角、星算、河洛七纬，推步灾异。隐于壶山之阳，受业者四方而至。"又同传载："唐檀……少游太学，习《京氏易》《韩诗》《颜氏春秋》，尤好灾异星占。后还乡里，教授常百余人。"他们传授的这些方术，无非是不同形式的占卜术，而"河洛七纬"则属于纬书。东汉时期，人们的迷信观念浓厚，占卜术和谶纬在社会中盛行，所以这些方士化的儒生在传授经术时，兼传方术和谶纬，自然能够吸引更多的人入学受业。史载，在这种私学中，一般都是"受业者四方而至"①，"弟子自远而至"②。因而这种私学是具有相当规模的。

东汉的以"明经"为主的私学，虽然在传授上有不同的方式，传授的内容也互有差异，但是各私学传授经术却有相同之处。也就是说，他们传授各家经典都能严守"家法"。各家私学的传授出现这种一致性，其原因有二：一是东汉时，"明经"的风尚。也就是不可背离"家法"，不明"家法"，就无所谓通晓经术。二是国家选举时，对被推举者的经术考核，也是以严格的"家法"为标准的。《后汉书·左雄传》："请自今孝廉年不满四十，不得察举。皆先诣公府，诸生试家法，文吏课笺奏。"因此，东汉私学的"明经"教育，只是让学生学会恪守经学中的一家之言。这种类型的私学教学并没有超出国家的太学和地方学校所传授的内容，所以，这种私学的教育，只能起到补充国家学校教育的作用。

三、东汉私学招收学生的特点

随着东汉私学的发展，出现了受业生和"著录"生的区别。因此，私学招收学生的形式也不完全相同。

一是对受业生的招收。所谓受业生，就是直接到私学中拜师受业的学生。当时私学招收的，主要是这种学生。可以说，不同社会阶层兴办的私学，在对受业生的招收上，都具有适合其私学发展的特点。

第一，私学招收学生不受学生家庭经济条件的限制。在东汉，学生入私

---

① 《后汉书》卷八二上《方术上·樊英传》。
② 《后汉书》卷八二下《方术下·董扶传》。

学受业，不是无条件的，学生首先要自备学资。《书钞》卷一三九引《东观汉记》："（王阜）少好经学。年十一，辞父母，欲出精庐，以尚少，不见听。后阜窃书诵尽，日辞，欲之犍为定生学经，取钱二千，布二端去。"王阜求学，事先所携带的二千钱和二端布，即是作为学资用的。由于入学受业者需要有一定的经济条件做保证，这自然限制了家境贫困者的求学行为。可是，各地的私学并没有把试图求学的贫困者拒之学校门外。《后汉书·循吏传》："（卫飒）河内武修人也。家贫好问，随师无粮，常佣以自给。"《后汉书·文苑传》："（侯瑾）敦煌人也。少孤贫，依宗人居。性笃学，恒庸作为资。"又同传："（刘梁）东平宁阳人也。梁宗室子孙，而少孤贫，卖书于市以自资。"可见东汉家境贫寒者不仅可以入私学受业，而且为数不少。只是他们需要在受业的同时，兼作佣工或小贩，为自己筹备学资。因而东汉私学在招收学生上是没有贫富、贵贱之分的。

第二，私学招收学生不受地域的限制。在各地的私学中，学生并不是来自同一乡里。在文献中，多记载私学"弟子自远方至"①，"远方至者常数百人"②。就说明了这一点。在一些"名儒""通儒"兴办的私学中，外地的学生就更多。例如，张霸"博览五经"，因而使不少学生"各市宅其傍，以就学焉"③。张楷由于精通《严氏春秋》《古文尚书》，"学者随之，所居成市"④。私学不限制学生的籍贯，就使一些学生为实现"明经"的目的，可以到远离家乡数千里之外的地方拜师求学。如赵晔"少尝为县吏，奉檄送督邮。晔心耻斯役，遂弃车马去，到犍为诣杜权受韩诗"⑤。因此，私学中学生的来源不仅广泛，而且，也促进了经学的交流和传播。

第三，私学对学生的招收不受年龄和辈分的限制。《后汉书·朱晖传》："时同郡赵康叔盛者，隐于武当山，清静不仕，以经传教授，穆时年五十，乃奉书称弟子。及康殁，丧之如师。"可见即使年届五十者，也可以入私学，拜师受业。有些人虽然高于师长的辈分，却可以不受辈分上的约束，向晚辈

---

① 《后汉书》卷二四《赵典传》。

② 《后汉书》卷六七《檀敷传》。

③ 《后汉书》卷三六《张霸传》。

④ 《后汉书》卷三六《张霸传附张楷传》。

⑤ 《北堂书钞》卷一〇三引《谢承后汉书》。

求学。《后汉书·张霸传》："（张楷）通《严氏春秋》《古文尚书》，门徒常百人。宾客慕之，自父党凤儒，偕造门焉。"东汉私学在对学生的招收上，不以贫富、地域、年龄和辈分为限，因此，当时私学学生的来源十分广泛。在各阶层兴办的私学中，"就学者常百人"①，"门徒常数百人"②，办学的规模都是比较大的。在一些比较著名的儒生所办的私学中，甚至"教授门徒常千人"。所以东汉私学在学生招收上的这种宽松性，是促进私学办学规模的扩大，以及使私学在社会中产生比较大的影响的重要因素。

此外，私学在对学生的招收上，是依据入学的先后，明确地加以区分的。这种区分对学生在私学中的受业形式以及地位都产生重大的影响。《后汉书·马融传》："（马）融才高博洽，为世通儒，教养诸生，常有千数，涿郡卢植，北海郑玄，皆其徒也。……常坐高堂，施绛帐，前授生徒，后列女乐，弟子以次相传，鲜有入其室者。"说明私学中，除师长直接授业外，学生一般是按照入学的先后，相互传授的，因而，这就使学生中出现了直接受业和间接受业的差别。为适应这种差别，私学中学生的称谓并不相同。《后汉书·贾逵传》："皆拜（贾）逵所选弟子及门生为千乘王国郎，朝夕受业黄门署，学者皆欣欣羡慕焉。"很明显，私学学生的称谓有"弟子"和"门生"之分。对这两种称谓，宋人洪适辨之甚晰，他说："其亲受业，则曰弟子。以次相传授，则曰门生。"③不过，在东汉，这两种称谓并不只是反映学生受业的先后，而且，也是学生地位差别的反映。东汉国家对私学中的弟子和门生，并不是同样对待的。《续汉书·舆服志》："进贤冠……公侯三梁，中二千石以下至博士两梁，自博士以下至小史、私学弟子皆一梁。"说明私学弟子进贤冠的等次，仅次于博士。可是私学中的门生却享受不到这种待遇，其地位自然是低于弟子的。所以，私学对学生招收的先后之分，直接影响到学生在私学中所处的地位，这也就使私学的学生中出现了不同等次的划分。

二是对"著录"生的招收。在东汉，私学的学生都要把名字登录在师长的名籍上。这在文献中称为"著录"④。这种制度在西汉就已实行。不过，在

---

① 《后汉书》卷二五《鲁恭传附鲁丕传》。

② 《后汉书》卷三六《张霸传附张楷传》。

③ 《隶释》卷七《泰山都尉孔宙碑》按语。

④ 《后汉书》卷七九下《儒林·魏迎传》。

东汉私学中，"著录"名籍，不只包含直接入学受业者，还有其他的士人。《后汉书·儒林·蔡玄传》："（蔡玄）学通五经，门徒常千人，其著录者万六千人。"在这一记载中，是把"门徒"和"著录者"严格加以区分的。很明显，所谓"著录者"是专门指一种不同于受业生的学生，将这种学生称为"著录者"，同他们入私学的目的有关。《东观汉记》："（薛汉）才高名远，兼通书传，无不昭览，推道术尤精，教授常数百，自远方至者著为录。"①据此可知，"著录"生是不必在私学中受业的，他们的目的只是在师长处登录名籍，实际上，他们只是一些望门弟子。就这种情况来说，"著录"就不只是登录名籍，而应当是私学招收学生的一种形式。当时，并不是每一所私学都能够招收到"著录"生，只是在一些比较有名的儒生或士大夫兴办的私学中，才有这类学生。如"丁恭学义精明"，"诸生自远方者，著录数千人，当世称为大儒"②。这是因为，学生到这些名儒或士大夫的私学中著录名籍，无非是要借助师长在社会上的声望，来显示他们个人的"明经"和"明经行修"。正是在这种风气的影响下，到这些私学中"著录"的人数众多，"其著录者万六千人"③。私学对这种"著录"生的招收，可以扩大其影响，使私学的发展具有更广泛的社会基础。

四、东汉私学中的师生关系

东汉私学中，师长和学生所处的地位完全不同。《后汉书·郑玄传》："（马）融门徒四百余人，开堂进者五十余人。融素骄贵，玄在门下，三年不得见，乃使高业弟子传授于玄，玄日夜寻诵，未尝怠倦。"说明在学业的传授中师长居于支配的地位，学生只能按师长的要求来受业，完全处于被支配的地位。所以师长和学生之间，在学业的传授上，表现出一种支配和被支配的关系。

然而，在东汉，师长对学生的支配，并不只是体现在学业的传授上。由

---

① 《北堂书钞》卷六七引。

② 《后汉书》卷七九下《儒林·丁恭传》。

③ 《后汉书》卷七九下《儒林·蔡玄传》。

于东汉时期，社会内部的依附关系在深入发展，其影响也渗透到私学的师生关系中。原来只是师长对学生在学业上的支配，开始扩大到学生的其他活动中。

其一，一些私学中的师长一般可以指令学生从事经济活动。如"宋弘为司空，常受俸得盐豉千斛。遣诸生迎取上河，令粜之，盐贱，诸生不粜，弘怒，便遣。及其贱，悉粜卖，不与民争利"①。这些学生为师长经商，不仅必须服从师长的意志，而且完全处于一种仆从的地位。

其二，一些私学师长可以举荐学生为官。例如，贾逵就能够"选弟子及门生为千乘国郎"②。由此可见，在一些官僚士大夫兴办的私学中，师长的推荐意见，在一定程度上，可以左右学生的仕进。

其三，一些私学师长可以在生活上供养学生。《后汉书·张奂传》："时禁锢者多不能守静，或死或徙，奂闭门不出，养徒千人。"《三国志·蜀志·来敏传》注引《华峤后汉书》："（来）艳好学下士，开馆养徒众。少历显位。灵帝时，位至司空。"这些记载中提到的"养"，就是指从经济上供养。如前所述，东汉私学中，学生的学资一般都是由学生承担的。学生接受师长的供养完成学业，学生就不得不紧密地依赖于师长。这样，师长不仅控制了他们的经济生活，而且，实际能够支配他们的全部活动。东汉私学中的师长对学生从经济、政治生活诸方面所进行的支配，虽然因各私学的办学条件，以及师长的社会地位的差别，而有所不同，但是，这些情况的出现，说明私学中，学生对师长的从属并不单纯表现在学业上。《三国志·吴志·孙策传》注引《吴录》载孙策与袁术书云："其忽履道之节而强进取之欲者，将曰天下之人非家吏则门生也，孰不从我？"这里把"门生"和"家吏"并称，说明二者都处于从属主人的地位，这正是当时师生关系已具有主从关系特点的反映。正因为如此，私学中的学生对师长表现出明显的依附性。学生已开始丧失从名籍上脱离自己受业师长的自由。如前所述，在汉代，凡是在私学中受业的学生，都必须要在师长处著录名籍。但是，学生著录名籍后，东汉已与西汉的情况大不相同。《汉书·云敞传》："（吴）章坐要斩，磔尸东门市。

① 《太平御览》卷八二八引《东观汉记》。
② 《后汉书》卷三六《贾逵传》。

初，章为世名儒，教授尤盛，弟子千余人，莽以为恶人党，皆禁锢，不得仕宦。门人尽更名他师。"说明直到西汉后期，学生可以自由地同师长脱离关系，是不受任何限制的。可是，在东汉，学生要更改自己的名籍已很困难。《后汉书·李膺传》："（李）膺考死，妻子徙边，门生、故吏及其父兄，并被禁锢。时侍御史蜀郡景毅子顾为膺门徒，而未有录牒，故不及于谴。毅乃慨然曰'本谓膺贤，遣子师之，岂可以漏夺名籍，苟要而已。'遂自表免归。时人义之。"由这一事例可以看出，东汉国家是依据师长的著录名籍，决定学生是否受到株连。实际上，这种名籍已成为确定学生所属师长的依据，而且具有法律上的效力。因此，学生一旦著录名籍后，是无法同师长脱离关系的。因为名籍对学生的这种约束，学生不仅依附于师长，而且形成了很深的"恩义"联系。诸如一些师长因犯罪被处以刑罚，学生都能舍身相报。史载：大司徒欧阳歙"坐在汝南臧罪千余万发觉下狱，诸生守阙为歙求哀者千余人，至有髡剔者"。甚至有人"闻狱当断，驰之京师，行至河内获嘉县，自系，上书求代歙死"①。李固被梁冀杀害，"露固尸于四衢，令有敢临者加其罪"②，可是李固的弟子郭亮却"左提章钺，右秉铁锧，诣阙上书，乞收固尸"③。在师长去世后，学生多为师长树碑，歌颂师长功德。《泰山都尉孔宙碑》碑阴题名就有：门生四十二人，门童一人，故吏八人，弟子十人。④《司隶校尉鲁峻碑》则有三百二十位门生的刻名。⑤可见东汉私学学生忠实师长的意识是极强的。不仅如此，由于学生对师长依附程度的加深，他们为师长复仇的意识也是强烈的。如《三国志·魏志·夏侯惇传》："（夏侯惇）年十四，就师学，人有辱其师者，惇杀之。由是以烈气闻。"东汉的复仇性质仍然属于血亲复仇的范畴。《白虎通·诛伐篇》云："父之仇，不与共天下。兄弟之仇，不与共国。"便是明证。这种学生为师长的复仇，只不过是血亲复仇的外延。因为，在当时私学中，师长不仅居于主人的地位，而且，还体现出家长的特征。这从东汉禁锢刑的株连规定中，可以明显地反映出来。《后

---

① 《后汉书》卷七九上《儒林上·欧阳歙传》。

② 《后汉书》卷六三《李固传》。

③ 《后汉书》卷六三《李固传》。

④ 《隶释》卷七《泰山都尉孔宙碑》。

⑤ 《隶释》卷九《司隶校尉鲁峻碑》。

汉书·党锢传》："于是又诏州郡更考党人门生、故吏、父子兄弟，其在位者，免官禁锢，爰及五属。"受株连的门生，是同犯罪者的家族成员处于同一位置的。因此，在东汉私学中，学生为师长复仇的意识强烈，不仅是由于学生对师长的紧密依从，而且也反映出在私学的主从关系上，还带有父家长制的明显特征。

五、结　语

通过对东汉私学所作的上述考察，我们可以得出如下的认识：

其一，东汉私学是在当时经学发展的社会条件下兴盛起来的。这种私学的发展，反过来，又促进了经学的传播，造就了大批"明经"的儒生。东汉时代的私学教育，与国家进行思想统治的意志是一致的。因此，私学在形式上，虽然表现为私家的独立教育，实际上，同国家的教育目的是完全相同的。

其二，东汉创办私学的阶层，虽然具有广泛性，但是，由于私学教育主要是传播经学，并且，同国家的选举有着千丝万缕的联系。所以，这种私学的发展，却走向了其办学广泛性的反面，为地方豪族、官僚士大夫进行文化垄断创造了条件。在东汉豪族势力日益发展的社会条件下，私学的教育承袭家学的特征越来越明显。因此，在门阀士族的形成过程中，私学在文化上起到了促进的作用。

其三，东汉私学内部师长和学生依附关系开始形成。这是当时社会上依附关系发展影响的结果。因此在私学中，门生的低下地位已经发端。实际上，这正是未来社会门生地位卑微化的先兆。

（原载《史学集刊》1993 年第 1 期）

东汉时代的游学风气及社会影响

东汉时代，游学是当时社会各阶层人们从事的重要文化活动。这种风气盛行是很突出的社会现象。考察东汉的游学对于认识当时教育的发展状况的作用十分必要。因此本文拟就东汉游学风气的特点、原因及社会影响做如下探讨。

一

游学作为一种文化活动，在中国历史上发生较早，至少在春秋后期已经出现。历战国、秦、西汉，这种风气不衰，至东汉时代，游学活动更加兴盛。然而，东汉时代，游学的社会条件已与前代不同，它是在国家集权统治加强、经学广为流传的情况下发生的，因此游学活动自然要具有时代的特征。东汉游学风气主要表现出以下诸方面的特点：

（一）游学的社会阶层广泛，人数众多

东汉，游学已经不是少数人的活动，参与其中的社会阶层非常广泛。虽然东汉社会中，人们在政治地位、财产占有和文化素质上存在很大的差别，但是，这种差别对游学活动的影响并不是很大的。从游学者的政治地位上看，既有社会上层人士，也有社会下层人士。当时政治地位很高的官宦子弟到各地方游学者很多。《后汉书·逸民传》说：“法真字高卿，扶风郿人，南郡太守雄之子也。好学而无常家，博通内外图典，为关西大儒。”说明二千石世家子弟对游学是有浓厚兴趣的。至于社会地位低微的阶层中，游学者也不在少数。这些游学者大体说来有以下几类：

一是普通平民。《后汉书·文苑传》：“邓彪字义方，吴郡无锡人也。家本单寒，至彪为诸生，游太学。有雅才而讷于言。”邓彪属于单寒之家，社会地位自然不高，在平民中也是下层。可见东汉平民游学完全是自由的活动，不受社会地位限制。

二是非良家子。在汉代，人们一般把犯罪者的子弟视为非良家子。他们是受到人们贱视的社会阶层，一些社会活动受到限制。尽管如此，他们的游学活动却是自由的。例如，南阳人岑晊父岑象"为南阳太守，以贪叨诛死"。可是，岑晊"年少未知名，往候同郡宗慈，慈方以有道见征，宾客满门，以晊非良家子，不肯见。晊留门下数日，晚乃引入。慈与语，大奇之，遂将俱至洛阳，因诣太学受业"①。

三是小吏。汉代"官"和"吏"有区别，"吏"的地位也不尽相同。《汉书·百官公卿表序》："皆有丞、尉，秩四百石至二百石，是为长吏。百石以下有斗食、佐史之秩，是为少吏。"这里提到的"少吏"也就是小吏。东汉时代，小吏越来越受到人们的轻视，日益呈现卑微化的倾向。《后汉书·符融传》："（符融）陈留浚仪人也。少为都官吏，耻之，委去。"可见小吏任职者的自卑意识很强。这正是其政治地位降低的表现。正因为如此，东汉多有放弃小吏职，拜师游学者。《后汉书·独行传》："（范冉）陈留外黄人也。少为县小吏，年十八，奉檄迎督邮，冉耻之，乃遁去。至南阳，受业于樊英。又游三辅，就马融通经，历年乃还。"即其一例。东汉时代，不同家庭财产占有的两极分化已很严重，一般平民多为贫困之家。当时家庭的经济状况，无疑要影响游学活动。因为要游学，必须自备学资。这样势必限制当时一些贫困之家子弟的游学。但是，这种影响并不是非常显著的。东汉时代，雇佣劳动比较发展，就使一些无经济实力者可以依赖做佣工来维持游学活动。例如，公沙穆"来游太学，无资粮，乃变服客佣，为祐赁舂"②。又如，孔嵩"家贫亲老，乃变名姓，佣为新野阿里街卒"③。甚至有些游学者可以为在学学生做佣工。《后汉书·郭太传》："（庚乘）颍川鄢陵人也。少给事县廷为门士。林宗见而拔之，劝游学官，遂为诸生佣。"因此，东汉时代，一些贫寒家庭子弟只要有游学愿望，都可以实现他们的目的。

---

① 《后汉书》卷六七《岑晊传》。

② 《后汉书》卷六四《吴祐传》。

③ 《后汉书》卷六四《独行·范式传》。

此外，东汉时期，由于经学传授极重家法，在当时社会中出现了世代传授一经或诸经的经学世家。但是，这些经学世家也并不将其子弟局限在家学范围内。《后汉书·方术传》："（李郃）汉中南郑人也。父颉，以儒学称，官至博士。郃袭父业，游太学，通五经。"说明一些经学世家子弟也要通过游学扩大其学识。东汉游学的社会阶层不仅广泛，而且人数众多。当时到官、私学中拜师求学者的数量惊人。《后汉书·儒林传序》称："其服儒衣，称先王，游庠序，聚横塾者，盖布之于邦域矣。若乃经生所处，不远万里之路，精庐暂建，赢粮动有千百，其耆名高义开门受徒者，编牒不下万人，皆专相传祖，莫或讹杂。"具体说来，东汉后期，国家太学中已有"诸生三万余人"①。在私学中，人数多少不一，少则上百人，多则达到"弟子以千数"②，有的甚至"著录且万人"③。东汉官、私学招收学生的数量，正是当时游学规模很大的明显反映。

（二）当时游学者的目的主要是通晓经术

因为东汉国家倡导经学，"明经"的意识已深入人心，所以游学者追求的是通晓经术。《后汉书·逸民传》：（井丹）扶风郿人也。少受业太学，通五经，善谈论，故京师为之语曰：'五经纷纶井大春。'"可见实现这种追求，已是儒生努力的目标。虽然游学者的共同目的是"明经"，但是，由于他们各自情况不同，学习的内容是有区别的。在游学者中，大多数为按家法通晓经术。东汉时期，按家法"明经"，是研习经术者必须遵循的，不明家法，即不为"明经"。史载："王阜幼好经学，年十一，辞父母欲出就学，父母以阜少，不允。窃书负笈，乘跛马，后安定受《韩诗》。年十七，经业大就，声闻乡里。"④ 即为这类游学者。在游学者中，有些人则是为了通晓数经。东汉时期，儒生研习数经已很流行。《后汉书·方术下·唐檀传》："（唐檀）豫章南昌人也。少游太学，习《京氏易》《韩诗》《颜氏春秋》，尤好灾异星占。"这是到国家太学研习多种经术的事例。《后汉书·张霸传附张楷传》："（张楷）通《严氏春秋》《古文尚书》，门徒常百人。宾客慕之，自父

---

① 《后汉书》卷六七《党锢传序》。

② 《后汉书》卷六八《郭太传》。

③ 《后汉书》卷七九上《儒林上·张兴传》。

④ 《北堂书钞》卷一三九引谢承《后汉书》。

党凤儒，偕造门焉，车马填街，徒从无所止。"则是到私学中兼明数经的证明。

有些儒生为了达到这种目的，甚至游历许多地方。例如，景鸾"广汉梓潼人也。少随师学经，涉七州之地。能理《齐诗》《施氏易》，兼受《河》《洛》图纬，作《易说》及《诗解》，文句兼取《河》《洛》，以类相从，名为《交集》。又撰《礼内外记》，号曰《礼略》"①。到各地多方拜师，正是游学者为实现其目的的重要方式。

在东汉，占支配地位的是今文经，因此大多数游学者是以钻研今文经为目的的。不过，古文经的地位逐渐上升，开始为人们所重视，一些儒生也致力于古文经的研习。《后汉书·儒林传上》："（卫宏）少与河南郑兴俱好古学。初，九江谢曼卿善《毛诗》，乃为其训。宏从曼卿受学，因作《毛诗序》，善得《风雅》之旨，于今传于世。后从大司空杜林更受《古文尚书》，为作《训旨》。时济南徐巡师事宏，后从林受学，亦以儒显，由是古学大兴。"这说明一些儒生游学，不仅研习古文经，而且，对古文经传授的推动作用也是很大的。

由此可见，东汉游学者虽然都以追求"明经"为目的，但是，其努力的方向却不相同，呈现出比较复杂的状况。不过，东汉游学目的之复杂性，只是在经学的范围内，同战国时代游学者寻找不同学术派别的状况已经有很大的不同了。

（三）游学者多以经学名儒为师

如前所述，东汉游学主要是为实现"明经"的目的，因此在拜师求学上是有选择的。由于当时经学传授上出现了一些名儒，因此拜名儒为师，成为当时游学的一种时尚。在游学活动中，这种追逐名师的风气主要表现有三：

其一，为拜名师受业，游学者不惧路途遥远。诸如，北海人苏章"负笈追师，不远万里"②，赵晔"会稽山阴人也。少尝为县吏，奉檄迎督邮，晔耻于厮役，遂弃车马去。到犍为资中，诣杜抚受《韩诗》，究竟其术。积二十

---

① 《后汉书》卷七九下《儒林下·景鸾传》。

② 《太平御览》卷七一一引谢承《后汉书》。

年，绝问不还"①。这些事例说明，这些游学者拜师之心的虔诚。甚至有些游学者为拜名师不惜到各地游历。例如，袁闳"博览群书六艺，尝负笈寻师，变易姓名往来"②，李固"改易姓名，杖策驱驴，负笈追师三辅，学五经，积十余年"③。

其二，注重师长水平，不看重官、私学的区分。因为游学活动不受官、私学条件限制，所以游学者为投名师，改换学校的情况经常出现。《后汉书·张衡传》"（张）衡少善属文，游于三辅，因入京师，观太学，遂通五经，贯六艺。虽才高于世，而无骄尚之情。"张衡就是先入私学，后入太学。又《后汉书·儒林上·任安传》："（任安）少游太学，受《孟氏易》，兼通数经。又从同郡杨厚学图谶，究极其术。"则为先入太学，后入私学。由此可见，东汉游学者对业师的选择，远远胜过对学校的选择。

其三，游学者为通晓经术，多有师从数位名儒者。《后汉书·延笃传》："（延笃）南阳犨人也。少从颍川唐溪典受《左氏传》，旬日能讽之，典深敬焉。又从马融受业，博通经传及百家之言，能著文章，有名京师。"即其一例。

由上述可见，游学者十分注意业师的经学水平，为求师他们可以做诸种努力，因而使游学活动呈现出向经学名师集中的趋势。这种风气的出现，自然也是东汉游学活动不可忽视的特点。

二

东汉时代，游学风气兴盛，并表现出时代的特点，并不是偶然的，而是有其深刻的社会原因。如前所述，东汉游学者虽然追求的目的不尽相同，但一致之处，都是为了通晓经术。因而东汉游学活动的活跃，无疑与当时经学发展联系非常密切。

汉代经学的兴盛，始自汉武帝"独尊儒术"之后。自此，人们对于儒学经典的研习越来越重视。东汉建国后，国家统治者对经学，主要是今文经的

① 《后汉书》卷七九下《儒林下·赵烨传》。
② 《太平御览》卷七一一引谢承《后汉书》。
③ 《北堂书钞》卷九七引谢承《后汉书》。

倡导和推广依然很重视。为促进经学的发展，国家注重学校建设，为经学的传授创造条件。早在东汉初年，国家便恢复了太学，地方官员都积极兴办郡、县学，各地方的私学也纷纷出现。因而东汉一代，学校教育出现了大发展的形势。诚如班固所说，当时"四海之内，学校如林，庠序盈门"①。东汉各种学校的兴办对游学活动自然是一个推动。《后汉书·儒林传论》："自光武中年以后，干戈稍戢，专事经学，自是其风世笃焉。其服儒衣，称先王，游庠序，聚横塾者，盖布之于邦域矣。"便说明这一点。

东汉国家不仅鼓励传授经学，对一些德高望重的儒生竭力加以表彰。东汉初年，光武帝刘秀便以大儒卓茂为太傅。汉明帝时，国家实行养老礼，著名儒学大师可以被皇帝聘为"三老""五更"。由于国家对名儒的推崇，经学大师大量涌现。如关中地区便有杨震、贾逵、马融等人。关东则有桓荣、许慎、卢植、郑玄等。一时经学名儒，人才济济。至于名望稍低的儒生，在各地方分布广泛。经学大儒的出现是经学发展的结果，反过来，又促进了经学的传授。国家尊崇名儒所形成的这种氛围，自然也是游学活动能够发展的重要条件。

东汉国家除直接提倡经学外，也将国家选举、对士人道德的评估都同经学结合起来。东汉国家的选举，大体有察举、征、辟等形式。这些形式的选举，都要求被选举者"明经"。《后汉书·章帝纪》诏书："令郡国上明经者，口十万以上五人，不满十万三人。"在具体实施中，各地方都严格坚持这一点。《后汉书·儒林下·杨仁传》："（杨仁）巴郡阆中人也。建武中，诣师学习《韩诗》，数年归，静居教授。仕郡为功曹，举孝廉，除郎。"说明能够被推举为孝廉者，必须是通晓经术的儒生。至于征、辟选举方式也是如此。《后汉书·法雄传》："（法）雄又奏征海内名儒为博士，使公卿子弟为诸生。有志操者，加其俸禄。及汝南谢廉、河南赵建，年始十二，各能通经，雄并奏拜童子郎。于是负书来学，云集京师。"又《后汉书·张皓传》："（张）皓少游学京师，永元中，归仕州郡，辟大将军邓骘府，五迁尚书仆射，职事八年，出为彭城相。"皆其例证。不仅如此，官员的升迁也常要试经。《后汉书·儒林下·伏恭传》："（伏恭）少传黯学，以任为郎。建武四年，除据令。

---

① 《后汉书》卷四〇下《班彪传附班固传》。

视事十三年，以惠政公廉闻。青州举为尤异，太常试经第一，拜博士，迁常山太守。"正因为如此，"经明当仕"①，已成为当时人们的通念。毫无疑问，东汉一些人积极到各地拜师求学，与国家的这种选举政策有密切的关系。

在东汉社会中，一些儒生所追求的并不只是仕途。因为当时一些儒生很看重"名节"。这样甘作隐士者是占有一定数量的。这类儒生游学自然还有其特殊的原因。《后汉书·儒林下·楼望传》："（楼望）陈留雍丘人也。少习《严氏春秋》。操节清白，有称乡间。"又《后汉书·儒林下·杜抚传》："（杜抚）犍为武阳人也。少有高才。受业于薛汉，定《韩诗章句》。后归乡里教授。沈静乐道，举动必以礼。弟子千余人。"这些记载说明，一些儒生游学，为的是追求一种美誉。儒生有这种追求，是因为当时检验士人行动有明确的标准。这就是《后汉书·儒林下·魏应传》所说的"经明行修"。在这个标准中，"经明"是"行修"的前提。也就是说，只有通晓经术，获得很高的赞誉，才能被人们视为有道德修养者。《后汉书·杨震传》："（杨）震少好学，受《欧阳尚书》于太常桓郁，明经博览，无不穷究。诸儒为之语曰：'关西孔子杨伯起。'"即其一例。因此可以说，东汉时代，这种追求"经明行修"的时尚，也促使一些儒生不贪图利禄，前往各地拜师求学。

与东汉社会经济发展不平衡一样，文化发展也是不平衡的。从经学传授情况来看，首都洛阳由于兴办太学，并通过各种方式征召博士，自然集中了一批经学大师，所以洛阳无疑是经学传授的中心，这是自不待言的。其他地方的差异性也很明显。统计东汉经学大师，出自三辅、南阳、颍川、汝南、陈留、蜀郡、广汉等地的颇多。这些地方的经学大师在授业上影响很大。例如，汝南人周举"博学洽闻，为儒者所宗，故京师为之语曰：'五经从横周宣光'"②。由于经学传授的这种地区性差异，先进地方对落后地区的学生吸引力颇大。不仅国家太学中有落后地区的游学者，就是私学中，落后地方的学生也很多。因此文献记载中多见"弟子自远而至"③，"学者自远而至"④的说法。所以东汉文化发展上的地区差异，也是游学兴盛的不可忽视的

---

① 《后汉书》卷三一《孔奋传》。

② 《后汉书》卷六一《周举传》。

③ 《后汉书》卷八二下《方术下·董扶传》。

④ 《后汉书》卷八二下《方术下·公沙穆传》。

因素。

　　总之，东汉国家对经学的倡导和推广，使其成为当时文化活动的主流，并且国家将"明经"与选举及士人的修养密切结合，加之经学传授在各地区不平衡，这些因素有力地促使东汉游学呈现出活跃的局面。

三

　　东汉游学主要是研习经学的活动，并且这种活动具有广泛性，因而对当时社会必然产生很大的影响。首先，游学活动促使东汉各地人们的经学水平明显提高。如前所述，东汉时代参与游学的阶层广泛，人数众多，因此使经学的普及面很宽广。不仅社会上层，就是下层人们中，精通经术者也很多。《后汉书·党锢·檀敷传》："（檀敷）山阳瑕丘人也。少为诸生，家贫而志清，不受乡里施惠。举孝廉，连辟公府，皆不就。立精舍教授，远方至者尝数百人。"即其一例。

　　东汉后期，各地出现一批颇有影响的名士，其中有些人家境贫困，却通过游学成名。如郭太"家世贫贱。早孤，母欲使给事县廷。林宗曰：'大丈夫焉能处斗筲之役乎？'遂辞。就成皋屈伯彦学，三年业毕，博通坟籍。善谈论，美音制，乃游于洛阳。始见河南尹李膺，膺大奇之，遂相友善，于是名震京师"[1]。游学活动不仅提高了社会下层游学者的经学水平，而且很多游学者学业结束后，继续创办私学，传授经术。如广安人任安"少游太学，受《孟氏易》，兼通数经。又从同郡杨厚学图谶，究极其术。……学终，还家教授，诸生自远而至"[2]，又如京兆人杨政"少好学，从代郡范升受《梁丘易》，善说经书。京师为之语曰：'说经铿铿杨子行。'教授数百人"[3]。他们这种活动，自然又使经学在社会下层得到进一步推广。

　　东汉游学活动除了使经学向社会下层推广外，也使其向落后地区传授。《后汉书·南蛮西南夷传》："桓帝时，郡人尹珍自以生于荒裔，不知礼义，

---

　　① 《后汉书》卷六八《郭太传》。
　　② 《后汉书》卷七九上《儒林上·任安传》。
　　③ 《后汉书》卷七九上《儒林上·杨政传》。

乃从汝南许慎、应奉受经书图纬，学成，还乡里教授，于是南域始有学焉。"说明在文化落后的南方，游学使经学在当地产生影响。在西北边郡，情况也是如此。这些地方出现了很有影响力的学者。例如，王符"安定临泾人也。少好学，有志操，与马融、窦章、张衡、崔瑗等友善。安定俗鄙庶孽，而符无外家，为乡人所贱。自和、安之后，世务游宦，当涂者更相荐引，而符独耿介不同于俗，以此遂不得升进。志意蕴愤，乃隐居著书三十余篇，以讥当时失得，不欲章显其名，故号曰《潜夫论》"①。这种情况的出现，正是当地文化有较大发展的标志。

其次，游学活动造就了一批学识广博的经学大师。东汉游学不仅是知识传授，也是一种学术交流。很多儒生游学是为了获得更广博的学识。东汉著名经学大师，其成就的获得大都与游学相关。例如，马融"扶风茂陵人也，将作大匠严之子。为人美辞貌，有俊才。初，京兆挚恂以儒术教授，隐于南山，不应征聘，名重关西。融从其游学，博通经籍"②。不仅今文经学者，就是古文经学者也同样如此。《后汉书·儒林下·卫宏传》："（卫）宏从曼卿受学，因作《毛诗序》，善得《风雅》之旨，于今传于世。后从大司空杜林更受《古文尚书》，为作《训旨》。时济南徐巡师事宏，后从林受学，亦以儒显，由是古学大兴。"东汉后期，郑玄开始将今、古文经结合，他广泛吸取经学的内容。《后汉书·郑玄传》："（郑玄）北海高密人也。八世祖崇，哀帝时尚书仆射。玄少为乡啬夫，得休归，常诣学官，不乐为吏，父数怒之，不能禁。遂造太学受业，师事京兆第五元先，始通《京氏易》《公羊春秋》《三统历》《九章算术》。又从东郡张恭祖受《周官》《礼记》《左氏春秋》《韩诗》《古文尚书》。以山东无足问者，乃西入关，因涿郡卢植，事扶风马融。"很明显，郑玄学术成就的获得，正是他这种广泛拜师的游学活动促成的。可见，东汉游学实际是一些儒生提高学术水平、发展为经学大师的基础。

再次，游学促进了经学传授领域中依附性关系的发展。东汉时代，依附性关系在滋生和发展。这种情况不仅出现在生产领域中，就是在其他领域中

---

① 《后汉书》卷四九《王符传》。

② 《后汉书》卷六〇上《马融传》。

也在形成。吕思勉先生认为，东汉业师与学生之间已出现"君臣之义"①，是正确的。实际上，在当时官、私学中，业师与学生之间的"恩义"联系都在向依附关系转化，凡是游学者都与业师保持相互不脱离的关系。东汉游学风气的盛行，自然要使这种依附关系发展。《后汉书·儒林上·张兴传》："（张兴）颍川鄢陵人也。习《梁丘易》以教授。建武中，举孝廉为郎，谢病去，复归聚徒。后辟司徒冯勤府，勤举为孝廉，稍迁博士。永平初，迁侍中祭酒。十年，拜太子少傅。显宗数访问经术，既而声称著闻，弟子自远至者，著录且万人，为梁丘家宗。"可见在一些名儒的周围聚集的游学者众多，他们同业师保持稳定的联系，形成了庞大的学术团体。游学者即使学业结束，仍然同业师保持关系，向业师尽各种义务。《后汉书·儒林下·任末传》："（任末）蜀郡繁人也。少习《齐诗》，游京师，教授十余年。友人董奉德于洛阳病亡，末乃躬推鹿车，载奉德丧致其墓所，由是知名。为郡功曹，辞以病免。后奔师丧，于道物故。临命，敕兄子造曰：'必致我尸于师门，使死而有知，魂灵不惭；如其无知，得土而已。'造从之。"《司隶校尉鲁峻碑》有 320 位门生的刻名，都说明这一点。特别是东汉后期，一些有政治实力的经学世家，已经"门生故吏遍于天下"②。这种局面的出现，已不限于文化活动，实际上，成为一些业师发展其政治势力的依靠。东汉的游学活动，无疑对这种局面的形成，起到了有力的推动作用。

最后，游学活动有利于国家维持思想统治的稳定。东汉时代，游学活动虽然发展，但是它与战国游学并不相同，东汉游学者都是以"明经"为目的的，因而游学并不危及国家的思想统治，反而有利于当时的礼仪教化。如前所述，游学者追求的是"经明行修"。"经明"与国家的倡导是一致的，而要"行修"就要将其行动纳入国家的道德规范中。文献中记载，很多游学者"沈静乐道，举动必以礼"③，便是指这种情况。因而东汉游学活动客观上起到了为国家进行礼义教化的作用。《后汉书·儒林传论》："然所谈者仁义，所传者圣法也。故人识君臣父子之纲，家知违邪归正之路。"正道破了游学

---

① 吕思勉：《秦汉史》，上海古籍出版社，1983 年，第 527 页。
② 《后汉书》卷七四上《袁绍传》。
③ 《后汉书》卷七九下《儒林下·杜抚传》。

的真正意义。

东汉后期，国家政治统治日益腐败、黑暗，然而却能维持相当一时段时间。自然这里的因素是多方面的。不过，必须看到，由于经学的传授，当时社会思想保持稳定，这是不可忽视的。范晔论云："自桓、灵之间，君道秕僻，国隙屡启，自中智以下，靡不审其崩离；而权强之臣，息其窥盗之谋，豪俊之夫，屈于鄙生之议者，人诵先王言也，下畏逆顺势也。"① 范氏所论很有道理。因此可以说，由游学活动而形成的思想稳定局势，实际是当时国家实施多方面统治的有力保证。

综上可见，东汉时代的游学促进了经学的传播，这对文化的发展无疑有重要意义。然而，由于游学完全是传授经学的活动，并且促进了经学领域中依附关系的形成，因此必然对思想界带来很大的束缚，所以，游学活动最终起到的是维护东汉国家思想统治的作用。由此可见，游学活动所带来的社会影响的消极面，显然超过其积极面。

（原载《求是学刊》1995 年第 2 期）

---

① 《后汉书》卷七九下《儒林传论》。

东汉时期的屯驻营兵

东汉时期，国家在军队的设置上，与西汉时期比较，出现了一些变化。在这些变化中，比较明显的就是，东汉国家开始设置营兵。当时中央北军五校尉统率的军队被称为北军五营，其士兵被称为五营士或五营兵；为切断南、北匈奴的联系，东汉国家设置度辽将军，度辽将军所统率的军队被称为度辽营兵；在地方，东汉国家则设置了屯驻的营兵。在东汉的军事活动中，设置营兵已经是比较普遍的情况。因此，对东汉的营兵有考察的必要。本文不准备讨论东汉时期全部营兵的活动，仅对东汉国家设置的地方屯驻营兵问题做一些探讨，不当之处，请方家指正。

一、屯驻营兵的设置

东汉的屯驻营兵设置与东汉初年光武帝刘秀的兵制改革有密切的关系。《后汉书·光武帝纪下》："（建武六年）是岁，初罢郡国都尉官。"《后汉书·光武帝纪下》："（建武六年）三月丁酉，诏曰：'今国有众军，并多精勇，宜且罢轻车、骑士、材官、楼船士及军假吏，令还复民伍。'"光武帝刘秀采取的这些措施，实际上，是要废除地方各郡的地方兵。这样做的结果，必然造成各地方缺少军队的守卫。为了保证当时国家各地方的安定，东汉国家采取了相应的补救措施。补救措施中最重要的就是在边郡和内郡设置屯驻营兵。

东汉初年，国家就开始设置地方屯驻营兵。《续汉书·百官志一》刘昭注引应劭《汉官》："世祖以幽、并州兵骑定天下，故于黎阳立营，以谒者监之，兵骑千人，复除甚重。"按，黎阳在东汉属魏郡。在地方设置营兵，作为屯驻地方的军事防卫力量，这种情况在西汉未见，显然是东汉国家的新措施。

东汉国家设置黎阳营后，先后又设置了虎牙营、雍营。《后汉书·安帝纪》："（延平四年二月）乙丑，初置长安、雍二营都尉官。"这里提到的长安营，就是虎牙营。《后汉书·西羌传》："（延平四年）军营久出无功，有废农桑，乃诏任尚将吏兵还屯长安，罢遣南阳、颍川、汝南吏士，置京兆虎牙都尉于长安，扶风都尉于雍，如西京三辅都尉故事。"又《后汉书·南匈奴传》："秋，句龙吾斯等立句龙王车纽为单于。东引乌桓，西收羌戎及诸胡等数万人，攻破京兆虎牙营。"李贤注："虎牙营即京兆虎牙都尉也。"可见，虎牙营就是长安营，为京兆虎牙都尉所统，故有虎牙营之称。

东汉国家设置的黎阳、虎牙、雍是比较重要的三处营兵。这些营兵在数量上是比较多的。就黎阳营的情况来看，文献中对其拥有士兵的数量有比较明确的记载。前引《续汉书·百官志一》刘昭注引应劭《汉官》："世祖以幽、并州兵骑定天下，故于黎阳立营，以谒者监之，兵骑千人。"这就是说，黎阳营兵的数量，一般在上千人左右。

就雍营和虎牙营的情况来看，虽然文献中没有明确的记载，但是，根据这两处营兵在东汉国家军事行动中的情况，可以做一些推断。《后汉书·张奂传》："永康元年春，东羌、先零五六千骑寇关中，围祋祤，掠云阳。夏，复攻没两营，杀千余人。"这里提到的两营，也就是虎牙营和雍营。羌人攻下两营，杀千余人，由此来看，虎牙营和雍营拥有的军队不会低于千人。

在东汉国家采取的一些重要的军事行动中，虎牙营和雍营被视为重要的军事力量。例如，东汉国家"遣行征西将军刘尚、越骑校尉赵代副，将北军五营、黎阳、雍营、三辅积射及边兵羌胡三万人"[1] 讨西羌。又如东汉国家"以中郎将吴棠行度辽将军事，副校尉来苗、左校尉阎章、右校尉张国将黎阳虎牙营士屯五原曼柏"[2]。由此可见，在东汉国家采取的重要的军事行动中，雍营、虎牙营是与黎阳营处于同样地位的。既然如此，雍营和虎牙营士兵的数量应该不会低于黎阳营。

黎阳、虎牙、雍营都设在东汉国家的内郡。在内郡，除了这三处营兵之外还有其他的营兵设置。《后汉书·景丹传》："（光武）帝以其旧将，欲令强

---

① 《后汉书》卷八七《西羌传》。
② 《后汉书》卷八九《南匈奴传》。

起领郡事，乃夜召入，谓曰：'贼迫近京师，但得将军威重，卧以镇之足矣。'丹不敢辞，乃力疾拜命，将营到郡，十余日薨。"李贤注："《续汉书》曰：'将营兵西到弘农也。'"景丹所率的营兵到弘农郡负责防卫，这些营兵当是来自内郡。由此可见，在内郡，除了雍营、虎牙营和黎阳营之外，东汉国家还应该有其他营兵的设置。

东汉国家除了在内郡设置营兵之外，在边郡也设置了一些营兵。这些营兵的设置，首先是从护羌校尉、护乌桓校尉的设置和统军的情况表现出来的。关于护羌校尉和护乌桓校尉的设置，文献记载很详细。《后汉书·光武帝纪下》："（建武六年）是岁，省关都尉；复置护羌校尉官。"《续汉书·百官志五》："护乌桓校尉一人，比二千石。本注曰：主乌桓胡。"关于护乌桓校尉的设置，《后汉书·乌桓传》："时司徒掾班彪上言：'乌桓天性轻黠，好为寇贼，若久放纵而无总领者，必复侵掠居人，但委主降掾史，恐非所能制。臣愚以为宜复置乌桓校尉，诚有益于附集，省国家之边虑。'帝从之。于是始复置校尉于上谷宁城。"班彪上书，在建武二十二年。东汉国家设置护乌桓校尉，就在此年。

护乌桓校尉和护羌校尉都统率军队。他们所统军队，也称为营兵。《后汉书·张奂传》："秋，鲜卑复率八九千骑入塞，诱引东羌与共盟诅。于是上郡沈氐、安定先零诸种共寇武威、张掖，缘边大被其毒。朝廷以为忧，复拜奂为护匈奴中郎将，以九卿秩督幽、并、凉三州及度辽、乌桓二营。"李贤注："明帝永平八年，初置度辽将军，屯五原郡曼柏县，《汉官仪》曰：'乌丸校尉屯上谷郡宁县，故曰二营。'"关于度辽营暂置不论，就护乌桓校尉所统兵的情况来看，显然他们是被称为营兵的。

护羌校尉的情况也是如此。《后汉书·皇甫规传》："（皇甫）规乃上疏求乞自效，曰：'臣比年以来，数陈便宜。羌戎未动，策其将反，马贤始出，颇知必败。……愿假臣两营二郡，屯列坐食之兵五千，出其不意，与护羌校尉赵冲共相首尾。'"李贤注："两营谓马贤及赵冲等。二郡，安定、陇西也。"由此可知，护羌校尉赵冲所统军队显然也被称为营兵。

东汉国家在边郡设置的营兵不只限于护乌桓校尉和护羌校尉所统领的军队，还有其他的营兵。《后汉书·明帝纪》："诏令郡国中都官，死罪系囚减死罪一等，勿笞，诣军营屯朔方、敦煌；妻子自随，父母同产欲求从者，恣听之；女子嫁为人妻，勿与俱。"《后汉书·和帝纪》："冬十月，令郡国弛刑输作军营。"这些记载说明，东汉国家为保证边郡的安全，将数量不少的弛刑徒发往边郡的军营。这就是说，东汉国家在边郡也设置一些营兵。在《后汉书》中，明确将这些边郡的营兵记为郡营兵。《后汉书·南匈奴传》："冬，遣中郎将张耽将幽州乌桓诸郡营兵，击叛虏车纽等，战于马邑，斩首三千级，获生口及兵器牛羊甚众。"就是一例。

东汉国家在边郡营兵的数量多少不一。《后汉书·班彪传附班超传》："臣愚以为不可许也。旧敦煌郡有营兵三百人，今宜复之，复置护西域副校尉，居于敦煌，如永元故事。……于是从勇议，复敦煌郡营兵三百人，置西域副校尉居敦煌。"由此可知，边郡营兵，少者在数百人左右；多者，可达上千人。《后汉书·安帝纪》："（建光元年）甲子，初置渔阳营兵。"据李贤注引伏侯《古今注》曰："置营兵千人也。"正反映了这种情况。渔阳营兵，是东汉国家设置的比较著名的营兵。因此，边郡营兵达到上千人，应该属于特殊情况。

在东汉边郡，不仅郡中设有营兵，就是在一些县中也有营兵。《后汉书·明帝纪》："冬十月，……诏三公募郡国中都官死罪系囚，减罪一等，勿笞，诣度辽将军营，屯朔方、五原之边县；妻子自随，便占著边县；父母同产欲相代者，恣听之。"这里提到"屯朔方、五原之边县"，正是说东汉国家使弛刑徒到这些县中的军营里服兵役。当时国家在边郡的县中所设的营兵比较著名的，是扶黎营兵。《后汉书·鲜卑传》："元初二年秋，辽东鲜卑围无虑县，州郡合兵固保清野，鲜卑无所得。复攻扶黎营，杀长吏。"李贤注："扶黎，县，属辽东属国。"就是明证。

总之，东汉国家在内郡和边郡都有营兵的设置。营兵的设置当以在边郡为多，内郡也有营兵的设置，但是，在数量上，要少于边郡。国家所设营兵人数是不固定的，少的在上百人左右，多的上千人。国家在边郡和内郡设置的这些营兵，实际上成为东汉国家重要的军事力量。

二、屯驻营兵与地方郡兵的区别

在汉代国家的军事组织中，将"营"和作战的士兵联系起来，始于西汉。《汉书·冯奉世传》载玺书:"朕甚怪之。上书言羌虏依深山,多径道,不得不多分部遮要害,须得后发营士,足以决事,部署已定,势不可复置大将,闻之。"可见,在这一玺书中开始将征发的士兵称为营士。不过,这种情况在西汉是很少见的。在有关西汉的文献中,这种情况仅见一例。这说明,西汉时期,将"营"和军队士兵联系起来,是很不普遍的。因此,可以说,在西汉的军事行动中,营士、营兵还没有成为一个独立的军事单位。而东汉时期的情况则不同,将国家的一些军队称为营士、营兵是很普遍的现象。当时国家的中央北军五校尉所统军队被称为五营士、五营兵。如《后汉书·班彪传附班超传》:"长子雄,累迁屯骑校尉。会叛羌寇三辅,诏雄将五营兵屯长安,就拜京兆尹。"又如《后汉书·张奂传》:"建宁元年,……以奂新征,不知本谋,矫制使奂与少府周靖率五营士围武。"如前所述,屯驻于内郡和边郡的常驻军队也称为营兵、营士;就是在边县的小规模的屯驻军队也以营兵相称。

尽管如此,东汉时期,国家的一些军队还有不以营兵相称的。在光武帝兵制改革后,东汉国家的中央军,暂置不论,地方郡中的军队士兵,多被称为郡兵。如《后汉书·安帝纪》:"(永初三年)九月,雁门乌桓及鲜卑叛,败五原郡兵于高渠谷。"又如《后汉书·卢植传》:"中平元年,黄巾贼起,四府举植,拜北中郎将,持节,以护乌桓中郎将宗员副,将北军五校士,发天下诸郡兵征之。"这说明,在东汉初年,国家废除都尉官后,地方各郡还有地方军存在。这些地方军,一般还被称为郡兵。由此可见,东汉的地方军,实际上是分为两类的:一种是屯驻地方的营兵;另一种就是郡兵。在东汉的文献记载中,地方的郡和营,郡兵和营兵明显是被区别开的。《后汉书·陈龟传》:"帝觉悟,乃更选幽、并刺史,自营郡太守都尉以下,多所革易。"又《后汉书·皇甫规传》:"(皇甫)规乃上疏求乞自效,曰:'臣比年以来,数陈便宜。羌戎未动,策其将反,马贤始出,颇知必败。……愿假臣两营二郡,屯列坐食之兵五千,出其不意,与护羌校尉赵冲共相首尾。'"又《后汉书·皇甫规传》:"(皇甫规)上疏自讼曰:'四年之秋,戎丑蠢戾,爰自西州,侵及泾阳,旧都惧骇,朝廷西顾。明诏不以臣愚驽,急使军就道。幸家威灵,遂振国命,羌戎诸种,大小稽首,辄移书营郡,以访诛纳,所省之费,一亿以上。'"这些记载都是将"营"和"郡"并提。这说明,在地方上屯驻军队的"营"与"郡"是既有差别，也有联系的。这种差别和联系，实际上，是营兵和郡兵的差别和联系的一种表现。更主要的表现是营兵和郡兵的差别。这种差别主要表现在以下诸方面：

首先，营兵是在地方长期屯驻的军队。东汉国家在内郡设置的黎阳营、虎牙营、雍营都是长期的地方驻军。

黎阳营是在东汉初年开始设置的。东汉国家使用黎阳营兵作战，到汉顺帝时，还在文献中见于记载。《后汉书·南匈奴传》："先是朔方以西障塞多不修复，鲜卑因此数寇南部，杀渐将王。单于忧恐，上言求复障塞，顺帝从之。乃遣黎阳营兵出屯中山北界，增置缘边诸郡兵，列屯塞下，教习战射。"很明显，黎阳营在汉顺帝时，还作为重要的武装力量被派往边郡。这说明，黎阳营一直是东汉国家依靠的重要的地方屯驻军队。

虎牙营设于汉安帝时。到东汉后期，仍然可以看到虎牙营活动的踪迹。《后汉书·桓帝纪》："（延熹五年）京兆虎牙都尉宗谦坐赃，下狱死。"京兆虎牙都尉是虎牙营的军事统领。由此可见，虎牙营无疑是东汉国家的长期驻军。

雍营与虎牙营同时，也设于汉安帝时。但是，雍营存在的时间，似应比黎阳营和虎牙营更为长久。汉献帝中平六年，东汉国家才"省扶风都尉，置汉安都护"①。这已经到东汉国家邻近灭亡之时。

由于在内郡的这些营兵是长期的屯驻军，在军营的将领和士兵已经具有了相互依赖的关系。《东观汉记·邓训传》："邓训尝将黎阳营兵屯狐奴，后迁护乌桓校尉，黎阳营故吏皆恋慕。"②《后汉书·邓禹传附邓训传》："（永平）六年，迁护乌桓校尉，黎阳故人多携将老幼，乐随训徙边。"都说明了这一点。这种状况的出现，正是由屯驻营兵作为长期驻军影响的结果。

在边郡设置的一些营兵也具有长期屯驻的性质。这主要是护羌校尉和护乌桓校尉所统率的营兵。护羌校尉和护乌桓校尉都是在东汉初年设置的。到汉灵帝建宁元年，东汉国家还"使护羌校尉段颎讨先零羌"③。与护羌校尉相

① 《后汉书》卷九《献帝纪》。

② 《太平御览》卷六〇六引。

③ 《后汉书》卷八《灵帝纪》。

同，汉灵帝熹平六年，国家派"护乌桓校尉夏育出高柳，并伐鲜卑"①。可见，东汉后期，护羌校尉和护乌桓校尉都在发挥重要的作用。因此，他们统领的营兵，显然是长期的屯驻军队。不过，还应该看到，由于东汉边郡军事形势的复杂，一些营兵在屯驻时间上很难保持长期性，也有短时间屯驻的情况出现。这是与内郡营兵的不同之处。

东汉的郡兵则与营兵不同，大多数的郡兵都是临时征发的。东汉初年，国家在兵制改革中的重要内容，就是罢黜了地方各郡的地方兵。建武六年光武帝下诏：

> 今国有众军，并多精勇，宜且罢轻车、骑士、材官、楼船士及军假吏，令还复民伍。②

由此诏令可知，当时国家为了减轻小农的负担，裁撤了地方的郡兵。这样，也就造成了无地方郡兵的局面。然而，为了军事行动的需要和维持地方的统治秩序，后来，东汉国家又改变了东汉初年的做法，可以征发各地方的郡兵。如《后汉书·梁慬传》："（永初）三年冬，南单于与乌桓大人俱反。以大司农何熙行车骑将军事，中郎将庞雄为副，将羽林五校营士，及发缘边十郡兵二万余人。"又如《后汉书·顺帝纪》："（阳嘉四年）十一月，围度辽将军耿晔于兰池，发诸郡兵救之，乌桓退走。"然而，东汉时期，国家对保留兵籍的小农的征发，已经与西汉明显不同了。东汉人应劭说：

> 盖天生五材，民并用之，废一不可，谁能去兵？兵之设尚矣。《易》称"弦木为弧，剡木为矢，弧矢之利，以威天下。"《春秋》"三时务农，一时讲武"。《诗》美公刘"匪居匪康，入耕出战，乃裹糇粮，干戈载锡，四方莫当"。自郡国罢材官骑士之后，官无警备，实启寇心。一方有难，三面救之，发兴雷震，烟蒸电激，一切取辨，黔首嚣然。不及讲其射御，用其戒誓，一旦驱之以即强敌，犹鸠鹊捕鹰鹯，豚羊弋豺虎，

---

① 《后汉书》卷八《灵帝纪》。
② 《后汉书》卷一下《光武帝纪下》。

是以每战常负，王旅不振。①

据应劭所说，东汉时期，国家征发的各郡的郡兵都是在遇到战争情况时，临时征发的。各郡郡兵属于临时征发，因而，缺少军事训练，战斗力低下。这些郡兵在战争结束后，也就被遣散回家。因此，地方各郡仍然处于无兵防守的状况中。

综上可见，东汉地方屯驻营兵，实际上，是国家设在地方上的常备军。而郡兵则失去地方常备军的特征，成为应付战争需要的临时征兵。在屯驻军队存续的时间上，二者具有很明显的差别。

其次，东汉地方屯驻营兵是由地方军事官员统领的。所谓地方军事官员，既有都尉官，也有护羌校尉和护乌桓校尉。从内郡的黎阳营、虎牙营、雍营的情况来看，雍营和虎牙营的军事指挥官的情况比较明显。虎牙营是由京兆虎牙都尉统领的，而雍营则受扶风都尉的统领。《后汉书·西羌传》："（永元三年）乃诏任尚将吏兵还屯长安，罢遣南阳、颍川、汝南吏士，置京兆虎牙都尉于长安，扶风都尉于雍，如西京三辅都尉故事。"李贤注："西京左辅都尉都高陵，右辅都尉都郿也。"这就是说，京兆虎牙都尉和扶风都尉的设置是仿照西汉时期的左辅都尉和右辅都尉的特征设置的。可见，京兆虎牙都尉和扶风都尉是独立的地方军事官员，与他们所在地方的三辅行政长官并没有密切的联系。

黎阳营的统辖情况与虎牙营和雍营略有不同。《后汉书·邓禹传附邓训传》注引《汉官仪》曰："中兴以幽、冀、并州兵克定天下，故于黎阳立营，以谒者监之。"由此可知，东汉国家只是派谒者作为监军来控制黎阳营，并没有规定具体的统辖官。显然，这是国家对黎阳营的特殊管理方式。尽管黎阳营的统辖情况与虎牙营和雍营不同，但是，二者的一致之处，就是这些营都与地方行政长官没有密切的联系，是独立的军事单位。

在内郡除黎阳营、虎牙营、雍营外，还有其他的营兵设置。这些营兵的统辖，似应与虎牙营和雍营的情况相同，当与都尉官有关。尽管西汉初年，东汉国家在内郡废除了都尉官，但是，在需要时，国家仍然在一些郡设置都

尉官。正如《续汉书·百官志五》刘昭注引应劭曰："每有剧职，郡临时置都尉，事讫罢之。"实际上，在内郡临时设置的都尉官，有的存在时间较长。例如，永寿元年"秋七月，初置太山、琅邪都尉官"[①]，延熹五年"罢琅邪都尉官"[②]，延熹八年"五月壬申，罢太山都尉官"[③]。由此可见，汉桓帝时，临时设置的琅邪都尉存在了九年；临时设置的太山都尉存在了十二年。这些都尉官在任期间，自然要行使其军事职责，要统领郡中的军队。这些军队在被征发后，就不会像无都尉官的郡那样，作战后立即遣散，而是要受到都尉官的管辖。因此，这些士兵也就具有了营兵的特点。

在东汉边郡与内郡的情况不尽相同，最明显的就是，东汉国家一直保留着都尉官。《后汉书·桓帝纪》注引《汉官仪》曰："秦郡有尉一人，典兵禁，捕盗贼。景帝更名都尉，建武七年省，唯边郡往往置都尉及属国都尉。"边郡的都尉官自然对于在边地各郡设置的营兵具有统辖权。除此之外，护羌校尉和护乌桓校尉对他们控制范围内的营兵也与都尉官有相同的权力。《后汉书·乌桓传》："于是始复置（护乌桓）校尉于上谷宁城，开营府，并领鲜卑，赏赐质子，岁时互市焉。"这里提到的营府，是护乌桓校尉官府，也是指挥营兵的中心，因此，才有这种称谓。

在东汉边郡，不仅郡中有营兵，而且，边县也有营兵。对边县营兵，国家也设官员统辖。《续汉书·百官志五》："边县有障塞尉。本注曰：掌禁备羌夷犯塞。"边县的障塞尉，当与管理边县的营兵有密切关系。可以说，尽管东汉国家对内郡和边郡的营兵的统辖官员的任职比较复杂，但是，共同的就是，内郡和外郡的屯驻营兵都是由专门的地方军事官员统辖的。

东汉时期，各地方的郡兵的统辖情况与营兵不同。东汉初年，东汉国家在内郡废除了郡都尉。由于这种情况的出现，各郡对郡兵的征集和统辖权转移给行政长官郡太守。《后汉书·铫期传》："（光武）帝以期为魏郡太守，行大将军事。期发郡兵击卓京，破之，斩首六百余级。"可见，郡太守有征集郡兵的权力。《后汉书·李固传》："（梁）冀遂令徙（李）固为太山太守。时

---

① 《后汉书》卷七《桓帝纪》。
② 《后汉书》卷七《桓帝纪》。
③ 《后汉书》卷七《桓帝纪》。

太山盗贼屯聚历年，郡兵常千人，追讨不能制。固到，悉罢遣归农，但选留任战者百余人，以恩信招诱之。未满岁，贼皆弭散。"这说明，郡太守有统领和管理郡兵的权力。正因为如此，东汉的郡太守又有"郡将"之称。《后汉书·第五伦传》："追拜（第五伦）会稽太守。……会稽俗多淫祀，好卜筮。民常以牛祭神，百姓财产以之困匮，其自食牛肉而不以荐祠者，发病且死先为牛鸣，前后郡将莫敢禁。伦到官，移书属县，晓告百姓。"又《后汉书·皇甫规传》："郡将知（皇甫）规有兵略，乃命为功曹，使率甲士八百，与羌交战，斩首数级，贼遂退却。"都是这方面的事例。可见，东汉地方各郡的郡兵是受郡太守统领和管辖的。由此来看，在对东汉地方屯驻营兵和地方郡兵的统领和管辖上，也存在明显的差异，二者分属于不同的指挥系统。

总而言之，虽然东汉地方的屯驻营兵和郡兵同属于国家的地方军队，可是，由于屯驻营兵为地方常备兵，而郡兵为地方临时兵，并且，二者又分属于不同的统辖系统，因此，地方屯驻营兵和郡兵在性质上是不相同的。这样也就决定了东汉地方屯驻营兵实际上是东汉国家不可忽视的重要的地方武装力量。

三、地方屯驻营兵的作用

东汉时期，光武帝的军事改革，虽然力图减轻小农的负担，然而这种军事改革的结果却使东汉国家的武力减弱。国家依靠郡兵来维持地方上的安定已经很难实现，并且，也很难按照西汉传统的方式来进行边郡的防卫。实际上，东汉国家对边郡的防卫以及对内郡稳定的保证，主要是通过营兵实现的。

东汉初年，国家虽然废除了都尉官，但是在边郡的都尉官却没有被废除，"唯边郡往往置都尉及属国都尉"[①]。东汉国家，不断将弛刑徒发往边郡。这些弛刑徒是在边郡的军营中服兵役的。如汉明帝时，"诏令郡国中都官，死罪系囚减死罪一等，勿笞，诣军营屯朔方、敦煌"[②]。又如汉和帝时，"令

---

① 《后汉书》卷七《桓帝纪》注引《汉官仪》。
② 《后汉书》卷二《明帝纪》。

郡国弛刑输作军营"①。这些主要以弛刑徒组成的营兵，在东汉国家的北部边郡，从东到西，分布很广。这些营兵，在边郡都尉官的统领下，成为日常防卫边郡的主要军事力量。并且，护羌校尉、护乌桓校尉所率的少数民族营兵在对边郡的防卫上也发挥着积极的作用。例如，永元六年"冬十一月，护乌桓校尉任尚率乌桓、鲜卑"，大破南匈奴的逢侯。② 又如永建元年"陇西钟羌叛，护羌校尉马贤讨破之"③。

东汉边郡受到侵犯，国家不仅依靠边郡的营兵进行防御，并且，还经常将设在内郡的屯驻营兵，作为重要的军事支持力量。《后汉书·邓禹传附邓训传》："会上谷太守任兴欲诛赤沙乌桓，怨恨谋反，诏训将黎阳营兵屯狐奴，以防其变。"又《后汉书·南匈奴传》："先是朔方以西障塞多不修复，鲜卑因此数寇南部，杀渐将王。单于忧恐，上言求复障塞，顺帝从之。乃遣黎阳营兵出屯中山北界，增置缘边诸郡兵，列屯塞下，教习战射。"这些记载说明，黎阳营可以被国家派往边郡的狐奴、中山北界。内郡营兵派往边郡协助防御，不只限于黎阳营。《后汉书·南匈奴传》："以中郎将吴棠行度辽将军事，副校尉来苗、左校尉阎章、右校尉张国将黎阳、虎牙营士屯五原曼柏。"可见，虎牙营也可以与黎阳营共同前往边地的五原曼柏屯驻。

边郡有比较大规模的战事时，内郡的营兵是重要的参战力量。《后汉书·马武传》："显宗初，西羌寇陇右，覆军杀将，朝廷患之，复拜武捕虏将军，以中郎将王丰副，与监军使者窦固、右辅都尉陈䜣，将乌桓、黎阳营、三辅募士、凉州诸郡羌胡兵及弛刑，合四万人击之。"又《后汉书·西羌传》："其秋，迷唐率八千人寇陇西，杀数百人，乘胜深入。胁塞内诸种羌共为寇盗，众羌复悉与相应，合步骑三万人，击破陇西兵，杀大夏长。遣行征西将军刘尚、越骑校尉赵代副，将北军五营、黎阳、雍营、三辅积射及边兵羌胡三万人讨之。"很明显，黎阳营、雍营是东汉征讨军的重要组成部分。

在东汉国家对周边少数民族采取军事打击时，内郡屯驻营兵是参战的重要军事力量。《后汉书·窦融传附窦宪传》："会南单于请兵北伐，乃拜宪车

① 《后汉书》卷四《和帝纪》。

② 《后汉书》卷四《和帝纪》。

③ 《后汉书》卷六《顺帝纪》。

骑将军，金印紫绶，官属依司空，以执金吾耿秉为副，发北军五校、黎阳、雍营、缘边十二郡骑士。"很明显，在东汉国家对北匈奴的军事讨伐中，黎阳营兵、雍营兵与中央的北军五校是起到同样作用的。

东汉国家设置的营兵不仅在对外防御和对外作战中起到重要的作用，在维持内地的稳定中，也是国家所依靠的重要军事力量。《后汉书·安帝纪》注引《汉官仪》："京兆虎牙、扶风都尉以凉州近羌，数犯三辅，将兵卫护园陵。"由此可知，虎牙营、雍营设置的目的就是要维持三辅地区的安定。黎阳营设置的目的也是保证国内社会秩序的稳定。黎阳邻近京畿，实际上，黎阳营的屯驻对保证东汉首都洛阳的安全，无疑起到拱卫的作用。

东汉国内出现变乱时，内郡屯驻营兵经常被国家征调，参加平定国内叛乱的战争。《后汉书·臧宫传》："（建武）十九年，妖巫维汜弟子单臣、傅镇等复妖言相聚，入原武城，劫吏人，自称将军。于是遣宫将北军及黎阳营数千人围之。"就是一例。

东汉国家在内郡设置的营兵，除黎阳、虎牙、雍三处重要的营兵外，还有其他的营兵。实际上，这些营兵也是维持国内统治秩序稳定的军事力量。前引《后汉书·景丹传》："（光武）帝以其旧将，欲令强起领郡事，乃夜召入，谓曰：'贼迫近京师，但得将军威重，卧以镇之足矣。'丹不敢辞，乃力疾拜命，将营到郡。"李贤注引《续汉书》曰："将营兵西到弘农也。"由此可知，景丹率营兵赴弘农郡，显然是要保证弘农郡社会秩序的稳定。由于内郡的营兵与郡兵不同，是地方的常备军，并且具有较强的战斗力，因此，这些营兵是维持内郡稳定的不可低估的力量。

概而言之，东汉国家所设地方屯驻营兵，是国家维持地方秩序稳定的重要军事力量。在东汉地方郡兵力量削弱的情况下，地方屯驻营兵对保证东汉国家边郡的安定、内郡统治秩序的稳定上，所起到的作用是显而易见的。正因为如此，在估计东汉地方军事力量时，应该充分考虑到屯驻营兵所占的重要地位。

（原载《史学集刊》2006 年第 3 期）

东汉募兵论略

东汉军队分征兵、募兵。随着征兵制度被破坏，募兵在军事上的作用明显提高，成为东汉政府的重要作战力量。本文拟对东汉募兵种类、服役条件、期限、募兵的作用以及同将帅依附关系的形成诸问题做一些探讨。

一

东汉的募兵，在文献中称"募士"。应该说，募兵的来源广泛，其族属和身份都很复杂。依据东汉募兵的族属和身份，可以将他们分成三类。

（一）汉族平民兵

东汉时，一般汉族编户民都可以应募。但是国家主要的招募对象是小农。招募小农为兵的情况，西汉已经出现，罗布淖尔汉简有："应募士长陵仁里大夫尚。"①《汉书·昭帝纪》也有国家"募吏民"为兵的记载。西汉的"民"，一般是指"编户齐民"，其中大多数是小农。东汉时，小农被招募为兵的情况经常出现。但招募对象已不限于有户籍者，一些脱离户籍的破产小农也可以招募充兵。如《后汉书·刘陶传》："（刘陶）除顺阳长。县多奸猾，陶到官，宣募吏民有气力勇猛，能以死易生者，不拘亡命奸臧，于是剽轻剑客之徒过晏等十余人，皆来应募。陶责其先过，要以后效，使各结所厚少年，得数百人，皆严兵待命。于是覆案奸轨，所发若神。"这里提到的"亡命"无疑是脱离户籍的流亡农民。此外，社会中的流氓无产者，如所谓"攻劫者""伤人偷盗者""不事家业者"，② 均可以应募充兵。在地方上，颇具势

---

① 林梅村、李均明：《疏勒河流域出土汉简》，文物出版社，1984年，第99页。
② 《后汉书》卷五八《虞诩传》。

力的豪民也有应募充兵的。《后汉书·滕抚传》："下邳人谢安应募，率其宗亲设伏击凤，斩之。"谢安能率宗亲应募，其身份当然不同于一般小农，应当是地方上的豪民。这些小农、流氓无产者以及豪民都是东汉的平民阶层，所以，他们应募充兵后，应属于平民募兵。

（二）刑徒兵

以刑徒为兵，始于秦代。但是，秦代国家的刑徒兵都来自征发，是强制为兵的。西汉武帝中期以后，随着国家对刑徒管理方式的改变，出现了招募刑徒充兵的情况。《汉书·武帝纪》："朝鲜土攻杀辽东都尉，乃募天下死罪击朝鲜。"即其证。东汉时，国家为缓和社会矛盾，对刑徒的管理和役使也相对地有一些宽松，这样，西汉时出现的招募刑徒为兵的方法，在东汉就比较广泛地被国家采用。如《后汉书·明帝纪》："诏三公募郡国中都官死罪系囚，减罪一等，勿笞，诣度辽将军营，屯朔方、五原之边县；妻子自随，便占著边县。"这些被招募到边郡屯戍的刑徒，实际属于一种特殊的募兵。因此，东汉的刑徒成为募兵的一个来源。

（三）少数民族兵

招募少数民族充兵，也是东汉兵役制度的一个重要特点。东汉政府对周边少数民族，主要采取"以夷制夷"的方针进行统治。如《后汉书·宋意传》："汉兴功烈于斯为盛。所以然者，夷汉相攻，无损汉兵者也。"又《后汉书·南匈奴传》："北虏分争，以夷伐夷，国家之利。"由此看来，东汉政府不能不增加少数民族兵的使用数量。但是，由于东汉政府对周边少数民族的控制情况不尽相同，因而对少数民族兵的征集方式有了明显区别。实际上，对能够控制的南匈奴和乌桓，国家大都征发他们当兵。而对不易控制的其他少数民族，只有通过招募才能使其充兵服役。《后汉书·应奉传附应劭传》："中平二年，汉阳贼边章、韩遂与羌胡为寇，东侵三辅。时遣车骑将军皇甫嵩西讨之，嵩请发乌桓三千人。北军中候邹靖上言：'乌桓众弱，宜开募鲜卑。'……事下四府，大将军掾韩卓议，以为'乌桓兵寡而与鲜卑世为仇敌，若乌桓被发则鲜卑必袭其家。乌桓闻之，当复弃军还救。非唯无益于实，乃更沮三军之情。邹靖居近边塞，究其态诈。若令靖募鲜卑轻骑五千，必有破敌之效。'劭驳之曰：'……臣愚以为可募陇西羌胡守善不叛者，简其精勇，多其牢赏。'"据此可见，东汉政府对鲜卑、西羌等少数民族，实际是以招募为主的。而对西南夷各少数民族兵的征集，招募也是主要的方式。《后汉书·度尚传》："（度）尚躬率部曲，与同劳逸，广募杂种诸蛮夷，明设购赏，进击，大破之，降者数万人。"便是证明。由于东汉政府对少数民族兵的征集，多采用招募方式，所以，在少数民族兵中，募兵是占有相当数量的。

二

（一）募兵服兵役的条件

东汉募兵与征兵不同，征兵服役具有强制性，募兵则以自愿当兵为前提。《说文》云："募，广求也。"说明"募"并不含有强制的意义。因此，在东汉受招募为兵，多叫作"应募"。如《三国志·魏书·张郃传》："（张郃）汉末应募讨黄巾。"当然，自愿受招募当兵，并不是无条件的，实际上，政府对应募充兵者多有一定的报偿。

汉族编户民应募充兵，一般地说，东汉政府要赐给钱物。《后汉书·明帝纪》："（永平元年）募士卒戍陇右，赐钱人三万。"赏赐给募兵的钱物，文献中称作"赏直""牢赏""财赏"。这实际是募兵的雇值。它是募兵安心服役的影响因素。如汉桓帝延熹五年，在豫章艾县，六百募兵就因为"应募而不得赏直，怨恚，遂反"[1]。可见，东汉的平民募兵，实际是具有雇佣兵的性质。

募兵具有的这种雇佣性，是由来已久的。中国历史上募兵的出现，可以追溯到战国中期前后。《秦律杂抄》所载的"冗募"[2]，研究者即认为是募集的军士。而战国时期的募兵，有些就是国家用钱财雇佣来的。《荀子·议兵篇》："故招近募选，隆埶诈，尚功利，是渐之也。"所谓"招近募选"，即是"以财召之，而选择可者"[3]。战国出现的这种雇佣士兵，是井田制瓦解，商品经济发展，从而使社会中开始出现的雇佣关系渗透到军队组织中的结果。

① 《后汉书》卷三八《度尚传》。

② 睡虎地秦墓竹简整理小组：《睡虎地秦墓竹简》，文物出版社，1978年，第145页。

③ 睡虎地秦墓竹简整理小组：《睡虎地秦墓竹简》，文物出版社，1978年，第145页。

当然，东汉时期，雇佣关系在社会上的发生范围要比战国时宽广得多。如在农业、商业中都有佣工的存在。《后汉书·章帝纪》元和元年二月诏："其令郡国募人，无田欲徙它界就肥饶者，恣听之；到在所，赐给公田，为雇耕佣，贷种饷，贳与田器，勿收租五岁，除算之年，其后欲还本乡者勿禁。"这里提到的"佣耕"，就是从事农业生产的雇工。《后汉书·李膺传》："为酒家家佣。"《后汉书·杜根传》："为酒家家保。"所谓"佣""保"就是商业中的雇工。由于雇佣关系的发展，当时社会上，有一部分人甚至专门以作佣工维持生计。《后汉书·侯瑾传》："（侯瑾）少孤贫，依宗人居。性笃学，恒佣作为资。"因此，东汉政府以雇佣的方式，募集编户民当兵，实际是同社会上雇佣关系的存在相联系的。

东汉政府所招募的少数民族兵，实际上也是一种雇佣兵。只是雇佣的方式不同于汉族兵。可以说，对招募的汉族兵，雇值是直接发放给每一应募者，可是对少数民族兵则不然。这是因为东汉时期周边的少数民族社会发展还很落后，有的处于原始社会后期，有的处于奴隶社会早期阶段。这样，东汉政府所招募的少数民族兵，一般不是以个人的身份，而是在酋长和头人的率领下，以部族组织的形式应募的。《后汉书·南蛮西南夷列传》："明年春，邪龙县昆明夷卤承等应募，率种人与诸郡兵击类牢于博南，大破斩之。"卤承所率的"种人"，其实就是他的部族。

为适应对少数民族的这种招募特点，政府也就把钱财赐给他们部族的酋长和头人。如《后汉书·南蛮西南夷传》："安帝元初二年，澧中蛮以郡县徭税失平，怀怨恨，遂结充中诸种二千余人，攻城杀长吏。州郡募五里蛮、六亭兵追击破之，皆散降。赐五里、六亭渠帅金帛各有差。"又云："昆明夷卤承等应募，率种人与诸郡兵击类牢于博南，大破斩之。传首洛阳，赐卤承帛万匹，封为破虏傍邑侯。"很显然，这些应募的少数民族兵，一般通过本部族的酋长，才能得到一部分赏赐。东汉政府这种赏赐形式，还包含对少数民族酋长和头人的安抚和笼络的意味。

东汉国家招募刑徒充兵的条件是减免刑事处罚。《后汉书·明帝纪》："诏三公募郡国中都官死罪系囚，减罪一等，勿笞，诣度辽将军营，屯朔方、五原之边县；妻子自随，便占著边县。"就是证明。让刑徒通过应募当兵，可以使他们获得改善自己社会地位的机会，在一定程度上，可以缓和社会矛盾。但是，这种招募就其实质来看，还具有一定的强制性。因为，在国家招募刑徒当兵时，只有应募，他们才是求得地位改善的唯一出路。而且，即使应募充兵，他们的刑徒身份也没有改变，所以，招募的刑徒兵也就没有平民兵所具有的那种雇佣性。

（二）募兵服兵役的期限

在服役期限上，募兵也与征兵不同。西汉时，国家的征兵制度规定，编户民必须"为正一岁，屯戍一岁"①。东汉，更役制度虽然废除，但是小农仍保留兵籍，似乎有规定的服役期限。但募兵服役就没有明确的期限规定。不过，他们在服役期间，脱离军队的自由也是要受到一定限制的。《秦律杂抄》规定："冗募归，辞曰日已备，致未来，不如辞，赀曰四月居边。"② 据此律文可知，秦代士兵应募后，一般都要同政府订立合同，规定应服役的期限。到期后，方可解除兵役，如未到合同规定期限而离军，则要受到严厉的处罚。汉代制度多承秦代，据此可以推断汉代招募士兵，也应有类似情况。但是，由于募兵多为国家雇佣的士兵，募兵服役期限的长短，就主要取决于募兵的使用状况。

西汉时，募兵的使用都是临时的。《汉书·昭帝纪》："（始元元年）益州廉头、姑缯、牂柯、谈指、同并二十四邑皆反。遣水衡都尉吕破胡募吏民及发犍为、蜀郡奔命击益州，大破之。"颜师古注引应劭："旧时，郡国皆有材官骑士以赴急难，今夷反，常兵不足以讨之，故权选取精勇。"这些临时招募的士兵，在战争结束后，也就随之被遣散，当然，也就没有长期服役的可能。

东汉时期，光武帝刘秀进行兵制改革，裁撤了原来各郡国的材官、骑士以及边郡屯戍的士兵，这就使边郡、内郡出现了无兵守备的情况。为了扭转这种形势，东汉政府先后在各郡国要地设置屯兵。诸如黎阳营、度辽营、象林营、长安营、雍营、渔阳营、扶犁营等。这些营的兵源，有的是改编国内战争时刘秀的元从士兵，有的则是招募来的。如度辽营的士兵大多数是招募

---

① 《汉书》卷二四上《食货志》。

② 睡虎地秦墓竹简整理小组：《睡虎地秦墓竹简》，文物出版社，1978年，第145页。

的刑徒兵。而雍营的士兵主要是从三辅地区招募的小农，被称为"三辅募士"①。上述诸营都是长期屯兵。

边郡屯戍，主要依赖于募兵。其中有招募的平民兵，但多数是刑徒兵。从汉明帝开始，至汉灵帝建宁二年，国家不断迁徙刑徒到边郡屯戍。这些戍边的刑徒兵要"妻子自随，便占著边县"②。汉代法律规定，"旧制边人不得内移"③，所以不只刑徒兵，就是屯戍的平民也不能随意迁回内郡。

汉明帝时，开始有郡兵。《后汉书·明帝纪》："（永平元年）越巂姑复夷叛，州郡讨平之。"即其证。劳干认为这些郡兵，都是调发的。④ 此说不确。《后汉书·安帝纪》："武陵澧中蛮叛，州郡击破之。"李贤注引《东观纪》："蛮田山、高少等攻城，杀长吏。州郡募五里蛮夷、六亭兵追击，山等皆降。赐五里、六亭渠率金帛各有差。"这证明州郡兵并非全是征发的，也有招募来的。这些内郡的募兵，大部分被政府长期使用。《后汉书·任尚传》："时荆州兵朱盖等，征戍役久，财赏不赡，忿患，复作乱。"就是证明。

总之，由于东汉边郡屯戍和内郡驻防的军事需要，募兵由临时使用转变为长期使用，自然使募兵的服役期限延长，而成为长期服役的士兵。

三

东汉时，随着征兵制度的逐渐破坏，征兵武力的衰退，募兵的作用则明显提高。

（一）募兵的使用保证了东汉军队的兵源

东汉的征兵制度是建立在有户籍编制的小农为兵源的基础上的。东汉时，尽管更役制度在光武帝刘秀兵制改革时被废除，可是小农的兵籍继续保留，遇到战争时仍被征发。但是，整个东汉时期，小农破产流亡问题十分严重。东汉初年，"米谷荒贵，民或流散"⑤。这种情况，在汉安帝以后，继续

---

① 《后汉书》卷二二《马武传》。

② 《后汉书》卷二《明帝纪》。

③ 《后汉书》卷六五《张奂传》。

④ 劳干：《汉代兵制及汉简中的兵制》，《历史语言研究所集刊》，第十本上。

⑤ 《续汉书·天文志上》。

发展，"百姓犹有弃业，流亡不绝"①。甚至一些地区"时饥荒之余，人庶流进，家户且尽"②。大规模的流民群不断出现。如汉桓帝永兴元年，"百姓饥穷，流冗道路，至有数十万户"③。小农破产流亡已成为东汉严重的社会问题。国家对流民问题是十分关注的，从东汉初年直到顺帝时，一直下诏，企图以"民无名数及流人欲自占者，人一级"④，来吸引流亡小农归籍。但这些措施并不能奏效，小农的破落已是无法挽回的。

由于小农的大量破产流亡，大规模征发小农服兵役已很难进行。如东汉最大的一次对北匈奴作战，窦宪所率领的军队总数不到四万，其中南匈奴兵两万，缘边义从羌胡八千，汉兵包括北军五校、黎阳、雍营、缘边十郡骑士，人数只有八千。即便是小规模的征发，兵源也是十分缺乏的。这样，遇到战争，国家经常同时以招募和征发两种方式来征集士兵。关于招募和征发并行的情况，文献中屡有记载。如《后汉书·南蛮西南夷传》："哀牢三千余人攻博南，燔烧民舍。肃宗募发越嶲、益州、永昌夷汉九千人讨之。"《后汉书·庞参传》："比年羌寇特困陇右，供徭赋役为损日滋，官负人责数十亿万。今复募发百姓，调取谷帛，衔卖什物，以应吏求。"又如东汉政府镇压黄巾起义的主力军，就是以招募和征发两种方式征集来的。《后汉书·皇甫嵩传》："于是发天下精兵，博选将帅，以嵩为左中郎将，持节，与右中郎将朱俊，共发五校、三河骑士及募精勇，合四万余人，嵩、俊各统一军，共讨颍川黄巾。"由此可见，东汉时小农的破产流亡，造成了征兵兵源的严重缺乏，促使征兵制度被破坏。在这种形势下募兵的使用，实际起到了解决东汉军队兵源不足的作用。

（二）募兵的使用提高了东汉军队的作战能力

东汉初年，光武帝刘秀为"务从简寡"⑤，以安定小农，而废除了更役制度。这是刘秀兵制改革的重要内容。但是更役制度废除后，出现了不少的弊端。其明显的表现，就是临时征发的小农兵，由于缺乏军事训练，战斗力十

① 《后汉书》卷六《顺帝纪》。

② 《后汉书》卷三二《樊宏传附樊鯈传》。

③ 《后汉书》卷七《桓帝纪》。

④ 《后汉书》卷三《章帝纪》。

⑤ 《后汉书》卷一上《光武帝纪上》。

分低下，同西汉时训练有素的征兵大异其趣。《续汉书·百官志五》刘昭注引应劭《汉官》："自郡国罢材官骑士之后，官无警备，实启寇心。一方有难，三面救之，发兴雷震，烟蒸电激，一切取辨，黔首嚣然。不及讲其射御，用其戒誓，一旦驱之以即强敌，犹鸠鹊捕鹰鹯，豚羊弋豺虎，是以每战常负，王旅不振。"因而，为提高军队的作战能力，东汉政府不能不更多地依赖于招募。因为在招募时，可以对应募者进行选择，这样，就能获得一定数量的精壮士兵。如《后汉书·虞诩传》："（虞诩）及到官，设令三科以募求壮士，自掾史以下各举所知。"《三国志·吴书·孙坚传》："会稽妖贼许昌，起于句章，自称阳明皇帝。与其子韶，扇动诸县，众以万数。坚以郡司马募召精勇，得千余人。与州郡合，讨破之。"很明显，募兵的使用，在一定程度上，保证了当时军队中可以有一些素质较高的士兵。

由于募兵的战斗力高于征兵，国家经常专门使用募兵同外族作战以及镇压国内叛乱。如光武帝时，西南少数民族反叛，国家派马援"将十二郡募士及弛刑四万余人征五溪"[1]。汉桓帝延熹五年，长沙、零陵地方农民起义，"遣御史中丞盛修募兵讨之"[2]。为了提高出征军队的制胜能力，国家还经常把募兵同征发的汉族以及少数民族兵结合起来使用。如汉明帝时，马武率军平定西羌的反叛，他的军队就是以"三辅募士"同乌桓、黎阳营以及"凉州诸郡羌胡兵及弛刑，合四万人击之"[3]。同北匈奴作战时，耿秉、秦彭的出征军队中就有"武威、陇西、天水募士及羌胡万骑"[4]。毫无疑问，东汉时募兵已成为国家的重要作战力量，募兵的使用实际提高了东汉军队的作战能力。

四

东汉募兵是随着征兵制度的破坏发展起来的。这种士兵（除刑徒兵外）都是东汉政府的雇佣兵。但是，到东汉末年，募兵的性质却有了变化，大部

[1] 《后汉书》卷二四《马援传》。
[2] 《后汉书》卷三八《度尚传》。
[3] 《后汉书》卷二二《马武传》。
[4] 《后汉书》卷二三《窦融传附窦固传》。

分募兵同招募和统帅他们的将领结成了依附关系，成为将领的私属兵。

东汉末年，募兵性质的改变，是与东汉社会内部阶级关系变化以及地方势力的发展相联系的。

首先，东汉后期社会内部的依附关系有比较迅速的发展。东汉初年，社会内部的依附关系已开始呈现出深化的趋势。宾客的数量不仅增多，而且宾客对主人的依附已明显化了。如马援的宾客对马援已具有了依附性。马援投奔隗嚣，他们追随到陇西。马援归附刘秀，他们就屯田上林苑。东汉后期，小农大量破产，因而，破产农民依附于大土地所有者的情况就更盛行。仲长统说："豪人之室，连栋数百，膏田满野，奴婢千群，徒附万计。"① 所谓徒附，就是投靠、依附豪民的小农。这些依附农民被武装起来，就是豪民的私属家兵。《后汉书·朱儁传》："令过本郡简募家兵及所调，合五千人，分从两道而入。……既而与七郡兵俱进逼之，遂斩梁龙，降者数万人，旬月尽定。"可见东汉后期，这些豪民的私人武装已可以配合国家的军队作战，豪民私兵的强大是十分明显的。这些情况表明，东汉后期，依附关系无论是在经济，还是私人的军事组织方面都显著加深。

其次，东汉后期，地方势力开始利用招募发展私人势力。西汉时，国家对地方招募士兵控制严格，一般由国家派官员直接招募士兵。虽然地方也可募兵，但是并不具有随意性。《汉书·西南夷列传》："至冬，（陈）立奏募诸夷与都尉长史分将攻翁指等。翁指据厄为垒，立使奇兵绝其饷道，纵反间以诱其众。"这说明，在边郡遇到紧急情况，需要招募士兵时，地方长官也要先上奏中央。

东汉时，地方刺史、郡太守权力开始增强，在军事上，已具有招募士兵的相对自主权。《后汉书·虞诩传》："（虞诩）及到官，设令三科以募求壮士，自掾史以下各举所知。"《后汉书·滕抚传》："朝廷博求将帅，三公举（滕）抚有文武才，拜为九江都尉，与中郎将赵序助冯绲合州郡兵数万人共讨之。又广开赏募，钱、邑各有差。"又《后汉书·度尚传》："桓帝诏公卿举任代刘度者，尚书朱穆举尚，自右校令擢为荆州刺史。尚躬率部曲，与同劳逸，广募杂种诸蛮夷，明设购赏，进击，大破之，降者数万人。"这些记

---

① 《后汉书》卷四九《仲长统传》。

载说明，各州、郡、县的地方长官无须上奏中央，即可直接招募士兵。黄巾起义失败以后，各地方招募士兵完全摆脱了国家的控制。《三国制·魏书·武帝纪》："太祖至陈留，散家财，合义兵，将以诛卓。"《三国志·蜀书·先主传》："中山大商张世平、苏双等赀累千金，贩马周旋涿郡，见而异之，乃多与之金财。先主由是得用合徒众。"这说明，不仅官吏，甚至豪民也都可以利用个人的家财招募士兵，以发展私人的势力。这样，随着地方招募士兵权力的不断扩大，募兵的使用就同地方势力密切联系起来，成为地方割据势力发展的重要军事条件。

由于上述历史因素的影响，东汉末年，募兵的私属性表现得十分明显，其主要特点为：

第一，应募的士兵同将帅结成了主从关系。东汉末年，一些地方势力所统帅的士兵多被称为"部曲"。如《三国志·魏书·董卓传》："与卓故部曲樊稠、李蒙、王方等合围长安城。"又同传："时进弟车骑将军苗为进众所杀，进、苗部曲无所属，皆诣卓。"研究者认为，东汉末年的部曲，已不是军队编制的名称，而是指私属兵。这些私属兵很多是由原来将领所统帅的募兵转化来的。如董卓的部曲，很多就是他在凉州时的少数民族募兵。《后汉书·董卓传》："（中平）六年，征卓为少府，不肯就，上书言：所将湟中义从及秦胡兵皆诣臣曰：'牢直不毕，禀赐断绝，妻子饥冻。'牵挽臣车，使不得行。羌胡敝肠狗态，臣不能禁止，辄将顺安慰。增异复上。朝廷不能制，颇以为虑。"这些虽然是董卓企图专兵的托词，但是，由此透露出董卓已与他所属的士兵建立起了一种依附关系。又如地方势力孙坚，在镇压黄巾起义中，发展了个人势力。他军队中的士兵，多来自招募。《三国志·吴书·孙坚传》："（孙）坚又募诸商旅，及淮、泗精兵，合千许人。"这些募兵，后来都成为孙坚的部曲。《后汉书·孙策传》："自孙坚死，子策复领其部曲，术遣击扬州刺史刘繇，破之，策因据江东。"便是证明。还有一些部曲，则是由将帅直接招募的。如《三国志·蜀书·赵云传》注引《云别传》："先主与云同床眠卧，密遣云合募得数百人，皆称刘左将军部曲，绍不能知。遂随先主至荆州。"因此东汉末年，小农应募充兵，实际是他们转变为地方势力私属兵的途径。这些部曲效忠将帅，视将帅为其主。《后汉书·王允传》："（王）允初议赦卓部曲，吕布亦数劝之。既而疑曰：'此辈无罪，从其主耳。

今若名为恶逆而特赦之，适足使其自疑，非所以安之之道也．'"正反映了这种情况。募兵同将帅之间形成主从关系，正是依附关系深化的反映。

第二，应募的士兵不能脱离将帅的军队。东汉末年，应募充兵虽然还是自愿的，但是，一旦应募为兵后，就受到严格的限制。为了防止士兵逃跑，将帅开始把士兵的家属作为"质任"。如并州新附后，梁习"以别部司马领并州刺史。……又因大军出征，分请以为勇力。吏兵已去之后，稍移其家，前后送邺，凡数万口"①。刘备领徐州，同袁术作战，其部曲的妻子家属也都留在下邳。②"质任"的实行，更加深了士兵对将帅的依附。应募的士兵不仅不能脱离将帅，而且在将帅战死，或离军时，还要做其子的部曲。如《三国志·魏书·董卓传》："后（马）腾入为卫尉，子超领其部曲。"随着这种依附关系的深化，应募的士兵逐渐成为专门的服兵役者。

东汉末年，在募兵同将帅依附关系形成的同时，社会上战乱不已，各地饥荒严重，人民离散逃亡，因而，应募充兵，对幸存的小农来说，则不失为一条求生之路。由于军队组织中的依附关系的发生范围不断扩大，因而在比较广阔的范围内造成了兵农的分离和服兵役者的专门化。从这个意义上说，东汉末年，募兵同将帅依附关系的形成，无疑为三国时期世兵制度的产生创造了历史契机。

（原载《史学集刊》1988 年第 4 期）

---

① 《三国志》卷一五《魏书·梁习传》。
② 《三国志》卷三二《蜀书·先主传》。

东汉持节问题探讨

东汉时期，国家使官员持节从事重要的社会活动，成为当时国家进行统治的一个重要特征。东汉的这种施治方式无疑是承袭西汉而来的。不过，东汉官员的持节方式和活动与西汉相比，又增加了新的内容，因而，它又具有比较明显的时代特征。因此，考察东汉时代的官员持节的诸方面特征不仅可以认识当时持节制度的特点，而且，还可以明确它与西汉持节制度的承袭关系以及对魏晋时期持节制度的影响。尽管前人已经对汉代的持节问题做了一些有意义的考察，① 然而，对汉代的持节活动，特别是对东汉时期持节活动的研究，仍然存在着一些尚未解决的问题，因而，对东汉持节问题还有做进一步探讨的必要。所以本文拟对东汉国家授节的方式、固定持节官和临时持节官的设置、临时持节官从事的主要活动及其意义、东汉末年将军持节的变化等问题做一些探讨，希望能够对东汉持节制度的研究有所裨益。

一、东汉国家授节的方式

"节"，并不是在东汉时代才出现的。实际上，早在先秦时期就已经存在。然而，至东汉时期，节作为一种具有象征意义的标志物的特征才更加明

---

① 日本学者大庭修在《秦汉法制史研究》第四篇第二章《东汉的将军与将军假节》（中译本，上海人民出版社，1991 年版，第 335 页 - 371 页）中，对汉代节的特征、汉代节的形态、节与使者、持节的官职、节与幢的关系等问题做了研究。但是，大庭修的研究只侧重于汉代节的形态，也就是节的外在形式。虽然大庭修的研究涉及西汉、东汉的持节官问题，可是，缺乏从西汉和东汉持节官的联系和差别上来考虑问题。至于对东汉时期的国家授节方式、临时持节官的主要活动及其意义、东汉末年将军持节的变化等问题，大庭修几乎没有做必要的研究。正因为如此，对东汉国家官员持节的深层社会意义，还需要做进一步的探讨。

显，正如《后汉书·光武帝纪》李贤注引《汉官仪》："以竹为之，柄长八尺，以旄牛尾为其眊三重。"日本学者大庭修认为从西汉宣帝时期到整个东汉时代，节在形制上，几乎没有大的变化。大庭修的看法是正确的。"节"在东汉时期形制上的固定化，从一个侧面反映了当时国家向官员授节是经常性的举动。由东汉国家授节的经常化所决定，当时的授节方式也出现了多样性的特征。以下对东汉国家的授节方式，分别论列之：

（一）**国家以诏令的方式向官员授节**

当时国家通过下诏，向官员授节，是一种重要的方式。《后汉书·皇后纪》：

> （建武）十七年，废皇后郭氏而立贵人。制诏三公曰："皇后怀执怨怼，数违教令，不能抚循它子，训长异室。宫闱之内，若见鹰鹯。既无关雎之德，而有吕、霍之风，岂可托以幼孤，恭承明祀。今遣大司徒涉、宗正吉持节，其上皇后玺绶。阴贵人乡里良家，归自微贱。自我不见，于今三年。宜奉宗庙，为天下母。主者详案旧典，时上尊号。异常之事，非国休福，不得上寿称庆。"

据此可知，光武帝在诏书中，不仅宣布了对皇后的废立，而且，还使大司徒和宗正持节向阴皇后授玺绶。由此来看，皇帝通过诏书，向官员授节是一种重要的方式。这种以诏令的方式向官员授节，还涉及皇位的禅代。《后汉书·献帝纪》李贤注引《献帝春秋》：

> （献）帝时召群臣卿士告祠高庙，诏太常张音持节，奉策玺绶，禅位于魏王。乃为坛于繁阳故城，魏王登坛，受皇帝玺绶。

这说明，在曹魏禅代东汉朝时，其仪式就是通过国家下诏太常，由太常持节来实施的。不仅如此，国家派官员参与诸侯王的丧礼，一般是由国家下诏向官员授节，使其处理。例如，楚王刘英因谋反自杀，汉明帝为表示对他的宽容，便"诏遣光禄大夫持节吊祠，赠赗如法，加赐列侯印绶，以诸侯礼葬于泾"①。国

---

① 《后汉书》卷四二《光武十王·楚王英传》。

家对有罪的诸侯王尚且如此，对其他的诸侯王在仪式上就更隆重了。另外，在重要大臣的丧葬仪式上，为重要官员加列侯号，也由皇帝下诏，使官员持节来实现。《后汉书·邓禹传附邓弘传》："诏大鸿胪持节，即弘殡封子广德为西平侯。"就是一例。在国家任命重要官员时，也是如此。如汉安帝就"诏使中郎将持节即五原拜宪大将军，封武阳侯，食邑二万户"①。因此，可以说皇帝下诏使官员持节，显然多与处理国家的重大事务有关。

（二）国家派遣官员从事重要的活动而向其授节

这种授节方式，不需要皇帝下诏令，只是使官员明确要实行的事务后，也就向所委派的官员授节。《后汉书·王霸传》："（建武）五年春，帝使太中大夫持节拜霸为讨虏将军。"又《后汉书·马援传》："建初三年，肃宗使五官中郎将持节追策，谥援曰忠成侯。"在这些记载中，都没有提到皇帝下诏的字样，因此，向官员授节，实际上，就是对官员进行委派。东汉国家的这种授节方式，在当时文献记载中多见。因此，这应该是当时国家向官员授节的一般方式。

（三）在皇帝驾崩的特殊情况下，由临时掌政者向官员授节

这成为东汉授节的特别方式。东汉国家的最高统治者是皇帝，因此，由国家授节，也就是由皇帝授节。然而，在皇帝驾崩的特殊情况下，向官员授节的活动并没有停止。《后汉书·灵帝纪》：

> 孝灵皇帝讳宏，肃宗玄孙也。曾祖河间孝王开，祖淑，父苌。世封解渎亭侯，帝袭侯爵。母董夫人。桓帝崩，无子，皇太后与父城门校尉窦武定策禁中，使守光禄大夫刘儵持节，将左右羽林至河间奉迎。

据此，在皇帝驾崩后，尚无储君的情况下，皇太后和重臣可以定策禁中，依然可以为官员授节。不过，这种授节的目的性很强，就是迎立新皇帝，因此，这也就具有很大的特殊性。

此外，东汉国家不仅以多种方式向官员授节，而且，还为授节设置了专门的职官。《续汉书·百官志》：

---

① 《后汉书》卷二三《窦融传》。

> 符节令一人，六百石。本注曰：为符节台率，主符节事。凡遣使掌
> 授节。

这里提到的符节令，显然就是专门管理授节事务的。由于符节令的设置，国家的授节活动比较规范化，因而，使东汉国家的多种不同的授节方式能够有效地实施。

综上可见，东汉国家向官员授节的方式是多样的。在这些授节方式中，皇帝下诏和国家派遣的方式，应该说是最主要的。东汉国家授节方式的这种多样性，使当时国家的不同活动能够得到比较有效的处理。

二、东汉持节官的设置

（一）长期持节官的设置

东汉时代，国家官员接受朝廷授节，即被称为持节官。但是，由于官员的持节状况不同，这些持节官又可以分为长期持节官和临时持节官。所谓长期持节官，就是说国家在设置这类官员时，便使其持节。东汉时期，国家设置的司隶校尉就是长期的持节官。《续汉书·百官志》："司隶校尉一人，比二千石。本注曰：孝武帝初置，持节，掌察举百官以下，及京师近郡犯法者。元帝去节，成帝省，建武中复置，并领一州。"由此可知，司隶校尉在西汉始设时就是持节官，不过在元帝时一度去节。在东汉时期，司隶校尉当与其始设时期的情况基本相同，也就是说一直都是持节的。《后汉书·袁绍传》载，袁绍任司隶校尉，当董卓商议皇帝的废立时，袁绍大怒，"横刀长揖径去，悬节于上东门，而奔冀州"。可见一直到东汉末年，司隶校尉仍然持节。当时国家使司隶校尉成为持节官，与他职掌"察举百官以下，及京师近郡犯法者"① 的活动有密切的关系。司隶校尉因为这种职掌和他处于持节的地位，而被称为"卧虎"，在京师官员中处于很重要的地位。

在东汉，除了司隶校尉是长期持节官外，还有其他官员。《续汉书·百

---

① 《续汉书·百官志四》。

官志》："使匈奴中郎将一人，比二千石。本注曰：主护南单于。置从事二人，有事随事增之，掾随事为员。护羌、乌桓校尉所置亦然。"刘昭注引应劭《汉官》曰："拥节，屯中步南，设官府掾史。"又《续汉书·百官志》："护羌校尉一人，比二千石。本注曰：主西羌。"刘昭注引应劭《汉官》曰："拥节。长史、司马二人，皆六百石。"又《续汉书·百官志》："护乌桓校尉一人，比二千石。本注曰：主乌桓胡。"刘昭注引应劭《汉官》曰："拥节。长史一人，司马二人，皆六百石。"这说明，当时使匈奴中郎将、护羌校尉和护乌桓校尉都"拥节"。拥节和持节在意义上，是相同的。因此，这些官员都是长期持节官。从这些持节官的职掌上来看，都与少数民族事务有关。东汉国家使这些官员长期持节，是为了使其有效地对少数民族进行统治。他们持节的意义就在于，这些官员的统治是代表皇帝的意志，也就是说，他们对少数民族的统治就是东汉皇帝的统治。

尽管司隶校尉、使匈奴中郎将、护乌桓校尉、护羌校尉在具体职掌上不同，但是，他们都是长期持节官，其持节的意义，不仅加重了他们的地位，而且，象征了他们是皇帝意志的代表者。

（二）临时持节官的设置

东汉国家在处理国家事务中，大量设置的是临时持节官。日本学者大庭修将其称为持节使者。[①] 大庭修的这种称谓，对这类持节官的特征概括得并不全面。因为东汉国家使官员持节，并不是让他们全部出使。诸如一些官员在参加国家重要礼仪活动中，也要持节。因而，对这些官员就不能称为使者。鉴于这种情况，对因为要参与国家的礼仪活动、军事活动、外交活动和安抚活动而临时持节的官员，应该称为临时持节官。

东汉时期，当时国家设置这类持节官具有明确的目的，而且，设置的数量也很多，因此，这类持节官自然在设置上，表现出比较明显的特点：

1. 国家任命的临时持节官是中央官员。东汉时期，国家的官员可以分为中央官员和地方官员。虽然中央官员和地方官员均为国家所任命，然而，因他们的施政的地方不同，中央官和地方官存在着比较明显的差别。东汉国家在持节官的任命上，当然要注意到这种不同。统计《后汉书》中的记载，被

---

① 大庭修：《秦汉法制史研究》，上海人民出版社，1991年，第346页。

国家任命的临时持节官主要有：太傅、司空、司徒、大将军、车骑将军、太常、太仆、光禄勋、大鸿胪、将作大匠、中郎将、五官中郎将、左中郎将、右中郎将、东中郎将、光禄大夫、太中大夫、侍中、御史中丞、谏议大夫、中常侍、侍御史等。毫无疑问，这些官员都属于中央职官。而在当时文献中，见不到国家任命郡太守、县令长作为持节官的记载。这说明，东汉国家在官员持节的任命上，是将地方官员排除在外的。由于东汉时代，地方官员不具有持节的权力，因此，当时的郡太守、县令长尽管在秩级上不低于相应的中央职官，但是，很难再加重其地位。东汉国家将持节权力保持在中央职官的范围内，显然也具有限制地方官员的意图。

2. 国家开始使三公持节。所谓三公，就是太尉、司空、司徒，他们处在宰辅的位置上，具有很高的地位。东汉国家使三公持节，这是对传统制度的重大改变。因为西汉时期，国家的丞相以及绥和改制后的三公都不做持节官，也就是说，当时国家是不允许他们持节的。东汉国家一改西汉的制度，便使临时持节官的设置表现出明显的特点。当时国家使三公持节，一般是让他们从事重要的礼仪活动。前引《后汉书·皇后纪》："（建武）十七年，废皇后郭氏而立贵人。制诏三公曰：'……今遣大司徒涉、宗正吉持节，其上皇后玺绶。阴贵人乡里良家，归自微贱。自我不见，于今三年。宜奉宗庙，为天下母。'"这就是说，皇帝立皇后的仪式，一般要有司徒持节参与。不仅如此，三公还主持皇后的丧礼。《后汉书·皇后纪》："和平元年，梁太后崩，乃就博陵尊后为孝崇皇后。……在位三年，元嘉二年崩。以帝弟平原王石为丧主，殓以东园画梓寿器、玉匣、饭含之具，礼仪制度比恭怀皇后。使司徒持节，大长秋奉吊祠，赙钱四千万，布四万匹，中谒者仆射典护丧事，侍御史护大驾卤簿。"即其一例。当然，三公参与的礼仪活动并不限于册立皇后和主持皇后的丧礼。《后汉书·明帝纪》："东海王强薨，遣司空冯鲂持节视丧事，赐升龙旄头、銮辂、龙旗。"又《后汉书·安帝纪》："新野君阴氏薨，使司空持节护丧事。"这说明，三公还要参与诸侯王、重要列侯的丧葬活动。三公持节参与这些礼仪活动，不仅使三公的重要地位得到了充分的体现，而且，也表现了东汉皇帝对皇后、诸侯王、列侯的控制和笼络。

3. 国家使大将军、骠骑将军、车骑将军以及其他名号的将军持节，因而，使将军持节处于重要位置。在有关西汉官员持节的文献中，尚没有见到将军持节的记载。这可能是当时国家还不允许领兵将军持节。这种情况至东汉初年开始改变。光武帝需要同各割据势力作战，因而，要加强领兵将军的地位，这样，便使一些将军开始持节。例如光武帝要与进入关中的赤眉军作战，"筹赤眉必破长安，欲乘衅并关中，而方自事山东，未知所寄，以禹沉深有大度，故授以西讨之略。乃拜为前将军持节，中分麾下精兵二万人，遣西入关"①。又如，光武帝任命岑彭为"刺奸大将军，使督察众营，授以常所持节，从平河北"②。东汉初年，国家使一些将军持节只是为了加重他们在军队中的地位，与国家的政治事务并无关系。但是，从汉明帝以后，国家设置的将军不仅掌管军事，而且，也参与国家的政治事务，所以，将军持节也就具有了新的意义。这主要表现在大将军和骠骑将军、车骑将军持节参与国家事务的活动中。

在东汉时代，大将军、骠骑将军、车骑将军是时设时省的，但是，他们的地位很高，一般都"位在公上"③。东汉国家经常使任大将军、骠骑将军、车骑将军职者持节参与国家的重要活动。特别是外戚担任将军，更是如此。《后汉书·安帝纪》："八月，殇帝崩，太后与兄车骑将军邓骘定策禁中。其夜，使骘持节，以王青盖车迎帝，斋于殿中。"又《后汉书·桓帝纪》："会质帝崩，太后遂与兄大将军冀定策禁中，闰月庚寅，使冀持节，以王青盖车迎帝入南宫，其日即皇帝位。"这些事例说明，在外戚专权的时期，这些外戚不仅控制朝政，而且，能够以大将军、车骑将军的身份持节来迎立新皇帝。由此可以看出，这些将军参政具有持节的身份后，其权力是很重的。当然，这些将军持节不仅与皇帝的迎立有关，而且，也参与军事活动。《后汉书·朱儁传》："初平四年，代周忠为太尉，录尚书事。明年秋，以日食免，复行骠骑将军事，持节镇关东。"可见，朱儁以行骠骑将军的身份来持节，就使他统军的地位更高了。因此，东汉国家使大将军、骠骑将军、车骑将军等持节，这不仅使持节官的设置出现了新的特点，而且，由于将军的持节，也使当时国家的持节制度也出现比较明显的变化。

---

① 《后汉书》卷一六《邓禹传》。

② 《后汉书》卷一七《岑彭传》。

③ 《续汉书·百官志四》。

4. 国家使九卿作为持节官，一般与九卿的具体职掌有密切联系。东汉时代，当时国家使九卿各官做持节官的事例多见。在《后汉书》的记载中，太常持节事例有二；太仆持节事例有一；光禄勋持节事例有二；大鸿胪持节事例有二；将作大匠持节事例有一。在这些官员中，他们的持节活动，大都不脱离其具体职掌。从太常的活动来看，就是如此。《续汉书·百官志》："本注曰：掌礼仪祭祀。"因此，国家使太常持节，多从事国家礼仪祭祀之事。如《后汉书·顺帝纪》："使太常王龚持节告祠茂陵。"从光禄勋的活动来看，也是这样。光禄勋在东汉，"掌宿卫宫廷门户，典谒署郎更直执戟，宿卫门户"①。因此，国家使光禄勋持节参与的活动，就与宿卫宫廷有关。例如，汉灵帝在消灭外戚梁冀的势力之时，就"使光禄勋袁盱持节收冀大将军印绶，徙封比景都乡侯"②。光禄勋袁盱可以持节收大将军梁冀的印绶，正因为他的职掌是负责宫廷宿卫。其他九卿，诸如大鸿胪，"掌诸侯及四方归义蛮夷。……诸王入朝，当郊迎，典其礼仪。……王薨则使吊之，及拜王嗣"③。因此，当时国家使大鸿胪持节，多与处理诸侯王的事务有关。这些事务涉及对诸侯王的郊迎、诸侯王的丧礼和对诸侯王的处罚。《后汉书·光武十王传》：东平王刘苍薨，汉明帝便"诏告中傅，封上苍自建武以来章奏及所作书、记、赋、颂、七言、别字、歌诗，并集览焉。遣大鸿胪持节，五官中郎将副监丧，及将作使者凡六人，令四姓小侯诸国王主悉会诣东平奔丧，赐钱前后一亿，布九万匹"，就是明显的一例。需要指出的是，只是到东汉末年，国家以九卿为持节官，才使他们的活动超出了其职掌范围。从将作大匠的活动来看，《后汉书·袁绍传》："时曹操自为大将军，绍耻为之下，伪表辞不受。操大惧，乃让位于绍。二年，使将作大匠孔融持节拜绍大将军，锡弓矢节钺，虎贲百人，兼督冀、青、幽、并四州，然后受之。"显然，将作大匠持节任命大将军，并不是他的职掌。当然，九卿持节活动的改变，是东汉末年动荡的政局造成的，并不是东汉国家的定制。

5. 国家特别重视向中郎将的授节。据《续汉书·百官志》载，东汉国家

---

① 《续汉书·百官志二》。

② 《后汉书》卷三四《梁商传附梁冀传》。

③ 《续汉书·百官志二》。

设置的中郎将有：五官中郎将、左中郎将、右中郎将、虎贲中郎将、羽林中郎将。东汉末年，又设置了东中郎将。当时国家一般对这些中郎将都授节。诸如五官中郎将、左中郎将、右中郎将等都有持节的记载，而且，当时国家对这些中郎将授节的事例很多。统计《后汉书》中的记载，向中郎将授节有四例；五官中郎将授节有五例；左中郎将授节有三例；右中郎将授节有一例；东中郎将授节有一例。国家对中郎将授节的事例，几乎占《后汉书》记载的授节事例的百分之二十。东汉国家不仅使中郎将成为国家的主要授节对象，而且，在这些中郎将受节后，还使其职掌的范围扩大。

众所周知，东汉国家设置这些中郎将主要是使其掌管各种不同的郎官。可是，当时国家一但使他们持节后，即负责国家的重大事务。中郎将持节要掌管对国家重要官员的策命。例如："建初五年，（樊）兴夫人卒，肃宗使五官中郎将持节即墓赐策，追谥兴曰翼侯。"① 又如，熹平元年"（胡广）薨。使五官中郎将持节奉策赠太傅、安乐乡侯印绶，给东园梓器"②。东汉国家使中郎将持节还让其负责对少数民族进行安抚和镇压。《后汉书·南匈奴传》："（永元）四年，遣耿夔即授玺绶，赐玉剑四具，羽盖一驷，使中郎将任尚持节卫护屯伊吾，如南单于故事。"很明显，当时国家使中郎将任尚持节，正是要安抚匈奴人。《后汉书·皇甫规传》："至冬，羌遂大合，朝廷为忧。三公举规为中郎将，持节监关西兵，讨零吾等，破之，斩首八百级。先零诸种羌慕规威信，相劝降者十余万。"中郎将皇甫规持节，正是要对先零羌进行镇压。至东汉后期，国家使中郎将持节，多使其参与军事行动。《后汉书·卢植传》："中平元年，黄巾贼起，四府举植，拜北中郎将，持节，以护乌桓中郎将宗员副，北军五校士，发天下诸郡兵征之。连战破贼帅张角，斩获万余人。"又《后汉书·皇甫嵩传》："嵩以为宜解党禁，益出中藏钱、西园厩马，以班军士。帝从之。于是发天下精兵，博选将帅，以嵩为左中郎将，持节，与右中郎将朱儁，共发五校、三河骑士及募精勇，合四万余人，嵩、儁各统一军，共讨颍川黄巾。"可见，国家使北中郎将卢植、左中郎将皇甫嵩、右中郎将朱儁持节，都是要他们对黄巾起义军进行镇压。因此，东汉国家重

---

① 《后汉书》卷三二《樊宏传附樊兴传》。

② 《后汉书》卷三二《胡广传》。

视中郎将的持节，是因为他们持节后，其掌管的事务已经远远超出了他们具体的职掌范围，成为负责国家重要事务的官员。这也正是东汉国家使中郎将持节的特殊意义。

此外，东汉国家还重视太中大夫的持节。在《后汉书》的记载中，国家使太中大夫持节，就有四例，并且，多从事比较重要的任命和外交活动。因而，这也就使太中大夫在持节官中具有了特殊的地位。

由于中郎将和太中大夫在国家任命的持节官中，具有特殊的地位，所以，当时对中郎将和太中大夫的任职是非常重视的。东汉人郑兴说："夫中郎将、太中大夫、使持节官皆王者之器，非人臣所当制也。"[①] 正说明了这一点。由此可见，虽然东汉国家使中央重要的职官大部分都可以持节，但是，它对临时设置的持节官的重视和赋予他们参与国家事务的权力却不尽相同。这也正是东汉国家在临时持节官设置上不可忽视的重要的特点。

三、东汉临时持节官参与的主要活动及其意义

（一）临时持节官参与的主要活动

东汉时代，一如前述，国家使中央的重要官员都可以成为临时持节官，因此，国家官员持节参与的社会活动，实际上，都是重要的国家事务。并且，临时持节官的这些活动也构成东汉国家实施统治的重要的特点之一。当时国家使其设置的临时持节官的活动涉及国家礼仪的实施、国家的军事行动、国家的外交活动、国家的安抚活动等，因而需要分别说明。

持节官与国家重要的礼仪仪式的实施。东汉国家使官员持节从事礼仪仪式，是其重要的活动。这些活动主要有：

1. 特殊情况下的皇帝即位仪式。例如，"及冲帝崩，皇太后与冀定策禁中，丙辰，使冀持节，以王青盖车迎帝入南宫"[②]。又如，"会质帝崩，太后遂与兄大将军冀定策禁中，闰月庚寅，使冀持节，以王青盖车迎帝入南宫，

① 《后汉书》卷三六《郑兴传》。
② 《后汉书》卷六《冲帝纪》。

其日即皇帝位"①。这种特别情况下迎立新皇帝的活动，是在外戚专权的形势下出现的，因此，这应该是持节官参与的特殊仪式。

2. 参与皇后、诸侯王及重要大臣的丧葬仪式。前引《后汉书·皇后纪》："（孝崇皇后）在位三年，元嘉二年崩。以帝弟平原王石为丧主，殓以东园画梓寿器、玉匣、饭含之具，礼仪制度比恭怀皇后。使司徒持节，大长秋奉吊祠，赗钱四千万，布四万匹，中谒者仆射典护丧事，侍御史护大驾卤簿。"这说明，当时皇后的丧礼，一般由司徒持节参加。这样，自然就使皇后葬礼达到了很高的标准。尚不限于此，国家还使官员持节参加诸侯王的葬礼活动。例如，"东海王彊薨，遣司空冯鲂持节视丧事，赐升龙旄头、銮辂、龙旗"②。国家还使官员持节为一些重臣送葬。《后汉书·杨震传附杨赐传》："（杨赐）及葬，又使侍御史持节送丧，兰台令史十人发羽林骑轻车介士，前后部鼓吹，又敕骠骑将军官属司空法驾，送至旧茔。"即其一例。国家派官员持节参与皇后、诸侯王、重臣的丧礼，正是要显示对这些阶层的高度重视。

3. 参与对亡故重要官员的策命。东汉时期，对亡故重要官员的策命，多由国家委派官员持节来进行。《后汉书·樊宏传附樊兴传》："建初五年，兴夫人卒，肃宗使五官中郎将持节即墓赐策，追谥兴曰翼侯。"又《后汉书·胡广传》："年八十二，熹平元年薨。使五官中郎将持节奉策赠太傅、安乐乡侯印绶，给东园梓器，谒者护丧事，赐冢茔于原陵，谥文恭侯，拜家一人为郎中。"这些记载说明，东汉国家一般由五官中郎将作为持节官参与策命仪式，并且，这种仪式多是在葬礼后，对亡故重要官员的官位、爵位、谥号进行追认。

4. 参与送迎仪式。东汉国家为表示对重要官员的重视，在送迎时，也派持节官参与。《后汉书·耿弇传》："（耿）宠死，天子嘉况功，使光禄大夫持节迎况，赐甲第，奉朝请。"又《后汉书·马援传》："帝甚壮之。援从南幸黎丘，转至东海。及还，以为待诏，使太中大夫来歙持节送援西归陇右。"又《后汉书·光武十王传》："（刘）苍上疏求朝。明年正月，帝许之。特赐

---

① 《后汉书》卷七《桓帝纪》。
② 《后汉书》卷二《明帝纪》。

装钱千五百万，其余诸王各千万。帝以苍冒涉寒露，遣谒者赐貂裘，及太官食物珍果，使大鸿胪窦固持节郊迎。帝乃亲自循行邸第，豫设帷床，其钱帛器物无不充备。"这里提到的耿况、马援是国家的重要官员，而刘苍则是受汉明帝信任的诸侯王。由此来看，东汉国家使持节官举行送迎仪式，并不是轻易的举动，而是要通过仪式充分体现对这些大臣的重视。

5. 参与告祭陵寝。在东汉，告祭陵寝是国家的重要祭祀活动。在一般的情况下，要由皇帝亲自参与。但是，在特殊情况下，持节官也参与这种活动。例如，汉顺帝曾"使太常王龚持节告祠茂陵"①。又如，延陵园遭受灾害，汉灵帝便"遣使者持节告祠延陵"②。持节官参与这些告祭活动，显然都是代表皇帝的意志来行事的。

持节官与国家的军事活动。东汉时代，持节官经常参与国家的军事活动。他们在这些活动中，起到重要的作用。持节官参与的军事活动可以分为以下几种：

1. 担任国家的监军。东汉国家在重要的军事行动中，一般设置监军。这样国家可以更有效地控制军队。《后汉书·隗嚣传》：光武帝"乃率诸将西征之，数道上陇，使王遵持节监大司马吴汉留屯于长安"。又《后汉书·邓晨传》："建武三年，征晨还京师，数燕见，说故旧平生为欢。……从幸章陵，拜光禄大夫，使持节监执金吾贾复等击平邵陵、新息贼。"以持节官监军，并不只是东汉前期的情况，就是在东汉后期也是如此。前引《后汉书·皇甫规传》："至冬，羌遂大合，朝廷为忧。三公举规为中郎将，持节监关西兵，讨零吾等，破之。"就是明显的事例。

2. 担任地方军队的督军。东汉初年，光武帝虽然罢除了郡兵，但是，各郡的小农仍然保留着兵籍，如果遇到战事还会被征发，因此，郡兵具有一定的战斗力。东汉国家为更好地指挥郡兵，也以持节官为督军统领郡兵。《后汉书·冯绲传》："顺帝末，以绲持节督扬州诸郡军事，与中郎将滕抚击破群贼。"又《后汉书·桓帝纪》："太山、琅邪贼劳丙等复叛，寇掠百姓，遣御史中丞赵某持节督州郡讨之。"这里提到的冯绲和赵某实际是以御史中丞的

---

① 《后汉书》卷六《顺帝纪》。
② 《后汉书》卷八《灵帝纪》。

身份来督统郡兵的。这种持节督军的方式，实际上，已经具有了都督领兵的萌芽形态。

3. 代表国家意志任命将领。东汉国家对出征在外的军队将领的任命，是依靠持节官来实施的。《后汉书·王梁传》："（建武）三年春，转击五校，追至信都、赵国，破之，悉平诸屯聚。冬，遣使者持节拜梁前将军。"又《后汉书·杜茂传》："建武二年，更封苦陉侯。与中郎将王梁击五校贼于魏郡、清河、东郡，悉平诸营保，降其持节大将三十余人，三郡清静，道路流通。明年，遣使持节拜茂为骠骑大将军，击沛郡，拔芒。"这都是东汉初年国家使持节官任命将军的事例。当然，这种情况在东汉中、后期依然存在。如《后汉书·窦融传》："诏使中郎将持节即五原拜宪大将军，封武阳侯，食邑二万户。"又如《后汉书·朱儁传》："明年春，遣使者持节拜儁右车骑将军，振旅还京师，以为光禄大夫，增邑五千，更封钱塘侯，加位特进。"因此，可以说东汉国家使持节官任命统军将领，一直是东汉时期的固定制度。

持节官与国家的外交活动。东汉国家使持节官从事外交活动，在当时的文献中多见。《后汉书·张步传》："建武三年，光武遣光禄大夫伏隆持节使齐，拜步为东莱太守。"可见，在国内战争中，国家经常要派官员持节出使，进行外交活动。对待少数民族也是如此。如《后汉书·郑兴传附郑众传》："永平初，辟司空府，以明经给事中，再迁越骑司马，复留给事中。是时北匈奴遣使求和亲。八年，显宗遣众持节使匈奴。众至北庭，虏欲令拜，众不为屈。"因此，国家官员持节出使，实际上，正是表明他们是代表国家的意志而进行重要的活动。

持节官与安抚活动。东汉国家作为最高的统治机构，对国内的统治秩序具有调节作用。而对国内的各社会阶层进行慰问和安抚，就是这种调节作用的体现。东汉国家的安抚活动，多由持节官来实现。《后汉书·献帝纪》："秋七月庚子，太尉马日磾为太傅，录尚书事。八月，遣日磾及太仆赵岐，持节慰抚天下。"东汉的太傅在秩级上与三公相同，国家使太傅作为持节官从事安抚活动，表明这种活动是国家的重要事务。当然，在灾害之年，国家对委任持节官进行安抚活动一事就更重视了。《后汉书·樊宏传附樊准传》载樊准上书："伏见被灾之郡，百姓凋残，恐非赈给所能胜赡，虽有其名，终无其实。可依征和元年故事遣使持节慰安。尤困乏者，徙置荆、扬孰郡，既省转运之费，且令百姓各安其所。"正说明了这一点。

不过，需要指出的是，国家官员在持节参与外交和抚慰活动时，他们的行动是相对自由的。东汉时期，国家官员持节参与外交和抚慰活动，自然是遵从国家之命，代表国家意志行事。然而，他们的具体活动，却有相对的自主性。例如，光武帝为招降地方割据势力张步，任命伏隆"为太中大夫，持节使青、徐二州，招降郡国"①。显然，太中大夫伏隆是持节从事招降活动的，但他是可以依据具体情况来进行的。又如，汉明帝任命侍御史李恂，"持节使幽州，宣布恩泽，慰抚北狄，所过皆图写山川、屯田、聚落百余卷，悉封奏上，肃宗嘉之"②。侍御史李恂描绘途中所见的山川、屯田和聚落的做法，当然是按照他个人的意愿进行的。因此，这当是持节官在抚慰活动中，行动相对自由的一种表现。

由此可见，东汉国家使官员持节参与的活动非常广泛，涉及国家重要的礼仪活动、军事活动、外交活动、安抚活动。由此表现了东汉最高统治者对委派持节官处理国家事务是高度重视的，因而，就能使持节官的活动比较充分地贯彻国家的统治意志。

（二）临时持节官持节活动的意义

东汉时期，国家使持节官参与了很多重要的事务。持节官对国家事务的参与，毫无疑问是具有重要意义的。因为国家官员持节参与国家事务，与官员不持节所行使的权力是不同的。其中最明显的表现就是，国家官员可以持节，实际上，便表明他们可以代表皇帝的意志行事。他们所持的"节"正是这样一种凭据。《后汉书·光武帝纪》李贤注引《汉官仪》："节，所以为信也。"说的正是这个道理。具体说来，当时国家官员持节的象征意义主要表现在以下诸方面：

1. 国家官员持节可以代表国家行使号令权和赏罚权。《史记索隐》引《释名》："节为号令赏罚之节也。又节毛上下相重，取象竹节。"说明的正是这一点。当然，国家官员持节行使号令权和赏罚权主要表现在军事上。《后汉书·吴汉传》："光武将发幽州兵，……即拜汉大将军，持节北发十郡突

---

① 《后汉书》卷二六《伏湛传》。
② 《后汉书》卷五一《李恂传》。

骑。"正是持节官员在军事上行使号令权的反映。《后汉书·鲍永传》:"更始二年征,再迁尚书仆射,行大将军事,持节将兵,安集河东、并州、朔部,得自置偏裨,辄行军法。"可见,在更始政权时期,领兵将军持节是可行使军法的。这虽然是更始政权的做法,但是,这不过是承袭了西汉时期的制度。东汉国家在军事上,当然,也会沿袭这种做法。

2. 官员持节加重了他们的地位。《后汉书·光武帝纪上》李贤注引冯衍与田邑书曰:"今以一节之任,建三军之威,岂特宠其八尺之竹,牦牛之尾哉!"正反映出官员持节,无疑在军事上的地位加重了。具体说来,东汉初年,国家使一些将军持节就具有这种目的。前引《后汉书·邓禹传》:"光武筹赤眉必破长安,欲乘衅并关中,而方自事山东,未知所寄,以禹沉深有大度,故授以西讨之略。乃拜为前将军持节,中分麾下精兵二万人,遣西入关,令自选偏裨以下可与俱者。"就是明显的事例。至东汉后期,国家使领兵将领持节依然包含这种意义。《后汉书·朱儁传》:"及黄巾起,公卿多荐儁有才略,拜为右中郎将,持节,与左中郎将皇甫嵩讨颍川、汝南、陈国诸贼,悉破平之。嵩乃上言其状,而以功归儁,于是进封西乡侯,迁镇贼中郎将。"正反映了这种情况。不过,需要指出的是,东汉国家使官员持节来加重其地位,应该说,只限于在军事上。国家官员在其他活动中持节,尚不具有这种意义。

3. 官员持节使国家的各种礼仪活动的重要性得到充分的体现。一如前述,东汉国家使官员持节,参与的礼仪活动是众多的。诸如在特殊情况下的皇帝即位礼仪,皇后、诸侯王、重臣的丧葬礼仪,对重臣的册封礼仪、送迎礼仪、告祭陵寝礼仪等。仅从诸侯王的丧礼和策命仪式来看,国家官员持节参与的重要意义表现得很突出。前引《后汉书·光武十王传》:东平王刘苍"薨,诏告中傅,封上苍自建武以来章奏及所作书、记、赋、颂、七言、别字、歌诗,并集览焉。遣大鸿胪持节,五官中郎将副监丧,及将作使者凡六人,令四姓小侯诸国王主悉会诣东平奔丧,赐钱前后一亿,布九万匹"。很明显,由国家官员持节参与诸侯王的丧礼,自然提高了丧礼的规格。《后汉书·袁安传》:"朝廷以逢尝为三老,特优礼之,赐以珠画特诏秘器,饭含珠玉二十六品,使五官中郎将持节奉策,赠以车骑将军印绶,加号特进,谥曰宣文侯。"可见,由五官中郎将持节参与策命仪式,显示了国家对策命亡故官员的高度重视。当然，国家官员持节参与其他的礼仪活动也是如此。因此，国家官员在这些礼仪活动中持节的最为明显的意义，毋庸置疑，就是使礼仪活动的规格得到了提高。

总之，东汉国家使官员持节从事礼仪、军事、外交、抚慰等活动，所体现出的意义都是代表国家的意志来行事。然而，由于官员持节参与的具体活动不同，所表现的具体意义也有差别。尽管如此，从根本上说，国家官员的持节活动，使皇帝的意志渗透到每一项国家的重大事务中，因而，东汉国家的高度集权统治的特征便得到充分的体现。这正是当时官员持节活动所具有的不可忽视的意义。

四、东汉末年将军持节的变化

东汉末年，由于战乱和政治局势的动荡，当时国家的持节制度开始出现一些变化。表现最为明显的，就是在将军可以持节的同时，也出现了将军"假节"。《后汉书·董卓传》："（中平二年）朝廷复以司空张温为车骑将军，假节，执金吾袁滂为副。拜卓破虏将军，与荡寇将军周慎并统于温。并诸郡兵步骑合十余万，屯美阳。"这就是将军"假节"的最早记载。"假节"与"持节"是有差别的。所谓"假"，《说文》解释："非真也。"日本学者大庭修依据《汉书·宣帝纪》地节元年颜师古注，"假田"之"假"，为"权以给之，不常与"，认为是本来没有这种资格，暂且给予之意，[①] 是正确的。这就是说，"假节"只是暂时持节。依据东汉时期的史实，可以进一步说明将军"持节"和将军"假节"的差别。

早在东汉初年，国家就开始使统兵将军持节，参与军事行动。《后汉书·岑彭传》："更始大将军吕植将兵屯淇园，彭说降之，于是拜彭为刺奸大将军，使督察众营，授以常所持节，从平河北。"光武帝使岑彭持节显然是要加重他在统军作战中的地位，更有效地统率军队作战。当然，东汉初年，国家实行的使统军将领持节的做法，至东汉末年，仍然还在实施。《后汉书·卢植传》："中平元年，黄巾贼起，四府举植，拜北中郎将，持节，以护

---

① 大庭修：《秦汉法制史研究》，上海人民出版社，1991 年，第 364 页。

乌桓中郎将宗员副，北军五校士，发天下诸郡兵征之。连战破贼帅张角，斩获万余人。"就是明证。东汉国家的这种做法，对当时将领统军产生重大的影响。这种影响造成的后果就是，持节开始与统军将领结合。东汉时期，将军持节并不限于参与军事行动。如前所述，国家使大将军、骠骑将军、车骑将军持节，还要参与政治行动。例如大将军梁冀在质帝驾崩后，便"持节，以王青盖车迎帝入南宫，其日即皇帝位"①。尽管他们的参与，大都与其外戚的身份有关，但是，这些将军的持节，并不只是象征地位，而是要从事具体的事务。由此可见，东汉将军持节已经与他们参与的具体事务密切联系在一起。

在东汉末年出现的将军"假节"的情况，却与将军持节不同。为说明这一点，需要将将军"假节"的特点说明如下：

首先，东汉末年，将军"假节"是要加重其地位。《后汉书·董卓传》："（李）傕又迁车骑将军，开府，领司隶校尉，假节。"又《后汉书·吕布传》："布遂许之，乃于门刺杀卓……允以布为奋威将军，假节，仪同三司，封温侯。"由这些记载可以看出，当时国家使将军"假节"，多与开府、仪同三司相联系。关于开府、仪同三司，《晋书·职官志》："开府仪同三司，汉官也。殇帝延平元年，邓骘为车骑将军，仪同之名，始自此也。及魏黄权以车骑将军开府仪同三司；开府之名，起于此也。"这就是说，东汉国家在任命将军时，有时就要为他们加"开府仪同三司"之号。这种称号的意义，就是加重将军的地位。东汉末年，国家将"假节"与"开府仪同三司"一同授予，当然，二者的意义是相同的。不仅如此，东汉国家还将"假节"与"假钺"联系在一起。《后汉书·董卓传》："帝还至洛阳，幸杨安殿。张杨以为己功，故因以'杨'名殿。乃谓诸将曰：'天子当与天下共之，朝廷自有公卿大臣，杨当出扦外难，何事京师？'遂还野王。杨奉亦出屯梁。乃以张杨为大司马，杨奉为车骑将军，韩暹为大将军，领司隶校尉，皆假节钺。"在东汉，"节"当然是代表皇帝意志的标志，然而，"钺"则与节不同，它是一种专杀权的象征。《后汉书·谢躬传》："既无斧钺，何得专杀人乎？"便是明证。因此，东汉国家使将军可以"假节钺"，显然正是要借助这两种象征，表明其地位的重要。

① 《后汉书》卷七《桓帝纪》。

其次，东汉末年，为将军"假节"，便使他们有了掌握地方州中军事事务的权力。东汉末年，州已经从监察区转变为地方行政区。当时国家对各州采取了必要的控制措施。《后汉书·刘虞传》："虞遂大败，与官属北奔居庸县。瓒追攻之，三日城陷，遂执虞并妻子还蓟，犹使领州文书。会天子遣使者段训增虞封邑，督六州事；拜瓒前将军，封易侯，假节督幽、并、青、冀。"这一记载中所说的使公孙瓒"督幽、并、青、冀"，并不仅仅具有督察之意，其意义可以从《后汉书》的其他记载中考察。如《后汉书·安帝纪》："伯路等寇略缘海九郡，遣侍御史庞雄督州郡兵讨破之。"又《后汉书·文苑传》："时京兆第五永为督军御史，使督幽州，百官大会，祖饯于长乐观。"又《后汉书·方术传》："南阳宗资为讨寇中郎将，杖钺将兵，督州郡合讨五郡。"这些记载中提到的"督"，都具有统帅州郡兵的意思。因此，《刘虞传》中的"督"，实际上，正是对州兵的统领。由此可见，东汉末年，国家使将军"假节"，不仅仅要加重其地位，并且，还使其具有可以统帅州郡兵的权力。正因为如此，国家使将军"假节"，实际上，就使他们可以控制州中的军事。这种统军方式的进一步发展，便是在曹操执政时期，将军通过"假节"的方式，就可以统帅外军。《三国志·魏书·曹仁传》："太祖讨马超，以仁行安西将军，督诸将拒潼关，破超渭南。苏伯、田银反，以仁行骁骑将军，都督七军讨银等，破之。复以仁行征南将军，假节，屯樊，镇荆州。"就是明显的事例。

东汉末年，将军"假节"的特点主要表现在上述两方面。当然，在这两方面中，以加重任职将军的作用最为重要。但是，对于将军"假节"可以统领州郡兵一事，也不可忽视。因为这是将军"假节"参与军事事务的重要内容。与这两方面的情况比较，东汉官员持节进行的活动，却与将军"假节"有很大的不同。

一是东汉国家使官员临时持节，一般是代表国家处理重要的礼仪、军事、外交等活动。而在东汉末年，国家使将军"假节"参与的却是对地方州郡兵的统帅，也就是说，将军"假节"已经可以涉及地方事务。这种情况是在临时持节官参与的各项活动中所不见的。由此透露出，将军由"持节"转为"假节"后，便由对中央事务的参与，开始转为对地方军事的参与。这种参与与魏晋时期，将军加都督称号后，以假节、持节、使持节的方式掌管都督区中各州的军事事务有密切的关系。实际上，这是魏晋时期都督以不同的持节方式掌管地方军事的始端。应该说，这当是将军"假节"参与地方事务的深远意义之所在。

二是东汉官员持节，一般表明他们可以代表国家的意志行事。官员持节具有加重其地位的作用，也仅仅限于军事上。而在东汉末年，国家使将军"假节"就使将军"持节"时所含有的加重其地位的作用，又进一步发展了。这种作用的出现，实际上，也与魏晋时期将军持节的特点有密切的关系。这种联系就在于，东汉末年，国家开始将持节的方式分为两种，并且，"假节"具有明显地加重将军地位的作用的意义，因而，"持节""假节"之间的差别已经充分显现出来。这样，尽管在这一时期，两种持节方式还不具有可以代表实施不同的军法的作用，可是，这毕竟开了持节方式变化的端绪。一旦国家将持节方式与军法联系起来，那么，将军的不同持节形式具有的新意义也就表现出来了。因此，毫无疑义，这正是曹魏末年，都督的不同持节方式即"假节""持节""使持节"所表现出的不同作用的重要渊源。

（原载《史学月刊》2003 年第 2 期）

东汉时期的度辽将军

东汉时期，国家在五原曼柏设置了度辽将军。度辽将军的设置对东汉国家的北方边境的军事防卫具有重要意义，并且，对东汉将军制度的演变也起到重要的影响。虽然前人对东汉度辽将军设置的诸问题做了一些研究，[①] 但是，仍然有继续探讨的必要。本文拟在前人研究的基础上，对东汉度辽将军的设置、度辽将军的职掌、度辽将军的选拔以及度辽将军与北部边防的关系诸问题再做一些探讨，进而希望能够比较深入地认识东汉国家设置度辽将军的意义。

一、东汉度辽将军的设置

度辽将军作为重要军事职官，其设置并不始于东汉，而是开始于西汉昭帝时。《汉书·昭帝纪》："（元凤三年）冬，辽东乌桓反，以中郎将范明友为度辽将军，将北边七郡，郡二千骑击之。"这是关于设置度辽将军的最早记载。西汉设置的度辽将军，当属于征伐将军的一种。《汉书·昭帝纪》应劭注曰："当度辽水往击之，故以度辽为官号。"就说明了这一点。不过，西汉国家设置度辽将军，仅在汉昭帝一朝。自范明友之后，就不见文献中再有设置度辽将军的记载。可见度辽将军的设置，在西汉时期只是临时的。

尽管如此，汉昭帝时开始设置的度辽将军，却对东汉时期国家的将军职

---

① 廖伯元先生在《东汉将军制度之演变》（载《历史与制度》，台湾商务印书馆，1998年，第204-308页）一文中，考证了东汉度辽将军的设置情况，提出了值得重视的意见。但是，对度辽将军的性质、度辽将军的职掌、度辽将军的选拔以及度辽将军在北方边境防御中的作用，仍然还有继续探讨的必要。

以及北方边防军事职官的设置产生了明显的影响。《后汉书·明帝纪》："（永平）八年……初置度辽将军，屯五原曼柏。"据此，东汉国家在永平八年设置的度辽将军，显然是承袭了西汉设置的度辽将军的称号。因此，李贤注说："武帝拜范明友为度辽将军，至此复置焉。"① 李贤所说的"复置"并不准确，应该说，东汉国家只是承袭了度辽将军的称号。其实，东汉度辽将军的职官性质，已经与西汉大不相同。西汉度辽将军只是西汉国家设置的征伐将军。《汉书·宣帝纪》："（本始二年）秋，大发兴调关东轻车锐卒，选郡国吏三百石伉健习骑射者，皆从军。御史大夫田广明为祁连将军，后将军赵充国为蒲类将军，云中太守田顺为虎牙将军，及度辽将军范明友、前将军韩增，凡五将军，兵十五万骑，校尉常惠持节护乌孙兵，咸击匈奴。"这里将度辽将军与祁连将军、后将军、蒲类将军、虎牙将军、前将军并提，显然说明其性质都是相同的。在西汉，这类将军是"皆主征伐，事讫皆罢"②，也就是说，在征伐战争结束后，将军职也就撤销了。可是，东汉国家设置的度辽将军既与西汉国家设置的度辽将军不同，而且，也与东汉国家设置的征伐将军不同。

其一，东汉国家任命的度辽将军，是长期设置的官职。东汉国家开始设置度辽将军时，显然是将它作为征伐将军设置的。《续汉书·百官志一》："明帝初置度辽将军，以卫南单于众新降有二心者，后数有不安，遂为常守。"由此可知，度辽将军从临时职官变成固定职官是有一个过程的。也就是说，东汉国家开始只是试图暂时设置度辽将军，后来才将度辽将军变为长期固定的设置。与东汉国家设置度辽将军理念的转变相适应，东汉国家在开始任命度辽将军时，采取"行"的方式，后来才改为真除。正因为如此，从明帝到和帝时，度辽将军又被称为"行度辽将军"。例如，《后汉书·和帝纪》："（永元六年）南单于安国从弟子逢侯率叛胡亡出塞。九月癸丑，以光禄勋邓鸿行车骑将军事，与越骑校尉冯柱、行度辽将军朱徽、使匈奴中郎将杜崇讨之。"《后汉书·和帝纪》："（永元八年）五月，河内、陈留蝗。南匈奴右温禺犊王叛，为寇。秋七月，行度辽将军庞奋、越骑校尉冯柱追讨之，

---

① 《后汉书》卷二《明帝纪》李贤注。
② 《续汉书·百官志一》。

斩右温禺犊王。"都是这方面的事例。当时，度辽将军又被称为"行度辽将军事"。《后汉书·耿弇传附耿夔传》记载，耿夔"左转云中太守，后迁行度辽将军事"，就是一例。在这一时期，度辽将军为何被称为"行度辽将军事"？李贤注说："自置度辽将军以来，皆权行其事，今始邓遵为正度辽将军，此后更无行者也。"① 这说明，在邓遵任度辽将军以前，东汉国家任命的度辽将军都被视为暂时担任此职。东汉国家所以采取这种做法，是因为度辽将军是由征伐将军演变而来的，国家还要保持其任职的暂时性。可是，由于北方边境军事防卫的需要，国家又不能够撤销度辽将军，因此，只好以"行"的方式来任命度辽将军。这正是一种变通的做法。

度辽将军开始被视为与一般的征伐将军不同，作为固定的将军被任命，是从汉安帝时开始的。《续汉书·百官志一》李贤注引应劭《汉官仪》曰："度辽将军，孝武皇帝初用范明友。明帝十八年，行度辽将军事；安帝元初元年，置真。"又《后汉书·南匈奴传》："元初元年，（耿）夔免，以乌桓校尉邓遵为度辽将军。遵，皇太后之从弟，故始为真将军焉。"这就是说，元初元年之后，度辽将军的任职，都被视为正式的任命。正因为如此，《后汉书·顺帝纪》："（阳嘉三年）冬十月，乌桓寇云中。十一月，围度辽将军耿晔于兰池，发诸郡兵救之，乌桓退走。"又《后汉书·顺帝纪》："（永和五年）夏四月庚子，中山王弘薨。南匈奴左部句龙大人吾斯、车纽等叛，围美稷。五月，度辽将军马续讨吾斯、车纽，破之。使匈奴中郎将陈龟迫杀南单于。"显然，汉安帝以后任职的度辽将军，就不再被称为"行度辽将军"了。东汉度辽将军任职方式的这种变化，说明度辽将军由东汉初期被视为一种临时设置的职官，开始被承认为长期固定的职官；由被视为征伐将军的一种，开始被认为是一种负有专门职责的军事镇戍职官。

其二，东汉国家任命的度辽将军，在任职时间上比较稳定，并且，前后任职者具有连续性。《后汉书·耿弇传附耿国传》："明年秋，肃宗即位，拜秉征西将军。……建初元年，拜度辽将军。视事七年，匈奴怀其恩信。征为执金吾，甚见亲重。"《后汉书·庞参传》："后以（庞）参为辽东太守。永建元年，迁度辽将军。四年，入为大鸿胪。"又《后汉书·桥玄传》："桓帝末，

---

① 《后汉书》卷八九《南匈奴传》李贤注。

鲜卑、南匈奴及高句骊嗣子伯固并叛，为寇钞，四府举玄为度辽将军，假黄钺。……在职三年，边境安静。"这些记载说明，虽然东汉国家设置的度辽将军在任职时间上不同，但是，他们的任职不是为了征伐战争，而是要适应镇戍北部边境的需要。正因为如此，东汉国家设置度辽将军，都使任职者具有稳定的任职时间。

不仅如此，度辽将军改任，或因其他原因离任，一般都有接任的官员。《后汉书·南匈奴传》记载，来苗任度辽将军，"建初元年，来苗迁济阴太守，以征西人将军耿秉行度辽将军。……七年，耿秉迁执金吾，以张掖太守邓鸿行度辽将军"。《后汉书·皇甫规传》记载，皇甫规为"征拜度辽将军，至营数月，上书荐中郎将张奂以自代。……朝庭从之，以奂代为度辽将军，规为使匈奴中郎将"。可见，东汉国家不仅将度辽将军作为固定的职位，并且，一般情况下，不使这一职位空缺。东汉国家使度辽将军在任职上保持连续，正是出于对北部边防的重视。由于东汉国家在任命度辽将军这一职官时，使其具有任职的稳定性和接任的连续性，度辽将军固定的设置就不只是表现在外在形式上，在任职上，度辽将军也是不可空缺的重要职官。

其三，东汉国家任命的度辽将军，有明确的屯驻地点。《后汉书·明帝纪》："（永平）八年……初置度辽将军，屯五原曼柏。"李贤注："曼柏，县，在今胜州银城县。"从明帝永平八年到东汉末年，五原郡曼柏县始终是度辽将军的驻地。东汉国家将度辽将军的驻地设在五原曼柏，是出于对南、北匈奴防范的需要。《后汉书·南匈奴传》："（永平）八年，遣越骑司马郑众北使报命，而南部须卜骨都侯等知汉与北虏交使，怀嫌怨欲叛，密因北使，令遣兵迎之。郑众出塞，疑有异，伺候果得须卜使人，乃上言宜更置大将，以防二虏交通。由是始置度辽营，以中郎将吴棠行度辽将军事，副校尉来苗、左校尉阎章、右校尉张国将黎阳虎牙营士屯五原曼柏。"这就是说，东汉国家开始将度辽将军的驻地设于五原曼柏，是出于有益防范南、北匈奴联系的需要。而到后来，度辽将军的驻地，则成为维持北部边防安全的镇戍要地。东汉国家使度辽将军在北部边防有明确的屯驻地，表明度辽将军不是国家外派的将军，而是北部边防的重要军事指挥官。由此可见，东汉国家设置的度辽将军不仅是长期的固定的职官，并且，具有固定的屯驻地，因此，它就与一般的征伐将军完全不同，而具有屯驻北部边防重镇的镇戍将军的明显特点。

其四，东汉国家任命的度辽将军，有为其服务的属官。《续汉书·百官志一》刘昭注引应劭《汉官仪》曰："度辽将军，孝武皇帝初用范明友。明帝十八年，行度辽将军事；安帝元初元年，置真。银印青绶，秩二千石。长史、司马六百石。"这就是说，度辽将军可以设置为其服务的长史和司马。度辽将军所设的长史和司马的员数，由于文献缺载，不可详考。但是，度辽将军是国家确定的固定职官，因此，其属官的数目应当是固定的。度辽将军具有固定的属官，这就使其指挥系统表现出比较完备的状况。

东汉国家还赋予度辽将军辟举属吏的权力。《后汉书·崔骃传》："（崔瑗）年四十余，始为郡吏。以事系东郡发干狱。……后事释归家，为度辽将军邓遵所辟。"即其证。东汉国家赋予度辽将军的辟举权，应该与国家赋予三公、九卿、郡太守的辟举权相同。度辽将军具有辟举权，就可以通过辟举属吏，而保证其指挥系统有比较稳定的人才来源。

度辽将军所具有的属官系统和对属官的辟举权，都是当时国家设置的征伐将军不具备的。由此，这也使度辽将军与东汉国家临时任命的征伐将军形成了比较明显的差异。

总之，从东汉国家设置度辽将军的上述特点来看，无疑度辽将军是从征伐将军发展而来的。所以，在始设度辽将军时，东汉国家还试图保留其征伐将军的特点，但是，由于北部边境军事防卫的需要，度辽将军的设置已经很难维持征伐将军所具有的暂时性的特点，而成为长期的固定的军事职官，并且，以屯驻北方边境作为主要的军事职责。这些设置特点表明：东汉度辽将军就是完全不同于征伐将军的一种新类型的将军职。

二、东汉度辽将军的职掌

如前所述，东汉时度辽将军成为国家在北部边防设置的长期的固定的军事职官，因此，毫无疑义，度辽将军具有比较明确的职掌。

首先，度辽将军需要维护南匈奴所在地区的稳定。从光武帝刘秀时，匈奴分裂为南、北匈奴后，东汉国家对于愿"款塞称藩，愿扞御北虏"[1] 的南

---

① 《后汉书》卷一七《耿弇传附耿国传》。

匈奴的妥善治理，就是保证北部边境稳定的大事。为此，东汉国家使南匈奴保持了原来的部落编制，并利用原来的部落编制，对南匈奴进行统治。东汉国家设置的使匈奴中郎将，对南匈奴只是"参辞讼，察动静"①。实际上，使匈奴中郎将只是对南匈奴的活动状况，起到监督的作用。因而，东汉国家设置使匈奴中郎将，是远远不能够保证南匈奴所在地区安定的。正因为如此，东汉国家在南匈奴所在地区又设置了度辽将军。《续汉书·百官志一》："明帝初置度辽将军，以卫南单于众新降有二心者。"又前引《后汉书·南匈奴传》："（永平）八年，遣越骑司马郑众北使报命，……乃上言宜更置大将，以防二虏交通。由是始置度辽营，以中郎将吴棠行度辽将军事。"这两条记载说明，东汉国家起初设置度辽将军的目的是，防范已经投降的南匈奴对东汉朝怀有二心，并且，要切断南、北匈奴的联系。但是，后来度辽将军的职责就不限于这两方面了，保证南匈奴所在地区的安定，成为度辽将军的重要职责。《后汉书·马援传》："顺帝时，为护羌校尉，迁度辽将军，所在有威恩称。"又《后汉书·宋弘传》："（宋）汉字仲和，以经行著名，举茂才，四迁西河太守。永建元年，为东平相、度辽将军，立名节，以威恩著称。"这些记载中提到的"威恩"，就是指用武力加以震慑和用怀柔加以安抚。东汉国家对所任命的度辽将军中能够做到这两方面的，都视为有政绩者，而加以赞扬。也就是说，他们的"威恩"可以保证南匈奴所在地区的安定。因而，从东汉国家对一些度辽将军政绩的肯定中，可以明确度辽将军的职责，就是要保证南匈奴所在地区社会秩序的稳定。

到东汉后期，度辽将军维持社会秩序稳定的职责已不限于南匈奴所在地区。

前引《后汉书·桥玄传》："桓帝末，鲜卑、南匈奴及高句骊嗣子伯固并叛，为寇钞，四府举玄为度辽将军，假黄钺。玄至镇，休兵养士，然后督诸将守讨击胡虏及伯固等，皆破散退走。在职三年，边境安静。"又《后汉书·李膺传》："永寿二年，鲜卑寇云中，桓帝闻膺能，乃复征为度辽将军。先是羌虏及疏勒、龟兹，数出攻钞张掖、酒泉、云中诸郡，百姓屡被其害。自膺到边，皆望风惧服，先所掠男女，悉送还塞下。自是之后，声振远域。"

---

① 《后汉书》卷八九《南匈奴传》。

很明显，在汉桓帝时，度辽将军的安抚作用，已经超出了南匈奴所在地区，北部边境地区的少数民族安定与否，都受到度辽将军的影响。

其次，度辽将军对反叛的南匈奴可以行使镇压之权。南匈奴归降东汉国家后，有时臣服，有时反叛。度辽将军对臣服的南匈奴，采取安抚的措施，但是，对反叛的南匈奴，就要给予军事镇压。例如，永元八年，"五月，河内、陈留蝗。南匈奴右温禺犊王叛，为寇。秋七月，行度辽将军庞奋、越骑校尉冯柱追讨之，斩右温禺犊王"①；又如，永初四年"度辽将军梁慬、辽东太守耿夔讨破南单于于属国故城"②；又如，永和五年，"夏四月庚子，中山王弘薨。南匈奴左部句龙大人吾斯、车纽等叛，围美稷。五月，度辽将军马续讨吾斯、车纽，破之"③。统计《后汉书》中的记载，从开始设置度辽将军到东汉后期，度辽将军对反叛的南匈奴采取军事镇压行动有十次之多。显然，度辽将军掌管着东汉国家赋予的对反叛南匈奴进行镇压的权力。度辽将军可以行使镇压之权，也是维持北方边境地区安定的重要保证。

再次，度辽将军在国家指令下，掌握征发度辽营兵、其他营兵以及边郡郡兵的权力。

先看对度辽营兵的征发。度辽营是与度辽将军同时设置的。度辽营兵由于为度辽将军所统率，所以又被称为"度辽将军营"。《后汉书·明帝纪》："（永平）八年冬十月，……诏三公募郡国中都官死罪系囚，减罪一等，勿笞，诣度辽将军营，屯朔方、五原之边县；妻子自随，便占著边县；父母同产欲相代者，恣听之。"是其证。实际上，度辽营是东汉国家设在北部边境的重要屯兵基地。度辽营兵来自多方面，但主要由东汉国家派往边郡的弛刑徒组成。《后汉书·安帝纪》："乙巳，诏郡国中都官死罪系囚减罪一等，诏敦煌陇西及度辽营；其右趾以下及亡命者赎，各有差。"这说明，从设置度辽营以后，东汉国家不断将弛刑徒遣送到营中充当士兵。当然，度辽营兵，并不限于弛刑徒。《后汉书·鲜卑传》："鲜卑入马城塞，杀长吏，度辽将军

---

① 《后汉书》卷四《和帝纪》。
② 《后汉书》卷五《安帝纪》。
③ 《后汉书》卷六《顺帝纪》。

邓遵发积射士三千人，及中郎将马续率南单于，与辽西、右北平兵马会，出塞追击鲜卑，大破之，获生口及牛羊财物甚众。又发积射士三千人，马三千匹，诣度辽营屯守。"可见，在度辽营兵中还有征发的士兵。尽管度辽营兵的种类不同，可是，度辽营具有相当数量的士兵屯驻，这是毫无疑义的。因此，度辽营兵成为防卫北部边境的一支重要的军事力量。

虽然度辽营与度辽将军同时设置，但是，度辽将军对度辽营兵的统领，必须要在东汉国家的指令下，才可以行使指挥权。《后汉书·乌桓传》："顺帝阳嘉四年冬，乌桓寇云中，遮截道上商贾车牛千余辆，度辽将军耿晔率二千余人追击，不利，又战于沙南，斩首五百级。乌桓遂围晔于兰池城，于是发积射士二千人，度辽营千人，配上郡屯，以讨乌桓，乌桓乃退。"据此可知，度辽将军对度辽营兵的指挥，是通过征发实现的。由此来看，虽然度辽营是为度辽将军所设，但是东汉国家控制着度辽营兵，只有在东汉国家的指令下，度辽将军才可以征发和指挥度辽营兵。

度辽将军在国家指令下，还可以征发和指挥其他的营兵。《后汉书·南匈奴传》："由是始置度辽营，以中郎将吴棠行度辽将军事，副校尉来苗、左校尉阎章、右校尉张国将黎阳虎牙营士屯五原曼柏。"这就是说，在军事行动需要时，度辽将军可以指挥黎阳营和虎牙营。黎阳营和虎牙营都是东汉国家设置的重要营兵。

度辽将军屯驻于南匈奴所在地区，因此，它对南匈奴兵也有征发和指挥的权力。关于度辽将军指挥南匈奴兵的事例，在《后汉书》中多见。如《后汉书·安帝纪》："（元初三年）五月，武陵蛮复叛，州郡讨破之。癸酉，度辽将军邓遵率南匈奴击先零羌于灵州，破之。"又如《后汉书·安帝纪》："（元初六年）秋七月，鲜卑寇马城，度辽将军邓遵率南单于击破之。"度辽将军征发的少数民族兵，不限于南匈奴兵，还有鲜卑兵。《后汉书·应奉传》："往者匈奴反叛，度辽将军马续、乌桓校尉王元发鲜卑五千余骑。"就是一例。

在作战需要时，度辽将军还可以征发边郡郡兵。《后汉书·鲜卑传》："建光元年秋，其至鞬复叛，寇居庸，云中太守成严击之，兵败，功曹杨穆以身捍严，与俱战殁。鲜卑于是围乌桓校尉徐常于马城。度辽将军耿夔与幽州刺史庞参发广阳、渔阳、涿郡甲卒,分为两道救之。"又《后汉书·西羌传》:"是岁,虔人种羌与上郡胡反,攻谷罗城,度辽将军耿夔将诸郡兵及乌桓骑赴击破之。"都是这方面的事例。

由此可见,东汉国家赋予度辽将军征发和指挥士兵的权力是多方面的。度辽营兵、其他的营兵、南匈奴兵、鲜卑兵和各郡郡兵,在作战需要的情况下,度辽将军都可以征发和指挥。度辽将军可以根据需要征发和指挥多种不同的士兵,因此,在对北方边境的军事防卫上,它起到的作用就是极为重要的。

此外,东汉国家在赋予度辽将军必要的职掌之外,还授予度辽将军军事征讨的职责。也就是说,度辽将军可以作为征伐将军。《后汉书·窦融传》:"太仆祭肜、度辽将军吴棠将河东、北地、西河羌胡及南单于兵万一千骑出高阙塞,骑都尉来苗、护乌桓校尉文穆将太原、雁门、代郡、上谷、渔阳、右北平、定襄郡兵及乌桓、鲜卑万一千骑出平城塞。"又《后汉书·和帝纪》:"(永元元年)夏六月,车骑将军窦宪出鸡鹿塞,度辽将军邓鸿出稒阳塞,南单于出满夷谷,与北匈奴战于稽落山,大破之,追至和渠北鞮海。窦宪遂登燕然山,刻石勒功而还。"很明显,在东汉国家讨伐北匈奴的战争中,度辽将军所率军队是重要的军事力量。东汉国家讨伐北匈奴的战争是大规模的,在北方边境负责守卫的度辽将军在这种战争中被授予必要的征伐职责,这正是东汉国家实行大规模征伐战争的需要。因而,参与大规模征伐战争,只是东汉国家临时赋予度辽将军的职责,这与国家授予度辽将军的正常的职掌是不同的。

三、东汉度辽将军的选任

度辽将军对于东汉国家的北部边境的军事防卫起到不可忽视的作用,因此,国家非常重视对度辽将军的选任。度辽将军以军事屯戍、保证南匈奴活动地区的安定作为主要职责,因而,国家在对度辽将军的选任上,就有一些特别的做法。为说明东汉国家选任度辽将军的特点,依据《后汉书》中的记载,将度辽将军的选任情况列表如下:

表 1　度辽将军选任情况

任职时间	任职者	选任情况	史料出处
永平八年	吴棠	以中郎将吴棠行度辽将军事。	《南匈奴传》
永平十六年	来苗	彤、棠坐不至涿邪山免，以骑都尉来苗行度辽将军。	《南匈奴传》
建初元年	耿秉	建初元年，来苗迁济阴太守，以征西大将军耿秉行度辽将军。	《南匈奴传》
建初七年	邓鸿	肃宗时，为度辽将军。 七年，耿秉迁执金吾，以张掖太守邓鸿行度辽将军。	《邓禹传附邓鸿传》《南匈奴传》
永元二年	皇甫棱	（永元）二年春，邓鸿迁大鸿胪，以定襄太守皇甫棱行度辽将军。	《南匈奴传》
永元六年	朱徽	（永元）六年春，皇甫棱免，以执金吾朱徽行度辽将军。	《南匈奴传》
永元七年	庞奋	以雁门太守庞奋行度辽将军。	《南匈奴传》
永元十二年	王彪	庞奋迁河南尹，以朔方太守王彪行度辽将军。	《南匈奴传》
永初三年	梁慬	诏慬行度辽将军事。 以西域校尉梁慬行度辽将军。	《班超传附梁慬传》《南匈奴传》
永初五年	耿夔	左转云中太守，后迁行度辽将军事。 梁慬免，以云中太守耿夔行度辽将军。	《耿弇传附耿夔传》《南匈奴传》
元初元年	邓遵	夔免，以乌桓校尉邓遵为度辽将军。	《南匈奴传》
延光三年	法度	耿夔复免，以太原太守法度代为将军。	《南匈奴传》
延光四年	傅众	汉阳太守傅众代为将军。	《南匈奴传》
永建元年	庞参	以辽东太守庞参代为将军。	《南匈奴传》
永建四年	宋汉	永建元年，为东平相、度辽将军。 庞参迁大鸿胪，以东平相宋汉代为度辽将军。	《宋弘传附宋汉传》《南匈奴传》

任职时间	任职者	选任情况	史料出处
阳嘉二年	耿晔	顺帝初，为乌桓校尉。……迁度辽将军。 阳嘉二年，汉迁太仆，以乌桓校尉耿晔代为度辽将军。	《耿弇传附耿晔传》《南匈奴传》
永和元年	马续	永和元年，马续迁度辽将军，复以马贤代为校尉。 永和元年，晔病征，以护羌校尉马续代为度辽将军。	《西羌传》《南匈奴传》
永建六年	吴武	夏，马续复免，以城门校尉吴武代为将军。	《南匈奴传》
顺帝时	马敦	顺帝时，为护羌校尉，迁度辽将军。	《马援传附马敦传》
永寿二年	李膺	永寿二年，鲜卑寇云中，桓帝闻膺能，乃复征为度辽将军。	《李膺传》
延熙元年	陈龟	桓帝以龟世谙边俗，拜为度辽将军。	《陈龟传》
延熙元年	种暠	会匈奴寇并、凉二州，桓帝擢暠为度辽将军。	《种暠传》
桓帝末	桥玄	四府举玄为度辽将军，假黄钺。	《桥玄传》
延熙六年	皇甫规	征拜度辽将军。	《皇甫规传》
延熙六年	张奂	举尤异，迁度辽将军。	《张奂传》
中平六年	贾琮	灵帝崩，大将军何进表琮为度辽将军。	《贾琮传》

　　由表1可知，东汉国家对度辽将军的选任，从东汉初年到东汉末年，具体的选任情况不尽相同。从选任方式来看，可以分为三个阶段，即从吴棠任职到耿秉任职为一阶段。在这一阶段，东汉国家是从中央职官中选任度辽将军。第一任度辽将军吴棠，原任中郎将；第二任度辽将军来苗，原任骑都尉；第三任度辽将军，原任征西大将军。

　　第二阶段从建初七年开始，到汉顺帝马敦任职时止，东汉国家基本上是从北方边郡太守和护乌桓校尉、护羌校尉中选任度辽将军。诸如，邓鸿原为张掖太守；皇甫棱原为定襄太守；庞奋原为雁门太守；王彪原为朔方太守；耿夔原为云中太守；法度原为太原太守；傅众原为汉阳太守；庞参原为辽东太守。梁慬原为西域副校尉；邓遵、耿晔原为护乌桓校尉；马续、马敦原为护羌校尉。只有朱徽原任执金吾，吴武原为城门校尉，宋汉原任东平相。在16位任职者中，只有2人出自中央职官，1人出自地方国相，其余都是出自边郡太守，或护乌桓校尉、护羌校尉。在北部边境有过任职经历的人占全部任职者五分之四强。

第三阶段从永寿二年李膺任职开始，到中平六年贾琮任职止，东汉国家以征拜、推举、举优异等方式，来选拔度辽将军。这种选拔方式与前一阶段国家从边郡太守或护乌桓校尉、护羌校尉中，选拔度辽将军的做法不太相同。这些任职者大多数没有官职。然而，值得注意的是，东汉国家选拔的这些度辽将军，大多数都有在北方边境担任过地方官职的经历。诸如，李膺"再迁渔阳太守。寻转蜀郡太守，以母老乞不之官。转护乌桓校尉"①。

陈龟任使匈奴中郎将，"迫杀南单于"②，"桓帝以龟世谙边俗，拜为度辽将军"③；种皓，"后凉州羌动，以皓为凉州刺史，甚得百姓欢心。……皓复留一年，迁汉阳太守，戎夷男女送到汉阳界。……迁使匈奴中郎将。时辽东乌桓反叛，复转辽东太守，乌桓望风率服，迎拜于界上。坐事免归"④；张奂，"迁使匈奴中郎将。……明年，梁冀被诛，奂以故吏免官禁锢。奂与皇甫规友善，……唯规荐举前后七上。在家四岁，复拜武威太守"⑤。

在这一阶段的任职者中，只有皇甫规，没有在北方边境任地方官的经历。可是，皇甫规却生于边郡。他是"安定朝那人也。祖父棱，度辽将军"⑥。皇甫规出身于这种家庭，他熟悉北方边郡事务，是自不待言的。

综上可见，东汉国家对度辽将军的选任是很重视的。这种重视表现为，国家非常看重任职者在北方边郡的任职经历。除了始设度辽将军时，国家从

---

① 《后汉书》卷六七《李膺传》。

② 《后汉书》卷六《顺帝纪》。

③ 《后汉书》卷五一《陈龟传》。

④ 《后汉书》卷五六《种皓传》。

⑤ 《后汉书》卷六五《张奂传》。

⑥ 《后汉书》卷六五《皇甫规传》。

中央职官中选拔度辽将军外，在第二阶段和第三阶段的选拔，国家选拔度辽将军的重要条件，就是必须熟悉北方边境的军事和政治事务。国家确定这样的任职条件，正是要保证所选拔的度辽将军能够胜任这一职务，可以完全适应北方边境复杂军事活动的需要。在始设度辽将军后不久，东汉国家就一直贯穿这一原则，直到东汉后期。正因为如此，国家选任的度辽将军，大部分都是称职的。由此来看，东汉国家不仅设置长期、固定的度辽将军来维持北方边境的安定，并且，通过选拔熟悉边郡事务的官员来具体实施，这正是要保证度辽将军能够充分发挥其积极的作用。

四、东汉度辽将军与北方边境的军事防御

东汉时期，对北部边境的军事防卫，是保证国家统治安定的大事。在东汉国家的北部边境，从西到东分布着羌、南匈奴、北匈奴、乌桓和鲜卑等少数民族。这些少数民族都构成对东汉北部边境的威胁。因此，防止这些少数民族的叛乱，对这些少数民族采取必要的防御措施，就是东汉国家不可忽视的重要问题。然而，东汉与西汉不同的是，自光武帝实行兵制改革，废除更役制度后，国家武力被大大削弱。特别是北部边境的军事防卫，很难保证有充足的士兵来源。鉴于这种状况，东汉国家采取了补救的措施，来加强北部边境的军事防御。为保证北部边境有必要的士兵来源，国家将大量的弛刑徒派往边地，同时，征集北方少数民族为兵，采取以夷制夷的方式，使北方少数民族之间相互牵制。东汉国家为了实现这一目的，在北部边境设置了相应的职官。

东汉国家在西北地区设置了护羌校尉。《续汉书·百官志五》："护羌校尉一人，比二千石。本注曰：主西羌。"护羌校尉"都于陇西令居县"①；在南匈奴所在地区，设置了使匈奴中郎将。《续汉书·百官志五》："使匈奴中郎将一人，比二千石。本注曰：主护南单于。"使匈奴中郎将"屯西河美稷县"②；在东北地区设置了护乌桓校尉。《续汉书·百官志五》："护乌桓校尉

---

① 《后汉书》卷一下《光武帝纪下》李贤注引《汉官仪》。

② 《后汉书》卷一下《光武帝纪下》李贤注引《汉官仪》。

一人，比二千石。本注曰：主乌桓胡。"刘昭注引应劭《汉官》曰："拥节。长史一人，司马二人，皆六百石。并领鲜卑。客赐质子，岁时胡市焉。"护乌桓校尉治"于上谷宁城"①。东汉国家设置了护羌校尉、使匈奴中郎将和护乌桓校尉，就在北部边境的陇西令居、西河美稷和上谷宁城形成了抵御北方少数民族的防卫体系。护羌校尉、使匈奴中郎将和护乌桓校尉各有其防卫范围，但是，它们的防卫又不是孤立的，而是可以相互支援的。

东汉国家在这种防卫体系形成后，又设置度辽将军，固然是为了加强对南匈奴的控制。然而，设置度辽将军后，不仅对南匈奴的控制加强了，并且，使北部边境的防卫体系具有了可以机动行动的军事力量。这就是说，度辽将军不仅要镇压反叛的南匈奴，并且，对反叛的西羌、乌桓和鲜卑，也可以采取军事镇压的行动。前引《后汉书·安帝纪》："（元初三年）五月，……癸酉，度辽将军邓遵率南匈奴击先零羌于灵州，破之。"又《后汉书·安帝纪》："（延光元年）秋七月癸卯，……虔人羌叛，攻谷罗城，度辽将军耿夔讨破之。"这都是度辽将军与西羌作战的事例。度辽将军对反叛的鲜卑也可以行使镇压之权。《后汉书·李膺传》："永寿二年，鲜卑寇云中，桓帝闻膺能，乃复征为度辽将军。"即其一例。度辽将军对反叛乌桓的作战，也多见于记载。如《后汉书·乌桓传》："顺帝阳嘉四年冬，乌桓寇云中，……度辽将军耿晔率二千余人追击，不利，又战于沙南，斩首五百级。乌桓遂围晔于兰池城，于是发积射士二千人，度辽营千人，配上郡屯，以讨乌桓，乌桓乃退。"度辽将军对西羌、鲜卑、乌桓的作战事例说明，度辽将军的军事活动并不是只针对南匈奴。当北方边境防御需要时，度辽将军可以直接率军对反叛的西羌、鲜卑和乌桓给予打击。度辽将军的这些军事行动，无疑是对西北的护羌校尉和东北的护乌桓校尉的有力支援。

北方边境是各种少数民族聚居地区，有时这些少数民族的反叛常要联合在一起。例如，"安帝永初三年夏，渔阳乌桓与右北平胡千余寇代郡、上谷。秋，雁门乌桓率众王无何允与鲜卑大人丘伦等，及南匈奴骨都侯，合七千骑寇五原，与太守战于九原高渠谷，汉兵大败，杀郡长吏"②；又如，"桓帝末，

---

① 《后汉书》卷九○《乌桓传》。
② 《后汉书》卷九○《乌桓传》。

鲜卑、南匈奴及高句骊嗣子伯固并叛，为寇钞"①。对于北部边境少数民族的联合反叛，东汉国家就更要依靠度辽将军。东汉国家面对永初三年乌桓、鲜卑和南匈奴反叛，"乃遣车骑将军何熙、度辽将军梁慬等击，大破之"②。面对桓帝末年鲜卑、南匈奴和高句骊的反叛，"四府举（桥）玄为度辽将军，假黄钺。……然后督诸将守讨击胡虏及伯固等，皆破散退走"③。由此可见，东汉国家对北方边境地区少数民族的联合反叛的平定，一般都是通过度辽将军的军事行动实现的。

度辽将军与护羌校尉和护乌桓校尉还在军事上建立起相互支援的关系。《后汉书·鲜卑传》："建光元年秋，……鲜卑于是围乌桓校尉徐常于马城。度辽将军耿夔与幽州刺史庞参发广阳、渔阳、涿郡甲卒，分为两道救之；常夜得潜出，与夔等并力并进，攻贼围，解之。"就是明显的事例。当然，在南匈奴所在地区发生叛乱需要军事支持时，护乌桓校尉也要给予及时的援助。如《后汉书·和帝纪》："（永元六年）南单于安国从弟子逢侯率叛胡亡出塞。九月癸丑，以光禄勋邓鸿行车骑将军事，与越骑校尉冯柱、行度辽将军朱徽、使匈奴中郎将杜崇讨之。冬十一月，护乌桓校尉任尚率乌桓、鲜卑，大破逢侯。"又如《后汉书·顺帝纪》："（阳嘉三年）冬十月，乌桓寇云中。十一月，围度辽将军耿晔于兰池，发诸郡兵救之，乌桓退走。"可见，度辽将军与护乌桓校尉在军事上的联系是密切的。

度辽将军不仅与护乌桓校尉在军事上相互支持，并且，在必要时还协同作战。《后汉书·应奉传》："往者匈奴反叛，度辽将军马续、乌桓校尉王元发鲜卑五千余骑，又武威太守赵冲亦率鲜卑征讨叛羌，斩获丑虏。"就是一例。

度辽将军与护羌校尉和护乌桓校尉在军事上具有密切的联系，因此，东汉国家使它们之间可以相互迁转。如《后汉书·南匈奴传》："元初元年，（耿）夔免，以乌桓校尉邓遵为度辽将军。"又如《后汉书·南匈奴传》："阳嘉二年，（宋）汉迁太仆，以乌桓校尉耿晔代为度辽将军。永和元年，晔病

---

① 《后汉书》卷五一《桥玄传》。

② 《后汉书》卷九〇《乌桓传》。

③ 《后汉书》卷五一《桥玄传》。

征，以护羌校尉马续代为度辽将军。"这种迁转关系，更体现了度辽将军与护乌桓校尉和护羌校尉的密切联系。

综上所述，东汉国家为加强对南匈奴的防卫而设置的度辽将军，不仅在南匈奴所在地区发挥了重要的作用，而且，在东汉北部边境的防卫系统中也起到了重要的作用。这种作用不仅表现为度辽将军可以对护羌校尉和护乌桓校尉的防卫地区实行机动作战，而且，度辽将军与护乌桓校尉和护羌校尉在军事上建立起了相互支援的关系。这样，东汉国家北部边境的防御体系就可以充分地发挥效力，进而可以在一定程度上维护北部边郡的相对安定。因此，可以说东汉国家设置的度辽将军在对东汉国家北部边境的防御上，无疑具有举足轻重的地位。

（原载《高敏教授八十华诞纪念论文集》，线装书局，2005 年）

略论东汉时期的河南尹

东汉时期，国家将京师洛阳所在的郡称为河南尹，治理河南尹的长官也称为河南尹。无论是作为行政区的河南尹，还是治理河南尹的长官，在当时社会中都占有很重要的地位。因此，对东汉地方行政制度的探讨，需要考察这两种河南尹的情况。严耕望先生在对汉代地方行政制度的研究中提及河南尹的设置以及河南尹的地位问题，但是，严先生对于河南尹问题没有做深入的讨论。① 因此，本文拟在前人研究的基础上对河南尹，主要是作为职官的河南尹提出一些看法，希望有助于对东汉地方行政制度的研究。

一、河南尹对畿辅地区和京师事务的管理

东汉时期的河南尹是从光武帝建武元年开始设置的。作为畿辅地区长官的河南尹对畿辅地区（河南尹地区）的各种行政事务具有管理权。由于河南尹是为拱卫京师洛阳而设置的，因此，河南尹实行的管理与京师洛阳的重要事务也有密切的联系。河南尹对畿辅地区的管理主要体现在以下诸方面：

一是河南尹对属县官员治理地方具有监督权。《续汉书·郡国志一》载，河南尹地区属县有二十一个，即洛阳、河南、荥阳、卷、原武、阳武、中牟、开封、平阴、缑氏、巩、成皋、京、密、新城、匽师、新郑、平、密、阳武、菀陵。至东汉末年又增加一县，即陆浑县。② 河南尹对属县官员的行政事务需要进行必要的监督。河南尹的这种监督主要表现在，属县官员需要

---

① 严耕望：《中国地方行政制度史（秦汉地方行政制度［甲部］）》，台北"中央研究院"历史语言研究所专刊之四十五，1990 年，第 99 页。

② 李晓杰：《东汉政区地理》，山东教育出版社，1999 年，第 18 页。

向河南尹呈报县中的相关事务。《后汉书·桥玄传》："（桥玄）举孝廉，补洛阳左尉。时梁不疑为河南尹，玄以公事当诣府受对，耻为所辱，弃官还乡里。"身为洛阳左尉的桥玄对向河南尹梁不疑的呈报，采取抵制的态度，这完全是他的个人行为，因此，他只有采取弃官的方式来实现这一目的。这说明，在正常的情况下，属县官员向河南尹呈报相关事务的制度是必须严格执行的。河南尹不仅必须接受这些呈报，并且，要核查情况是否属实。《御览》卷二六七引司马彪《续汉书》："鲁恭……为中牟令，导民以孝，推诚而治。建初中，郡国螟伤稼，犬牙缘界，不入中牟。河南尹袁安疑其不实，遣仁恕掾肥亲往察验之。恭随行阡陌，俱坐桑下。……还府，以状白安，美其治，以励属县。"这正是河南尹对属县官员呈报的事务给予核查的一则事例。由此可以看出，一方面河南尹必须派属官调查属县呈报的状况是否属实；另一方面对呈报属实，并取得政绩的属县官员要给予表彰。因此，属县官员向河南尹呈报以及河南尹对呈报内容的核查，都体现了河南尹对属县官员处理行政事务的监督是很严格的。

二是河南尹对属县官员的任命具有荐举权，并对畿辅地区孝廉的选举具有最后的推举权。《后汉书·梁统传附梁冀传》："（梁冀）永和元年，拜河南尹。冀居职暴恣，多非法，父商所亲客洛阳令吕放，颇与商言及冀之短，商以让冀，冀即遣人于道刺杀放。而恐商知之，乃推疑于放之怨仇，请以放弟禹为洛阳令，使捕之，尽灭其宗亲、宾客百余人。"河南尹梁冀推荐吕放弟吕禹为洛阳令，虽为他的阴谋，但是，这反映河南尹对于属县长官的任职不仅具有荐举权，并且，在很大程度上，这种荐举直接影响到河南尹属县官员的任职。

河南尹不仅以其具有的荐举权控制属县官员的任职，并且，还以具有对畿辅地区察举的最后推举权而控制这一地区的选举。《后汉书·庞参传》："庞参……初仕郡，未知名，河南尹庞奋见而奇之，举为孝廉。"河南尹庞奋可以推举庞参为孝廉，正表明河南尹对于畿辅地区的孝廉选举具有最后的决定权。河南尹对于所治地区的孝廉选举具有最后决定权的表现是多方面的。《后汉书·种皓传》：

种皓……始为县门下史。时河南尹田歆外甥王谌，名知人。歆谓之曰："今当举六孝廉，多得贵戚书命，不宜相违，欲自用一名士以报国家，尔助我求之。"明日，谌送客于大阳郭，遥见皓，异之。还白歆曰："为尹得孝廉矣，近洛阳门下吏也。"歆笑曰："当得山泽隐滞，近洛阳吏邪？"谌曰："山泽不必有异士，异士不必在山泽。"歆即召皓于庭，辩诘职事。皓辞对有序，歆甚知之，召署主簿，遂举孝廉。

据此可知，东汉畿辅地区的孝廉选举受到多方面的干扰，但是，一些河南尹却可以通过辟举属吏的方式，察举孝廉，选拔有才能者。这就是说，河南尹可以通过辟举属吏，并与孝廉选举相结合来决定他要推举的人选。显然，河南尹对所治地区的孝廉选举，能够贯彻其最后的决定意志。

实际上，河南尹具有荐举属县长官和对畿辅地区孝廉选举的最后推举权，就有利于对属县长官和属吏的任命，自然就能够有效地实现对畿辅地区进行管理的意图。

三是河南尹具有对畿附地区水利的兴修和管理权。《后汉书·王梁传》："（王梁）数月征入，代欧阳歙为河南尹。梁穿渠引谷水注洛阳城下，东泻巩川，及渠成而水不流。七年，有司劾奏之，梁惭惧，上书乞骸骨。"河南尹王梁兴修水渠没有成功而受到弹劾，与王梁的指导无方有关，并不是因为他超越了权限。这表明，河南尹在畿辅地区是有兴修水利的权力的。除了具有水利兴修的权力外，河南尹还有对所治地区水利设施的日常管理权。《汉官》记载，河南尹属官有"监津渠漕水掾二十五人，百石卒吏二百五十人"。这些"监津渠漕水掾"，就是管理畿辅境内水利的官员。东汉国家使河南尹能够在畿辅地区兴修水利和管理水利设施，当然有利于畿辅地区农业生产的发展。

四是河南尹在荒年具有对特殊情况的处理权。《后汉书·独行传》："（周畅）为河南尹。永初二年，夏旱，久祷无应，畅因收葬洛城傍客死骸骨凡万余人，应时澍雨，岁乃丰稔。"这里提到河南尹周畅在灾害年，能够将大批饿死者的尸骨加以收葬，实际上，这属于一种救助性的丧葬活动。这种活动对安抚灾民起到了重要的作用。由此可见，在荒年，国家授予河南尹处理特殊情况的权力。

五是河南尹具有对洛阳"市"和荥阳敖仓的管理权。《续汉书·百官志三》："又有廪牺令，……及洛阳市长、荥阳敖仓官，中兴皆属河南尹。"河南尹所属掌管洛阳"市"的属官有"市长、丞"。① 而河南尹所属的荥阳敖仓官，又称为"荥阳谷仓长、丞"。② 这说明，东汉建国后，国家不仅将洛阳"市"和荥阳敖仓都划归河南尹掌管，并且，还为河南尹设置了专门的属官。这都体现了东汉国家对河南尹掌管洛阳"市"和荥阳敖仓权力的实施的重视。

综上可见，东汉国家使河南尹具有对属县官员的监督权、对属县长官的推荐权、对孝廉选举的最后决定权、对水利的兴修和管理权以及在荒年对特殊情况的处理权，这就使河南尹不仅可以掌握和控制畿辅地区，并且能够对畿辅地区实施行之有效的管理。东汉国家还使河南尹的权力扩大，进一步掌管洛阳"市"和荥阳敖仓，这就使河南尹与一般的郡太守不同，成为可以左右畿辅地区和京师洛阳经济活动的重要职官。

二、河南尹与京师的治安

东汉国家设置河南尹的另一重要目的是，要保证京城洛阳社会秩序的安定。河南尹能够维持京师的稳定是与东汉国家授予河南尹在所管辖的地区具有司法权相联系的。河南尹司法权的实施，正是有效地维持京师洛阳社会治安秩序稳定的保证。就河南尹在法律上的权力来看，主要有以下几种：

一是河南尹具有对京城犯罪官员的考案权。《续汉志》注引《汉官典职仪式》："河南尹出考案，与从事同。"这里提到的从事，就是司隶校尉的属官都官从事。《续汉书·百官志四》记载，司隶校尉属官"都官从事，主察举百官犯法者"。这就是说，在对京城百官犯法者犯罪事实的查证上，河南尹与司隶校尉的属官都官从事的权力是相同的。《后汉书·杨震传附杨秉传》载，延熹三年，河南尹杨秉逮捕为中常侍单超弟单匡收买而刺杀兖州刺史卫羽的刺客任方后，"囚系洛阳，匡虑秉当穷竟其事，密令方等得突狱亡走"。这一事例说明，河南尹不仅可以在京城洛阳逮捕违法官员，而且，能够对这

---

① 《通典》卷二六《职官八》。
② 《通典》卷二六《职官八》。

些官员的犯罪情况进行调查。因此，可以说，东汉国家授予河南尹考案犯罪官员的权力是很大的。

二是河南尹在规定的权限内对犯罪官员具有惩治权。《续汉书·百官志二》注引蔡质《汉仪》：

> 正月旦，百官朝贺，光禄勋刘嘉、廷尉赵世各辞，不能朝，高赐举奏："皆以被病笃困，空文武之位，阙上卿之赞，既无忠信断金之用，而有败礼伤化之尤，不谨不敬！请廷尉治嘉罪，河南尹治世罪。"议以世掌廷尉，故转属他官。

据此可知，河南尹能够惩治廷尉赵世，是由于赵世被指控犯有"不谨不敬"的罪过。正是在这种情况下，河南尹被授予惩治廷尉的权力，也就是对处于九卿地位的官员能够给予处罚。不过，河南尹的这种处罚，只是一种特殊的情况。实际上，一般情况下，只有廷尉具有处罚九卿的权力。就河南尹惩治京城官员的情况来看，被惩治的对象大多数都是秩级较低的官员。《后汉书·张酺传》："（张酺）征入为河南尹。窦景家人复击伤市卒，吏捕得之，景怒，遣缇骑侯海等五百人欧伤市丞。酺部吏杨章等穷究，正海罪，徙朔方。"这就是说，河南尹处罚的缇骑侯海只不过是执金吾窦景的属官。当然，在需要的时候，河南尹对一些违法县令也可以惩治。例如，河南尹李膺因"阳翟令张舆，黄门张让弟也，多杀无辜，赃余千金。……收舆考杀之"①。由此可见，河南尹对京师官员的处罚是在国家规定的范围内，因而并不具有随意性。

三是河南尹对京师不法豪强具有处罚权。诸如，华松为河南尹，"优贤养民，兴教崇化。至其剪治强宗，威烈不亏"②。又如，羊陟任河南尹"禁制豪右，京师惮之"③。河南尹能够对京师不法豪强行使处罚权，使豪强在"京师肃然"④，保证了洛阳社会秩序的稳定。

---

① 《后汉书》卷七《桓帝纪》。
② 《北堂书钞》卷七六引《谢承后汉书》。
③ 《后汉书》卷六七《党锢传》。
④ 《后汉书》卷四五《袁安传》。

四是河南尹对不同类别的居民犯罪者具有惩罚权。见之于文献记载的不同类别的居民犯罪者有：劫持人质者、以方术教子杀人者、官员的私奴婢违法者。

尽管这些违法犯罪者的身份不同，他们的社会地位不高，但他们有些人能够攀附权贵，然而，河南尹却能给予他们严厉的惩治和打击。例如，河南尹桥玄采取"凡有劫质，皆并杀之，不得赎以财宝，开张奸路"①；河内张成"善说风角，推占当赦，遂教子杀人"②，李膺为河南尹，"督促收捕，……竟案杀之"③；张济为河南尹，"中常侍段圭奴乘犊车于道，济即收捕，枭首悬尸圭门也"④。大多数河南尹能够依法惩治这些不同类型的下层犯罪者，这对维持京城社会秩序的安定起到了积极、有效的作用。

总之，河南尹负有维持京师洛阳治安秩序的重要职责。而为保证实现这一职责，国家授予河南尹可以在洛阳行使不同惩处的权力。如果河南尹的法律权限能够很好地落实，京城的治安秩序就获得保证。反之，河南尹执法的权力受到干扰，或者河南尹为一些政治集团所控制，自然就使其保证京城治安秩序稳定的作用受到重大的影响。

三、河南尹与国家的政务和礼仪活动

东汉国家设置的河南尹，就其职责来看，主要掌管京畿地区的政务和维持京师的社会秩序。但是，河南尹是畿辅地区的长官，这种特殊地位，就使河南尹在权力的行使上，不同于一般的郡太守，并且，国家也赋予河南尹更多的权力和重要的地位。其中明显的就是："主京都，特奉朝请。"⑤

河南尹作为奉朝请，自然有议政的权力。如冯绲拜将作大匠，转河南尹，上言："旧典，中官子弟不得为牧人职"⑥；李燮擢迁河南尹，"时既以货

---

① 《后汉书》卷五一《桥玄传》。

② 《后汉书》卷六七《党锢传》。

③ 《后汉书》卷六七《党锢传》。

④ 《太平御览》卷六四六引司马彪《续汉书·张酺传》。

⑤ 《续汉书·百官志四》。

⑥ 《后汉书》卷三八《冯绲传》。

赂为官，诏书复横发钱三亿，以实西园。爕上书陈谏，辞义深切，帝乃止"①。可见，河南尹可以对国家的施政方略提出多方面的建议。

河南尹更多地参与的国家施政活动，是对不法者和不法官员的弹劾。《后汉书·李固传附李爕传》载，"颍川甄邵谄附梁冀，为邺令。有同岁生得罪于冀，亡奔邵，邵伪纳而阴以告冀，冀即捕杀之"。后来，甄邵"迁为郡守"，河南尹李爕发现甄邵诸多劣迹，"乃具表其状，邵遂废锢终身"。这一事例说明，河南尹对官员的弹劾，当以二千石的郡太守为主。即使免职的郡太守也在其弹劾的范围中。《后汉书·党锢传》："（李膺）延熹二年征，再迁河南尹。时宛陵大姓羊元群罢北海郡，臧罪狼藉，……膺表欲按其罪。"即其事例。因此，可以说河南尹对犯罪官员的弹劾，当是他们参与国家事务的重要内容。

河南尹掌管京师的事务，因此，国家还使河南尹能够参与国家的礼仪活动。《续汉书·舆服志上》："乘舆法驾，八卿不在卤簿中。河南尹、执金吾、雒阳令奉引，奉车郎御，侍中参乘。"可见在皇帝法驾的礼仪中，河南尹可以作为奉引。显然，河南尹在皇帝出行的仪式中占有重要的地位。

河南尹还能够参与国家祭祀宗庙的活动。《后汉书·伏湛传》："其冬，车驾征张步，留湛居守。时蒸祭高庙，而河南尹、司隶校尉于庙中争论，湛不举奏，坐策免。"大司徒伏湛因为在蒸祭宗庙时，没有举奏在庙中争论的河南尹和司隶校尉而被策免，这反映了东汉国家对宗庙祭祀的重视。但是，由此还可以看出，河南尹在国家宗庙四时祭中，是执事者，因此，应当是国家宗庙祭祀的重要参与者。

东汉国家不仅使河南尹可以参加国家祭祀活动，并授予河南尹管理祭牲的权力。前引《续汉书·百官志三》："又有廪牺令，六百石，掌祭祀牺牲雁鹜之属。……中兴皆属河南尹。"这就是说，廪牺令在西汉为大司农属官，到东汉时期，则成为河南尹的属官，所以国家祭祀所使用的牺牲就改由河南尹掌管。在东汉国家祭祀中，牺牲是重要的祭祀用物。因此，河南尹在国家祭祀活动中也就占有不可忽视的地位。

河南尹还能够参与国家重要的丧葬活动。例如，在改葬灵怀皇后的葬礼

---

① 《后汉书》卷六三《李固传附李爕传》。

中，"使光禄大夫持节行司空事奉玺绶，斌与河南尹骆业复土"①；又如，重臣祭遵病故，"遵丧至河南县，诏遣百官先会丧所，车驾素服临之，望哭哀恸。……丧礼成，复亲祠以太牢，如宣帝临霍光故事。诏大长秋、谒者、河南尹护丧事，大司农给费"②。很明显，在国家重要的丧礼中，河南尹所处的地位也是很显要的。

东汉国家还使河南尹能够主持对受国家礼遇官员的定期慰问活动。《后汉书·邓彪传》："（邓）彪在位清白，为百僚式。……元和元年，赐策罢，赠钱三十万，在所以二千石奉终其身。又诏太常四时致宗庙之胙，河南尹遣丞存问，常以八月旦奉羊、酒。"这里将太常的致胙与河南尹的存问并提，显然，河南尹的存问与太常"致宗庙之胙"的礼仪，都是尊崇受礼遇官员的重要活动。很明显，东汉国家使河南尹在存问的礼仪活动中，处于一种特殊的地位。

由上述可知，河南尹能够参与国家的政务和国家的礼仪活动。河南尹除了在祭牲的管理上具有权力外，还能参与国家的施政和礼仪活动。不过，在河南尹参与的这些活动中，东汉国家都使其处于重要的地位，这正表明东汉国家对河南尹任职的重视。

四、河南尹的选任

东汉河南尹负责畿辅的行政事务和京师洛阳治安，并且，在国家的政务和礼仪活动中占有重要的地位，因此，国家很重视对河南尹的选任。就东汉国家选任的河南尹的情况来看，大多数是出自有官职的官员，但是也有少数无官职者。东汉国家从有官职者中选任的河南尹，其所出自的官职可以分为两类。

一是中央职官。见于《后汉书》中记载的这些职官有：少府、执金吾、将作大匠、侍中、尚书令、城门校尉、议郎、从事中郎、尚书仆射。虽然这些职官均为中央职官，可是秩级却不相同。执金吾、少府为中二千石；将作

---

① 《后汉书》卷一〇下《皇后帝纪下》。
② 《后汉书》卷二〇《祭遵传》。

大匠为二千石；侍中、城门校尉，比二千石；尚书令，千石；议郎为六百石；从事中郎为大将军属官，六百石；尚书仆射，六百石。而河南尹的秩级为中二千石。因此，少府和执金吾被选任为河南尹，属于同秩级的转任；而将作大匠、侍中、城门校尉、尚书令、尚书仆射、议郎、从事中郎的任职，则属于一种升迁。因此，在河南尹的选任上，可以同秩级迁转，也可以从低秩级的官员中提升。显然，东汉国家对选任河南尹没有严格的秩级限制。

不过，在《后汉书》记载中，东汉国家对于从中央职官中选任河南尹，有不同的说法。《后汉书·党锢传》："羊陟……又再迁虎贲中郎将、城门校尉，三迁尚书令。……以前太尉刘宠、司隶校尉许冰、幽州刺史杨熙、凉州刺史刘恭、益州刺史庞艾清亮在公，荐举升进。帝嘉之，拜陟河南尹。"可见，由尚书令选任为河南尹，可以称为"拜"。有的还可以称为"迁"，如《后汉书·党锢传》："杜密……后桓帝征拜尚书令，迁河南尹，转太仆。"这两种说法，只表明了对河南尹的选任方式。在对河南尹的选任上另一种说法却值得注意。《后汉书·党锢传》："刘祐……延熹四年，拜尚书令，又出为河南尹，转司隶校尉。"又《后汉书·李固传》李贤注引谢承《后汉书》："（赵）戒……迁南阳太守，纠豪杰，恤吏人，奏免中官贵戚子弟为令长贪浊者。征拜为尚书令，出为河南尹，转拜太常。"这就是说，由中央职官选任为河南尹后，可以称为"出"。东汉时期，中央职官被选任为地方的郡太守后，一般称为"出"。如《后汉书·何进传》："何进……异母女弟选入掖庭为贵人，有宠于灵帝，拜进郎中，再迁虎贲中郎将，出为颍川太守。"又如《后汉书·方术传下》："（单飏）以孤特清苦自立，善明天官、算术。举孝廉，稍迁太史令，侍中。出为汉中太守，公事免。"因此，可以说中央职官被选任为河南尹，被称为"出"，同中央职官出任郡太守，被称为"出"的意义相同。

二是地方官员可以被选任为河南尹。见于《后汉书》中记载的这些职官有：郡太守、度辽将军和刺史。

东汉时期，郡太守、度辽将军秩级为二千石；州刺史为六百石。显然，东汉国家从地方官员中选任河南尹，对他们的秩级没有严格的限定。不过，统计《后汉书》中的记载，从郡太守和度辽将军中，选任河南尹的事例多见，而从刺史中选任的事例仅一例。这说明，从郡太守和度辽将军中选任河南尹，是东汉国家规定的常制，因此，这些官员被选任为河南尹，无疑在秩级上得到提升。

在《后汉书》记载中，多将郡太守和度辽将军被选任为河南尹称为"入"或"征入"。如《后汉书·儒林传下》："（召）驯少习《韩诗》，博通书传，以志义闻。……出拜陈留太守，赐刀剑钱物。元和二年，入为河南尹。"又如《后汉书·桥玄传》："四府举玄为度辽将军，……在职三年，边境安静。灵帝初，征入为河南尹，转少府、大鸿胪。"又如《后汉书·张酺传》："（张）酺视事十五年，和帝初，迁魏郡太守。……顷之，征入为河南尹。"这些情况表明，河南尹的任职又不同于一般郡太守和度辽将军的任职。将郡太守和度辽将军被选任为河南尹视为"入"，或者"征入"，这是因为河南尹主要是"主京师"官员的缘故。由此来看，河南尹掌管京畿地区的事务，一方面具有地方官的特征，但是，另一方面又与京师事务联系密切，因此，河南尹所处的地位是很特殊的。这样，也就决定了河南尹同一般的郡太守的任职还是存在一些区别的。

东汉国家除了从中央和地方官员中选任河南尹之外，还可以使一些官员累迁为河南尹。例如，袁术"后颇折节，举孝廉，累迁至河南尹、虎贲中郎将"[1]；又如，朱隽"为郡功曹，察孝廉，举进士。汉朝以讨黄巾功拜车骑将军。累迁河南尹"[2]。可见，"累迁"是东汉国家选任河南尹的一种重要的方式。

东汉国家还可以将一些被免职的官员选任为河南尹。例如，延熹三年，杨秉"坐免官，归田里。其年冬，复征拜河南尹"[3]；又如，苏章"为并州刺史，以摧折权豪忤旨，坐免。隐身乡里，不交当世。后征为河南尹，不就"。[4] 这说明，东汉国家从免职官员中选任河南尹，一般采取征召的方式使其直接任职。

河南尹的主要职责是治理京畿地区，因此，国家在对河南尹的选任上，十分注意被选任者的籍贯。统计《后汉书》中记载，出任河南尹者有 44 人。其中有明确籍贯记载者有：1. 欧阳歙，乐安千乘人。2. 王梁，渔阳安阳人。

① 《后汉书》卷七五《袁术传》。

② 《三国志》卷四六《吴志·孙破虏传》注引司马彪《续汉书》。

③ 《后汉书》卷五四《杨震传附杨秉传》。

④ 《后汉书》卷三一《苏章传》。

3. 范迁，沛人。4. 郭贺，洛阳人。5. 袁安，汝南汝阳人。6. 召驯，九江寿春人。7. 张酺，汝南细阳人。8. 邓豹，南阳新野人。9. 梁冀，安定乌氏人。10. 梁不疑，安定乌氏人。11. 梁胤，安定乌氏人。12. 杨秉，弘农华阴人。13. 刘祐，中山安国人。14. 霍谞，魏郡邺人。15. 邓万世，南阳新野人。16. 李膺，颍川襄城人。17. 杜密，颍川阳城人。18. 刘祐，中山安国人。19. 桥玄，梁国睢阳人。20. 段颎，武威姑臧人。21. 李咸，汝南人。22. 袁术，汝南汝阳人。23. 张济，细阳人。24. 羊陟，太山梁父人。25. 何进，南阳宛人。26. 朱隽，会稽上虞人。27. 伍孚，汝南吴房人。28. 郭唐，信都人。29. 郭躬，颍川阳翟人。30. 应奉，汝南南顿人。31. 房植，甘陵人。32. 曹祉，济阴人。33. 周畅，汝南安城人。34. 赵戒，蜀郡成都人。35. 巴肃，勃海高城人。无籍贯记载者有：张伋、薛昭、蔡嵩、王调、庞奋、何豹、种拂、鲍吉、田歆共9人。

根据以上统计，无籍贯记载的河南尹，为数不多，只占总数的五分之一。而有籍贯记载的河南尹占总数的五分之四。因此，根据对有籍贯的河南尹的任职情况，可以推测东汉国家对河南尹在选任上的籍贯要求。在有籍贯的36位河南尹中，只有1位籍贯为洛阳，也就是出自河南尹地区。其他35位，均不是河南人。就出自洛阳的郭贺的情况来看，《后汉书·蔡茂传》："（郭）贺……拜荆州刺史，引见赏赐，恩宠隆异。及到官，有殊政。……显宗巡狩到南阳，特见嗟叹，赐以三公之服，黼黻冕旒。……永平四年，征拜河南尹，以清静称。"可见，郭贺担任河南尹，是由于他政绩特殊，受到汉明帝的赏识，而被特别任命的。因此，郭贺的籍贯为洛阳，却担任了河南尹，完全属于特殊的情况。因此，统计情况表明：东汉国家选任河南尹，实行了严格的籍贯回避制。这种籍贯回避与郡太守的选任是相同的，但却明显不同于东汉国家选任九卿的情况。

东汉国家选任河南尹，除了以制度规定约束外，还看重被选任者的道德修养和政绩。从东汉国家选任河南尹的道德标准来看，文献中多将他们的修养称为"刚强孝烈著名"①，"少有名节"② 等。当然，在道德修养上，受到

---

① 《后汉书》卷二六《宋弘传》。
② 《后汉书》卷四三《朱晖传附朱穆传》。

皇帝嘉奖的官员，就更在选拔之列了。例如，霍谞在大将军梁冀专权朝政时，敢于举奏梁冀罪行。"及冀诛后，桓帝嘉其忠节，封邺都亭侯。……出为河南尹。"①

东汉国家选任河南尹，对于被选举者的能力也是很看重的。因此，被选官员的政绩，成为国家确定人选的重要标准。例如，南阳太守赵戒，因在郡中，敢于"纠豪杰，恤吏人，奏免中官贵戚子弟为令长贪浊者。征拜为尚书令，出为河南尹"②；度辽将军桥玄"在职三年，边境安静。灵帝初，征入为河南尹"③。

由此可见，东汉国家选拔河南尹是将道德修养和政绩作为考核的标准。具有好的道德修养和突出的政绩是国家确定河南尹人选的必要条件。

然而，在东汉，由于外戚和宦官对国家事务的干预，河南尹多为其亲信、亲属和子弟。《后汉书·梁统传附梁冀传》："（梁）不疑好经书，善待士，冀阴疾之，因中常侍白帝，转为光禄勋。又讽众人共荐其子胤为河南尹。"这是外戚利用手中的权力，将子弟推举为河南尹的事例。《后汉书·王允传》："及帝崩，乃奔丧京师。时大将军何进欲诛宦官，召允与谋事，请为从事中郎，转河南尹。"可见，由于外戚与宦官的政争，执掌权力的外戚也能够将他们的亲信推举为河南尹。这种选任完全是任人唯亲，这些外戚根本不顾及任职者的才能，只是试图牢牢控制河南尹这一职务，为他们的政治集团服务。正因为如此，一些河南尹与他们任职的推举者形成了特殊的主客关系。《后汉书·袁安传》注引袁山松《后汉书》载，窦宪推举王调、满殷、高丹等任职，"河南尹王调、汉阳太守朱敞、南阳太守满殷、高丹等皆其宾客"。即其事例。这些情况表明，东汉国家内部外戚与宦官的政争，对河南尹的选任有很大的干扰。在这种政争中被选拔的河南尹，大多数不是按选举的标准产生的，只是政治集团斗争的产物。因此，可以说，东汉中、后期，外戚和宦官控制朝政，已经将对河南尹的选举作为政争的一种手段，这就使河南尹的正常选举很难进行下去。不过，东汉国家出于加强统治的需要，还

---

① 《后汉书》卷四八《霍谞传》。
② 《后汉书》卷六三《李固传》李贤注引谢承《后汉书》。
③ 《后汉书》卷五一《桥玄传》。

不能完全不顾及河南尹的选举标准，所以在复杂的政治的形势下，还能够使一些有能力的人才出任河南尹。

五、余 论

东汉时期河南尹的设置，主要是为了管理畿辅地区和维护京城洛阳的治安。因此，从河南尹的职掌来看，其地方官的特征是比较明显的。正因为河南尹的这种特征，中央官员被选任为河南尹后，就被视为与出任郡太守具有相同的意义。一些学者将河南尹视为中央的九卿，显然，这种看法是不正确的。不过，河南尹掌管京师洛阳的治安，对于京师百官具有考案权，并且，在对京城百官的纠察中，经常与司隶校尉一起活动，所以，河南尹就居于一种特殊的地位，与一般的郡太守的任职不同。

东汉国家允许河南尹参与对国家事务的议论，并且，还允许河南尹参与一些国家的礼仪活动。这些都是东汉国家授予河南尹奉朝请地位的缘故。对于国家的这些活动的参与，也使河南尹处于特殊的地位。

东汉国家定都洛阳后，改河南郡为河南尹，这一地区就成为畿辅地区。畿辅地区对于拱卫首都洛阳的安全起到重要的作用。但是，东汉国家在对畿辅地区的管理上，与一般的郡并没有特别之处。因此，河南尹在畿辅地区行使的权力仍然是在国家地方制度规定的范围之内。

然而，由于畿辅地区和首都洛阳的治安的稳定，对于国家具有重大的影响，因此，河南尹的任职也就不同于一般郡太守的任职，东汉国家非常重视河南尹的选任。特别是在东汉各派势力的政争中，对于河南尹官职的控制，是他们争夺权力的重要内容。

东汉中期以后，河南尹已经成为外戚和宦官控制朝政而必须把握的重要职官。河南尹成为外戚和宦官的子弟、亲属、亲信担任的重要职官。对于这一问题，本文没有展开讨论，只是从制度层面，考察了河南尹的特征。对于河南尹与东汉政争的关系问题，容另文再做详细的讨论。

（原载《吉林大学社会科学学报》2008 年第 1 期）

东汉关中地区文化发展的
特征及影响

关中地区是我国古代开发较早的地方。这个地区的人民不仅创造了丰富的物质财富，而且也创造了独具特色的地方文化。自秦、西汉以来，关中成为统一国家的畿辅地区，因此这个地区的文化在发展上，具备了更优越的条件。在这个时期，关中在文化上所处地位的重要性是非常明显的。然而，自东汉以来，由于首都自长安迁至洛阳，所以关中所处的地位已同西汉时期有很大的不同。关中地区地位的变化，自然要影响到这里的文化发展。可是关中毕竟曾是文化发展的地区，所以东汉时代的关中在文化发展上仍不失为一个重要的地方。本文试图从关中地区的经学、史学、文学及教育诸方面，考察关中文化发展的特点，进而说明这一地区文化对东汉国家其他地方的影响。

一

自汉武帝"罢黜百家，独尊儒术"后，经学在汉代文化发展上开始处于非常突出的地位。东汉时代，经学所处的地位更加重要。由于国家对经学的提倡，社会中各阶层都重视研习经学，因此经学在一个地区的发展状况，便成为检验其文化发展程度的重要标准。

东汉时代的关中，是经学非常发展的地区。这里的人们对经学的研习是很活跃的。这种情况明显表现在以下诸方面。

（一）在关中研习经学的社会阶层非常广泛，经学世家占有相当数量

由于长期受到经学文化的熏陶，东汉关中的一般平民多数都重视经学的

研习。即使一些贫困之家，仍然不放弃对经学的学习。例如，第五访"司空伦之族孙也。少孤贫，常佣耕以养兄嫂。有闲暇，则以学文。仕郡为功曹，察孝廉，补新都令"。李贤注"文谓道艺者也"①。正因为在平民中研习经学者颇多，因此他们当中出现了一些成绩非常突出的儒生。例如，京兆长陵人乐恢，其父为县吏，出身卑微，然而乐恢"长好经学，事博士焦永。……遂笃志为名儒"②。在关中地区，更突出的现象是，这里的经学世家众多。所谓经学世家，是指世代能够传授一种或数种经术的家族。关中地区众多的经学世家，大体可以分为两类：一类经学世家，其家族传授经学具有悠久的历史，一直可以上溯到西汉。《后汉书·贾逵传》："（贾逵）扶风平陵人也。九世祖谊，文帝时为梁王太傅。曾祖父光，为常山太守，宣帝时以吏二千石自洛阳徙焉。父徽，从刘歆受《左氏春秋》，兼习《国语》《周官》，又受《古文尚书》于郑恽，学《毛诗》于谢曼卿，作《左氏条例》二十一篇。"又《后汉书·法雄传》："（法雄）齐襄王法章之后。秦灭齐，子孙不敢称田姓，故以法为氏。宣帝时，徙三辅，世为二千石。"都是说的这种经学世家。关中地区这类经学世家数量很多，有其特殊的历史原因。《汉书·地理志下》："汉兴，立都长安，徙齐诸田，楚昭、屈、景及诸功臣家于长陵。后世世徙吏二千石、高訾富人及豪杰并兼之家于诸陵。盖亦以强干弱支，非独为奉山园也。是故五方杂厝，风俗不纯。其世家则好礼文，富人则商贾为利，豪杰则游侠通奸。"这里提到的好礼文的"世家"，正是指精通经术的家族。由此可见，西汉国家迁徙这些"世家"至关中，改变了当时关中地区的人口构成。并且，由于这些家庭在经济、政治、文化上处于优势地位，所以在传袭上具有稳定性，因而使其家族一直沿袭到东汉。这正是关中地区这类经学世家众多的原因所在。

第二类经学世家，是在东汉时代新发展起来的。在东汉，经学、官僚和豪民是三位一体的。加之，关中地区经学发展，所以又促使了一些新的经学世家的产生。弘农华阴杨震家族便是突出的事例。史载："（杨震）八世祖喜，高祖时有功，封赤泉侯。高祖敞，昭帝时为丞相，封安平侯。父宝，习

---

① 《后汉书》卷七六《循吏·第五访传》。
② 《后汉书》卷四三《乐恢传》。

《欧阳尚书》。哀平之世，隐居教授。"① 自杨震后，其子、孙、重孙都"少传家学"②。从杨震家族的经学传授来看，其世代相传的关系，是从东汉时期形成的。杨氏家族在经学上具有这种优势，因此能够世代都在京城洛阳任三公职。

经学世家在关中地区存在数量的众多，直接影响到当地的经学传授。《后汉书·儒林上·宋登传》："（宋登）京兆长安人也。父由，为太尉。登少传《欧阳尚书》，教授数千人。"这说明经学世家对于研习经学者的吸引力颇大。不仅如此，由于经学世家与他们在官位任职上关系密切，所以这种家庭可以凭借其势力扩大影响。《后汉书·杨震传》："自（杨）震至彪，四世太尉，德业相继，与袁氏俱为东京名族云。"可见，这些经学世家占有不能忽视的地位。正因为如此，拥有相当数量的经学世家，正是促使关中经学发展的重要因素。

（二）关中地区出现一些大儒，使其经学发展具有很高水平

东汉关中经学发展，不仅在于研习经学的社会阶层广泛，而且，学术水平很高。其明显表现，就是这里出现了不少的大儒、通儒。在这些儒生中，一些人已经打破了专通一经的局限，他们熟悉的经典颇多。《谢承后汉书》载，弘农华阴人刘宽，"少学《欧阳尚书》《京氏易》，尤明《韩诗外传》。星官、风角、算历，皆究极师法，称为通儒。未尝与人争势利之事"③。

这类儒生不只存在于官宦、豪民阶层，就是在平民中也占有相当数量。有些平民甚至隐居不仕，专以研习多种经典为业。《后汉书·逸民·井丹传》："（井丹）扶风郿人也。少受业太学，通《五经》，善谈论，故京师为之语曰：'《五经》纷纶井大春。'性清高，未尝修刺候人。"又《后汉书·逸民·梁鸿传》："（梁鸿）后受业太学，家贫而尚节介，博览无不通，而不为章句。学毕，乃牧豕于上林苑中。"井丹、梁鸿都是关中著名的隐士，他们把对经术的研习同仕宦严格区分开来，所追求的是精通多种经术。

关中儒生研习经典广博，不仅在今文经上，一些儒生对古文经也颇为注

① 《后汉书》卷五四《杨震传》。
② 《后汉书》卷五四《杨震传附杨赐传》。
③ 《后汉书》卷二五《刘宽传》李贤注引。

意。很多大儒都兼习古文经。其中杜林、贾逵、马融最为著名。在一般儒生中，也多有研习古文经者。例如，扶风茂陵人孔奋之子孔奇"游学洛阳。奋以奇经明当仕，上病去官，守约乡闾，卒于家。奇博通经典，作《春秋左氏删》"①，孔奋另一子孔嘉，"官至城门校尉，作《左氏说》"②。关中儒生注意到研习古文经，就使关中经学发展表现出明显的多元化倾向。

关中大儒在对经学的研讨中，充分注意到其学说的深度。正因如此，在这些大儒中涌现出了一些在全国有重大影响的经学大师。诸如，贾逵、马融等，都是这类学者。他们在经学上具有很高造诣。《后汉书·郑玄传》："（郑玄）遂造太学受业，师事京兆第五元先，始通《京氏易》《公羊春秋》《三统历》《九章算术》。又从东郡张恭祖受《周官》《礼记》《左氏春秋》《韩诗》《古文尚书》。以山东无足问者，乃西入关，因涿郡卢植，事扶风马融。"郑玄努力前往关中，向马融求学，足见马融在经学上的成就，已远远超过关东的儒生。这些大儒的学问不仅在东汉产生重大影响，后世也非常注意他们的阐说。因此，范晔评论说："郑、贾之学，行乎数百年中，遂为诸儒宗，亦徒有以焉尔。"③

关中儒生中出现一大批有很高学术水平的学者，他们为了传播其学说，促使关中地方著书立说的风气甚为盛行。例如，大儒马融"但著《三传异同说》，注《孝经》《论语》《诗》《易》《三礼》《尚书》《列女传》《老子》《淮南子》《离骚》，所著赋、颂、碑、诔、书、记、表、奏、七言、琴歌、对策、遗令，凡二十一篇"④。这些大儒著述不仅涉及面宽广，而且，著述的数量也是惊人的。例如，贾逵"所著经传义诂及论难百余万言，又作诗、颂、诔、书、连珠、酒令凡九篇"⑤。除了这些著名大儒外，凡有成就的儒生也都勤于著述。诸如，京兆长陵人赵岐"多所述作，著《孟子章句》《三辅决录》传于时"⑥；又如，扶风平陵人韦彪"好学洽闻，雅称儒宗。……复归教授。

① 《后汉书》卷三一《孔奋传》。
② 《后汉书》卷三一《孔奋传》。
③ 《后汉书》卷三六《贾逵传》。
④ 《后汉书》卷六〇上《马融传》。
⑤ 《后汉书》卷三六《贾逵传》。
⑥ 《后汉书》卷六四《赵岐传》。

安贫乐道，恬于进趣，三辅诸儒莫不慕仰之。……著书十二篇，号曰《韦卿子》"①。关中儒生在经学上取得的这些成就，不仅扩大了他们个人的影响，也使关中研习经学的风气更为浓厚。

（三）关中地区经学的发展，使当地尊崇儒士的风气盛行

可以说，由于关中研习经学的社会阶层广泛，人们对经学非常重视，因此，儒生在这里受到很高的尊崇，当地人们对"经明行修"的儒生非常敬仰。《后汉书·韦彪传》："（韦彪）扶风平陵人也。……彪孝行纯至，父母卒，哀毁三年，不出庐寝。服竟，羸脊骨立异形，医疗数年乃起。好学洽闻，雅称儒宗。建武末，举孝廉，除郎中，以病免，复归教授。安贫乐道，恬于进趣，三辅诸儒莫不慕仰之。"不仅如此，一般儒生只要在经学的研习上有所造诣，他所在乡里的人们就会对其极力推崇。《后汉书·冯衍传》："（冯豹）长好儒学，以《诗》《春秋》教丽山下。乡里为之语曰：'道德彬彬冯仲文。'"这说明，在关中，人们对优秀儒生的尊重，是不分年龄的长幼和社会地位尊卑的。应该说，大量有学识的儒生受到当地乡里人们的尊敬，这正是他们崇尚文化的心理体现。这种情况的出现，自然是经学在关中地区发展的结果。而且，这种形势的出现，又使经学发展在关中具有了更广阔的社会基础。

总之，东汉时代，关中地区经学的兴盛构成了这里文化发展的主要特征。由于这里研习经学的社会阶层广泛，有许多具有很高学术造诣的儒生，因而，关中自然成为在经学上有重要影响的地区。

二

东汉时代，关中地区文化发展，固然以经学为主流。但是，当地儒生并不是将其学识局限在经学的范围内。关中的一些儒生在史学和文学上，也施展出他们的才华。

关中儒生在史学上取得突出的成绩，应是这里文化发展的一个重要特点。因为东汉一朝，由关中出身的史学家人数很多，在他们笔下有很多史学

---

① 《后汉书》卷二六《韦彪传》。

著作问世。在史学撰述上，有重大成就者，以扶风安陵人班彪、班固为最。实际上，东汉初年，班彪"遂专心史籍之间。武帝时，司马迁著《史记》，自太初以后，阙而不录，后好事者颇或缀集时事，然多鄙俗，不足以踵继其书。彪乃继采前史遗事，傍贯异闻，作后传数十篇，因斟酌前史而讥正得失"①。可见，班彪在续作西汉历史上下了很大的功夫。班彪修史未掇而故，其子班固"以彪所续前史未详，乃潜精研思，欲就其业"②。班固后任兰台令史，汉明帝"乃复使终成前所著书。固以为汉绍尧运，以建帝业，至于六世，史臣乃追述功德，私作本纪，编于百王之末，厕于秦、项之列，太初以后，阙而不录，故探撰前记，缀集所闻，以为《汉书》。起元高祖，终于孝平、王莽之诛，十有二世，二百三十年，综其行事，傍贯《五经》，上下洽通，为《春秋》考纪、表、志、传凡百篇。固自永平中始受诏，潜精积思二十余年，至建初中乃成。当世甚重其书，学者莫不讽诵焉"③。班氏父子撰写《汉书》，取得的成就卓著。这是其他地方的儒生无法超越的。范晔评述说："司马迁、班固父子，其言史官载籍之作，大义粲然著矣。"④ 这确实是恰当之论。

当然，关中儒生的史学成就尚不限于《汉书》的撰述，还有许多史学著作出自他们之手。由关中儒生撰写的史学著述主要还有以下几类：

一是当代史。主要有班固撰"功臣、平林、新市、公孙述事，作列传、载记二十八篇"⑤。二是专门史。梁鸿撰的《逸民传》⑥ 是有代表性的一部。三是地方史。赵岐撰《三辅决录》。⑦ 班勇"撰建武以后其事异于先者，以为《西域传》"⑧。四是史注。马融所注《列女传》，⑨ 最为著名。

---

① 《后汉书》卷四〇上《班彪传》。

② 《后汉书》卷四〇上《班彪传附班固传》。

③ 《后汉书》卷四〇上《班彪传附班固传》。

④ 《后汉书》卷四〇上《班彪传附班固传》。

⑤ 《后汉书》卷四〇上《班彪传附班固传》。

⑥ 《史通·杂述篇》。

⑦ 《史通·书志篇》。

⑧ 《后汉书》卷八八《西域传》。

⑨ 《后汉书》卷六〇上《马融传》。

关中儒生取得的这些史学成就表明，他们注意史学修纂，并在这方面倾注了颇大的精力，因此才会获得如此多的建树。

关中的一些儒生不仅在经学和史学上成就很高，而且，在他们之中很多人颇有文采，擅长辞赋的写作，涌现出很多辞赋家。例如，京兆杜陵人杜笃"少博学，不修小节，不为乡人所礼。居美阳，与美阳令游，数从请托，不谐，颇相恨。令怒，收笃送京师。会大司马吴汉薨，光武诏诸儒诔之，笃于狱中为诔，辞最高，帝美之，赐帛免刑"①；又如，冯翊云阳人王隆"建武中，为新汲令。能文章"②。可以说，关中地区的这些辞赋家著述颇丰。如杜笃"所著赋、诔、吊、书、赞、七言、女诫及杂文，凡十八篇。又著《明世论》十五篇"③。又如王陵，"所著诗、赋、铭、书凡二十六篇"④。除了这些专门的辞赋家外，关中的一些经学大师在辞赋上也多有建树。例如，马融曾为《离骚》作注，"所著赋、颂、碑、诔、书、记、表、奏、七言、琴歌、对策、遗令，凡二十一篇"⑤。关中儒生在辞赋上取得的这些成就，使这里的文化发展又增加了浓厚的地方特色。

三

如前所述，关中儒生在文化上创造了以经学为主，兼及史学、文学多方面的成就，因而，使关中地区的文化发展表现出活跃的形势。然而，关中文化发展的活跃，不仅表现在这些儒生的文化建树上，也明显体现在他们对经术的传授上。因为对经术的传授是当时儒生的极其重要的文化活动。可以说，东汉国家考察一个士人"明经"和"经明行修"的标准，不仅在于他们通晓经术的程度，而且，还要求士人能够传授经术。因而，传授经术形成了一种社会风气。正因如此，关中与其他地方一样，"学校如林，庠序盈门"⑥。

---

① 《后汉书》卷八〇上《文苑上·杜笃传》。

② 《后汉书》卷八〇上《文苑上·王隆传》。

③ 《后汉书》卷八〇上《文苑上·杜笃传》。

④ 《后汉书》卷八〇上《文苑上·王隆传》。

⑤ 《后汉书》卷六〇上《马融传》。

⑥ 《后汉书》卷四〇上《班彪传附班固传》。

东汉关中地区大量存在的学校是私学。在当地无论是大儒，还是一般儒生都热心兴办私学。虽然对当时的儒生来说，通经入仕是他们选择的一般道路，可是，这些儒生无论任官还是退官，大多数人都不放弃传授经学。例如，弘农人杨秉"少传父业，兼明《京氏易》，博通书传，常隐居教授"①。关中儒生退官后，在家乡广招生徒，创办私学的人数就更多了。例如，扶风平陵人韦彪"建武末，举孝廉，除郎中，以病免，复归教授。安贫乐道，恬于进趣"②；又如，名儒马融"复拜议郎，重在东观著述，以病去官。才高博洽，为世通儒，教养诸生，常有千数。涿郡卢植，北海郑玄，皆其徒也"③。特别是，在关中地区还有一些儒生，他们放弃对官位的追求，甘作隐士，把传授经术作为主要的活动。《后汉书·儒林下·李育传》："（李育）扶风漆人也。少习《公羊春秋》。沈思专精，博览书传，知名太学，深为同郡班固所重。固奏记荐育于骠骑将军东平王苍，由是京师贵戚争往交之。州郡请召，育到，辄辞病去。"又《后汉书·逸民·法真传》："（法真）扶风郿人，南郡太守雄之子也。好学而无常家，博通内外图典，为关西大儒。弟子自远方至者，陈留范冉等数百人。性恬静寡欲，不交人间事。太守请见之，真乃幅巾诣谒。……辟公府，举贤良，皆不就。"关中这些隐士，在对经术的传授上所起的作用显然是非常重要的。

关中地区私学的大量存在，对活跃当地的文化具有非常明显的促进作用。因为在关中的私学，不仅数量多，而且，还具有另外两个特点：

一是办学者的学术水平很高，有影响的大儒很多。《后汉书·马融传》："初，京兆挚恂以儒术教授，隐于南山，不应征聘，名重关西。融从其游学，博通经籍。"显然，挚恂的经学造诣是很高的。

二是办学规模较大。一般的私学，都有"门徒数百"④。有的地方甚至出现了拥有数千人的私学。《后汉书·儒林上·宋登传》："（宋登）京兆长安人也。……少传《欧阳尚书》，教授数千人。"可以说，由于关中地区的私学具有这些特点，当地经学传授有了雄厚的基础。

---

① 《后汉书》卷五四《杨震传附杨赐传》。

② 《后汉书》卷二六《韦彪传》。

③ 《后汉书》卷六〇上《马融传》。

④ 《后汉书》卷七九下《儒林下·李育传》。

关中地区经学的传授并不限于私学，地方的郡县学也是促进经学发展的重要方面。在关中地区，郡县学恢复的时间很早。例如，东汉初年，张湛"为左冯翊，在郡修典礼，设条教，政化大行"①。应该说，东汉时代的郡县学既是传授经学，也是实行教化的地方。这种郡县学在关中设置得较早，也直接影响了当地经学的传播。

东汉关中地方的教育并不是封闭型的。一些关中儒生并不满足于只接受当地教育，因而，到其他地方游学的风气很盛行。关中儒生游学的地方，首先是洛阳的太学。例如，扶风平陵人梁鸿便"后受业太学，家贫而尚节介，博览无不通，而不为章句"②。因为洛阳太学是国家实行经学教育的最高学校，一些关中儒生在太学中，经学水平有了很大的提高。《后汉书·杨政传》："（杨政）京兆人也。少好学，从代郡范升受《梁丘易》，善说经书。京师为之语曰：'说经铿铿杨子行。'教授数百人。"可见，到京城游学，有利于经学水平的提高。当然，关中儒生游学并不只在洛阳。《后汉书·乐恢传》："（乐恢）京兆长陵人也。……长好经学，事博士焦永。永为河东太守，恢随之官，闭庐精诵，不交人物。"这说明，游学者也追随名儒到其他郡研习。关中儒生游学风气的盛行，是关中地区经学传授的重要特点。这些儒生到京城洛阳和外郡游学，对关中文化发展有很大促进，体现了关中文化与其他地方文化的密切联系。因此关中地区游学风气的盛行，是当地文化发展的结果，反过来，又推动了关中文化的繁荣。

四

东汉时代，由于各地区的社会条件不同，在各个地区间，文化发展上存在着差异。正因为这种差异的存在，文化发展的先进地区自然要在全国文化发展上产生重大影响。应该说，关中无疑属于文化发展的先进地区，它对其他地区产生重要影响是毫无疑义的。但是，关中地区文化的影响，却是通过多种形式表现出来的。

---

① 《后汉书》卷二七《张湛传》。
② 《后汉书》卷八三《逸民·梁鸿传》。

（一）关中成为吸引外地儒生研习经学的重要地区

由于关中经学在学术上具有很高水平，并且，在传授上表现出多样性的特点，所以对其他地方的儒生有很强的吸引力。因而，促使到关中拜师求学的外籍儒生的数量众多。如扶风人法真"好学而无常家，博通内外图典，为关西大儒。弟子自远方至者，陈留范冉等数百人"①。这些到关中研习经学的儒生，其经学知识面的扩大非常明显。《后汉书·方术·樊英传》："（樊英）南阳鲁阳人也。少受业三辅，习《京氏易》，兼明五经。又善风角、星算，《河洛》七纬，推步灾异。"樊英学识广博，显然，与他到三辅地区授业有很大关系。不仅如此，这些前往关中受业的儒生，对经学理解的深度也有很大的提高。正因如此，其中有些儒生便成为在全国很有影响的名儒。例如，南阳人延笃"又从马融受业，博通经传及百家之言，能著文章，有名京师"②。到关中受业的儒生在经学水平上获得很大的提高，因而，在促进关中与关东的经学交流上，起到的作用是非常之大的。

实际上，关东儒生在受业之后，多能返回原籍传授关中的经术。例如，樊英在关中受业后，便"隐于壶山之阳，受业者四方而至"；③ 又如郑玄受业于马融，返乡时，马融便说："郑生今去，事道东矣。"④ 很明显，受业关中的儒生，已将传授关中名儒的学说，作为其重要的责任。

（二）关中儒生在担任国家官职时，将传授经学作为其重要事务

东汉时代，儒学与官僚阶层联系密切，加之，国家以"经明行修"作为衡量士人的标准，因而，一大批儒生有担任国家职官的机会。因为关中地方经学发展，所以在当时国家政权中任职的关中儒生人数很多，并且，他们当中一些人所任官位很高。例如，京兆长安人宋弘"建武二年，代王梁为大司空，封枸邑侯"⑤；又如弘农华阴杨震家族"自震至彪，四世太尉，德业相继，与袁氏俱为东京名族"⑥。至于担任其他官职的关中儒生在全国各地方分

---

① 《后汉书》卷八三《逸民·法真传》。

② 《后汉书》卷六四《延笃传》。

③ 《后汉书》卷八二上《方术上·樊英传》。

④ 《后汉书》卷三五《郑玄传》。

⑤ 《后汉书》卷二六《宋弘传》。

⑥ 《后汉书》卷五四《杨震传》。

布得就更多了。这些儒生利用他们文化上的优势，对东汉国家中央和地方上的文化影响颇大。在这些关中儒生中，直接影响经学传授的，是任博士官者。因为关中地区经学发展，被国家选为博士官的关中儒生，占有相当数量。这些关中籍博士官在国家太学中不仅努力传授经学内容，而且，十分注意严格按家法教授。按家法传授经学，在效果上并不是积极的。正如范晔评论说："经有数家，家有数说，章句多者或乃百余万言，学徒劳而少功，后生疑而莫正。"① 然而，这种传授方式的出现，却与太学中的关中儒生的关系密切。《后汉书·鲁恭传》："（鲁恭）扶风平陵人也。……与母及丕俱居太学，习《鲁诗》，闭户讲诵，绝人间事，兄弟俱为诸儒所称，学士争归之。"可见，东汉经学由西汉时的按师法传授，改为按家法传授，关中儒生在其中起到了很大的影响作用。

关中儒生对经学传授的影响，并不只在国家太学中。他们在任中央和地方官员时，也都能积极传授经学。尤其是担任地方官员的关中儒生，促进了经学影响面的扩大。这些关中儒生利用他们任官职的有利条件，积极扶植地方学校。《后汉书·循吏·秦彭传》："（秦彭）扶风茂陵人也。……建初元年，迁山阳太守。以礼训人，不任刑罚。崇好儒雅，敦明庠序。每春秋飨射，辄修升降揖让之仪。乃为人设四诚，以定六亲长幼之礼。"可见，这些儒生在扶植地方学校时，不仅积极传授经术，而且，注意按经义实施教化。《后汉书·孔奋传》："（孔奋）扶风茂陵人也。……既至京师，除武都郡丞。……世祖下诏褒美，拜为武都太守。奋自为府丞，已见敬重，及拜太守，举郡莫不改操。为政明断，甄善疾非，见有美德，爱之如亲，其无行者，忿之若仇，郡中称为清平。"《后汉书·何敞传》："（何敞）扶风平陵人也。……元和中，辟太尉宋由府，由待以殊礼。敞论议高，常引大体，多所匡正。……岁余迁汝南太守。敞疾文俗吏以苛刻求当时名誉，故在职以宽和为政。立春日，常召督邮还府，分遣儒术大吏案行属县，显孝悌有义行者。及举冤狱，以《春秋》义断之。是以郡中无怨声，百姓化其恩礼。"很明显，他们的这种做法，有力地推动了经学的传授。在全国各地方任职的关中儒生，不仅扶植国家地方学校，还在任官职的地方创办私学。《后汉书·鲁恭传》记载，扶风平陵人

---

① 《后汉书》卷三五《郑玄传》。

鲁丕"元和元年征，再迁，拜赵相。门生就学者常百余人，关东号之曰'《五经》复兴鲁叔陵'。"这说明，关中儒生创办的私学不仅有力地推动了关东经学的传播，并在当地产生了重大的影响。

由此可见，关中儒生担任官职，他们在全国各地广泛活动，并利用各种条件传授经学，因此关中文化的影响面，自然随着这些儒生的活动而不断扩大。

(三) 关中儒生对促进古文经的传播影响重大

东汉时代，今、古文经的争论仍然非常激烈。不过，与西汉不同的是，东汉古文经的地位日渐上升。东汉初年，光武帝刘秀一度将《左传》立于学官。古文经按字义讲解经文，训诂简明，不凭空臆说，因此研习古文经的人越来越多。可以说，关中的一些儒生便非常注意古文经的研习和传授，出自关中的古文经学家很多。例如，东汉前期，扶风人杜林便是一位著名古文经学者。史载杜林"前于西州得漆书《古文尚书》一卷，常宝爱之，虽遭难困，握持不离身。出以示宏等曰：'林流离兵乱，常恐斯经将绝。何意东海卫子、济南徐生复能传之，是道竟不坠于地也。古文虽不合时务，然愿诸生无悔所学。'宏、巡益重之，于是古文遂行。"① 由此可见，早在东汉初年，关中儒生在古文经的传播上就起到非常重要的作用。

在对古文经典的整理上，关中儒生也做出十分突出的成绩。例如，贾逵"数为帝言《古文尚书》与经传《尔雅》诂训相应，诏令撰《欧阳》《大·小夏侯》《尚书》《古文》同异。逵集为三卷，帝善之。复令撰《齐》《鲁》《韩诗》与《毛氏》异同，并作《周官解故》。……乃诏诸儒各选高才生，受《左氏》《榖梁春秋》《古文尚书》《毛诗》，由是四经遂行于世"。这一事例说明，关中儒生对古文经典的整理，有力地推动了古文经的传播。

当然，在推动古文经的传授方面，不排除其他地方儒生所起的作用，但是，以关中儒生的作用最为重要。《后汉书·儒林传上》："中兴，北海牟融习《大夏侯尚书》，东海王良习《小夏侯尚书》，沛国桓荣习《欧阳尚书》。荣世习相传授，东京最盛。扶风杜林传《古文尚书》，林同郡贾逵为之作训，马融作传，郑玄注解，由是《古文尚书》遂显于世。"《后汉书·儒林传下》：

---

① 《后汉书》卷二七《杜林传》。

"中兴后，郑众、贾逵传《毛诗》，后马融作《毛诗传》，郑玄作《毛诗笺》。《前书》鲁高堂生，汉兴传《礼》十七篇。"很明显，古文经能够在东汉流传与关中儒生的作用有着密切的关系。因而，关中儒生不仅扩大了经学的传授面，而且他们在经学发展史上的影响也是非常重大的。

（原载《史学集刊》1995 年第 2 期）

论汉明帝

　　汉明帝是继东汉开国皇帝光武帝之后，又一位很有影响的皇帝。全面、系统地考察汉明帝的历史活动，不仅可以客观地评价汉明帝在东汉历史中的地位，而且，也能够认识东汉前期社会政治、经济、文化的发展状况。本文拟对汉明帝重要的社会活动做一些评价，以期透视出汉明帝对东汉社会历史发展的影响。

一

　　汉明帝之所以在东汉的历史上占有重要地位，与他继承和发展了光武帝刘秀的事业有密切联系。因此，文献记载多将光武帝的建武之政与汉明帝的永平之政相提并论。既然汉明帝的事业与光武帝的事业联系密切，要了解汉明帝的作为，就有必要说明光武帝建武之政的特点以及汉明帝如何巩固和发展了建武之政。

　　众所周知，光武帝刘秀的最大作为，便是拨乱反正，建立了东汉王朝。东汉王朝的建立，应该说，是历史上的重要事件。它不仅表明，刘氏皇室宗亲重新获得了最高统治权，而且，说明当时社会开始由衰败、崩溃转向中兴。也就是说，光武帝改变了由西汉后期开始显露，并且，因王莽改革失败，而造成的全社会的无秩序状态。他使社会由动荡不安转变为太平安定。促进社会安定局面的出现，不仅是光武帝中兴事业的标志，也证明他使社会内部存在的各种复杂、尖锐的矛盾得以调整。由于社会内部的诸种矛盾是相互制约和影响的，光武帝整顿社会秩序就不是从单方面，而是全面展开的。他在政治、经济、文化以及同周边少数民族的关系上都制定了符合当时形势的措施。光武帝在政治上，加强了中央集权的统治；在经济上，全面恢复和促进生产的发展；在文化上，大力提倡经学；还试图维持与周边少数民族的亲善关系。这些正是光武帝的建武之政。

应该说，经过光武帝的努力，东汉在建国之初，呈现出向上发展的趋势。这种局面与西汉后期、新莽时期的衰败状况形成了鲜明的对照。光武帝刘秀创建了一个初步繁荣的东汉王朝，对于继承光武帝帝位的汉明帝来说，巩固和发展光武帝建树的事业，是其不可推卸的历史责任。在这个重大的历史问题面前汉明帝是明智的，他的明智就在于，他没有使光武帝建立的事业中衰，而是拓展了光武帝的事业。

汉明帝在政治统治上，非常注意吸取光武帝的统治经验。他确定了继续加强专制中央集权统治的基本方针。为了实现这个目的，汉明帝仿效了光武帝的一些做法，同时，也依据当时的形势，创造了一些新的统治方式。

汉明帝继续限制三公的权力，这正是继承光武帝做法的体现。范晔评论光武帝、汉明帝施政特点时说："光武、明帝躬好吏事，亦以课核三公，其人或失而其礼稍薄，至有诛斥诘辱之累。任职责过，一至于此，追感贾生之论，不亦笃乎！"① 在控制三公的具体做法上，汉明帝显然是与光武帝一脉相承的。这说明，汉明帝注意限制三公权力，是为了防止三公权力过大而威胁到皇权。不过，他并没有因此全部取消三公的权力，而是更注意到对三公的利用，不使三公只是"备员而已"②。为了更好地发挥三公的作用，他注意对三公的选拔，确定了从有治理地方经验的郡太守中选拔三公的做法。这成为他任用三公的一个特点。清人王夫之说："明帝永平三年，以左冯翊郭丹为司徒，郡守人为三公，循西汉之制也。"③ 汉明帝从郡太守中选拔三公，其目的正是要提高三公处理具体事务的能力。这样，既可以使皇帝总揽权纲，又防止了三公干涉皇权，同时还可以提高三公的办事效率。

汉明帝不仅注意到三公处理具体事务的能力，而且，还注意所任用的三公的品格。因而，在永平年间，三公任职者皆为杰出人才。宋人叶适说："前汉宰相，自萧何外，皆武臣军功，或外戚崛起，武帝始特用儒生，终西

---

① 《后汉书》卷三三《朱浮传》。

② 《后汉书》卷四九《王符传》。

③ 王夫之：《读通鉴论》卷七。

京可称者不数人，而光武、明帝，虽以吏职自任，号为严察，然举相任重，必望实相符，德器自过。伏湛、侯霸、宋弘、蔡茂、杜林、张湛、张纯、牟融，皆当时选；郭丹、范迁清俭绝人；冯勤、赵熹虽文俗而干正经远，非偶然致身，不厌众论者；宣秉、王良有高世节，亦本以辅相待之。此其所以上下自厉，操行成俗，人才之盛，十倍前汉也。创业垂统，为子孙程式，而柱石不挠，后世效之，推致其位，使典刑有继，虽成周作人，亦不过此矣。"①叶适所说，确为恰当之论。当然，汉明帝为使三公尽心为他的统治服务，他对三公的约束是严格的。凡是发现三公触犯国家法律的，他都给予严厉的处罚。在他在位的 18 年中，先后有郭丹、虞延、邢穆受到惩处。汉明帝惩处不法三公，是他约束三公不可缺少的做法。

汉明帝对光武帝提高尚书台地位的做法，是非常注意的。因而，他在实行统治时，继续巩固尚书台的地位，并且，积极发挥尚书台的作用。他非常相信尚书台各官员的意见。汉明帝极其重视尚书台，所以他赋予尚书台各官员举荐官吏的权力，对尚书台各官员的选拔要求很严格，并且注意安抚尚书台的各官员。汉明帝在性格上，具有"性褊察，好以耳目隐发为明"②的特点，这就使他更加强了对尚书台的依赖。很明显，尚书台作用的加强，虽然始端于光武帝，但是，汉明帝却进一步提高了它的地位。

汉明帝为了有利于统治，在即位之初，就提高了骠骑将军的地位。《续汉书·百官志一》说："明帝初即位，以弟东平王苍有贤才，以为骠骑将军；以王故，位在公上。数年后罢。"这成为汉明帝进行政治统治的一个明显的特点。然而，这种政治格局的出现，却还有特殊的历史原因。汉明帝对东平王刘苍的信任以及刘苍所具有的品格、才干和特殊的地位，使汉明帝将他置于宰辅的地位。这是汉明帝要让他为完善国家的各项礼制建设服务，并且，使他的施政不至于出现过多的失误。因为东平王刘苍是一个极富政治见识和广博学识的诸侯王，他在任骠骑将军的五年时间里，确实履行了他应该负有的责任。汉明帝任用东平王刘苍，应该说是一个明智的举措。因为汉明帝将

---

① 叶适：《习学记言序目》卷二十四。

② 《后汉书》卷四一《钟离意传》。

刘苍置于三公之上，有效地限制了三公的权力。此外，刘苍的卓越才干以及他与汉明帝的亲密关系，使汉明帝凭借刘苍的帮助，让国家最高统治机构始终保持在稳定状态之中。

然而，东平王刘苍毕竟是以诸侯王的身份来辅政的，这与汉明帝加强专制集权统治的根本目的是有矛盾的。况且，在古代社会，兄弟之间即便亲缘关系再近，也很少有不为争夺最高权力而相互残杀的。这就决定了东平王刘苍不可能长期辅政。永平五年（62年），刘苍决定放弃骠骑将军的地位，汉明帝统治初年的这种特殊政治格局便结束了。可是，从汉明帝创造的这种政治格局可以看出，他加强专制集权统治的措施是极为得力的。

对汉明帝来说，影响他专制统治的一个主要因素，便是诸侯王的势力。光武帝时陆续分封了一些宗亲为诸侯王，并且，他将自己的十个儿子也分封为诸侯王。这些诸侯王虽然没有治民权，只能享有封地的租税，可是，他们在自己的封国中仍然有很大的影响。因而，汉明帝要想加强专制统治就必须有效地控制这些诸侯王。为了达到这个目的，汉明帝采用了以兄弟情义笼络和严厉惩处两种手段。在笼络诸侯王上，汉明帝是颇费苦心的。他采用了增加封地、物质赏赐、赐予特权、赐以殊礼等手法。汉明帝的这些做法收到了一些效果，同时对诸侯王还能够起到重要的安抚作用。所以，汉明帝统治时，大部分诸侯王还是对他采取比较亲善的态度的。

不过，当时心怀叵测的诸侯王也占有一定的数量。最严重的是，他们开始策划谋反，诸如，阜陵质王刘延、广陵王刘荆、楚王刘英。汉明帝对这些不法的诸侯王采取了严厉惩处的措施。他将这些不法诸侯王改封号，削减封地，乃至赐死。其中被惩处最严厉的便是楚王刘英。汉明帝不仅削夺了楚王刘英的封号，迫使刘英自尽，而且，对涉及楚王刘英谋反案的人大肆株连、杀戮，以致冤狱遍于全国。《后汉书·光武十王·楚王英传》说："楚狱遂至累年，其辞语相连，自京师亲戚诸侯、州郡豪杰及考案吏，阿附相陷，坐死徙者以千数。"打击谋反诸侯王，是汉明帝巩固专制集权统治所需要的。然而，他将楚王刘英案件扩大化，就非常残忍了。宋人叶适说："明帝始终独楚狱一事可恨，与始皇坑戮、孝武巫蛊、武后罗织，略不相远矣。然明帝处兄弟间，大抵天性不失，无淮南陈思猜暴之祸。英母妻子犹在，楚殿悲泣相对，岂必迁怒天下士大夫耶！明德后寒朗纳说感动，夜起彷徨，出于至诚，然则明帝因以褊愤自损,而治狱者亦不肖甚矣。"① 叶适对汉明帝将楚王刘英谋反案扩大化的做法的评价是正确的。这正是汉明帝永平之政最残酷、最不光彩的一页。

汉明帝对外戚势力影响皇帝的专制集权统治是很注意的。为此他效法光武帝,实行"后宫之家,不得封侯与政"②的措施。汉明帝虽然面临的外戚关系要比光武帝时复杂得多,可是,他在处理外戚问题上的手法却比较灵活。他在政治上对外戚任职严格加以限制,外戚担任的官职一般都不超过九卿,并且,他严格禁止封外戚为列侯。汉明帝对这个原则是坚持不变的。然而,对有才能的外戚,汉明帝也加以利用,让他们担任适当的官职。汉明帝对外戚既严加限制,又适当地加以利用的做法,成为当时防止外戚势力侵犯皇权的典范。很可惜的是,汉明帝这些对待外戚的做法,没有被汉章帝坚持下去,以致酿成东汉中期外戚势力膨胀、专揽朝纲的大患。

汉明帝即皇帝位时,在国家统治集团中,形成了贵戚官僚集团。这个集团的形成,一方面是由于他们担任较高的官职,另一方面,则因为他们与皇室联姻而取得了特殊的地位。其中窦融家族在这方面最为突出。他们依仗特殊的社会地位,大搞非法活动,影响了汉明帝的政治统治。汉明帝对这些贵戚官僚集团的不法行为,当然不能容忍。他采取了严厉打击的措施。他惩治最严厉的,便是窦氏家族。诸如,窦林、窦穆等都被处死。曾经显赫京师的窦氏家族,经过汉明帝多次打击,很快便衰败下去。汉明帝对其他的贵戚官僚集团也不例外。可见,汉明帝对妨碍他加强专制集权统治的政治势力,在处罚上是毫不手软的。

汉明帝为了有利于自己的政治统治,在刑法的规定上是很灵活的。他基本上坚持了光武帝的轻刑原则,然而,又发展了光武帝的轻刑做法。他规定死刑和劳役刑徒可以用财物赎罪,也就是可以交纳一定数量的缣来赎死刑和劳役刑徒。对在押的刑徒,他一般都将其转变为弛刑徒,遣送边地屯戍。

汉明帝对各级官员的执法情况,是很注意的。他一再下诏,强调要执法

---

① 叶适:《习学记言序目》卷二五。
② 《后汉书》卷二《明帝纪》。

均平"详刑慎罚，明察单辞"，"务平刑罚"。① 汉明帝实行轻刑的做法，是符合当时社会形势的，不仅没有使犯罪者增多，而且使社会秩序逐渐安定下来。正如班固所说："自建武、永平，民亦新免兵革之祸，人有乐生之虑，与高、惠之间同，而政在抑强扶弱，朝无威福之臣，邑无豪桀之侠。以口率计，断狱少于成、哀之间什八，可谓清矣。"② 班固对建武、永平之世的称道，绝非溢美之词，是反映了一些实际情况的。

汉明帝还清楚地看到了官吏队伍建设的重要性。因而，他将整肃吏治作为施政的大事。为了拥有一大批办事精干、作风廉洁、敢于上陈时弊的官员，汉明帝首先把握了官吏选拔的环节。他重视排除一些社会势力对选举的干扰。永平元年（58 年），樊鲦上疏汉明帝说："郡国举孝廉，率取年少能报恩者，耆宿大贤多见废弃，宜敕郡国简用良俊。"③ 孝廉选举中出现的这种不实情况，主要是由于地方宗族势力的发展以及地方郡太守和属吏之间君臣之义观念的产生所致。因而，要从根本上杜绝这种情况是比较困难的。可是，汉明帝改变孝廉选举不实的决心很大。他不仅要杜绝"权门请托"④ 的情况，而且，严令"有司明奏罪名，并正举者"⑤。虽然汉明帝不能从根本上改变选举不实的情况，可是，毕竟可以使各地方官吏的不法行为有所收敛。因而，汉明帝时，国家通过孝廉选举，还是选拔了一些贤才。比如宋意、徐防等人都是通过孝廉选举而进入官僚阶层的。

由于孝廉选举受地方势力影响较大，汉明帝更注意采取直接征召的方式。永平年间，由汉明帝征召而任职的官员很多，比如韦彪、承宫、丁鸿等人。汉明帝采取这种方式，不仅使地方上的名儒获得了更多的任官机会，而且，在一定程度上，保证了国家官员有很好的素质。

汉明帝对忠于职守、有才干的官员，采取奖励措施。他一般给予他们丰厚的赏赐。对有政绩的官员，则大力提拔。为了保证对官员的奖励更符合实际情况，汉明帝建立起严格的考核制度。他尤其重视对地方官员的考核。他

① 《后汉书》卷二《明帝纪》。

② 《汉书》卷三二《刑罚志》。

③ 《后汉书》卷三二《樊宏传附樊鲦传》。

④ 《后汉书》卷二《明帝纪》。

⑤ 《后汉书》卷二《明帝纪》。

"令司隶校尉、部刺史岁上墨绶长吏视事三岁已上理状尤异者各一人，与计偕上。及尤不政理者，亦以闻"①。

汉明帝对政治上失职或经济上贪污的官员，采取坚决打击、依法严办、绝不姑息迁就的做法。无论是对三公，还是对地方官员，他都能够依据犯罪情节的不同，分别加以处罚。对经济上贪污的官员，他更严厉地予以打击。比如，北地太守廖信在地方贪污钱物甚多，被汉明帝发现，立即"没入财物"②，并且，"以信赃物班诸廉吏"③。又如，交趾太守张恢贪污财物价值千金，汉明帝将张恢"征还伏法，以资物簿入大司农"④。可见，汉明帝对各级官员的不廉洁行为是极其憎恶的。

汉明帝对不法官吏的惩处，很明显，有效地起到了整肃吏治的作用。然而，汉明帝对各级官吏的考核，不可能做到完全准确，并且，他也不能做出全面的调查，因此，就难免有不恰当的处理。范晔说："然建武、永平之间，吏事刻深，亟以谣言单辞，转易守长。故朱浮数上谏书，箴切峻政，钟离意等亦规讽殷勤，以长者为言，而不能得也。所以中兴之美，盖未尽焉。"⑤ 范晔对永平时期"吏事刻深"的批评，是很有道理的。

从总的方面来看，汉明帝在政治上的统治是成功的。因而汉明帝的永平之政与光武帝的建武之政相比，是毫不逊色的。东汉人将汉明帝的统治视为政治清平的典范，自然不是偏颇的看法。

二

汉明帝不仅对政治稳定极为关注，他还大力发展社会经济。汉明帝即位时，经过光武帝三十余年的努力，东汉社会经济已经有了明显的恢复和发展，与新莽末、东汉初经济凋敝的情况相比，已经明显不同了。仅从人口情

---

① 《后汉书》卷二《明帝纪》。
② 《后汉书》卷七八《宦者·侯览传》。
③ 《后汉书》卷七九下《儒林下·周泽传》。
④ 《后汉书》卷四一《钟离意传》。
⑤ 《后汉书》卷七六《循吏传序》。

况来看，光武帝统治末年已达到"口三千一百万七千八百二十人"①。这已接近西汉人口最旺盛的元始年间人口的五分之三左右。可见，当时人口增长的速度是很迅速的。在古代社会，人口的增长是社会经济发展的重要标志。汉明帝非常重视光武帝恢复和发展经济上取得的成就。他继续采取适当的措施，促进当时社会经济的发展。保证小农稳定是发展社会经济的重要因素，这个问题一直受到当时有见识的政治家的注意。东汉建国后，光武帝便实行了积极扶植小农的政策。汉明帝了解到光武帝采取这项政策的重要意义，继续实施这项政策。不过，他增多了扶植小农的方式。其中重要的是，他多次向全国小农赐民爵，对赐爵的目的、具体办法及爵位的转让都规定得非常明确。汉明帝确定的赐民爵制度，并不是徒具形式，而是具有实际意义的，也就是对小农的优待。

汉明帝不仅对有户籍的小农赐爵，而且，对"流人无名数欲自占者"②也赐爵。这是汉明帝对赐民爵制度补充的新内容。汉明帝增加这项规定，是打算通过这个办法，把一些脱离户籍的流民，重新吸引回原籍，使其成为国家控制的编户民。因此，汉明帝的这个做法，在重新整顿流散的小农方面，无疑起到了重要的吸引作用。

汉明帝还通过赐公田的措施来扶植小农。所谓公田，就是国有土地。永平年间，东汉国家控制的国有土地数量不少。当时各郡国都有不少的公田。汉明帝充分利用这些国有土地，来救助因豪民的兼并以及其他原因丧失土地的小农。他以"赐"的方式，来分配公田。"赐"公田与"假民公田"不同，它不是将国有土地租赁给小农，而是将公田赏赐给小农。小农获得公田后，便有了占有土地的权利，他们并不需要向国家交纳假税。由此可见，汉明帝以公田来扶助小农的决心是很大的。这对解决当时小农丧失土地的问题，起到一些缓冲作用。可是，小农丧失土地，自西汉后期以来，便是严重的社会问题，国家一直找不到恰当的解决办法。东汉建国后，光武帝实行软弱的"度田"措施，也因为地方豪强的激烈反对，而不得不草草收场。而汉明帝就更不敢在限制土地兼并问题上做文章了。这样，小农丧失土地的问题就不

---

① 《续汉书·郡国志一》刘昭注。

② 《后汉书》卷二《明帝纪》。

能从根本上得到解决。因而,汉明帝通过赐公田来稳定小农的做法,只能是权宜之计。

汉明帝对于屯田在发展生产中的作用,是很重视的。他依然效法光武帝,在地方上屯田。

东汉国家屯田,在光武帝建国之初,便开始实行了。当时东汉国家在内郡和边郡都进行了大规模的屯田。光武帝的屯田措施对恢复东汉初年凋敝的经济起了较大的作用。汉明帝当然不能忽视光武帝所设屯田点的这种作用。他继续维持光武帝在常山、涿郡、渔阳、上谷、中山等郡国所设置的屯田聚落,还进一步发展北部边地的屯田。永平八年(65年),汉明帝在五原曼柏设置了度辽营。他派度辽营的弛刑徒“屯朔方、五原之边县,妻子自随,便占著边县”①。这些弛刑徒实际上便是一边戍边,一边屯田的。永平十六年(73年),汉明帝派军队进攻北匈奴,窦固一路东汉军队击败呼衍王,夺取伊吾卢地,设置了宜禾都尉。汉明帝开始在西域进行屯田,主要屯田点有金满、柳中和楼兰。汉明帝在边郡和边远地区的屯田,是其促进经济发展的不可忽视的重要措施。

水利事业对古代社会的农业生产至关重要,重要经济区的水利兴建更是如此。因而,汉明帝利用光武帝积聚的经济力量,进行了规模较大的水利建设。在他组织的水利建设中,以浚仪渠和汴渠的疏通最为著名。汉明帝重用著名水利专家王景等治理浚仪渠,从此“水乃不复为害”②。汴渠在西汉平帝时,由于黄河泛滥,鸿沟和济水分河之处的水门为黄河冲毁,黄河水大量涌入,“河、汴决坏,未及得修”③。因而,它造成的危害越来越严重。汉明帝决意治理好汴渠,他又任用治水专家王景,“遂发卒数十万,遣景与王吴修渠筑堤”④,“自荥阳东至千乘海口千余里”⑤。汴渠修治的成功意义重大。它解决了自西汉末年以来,长达六十年的黄河水患,使黄河、汴渠分流,使兖、豫州人民免除了水患的危害。因此,汴渠得到治理,是促进东汉前期北

---

① 《后汉书》卷二《明帝纪》。

② 《后汉书》卷七六《循吏·王景传》。

③ 《后汉书》卷七六《循吏·王景传》。

④ 《后汉书》卷七六《循吏·王景传》。

⑤ 《后汉书》卷七六《循吏·王景传》。

方农业恢复和发展的大事。汉明帝在水利建设上取得的成就，是他在发展社会经济中非常突出的贡献。

汉明帝为了促进经济发展，积极建设北方边郡。所谓北方边郡，主要是指辽东、辽西、右北平、上谷、代郡、雁门、云中、五原、朔方、北地等地方。这些边郡的人民在东汉初年，由于匈奴的侵扰和光武帝实行内线防御的措施，其生产和生活受到了很大的破坏，特别是边郡人口锐减。应劭《汉官》说："世祖中兴，海内人民可得而数，裁十二三。边陲萧条，靡有孑遗，郭塞破坏，亭队绝灭。建武二十一年，始遣中郎将马援、谒者，分筑烽候，堡壁稍兴，立郡县十余万户，或空置太守、令、长，招还人民。"① 这样，增加边郡人口，便是汉明帝必须解决的重要问题。为此，他积极动员滞留在内郡的边郡人重返家乡。而且，他还三次下诏，将大量的弛刑徒派往边郡。这些弛刑徒都要"妻子自随，便占著边县"②。这无疑使边郡的人口数量有了比较明显的增加。按照汉代的法律，"边人不得内移"③。弛刑徒及其子孙后代长期居于边郡，自然对促进边郡地区经济的恢复具有积极意义。

汉明帝为整顿好北方边郡，对边郡太守的选拔是很注意的。他选用了一些贤吏来治理边郡。这对促进北方边郡的建设是非常必要的。由于汉明帝的努力，在他统治期间，北方边郡开始转变原来的凋敝状况。在汉明帝统治后期，东汉国家能够由北方边郡派出四路大军征伐北匈奴，这些地区社会秩序的稳定是不可忽视的重要因素。

汉明帝为促进生产，还采取了"禁民二业"的措施。所谓"禁民二业"，就是禁止当时人们做一切与农耕无关的事情。其实，"禁民二业"的思想，早在战国时期就已出现了。西汉时，国家将"禁民二业"，与重农抑商政策结合起来。然而，汉明帝"禁民二业"，并不单纯是为了抑商，也限制小农兼职作业。

从抑商方面看，汉明帝实行"禁民二业"，有积极意义。因为当时商业和高利贷的发展是瓦解农村小农经济的重要因素，所以重农必抑商，抑商必

---

① 《续汉书·郡国志五》刘昭注引。

② 《后汉书》卷二《明帝纪》。

③ 《后汉书》卷六五《张奂传》。

禁民二业，三者是相辅相成的。然而，汉明帝实行"禁民二业"，虽然可以限制一些大商人、高利贷者的活动，可是，并不能完全达到预期的目的。因为当时田庄已经形成，田庄本身便是一个从事农、林、牧、副、渔综合经营的自给自足的生产单位。这样，汉明帝要将"禁民二业"的措施实行到每个田庄，在当时是很难办到的。

从限制小农兼职作业方面看，"禁民二业"的规定，表面看来，是"重农"，实际上，弊病很大，如果将小农的经济活动控制得过于严格，最终只能使小农因得不到其他经济生产的补偿，而陷入困境。汉明帝实行"禁民二业"，是以保护小农经济发展为出发点的。可是，由于这项政策与现实情况有很大的距离，产生的消极因素较多，因此，在刘般上疏建议废除"禁民二业"①的措施后，汉明帝立即接受了他的主张。汉明帝废除"禁民二业"的政策，说明他在制定经济政策上，还能够依据经济形势及时变更，以达到不妨碍农业生产的目的。

汉明帝促进社会经济发展时，不仅关注生产领域，同时没有忽视社会消费的风气。他对消费领域中的奢侈风气是持反对态度的。汉明帝很注意节省帝室财政的支出，特别是不轻易增加后宫妃妾的生活费用。在宫廷的修建上，汉明帝也不做过分的举动。汉明帝不仅在他的个人生活上尽量克制奢侈欲望，而且，对官僚和其他社会阶层的消费，也不提倡过分奢侈。他严厉地指责了民间在丧葬、车服上的奢侈性消费，并且要求"有司其申明科禁，宜于今者，宣下郡国"②。汉明帝这样做，是因为他认识到民间出现的奢侈性消费不仅浪费了大量财富，而且严重影响了社会积累。汉明帝反对奢侈消费，应该说是很明智的举动。这不仅有利于改变社会风气，而且，对稳定小农和增加社会的积累都是非常必要的。

汉明帝在经济上采取了比较适当的政策，所以永平年间，社会经济发展是很迅速的。当时国家出现了"天下安平，人无徭役，岁比登稔，百姓殷富，粟斛三十，牛羊被野"③的局面。当时的人口也有明显增加。史载，"永

---

① 《后汉书》卷三九《刘般传》。

② 《后汉书》卷二《明帝纪》。

③ 《后汉书》卷二《明帝纪》。

平、建初之际，天下无事，务在养民，迄于孝和，民户滋殖"①。

三

繁荣文化事业，也是汉明帝施政的重要措施。首先，汉明帝继承了光武帝倡导经学的传统，积极采取不同形式，向全国各阶层的人们推广经学。他尤其重视各类学校在经学传授中的作用。因而，他积极支持各种学校的兴办。在永平二年（59 年），他先后在辟雍中举行了大射礼和养老礼。这样，他就把光武帝在位最后一年修建的辟雍，变为礼仪教化的场所。而且，他更重视在辟雍中传授经学，亲自到辟雍中讲授经义，"诸儒执经问难于前，冠带缙绅之人，圜桥门而观听者盖亿万计"②。实际上，辟雍已成为传授经学的最高讲堂。汉明帝亲自在辟雍中传授经术，对士人的影响颇大。正如东汉人樊准说："至孝明皇帝，兼天地之姿，用日月之明，庶政万机，无不简心，而垂情古典，游意经艺，每飨射礼毕，正坐自讲，诸儒并听，四方欣欣。虽阙里之化，矍相之事，诚不足言。"③ 汉明帝不赞成有些人提出的"辟雍始成，欲毁太学"④ 的主张。他努力把一些"经明行修"的大儒、名儒选拔为博士官，到太学中讲授经学。因而，在汉明帝时，太学传授经学的地位并没有下降，它仍然是国家传授经学的重要场所。

汉明帝在永平九年（66 年），还专门创建了一种特殊学校，即宫邸学。它是专为外戚樊氏、郭氏、阴氏、马氏诸子所建，所以又被称为"四姓小侯学"。汉明帝将这些外戚子弟集中起来，向他们传授五经，目的是让他们通过研习经学而明白"忠孝"的道理。这对约束外戚子弟，提高他们的文化素质都是很必要的。

汉明帝对各地方的郡、县学，采取积极支持的态度。他为了表示对地方学校的重视，出巡时，经常在这些学校与校官弟子行礼作乐。汉明帝对郡、

---

① 《续汉书·郡国志一》刘昭注。

② 《后汉书》卷七九上《儒林传序》。

③ 《后汉书》卷三二《樊宏传附樊准传》。

④ 《后汉书》卷四八《翟酺传》。

县学的重视，使郡、县学的教育体制更加完备。

汉明帝对取得成绩的儒生，要大力褒奖。其中最重要的，便是他们可以被选为三老、五更。汉明帝确立的对三老、五更的选拔，是养老礼的重要内容。担任三老、五更者必须是最优秀的儒生。最早被选为三老的李躬，在汉明帝的诏令中被称"年耆学明"①；任五更的桓荣，则是汉明帝的老师，汉明帝对他极为敬重，视他为"大师"。所以，三老、五更的选拔，对尊崇优秀儒生具有非常重要的意义。汉明帝还给予优秀儒生物质赏赐，并授予他们重要官职，以便使广大儒生更好地为他的政治统治服务。

汉明帝提倡经学，不仅是今文经，也包括古文经。可以说，古文经在东汉建国后，虽然没有取得正统地位，可是，它在民间却广为流传。当时很多儒生都热心研习和传授古文经。例如，郑兴、卫宏、杜林等人。汉明帝通晓经学，他当然清楚古文经的这种传播趋势以及古文经的社会影响，因而，他并不限制古文经的传授。为了顺应经学的发展趋势，他采取了鼓励古文经学者著述的措施。著名古文经学者贾逵很受汉明帝的重视，他被任为郎官，"校秘书，应对左右"②。由于汉明帝采取了很多鼓励经学发展的措施，经学传授在他统治时，发展到了极盛的程度，因此，《后汉书·儒林传序》说："济济乎，洋洋乎，盛于永平矣。"清人皮锡瑞对此做了中肯的评论，他说："永平之际，重熙累洽，千载一时，后世莫逮。"③ 汉明帝鼓励发展经学，固然有利于发展文化，但是应该看到，经学的发展只能将知识分子禁锢在一种思想藩篱中。虽然能够使社会稳定，却使当时的人们在思想上受到的束缚越来越大。

当然，汉明帝推动文化发展，并不限于经学，还有史学。他对史学著作的编纂很注意。其中最重要的是，汉明帝重用著名史学家班固，让他担任兰台令史，从事《汉书》的撰写。《汉书》虽然是在汉章帝时完成的，可是，班固撰写《汉书》的大部分时间都是在汉明帝统治时期进行的。因此，可以说，班固编纂《汉书》，与汉明帝有很密切的关系。所以，对汉明帝支持史

---

① 《后汉书》卷二《明帝纪》。

② 《后汉书》卷三六《贾逵传》。

③ 皮锡瑞：《经学历史》，中华书局，2004年，第114页。

学撰述的贡献，是不应该忽视的。

汉明帝还是一位很重视佛教的皇帝。早在西汉后期，佛教已传入中国。但是，佛教的传播却是逐渐扩大的。汉明帝在推动佛教传播上，起了比较重要的作用。据《牟子理惑论》的记载，汉明帝曾经遣使到西方求法。这是汉明帝试图弘扬佛教的重要举措。他推动佛教的传播，从客观效果上看，促进了中外文化的交流。由于汉明帝的提倡，佛教在东汉的传播有了比较快的发展。东汉后期，已在"宫中立黄老、浮屠之祠"①。外国僧人来到东汉的人很多。如安息僧安清在汉桓帝时来到洛阳，20年中，译出30部佛经，数百万言。大月氏僧支娄迦谶在东汉末年到达洛阳，翻译出《般若道行品》《首楞严》《般舟三昧》等佛经。

汉明帝在位期间，全面进行礼制建设，这是他极其重要的建树。他即位不久，便选择精通礼制的儒生，规划和制定各种礼仪。汉明帝首先完善了祭祀礼仪。东汉祭祀礼仪的制定，是从光武帝时开始的。他在辞世前，已经对郊祀、宗庙、社稷以及园庙祭做了比较明确的规定。尽管如此，还有一些祭祀礼仪有待于完善。汉明帝为适应光武帝庙的设置，规定了专门祭祀的乐舞，"初奏《文始》《五行》《武德》之舞"②。汉明帝还增加了一些祭祀礼仪。诸如，明堂祭祀礼仪、上陵祭祀礼仪、迎时气祭祀礼仪。汉明帝实行了这些礼仪，使东汉国家祭祀活动更系统和完备。

汉明帝为了达到教化的目的，制定了大射礼，并且加以实施。大射礼是先秦古礼，在西周春秋时，由天子或诸侯在学校中举行。汉明帝模仿西周、春秋古制，在辟雍中开始实行大射礼。可以说，汉明帝仿效、实行大射礼，并不是对古代礼仪的怀念，而是要使大射礼为其现实统治服务。具体说来，就是要通过大射礼，来区分社会人群的尊卑等级和选拔人才。

为了稳固地方统治秩序，汉明帝规定了乡饮酒礼，他在永平三年（60年），使"郡、县、道行乡饮酒于学校"③。汉明帝重新实行乡饮酒礼，是要对各郡国人民进行教化，从而使他们明确"上齿"的意义，并能够明确区分

① 《后汉书》卷三〇下《襄楷传》。
② 《后汉书》卷二《明帝纪》。
③ 《续汉书·礼仪志上》。

贵贱长幼。如果达到这个目的，对稳定地方统治是非常有利的，否则正如班固所说："乡饮之礼废，则长幼之序乱，而争斗之狱蕃。"①

汉明帝还特别制定和实行了养老礼，他在永平三年（60年）向全国下诏，申明他对养老礼的实行是极其重视的。他实行的养老礼有非常完备的礼仪，他还选出德高望重的儒生李躬为三老，桓荣为五更，给予他们优厚的待遇。汉明帝实行养老礼，这在他的礼制建设中，确实是非常重要的举措。宋人叶适说："孝明行养老礼，意既笃实，文亦丁宁，可谓三代之后，旷千载而一遇也。"② 汉明帝重视养老礼的实施，仍然是要借助这项礼仪进行教化，其目的在于提倡"孝"道，以实现"导民以孝，则天下顺"③ 的意图。然而，实施养老礼，只是贯彻其加强统治的一种手段，很难在全社会形成养老的风气。

汉明帝全面进行礼制建设，在当时是非常重要的举动。《续汉书·舆服志下》说："秦以战国即天子位，灭去礼学，郊祀之服皆以袀玄。汉承秦故。至世祖践祚，都于土中，始修三雍，正兆七郊。显宗遂就大业，初服旒冕，衣裳文章，赤舄絇屦，以祠天地，养三老五更于三雍，于时致治平矣。"可见，汉明帝的礼制建设，实际上，是全面恢复了儒家的礼仪模式，以此来约束人们的行动。汉明帝的做法是对秦制的摒弃，所以使东汉国家的礼制规定，出现了全新的状况。这样，汉明帝的礼制建设，便为东汉国家的礼仪活动奠定了坚实的基础。

四

汉明帝对周边少数民族和西域各国，在外交政策上是灵活的。他在稳定周边少数民族和开通与西域诸国的联系上，有非常重要的贡献。汉明帝即位之初，烧当羌便在陇西叛乱。平定烧当羌叛乱，便成为汉明帝保证西北地区稳定的大事。烧当羌是羌族的一支。它主要分布在大、小榆谷。这一带"土

---

① 《汉书》卷二二《礼乐志》。

② 叶适：《习学记言序目》卷二十四。

③ 《汉书》卷八《宣帝纪》。

地肥美，又近塞内，诸种易以为非，难以攻伐。南得钟存以广其众，北阻大河因以为固，又有西海鱼盐之利，缘山滨水，以广田蓄，故能强大，常雄诸种，恃其权勇，招诱羌胡"①。烧当羌凭借它所占据的优越的地理位置，迅速发展势力，建武中元二年（57 年）秋，在酋长滇吾的精心策划下，向东汉边塞发起进攻。一些臣服东汉的羌部落纷纷响应烧当羌的叛乱。在这种严峻形势面前，汉明帝没有犹豫不决，而是积极采取措施，进行平叛。他"遣中郎将窦固监捕虏将军马武等二将军讨烧当羌"②，马武率军与烧当羌激战，击败烧当羌，"滇吾远引去，余悉散降"③。

汉明帝为防止羌人重新反叛，保证西北边郡的安定，徙羌族"七千口置三辅"④，重新设置了护羌校尉，并且，还充分注意加强对陇右地区的防卫。汉明帝平定烧当羌叛乱，所采取的这些措施，对陇右地区的安定还是行之有效的。当时大部分参与叛乱的烧当羌人"乃入居塞内，谨愿自守"⑤。只有少数羌"数为寇盗"，但是，他们已经不能对陇西的安定产生多大影响了。

在对待匈奴的问题上，汉明帝统治前期，基本奉行光武帝的拉拢南匈奴，孤立北匈奴的政策。然而，汉明帝又不能全部遵照光武帝确定的方针去做。在他即位之初，北匈奴的势力已经有所恢复，不再与东汉和亲，开始骚扰东汉北部边郡。《后汉书·南匈奴传》说："时北匈奴犹盛，数寇边，朝廷以为忧。"这样，在北匈奴提出与东汉政府"合市"的要求后，汉明帝"冀其交通，不复为寇，乃许之"⑥。汉明帝采取的错误决策，不仅没有使北匈奴的骚扰活动减弱，反而，使南匈奴中的部分人开始与东汉政府离心离德。南匈奴的须卜骨都侯等人知道情况后，"怀嫌怨欲畔，密因北使，令遣兵迎之"⑦。这样，就会出现南匈奴与北匈奴勾结起来的可能，使东汉北部边郡受到威胁。汉明帝对他的错误决策所引发的后果，是有所认识的，所以，他及

①　《后汉书》卷八七《西羌传》。

②　《后汉书》卷二《明帝纪》。

③　《后汉书》卷八七《西羌传》。

④　《后汉书》卷八七《西羌传》。

⑤　《后汉书》卷八七《西羌传》。

⑥　《后汉书》卷九八《南匈奴传》。

⑦　《后汉书》卷九八《南匈奴传》。

时采取了补救的措施。永平八年（65 年），"初置度辽将军，屯五原曼柏"①。屯驻在这里的军队，便被称为度辽营。度辽营的设置，使南、北匈奴勾结的企图很难实现。《后汉书·南匈奴传》说："其年秋，北虏果遣二千骑候望朔方，作马革船，欲度迎南部畔者，以汉有备，乃引去。"汉明帝虽然防止了南、北匈奴的勾结，可是，他的做法却激起了北匈奴对东汉更大的仇恨。他们"复数寇钞边郡，焚烧城邑，杀略甚众，河西城门昼闭"②。汉明帝无奈，只能增加边郡的防卫力量，采取消极防御的措施，无法解除北匈奴的骚扰。

永平十五年（72 年），随着东汉国力的增强，汉明帝对北匈奴的方针开始改变。他决定由对北匈奴的消极防御转变为积极进攻，"乃大发缘边兵，遣诸将四道出塞，北征匈奴"③。这四路大军分别出高阙、酒泉、居延、平城，构成对北匈奴全面进攻的态势。然而，对北匈奴作战，并没有达到预期的目的。只有窦固一路军队，与北匈奴呼衍王遭遇，"斩首千余级"④。汉明帝对北匈奴的战争，虽然没有从根本上削弱北匈奴的力量，阻止北匈奴对东汉边郡的骚扰，可是却有非常重大的意义。它拉开了东汉对北匈奴大举进攻的序幕，并且，为东汉与西域诸国建立联系创造了条件。

在汉明帝的外交活动中，很值得称道的是，他重新开通了东汉与西域各国的联系。众所周知，西域与汉朝建立联系，是从汉武帝时开始的。《汉书·西域传》说："汉兴至于孝武，事征四夷，广威德，而张骞始开西域之迹。"从此之后，由汉朝通往西域的道路上，使者与客商往来不绝。可是，王莽篡汉后，他采取了歧视西域各国的政策，由此造成"西域怨叛，与中国遂绝，并复役属匈奴"⑤。光武帝建立东汉朝后，西域莎车等国，由于忍受不了匈奴的盘剥，要求重新与东汉建立联系。可是，光武帝正在防御匈奴的入侵，而西域各国是匈奴勒索的主要对象，因此，光武帝不想因为同西域各国建立联系，而使东汉同匈奴的矛盾加深。这样，他便"以天下初定，未遑外

---

① 《后汉书》卷二《明帝纪》。

② 《后汉书》卷九八《南匈奴传》。

③ 《后汉书》卷九八《南匈奴传》。

④ 《后汉书》卷二三《窦融传附窦固传》。

⑤ 《后汉书》卷八八《西域传》。

事"① 为理由，拒绝了西域鄯善等国的要求。西域虽然没有与东汉建立正式的联系，可是民间的交往却没有断绝。在民间，东汉与西域各国的经济、文化交流频繁，并且，西域各国要求与东汉建立联系的愿望强烈，这就使继承光武帝事业的汉明帝不能不考虑与西域建立联系。这已是当时势在必行的大事。不过，在汉明帝统治前期，由于国力不足，北匈奴不断骚扰东汉北部边郡以及北匈奴在西域还有很强的控制力，汉明帝很难解决与西域各国建立正式联系的问题。

永平十六年（73 年），汉明帝全面进攻北匈奴，窦固军出酒泉，击败北匈奴呼衍王，占据了伊吾卢。这样，东汉与西域联系的门户便被打开了。汉明帝不放弃这个有利时机，"遂通西域，于阗诸国皆遣子入侍。西域自绝六十五载，乃复通焉"②。他在军事胜利的基础上，立即设置了西域都护和戊己校尉。因此，东汉在西域的统治机构便建立起来了。但是，经营西域并不是很容易的事情，一则北匈奴在西域还有很大的影响；二则东汉控制西域的力量比较薄弱。在永平十八年（75 年），西域的焉耆和龟兹国联合起来，攻杀了西域都护陈睦，"悉覆其众"③。北匈奴的军队也将戊己校尉关宠包围在柳中。正在这时，汉明帝病故。东汉政府无法派军救援。这样，东汉在西域的力量不得不退出，只有班超还留在西域惨淡经营。

汉明帝开通与西域联系的事业，因为他的病故，而宣告失败。但是，汉明帝在困难的形势下，为建立与西域诸国的联系所做出的努力，还是取得了一些成效，毕竟打破了西域诸国 65 年不能与东汉国家联系的僵局，并且，为后世进一步与西域诸国恢复联系奠定了基础。

汉明帝在位虽然只有 18 年，可是，他在当时政治、经济、文化、礼制以及与周边少数民族及西域各国联系上的建树，却是引人注目的。他不仅继承，而且，发展了光武帝的事业。如果说光武帝的事业是当时社会由崩溃转向中兴的开始，那么，汉明帝的事业则是社会中兴的进一步拓展。汉明帝的永平之政，受到当时以及后世人们的赞扬，他创造了一个安定的社会环境，

---

① 《后汉书》卷八八《西域传》。

② 《后汉书》卷八八《西域传序》。

③ 《后汉书》卷八八《西域传序》。

并且，使社会经济、文化和外交事业出现了发展的局面。汉明帝在东汉历史上所占据的这种重要地位，是不应该忽视的。我们在评价汉明帝时，是应该持客观、公允态度的。

（原载《北华大学学报（社会科学版）》2000 年第 2 期。本文有修改和补充）

东汉郊天祭祀问题探讨

郊天祭祀是两汉国家的重要的祭祀大典。但是，这种祭祀活动，在西汉一直处于变动中。至东汉，由于儒家思想影响的深入，国家郊天祭祀也以儒家的模式为规范，表现出比较固定的程式。然而，前人却对东汉的郊天祭祀缺少系统的研究，所以对这一问题仍然有深入探讨的必要。因此，本文拟对东汉郊天祭祀神祇体系的形成、郊天祭祀礼仪规定以及郊天祭祀与国家统治的关系诸问题做一些考察，以期能够透视出郊天祭祀在国家各种祭祀活动中所占据的地位及其产生的社会影响。

一

东汉郊天祭祀所祭神祇的确定，经历了演化的过程。从东汉建国至光武帝中平元年，国家不断用儒家的郊祀观念来调整郊天祭祀的神祇系统，才使其成为国家的定制。这一过程大致经历了三个阶段。

（一）郊天祭祀神祇的初步确立

东汉建国，光武帝首先在国家祭祀活动中，确立了郊祀制度。《续汉书·祭祀志上》："建武元年，光武即位于鄗，为坛营于鄗之阳。祭告天地，采用元始中郊祭故事。六宗群神皆从，未以祖配。天地共犊，余牲尚约。"据此，光武帝确立的南郊祭祀神祇，有天神、地神以及从属神六宗。祖先尚没有被列入配祭。这说明，东汉国家在鄗城举行的郊祀，没有突出天在神祇中的至上地位，并且，配祭的神祇也不完全。这样的郊祀神祇很难说有明显的系统性。

东汉定都洛阳后，光武帝开始重视并完善郊天祭祀制度。建武二年，在营建高帝庙和社稷的同时，"立郊兆于城南"①。对南郊祭坛做了细致的规划。

---

① 《后汉书》卷一上《光武帝纪上》。

《续汉书·祭祀志》："为圆坛八陛，中又为重坛，天地位其上，皆南乡，西上。其外坛上为五帝位。青帝位在甲寅之地，赤帝位在丙巳之地，黄帝位在丁未之地，白帝位在庚申之地，黑帝位在壬亥之地。其外为壝，重营皆紫，以像紫宫；有四通道以为门。日月在中营内南道，日在东，月在西，北斗在北道之西，皆别位，不在群神列中。"这就是说，洛阳南郊祭坛，虽然在营建上已比较完善，可是，郊祀的主神仍然是天、地神。天、地神共位，没有严格分开。不过，在祭坛中，专门为五帝神和日、月、北斗设置了神位，并处于很显要的位置。应该说，这是东汉国家规范南郊祭祀神祇的重大举动，其中对五帝神位置的确定尤为重要。

五帝神在秦、西汉，是国家祭祀的重要神祇。西汉建国后，汉高祖为五帝专门立畤祭祀。汉文帝时，"作渭阳五帝庙，同宇。帝一殿，面五门，各如其帝色。祠所用及仪亦如雍五畤"①。当时对五帝的祭祀，被视为郊祀。但至汉武帝时，由于尊"泰一"为至上神，五帝神的地位降低，开始被视为"泰一之佐"②，不再是郊祀的主神。可是，西汉末年，国家确定元始祭礼，却摒弃了汉武帝的做法。在元始祭礼的规定中，又为五帝神专门立畤。实际上，五帝又与南郊天神、北郊地神处于相同的地位。西汉元始祭礼的这种规定，显然影响突出天神的至尊地位，也不完全符合儒家的郊祀观念。正因如此，东汉国家营建南郊祭坛，虽然吸收了元始祭礼的一部分内容，可是却并不为五帝专门设坛，只是将其作为天、地神的从属神。这样，东汉国家对南郊祭祀神祇的规定，已开始按儒家的观念来实施。然而，天、地神的共位，并没有从根本上解决南郊祭祀的主神问题。因而，洛阳南郊祭坛的设置，应该说，只是当时国家更新郊祀神祇的开端。

（二）以祖先作为天、地神的配祭神

东汉建国初，无论在鄗城，还是在洛阳，郊祀配祭的神祇，祖先不在其列。东汉国家不将祖先作为郊祀的配祭神，自然与当时对追祭的祖先没有确定有很大关系。可是，东汉国家在南郊祭祀中的这种做法，与其试图仿效西汉元始祭礼有很大差别，也与其力求遵循的儒家郊祀模式不符合。因而，从

① 《汉书》卷二五上《郊祀志上》。

② 《汉书》卷二五上《郊祀志上》。

建武七年，东汉国家开始解决南郊祭祀与祖先联系的问题。侍御史杜林上疏提出："汉起不因缘尧，与殷周异宜，而旧制以高帝配。方军师有外，且可如元年郊祀故事。"① 杜林的建议受到重视。但是，直到建武十三年，"陇、蜀平后，乃增广郊祀，高帝配食，位在中坛上，西面北上"②。东汉国家将汉高祖列为南郊祭祀的配祭神，对郊祀神祇体系的完善，具有重要意义。因为以祖先配祭天神，一直被儒家视为最合理的郊祀规范。《汉书·郊祀志》："周公相成王，王道大洽，制礼作乐，天子曰明堂辟雍，诸侯曰泮宫。郊祀后稷以配天，宗祀文王于明堂以配上帝。"班固追述的西周郊天祭祀，以祖先配祭，不论是否为西周实际情况，但一直被儒家奉为郊祀的范例。因此，东汉国家将祖先纳入南郊祭祀神祇中，自然更符合儒家的模式。这样，南郊祭祀的配祭神祇，便易于使主祭者与天神之间建立起一种虚构的血缘关系。《汉书·郊祀志下》载，西汉元始祭礼说："王者尊其考，欲以配天，缘考之意，欲尊祖，推而上之，遂及始祖。"正表述了这种意义。不过，东汉国家以祖先配祭，除了有宗教祭祀上的意图之外，也注意到为其现实统治服务的目的。杜林上疏说："后稷近于周，民户知之。世据以兴，基由其祚，本与汉异。郊祀高帝，诚从民望，得万国之欢心，天下福应，莫大于此。"③ 显然，东汉国家南郊祭祀以祖先配祭，还具有证明其继统合理性的意图。因此，以祖先作为天、地的配祭神，便将南郊祭祀与东汉国家的现实统治联系起来。

（三）设置北郊，天、地神开始分祭

东汉国家于中元元年，"初起明堂、灵台、辟雍，及北郊兆域"④。设置北郊，是东汉国家改进郊祀制度的大事。因为设置北郊的目的，是专门祭祀地神。《汉官仪》："北郊坛在城西北角，去城一里。所谓方坛四陛，但有坛祠舍而已。其鼓吹乐及舞人御帐，皆徙南郊之具。地祇位南面西上，高皇后配西面，皆在坛上。地理群神从食坛下。"⑤ 可见，北郊祭祀已具有一套完备

---

① 《汉书》卷二五上《郊祀志上》。

② 《汉书》卷二五上《郊祀志上》。

③ 《续汉书·祭祀志上》刘昭注引《东观书》。

④ 《后汉书》卷一下《光武帝纪下》。

⑤ 《后汉书》卷一下《光武帝纪下》李贤注引。

的神祇系统。在这个系统中，地神为主神，高皇后及地理群神为从属神。北郊的设置，彻底改变了中元元年以前，国家在南郊对天、地神合祭的情况，因而，对东汉国家郊祀产生很大的影响。由于地神的分离，东汉南郊祭祀的活动便成为完全对天神系统的神祇的供奉。南郊祭祀的神祇和南郊的祭祀活动已经专门化。《续汉书·礼仪志上》："正月上丁，祠南郊。礼毕，次北郊，明堂，高庙，世祖庙，谓之五供。五供毕，以次上陵。"显然，南郊祭祀，不仅具有专门的神祇系统和祭祀礼仪，还居于国家五供的首位，成为东汉国家最重要的祭祀。因而，东汉国家于中平元年设置北郊，不仅使南郊祭祀具有了明确的神祇系统，而且，促进了南郊祭天制度的完善。这种完善的制度，便成为东汉一朝郊天祭祀的定制。

二

东汉郊天祭祀是国家最重要的祭祀，因而，不仅具有一整套的礼仪规定，而且，这些礼仪规定是非常严格的。以下分别论列之。

（一）郊天祭祀举行的次数和时间规定明确

东汉郊天祭祀举行的次数和时间，在《续汉书·礼仪志上》中有明确记载。其中提道："正月上丁，祠南郊。"这就是说，东汉国家举行正式的郊天大典，应该在每年正月上丁日。而且，这种祭祀大典只在每年正月举行一次。在《续汉书·礼仪志上》中，对这个问题的记载是清楚的。可是，宋人马端临却持以异议。他说："《祭祀志》言：二年初制郊，采元始中故事。按元始之制，常以岁孟春正月上辛若丁亲郊，祭天南郊，以地配；冬至则使有司祭天神于南郊，以高帝配；夏至使有司祭地祇于北郊，以高后配。然则天地之祭，每岁亲祠者一，命有司者二，岂岁以为常，故不复纪述乎？"① 马端临以东汉承袭西汉元始郊祀礼为理由，断定东汉郊天祭祀一年定期举行两次。其实，这种看法是不对的。因为马端临忽略了东汉国家的郊天祭祀制度，有承袭西汉元始祭礼的方面，同时也有改革的方面。在改革上的最大特点，便是不断用今文经学家的理论来规范郊天祭祀规定。当然，郊天祭祀举

---

① 《文献通考》卷六二《郊社考二》。

行的次数和日期，是其规范的重要内容。自西汉以来，今文经学家对郊天祭祀举行的次数和日期，便非常重视。董仲舒说："郊义：春秋之法，王者岁一祭天于郊，四祭于宗庙，宗庙因于四时之易，郊因于新岁之初，圣人有以起之，其以祭，不可不亲也。天者，百神之君也，王者之所最尊也，以最尊天之故，故易始岁更纪，即以其初郊，郊必以正月上辛者，言以所最尊首一岁之事，每更纪者，以郊郊祭首之，先贵之义，尊天之道也。"① 东汉的今文经学者，仍然承袭了董仲舒的看法。这种通过郊祀对天神表示最大敬意的做法，实际上，正是要为现实的专制集权统治服务的。

东汉建国之初，便注意到加强专制集权统治。为此，国家最高统治者采取了各种有效的措施。当然，他们也不会放弃利用郊天祭祀来体现皇权的至上。而今文经学者注意郊天祭祀的次数和日期，正是要突出天神的至尊。实际上，也是要表现专制皇帝的最高地位的神圣。他们的这种说教与东汉国家加强专制集权统治的意图是一致的。加之，东汉统治者很注意利用今文经的理论来改造国家祭祀制度，因而，郊天祭祀一年举行一次，并在正月举行，就毫不奇怪了。至于马端临认为东汉尚有国家派官员在夏至举行郊天祭祀之事，在东汉文献中，并无记载，这完全是依据西汉元始祭礼而做出的推断之辞，就更不可信据了。

（二）郊天祭祀形成严格的礼仪

东汉郊天祭祀，从准备祭祀到祭祀正式举行，国家规定了严格和明确的仪式。据《续汉书·礼仪志》和《祭祀志》的记载，这些仪式大体有斋戒、夕牲、进熟献、燔柴、奏乐降神、布席设神座和燔俎实送神等。

1. 祭祀前的斋戒。斋戒是郊天祭祀前的最主要的活动。《续汉书·礼仪志上》："凡斋，天地七日，宗庙、山川五日，小祠三日。斋日内有污染，解斋，副倅行礼。先斋一日，有污秽灾变，斋祀如仪，大丧，唯天郊越绋而斋，地以下皆百日后乃斋，如故事。"据此，祭祀天、地，斋戒日期最长。并且，在遇到国家大丧时，只有祭天可以"越绋而斋"。很明显，郊天祭祀前的斋戒，是最受重视的。东汉郊天祭祀前的斋戒，实际上，与先秦古制有渊源关系。在周代的祭礼中，斋戒一直是祭祀前的重要仪式。举行这项仪

---

① 《春秋繁露》卷一五《郊义》。

式，具有浓厚的宗教意义。《礼记·祭统》："斋者，精明之至也。然后可以交于神明也。"也就是说，只有在祭祀前，保持清洁和精神专一，才能达到"致神明以交鬼神"的目的。当然，东汉郊天祭祀前的斋戒，其目的也是如此。

2. 祭祀前的"夕牲"。东汉郊天祭祀前，夕牲也是一项重要仪式。《续汉书·礼仪志上》："正月，天郊，夕牲。"刘昭注："《周礼》'展牲'，干宝曰'若今夕牲'。"《周礼·地官·充人》郑玄注："展牲，若今夕牲也。"这说明，周代祭礼中的展牲，与汉代的夕牲有一脉相承的联系。

汉代的夕牲仪式，主要是"未祭一日，其夕，展视牲、具。谓之夕牲"[1]。晋人干宝对东汉夕牲仪式，记载更详。他说："又郊仪，先郊日未晡五刻夕牲，公卿京尹众官悉至坛东就位，太祝吏牵牲入，到榜，廪牺令跪曰：'请省牲。'举手曰：'涤。'太祝令绕牲，举手曰：'充。'太祝令牵牲就庖，豆酌毛血，其一奠天神坐前，其一奠太祖坐前。今之郊祀然也。"[2] 这说明，郊天祭祀前的夕牲，主要是检视献祭牺牲的状况。只有被认为达到"循""充"的标准，方可以作为祭天的供物。东汉夕牲仪式，可以说，与周代的"展牲"有承袭关系，因而，在祭祀前，检视牺牲和用具，应该具有相同的目的。《礼记·祭义》："君皮弁素积。朔月月半君巡牲。所以致力。孝之至也。"可见，周代对牺牲的检视是为了对所祭祀神祇表示最大的敬意。这自然是原始的宗教观念在夕牲仪式中的遗存。东汉时代的"夕牲"当然也具有这种意义。

3. 进熟献和燔柴。在东汉的郊天祭祀中，"进熟献"和"燔柴"，应该是正式祭祀的开始。《续汉书·礼仪志上》："昼漏未尽十八刻初纳，夜漏未尽八刻初纳，进熟献，太祝送，旋，皆就燎位，宰祝举火燔柴，火然，天子再拜，兴，有司告事毕也。"所谓纳，刘昭注引干宝《周官注》曰："纳，亨纳。牲将告杀，谓向祭之辰也。"也就是说，在夕牲仪式后，开始通告杀牲，献祭活动便开始。首先进行的"进熟献"，是向南郊祭坛的众神祇普遍供奉祭品。而"燔柴"，则是以象征的方式，向天神献祭。《汉官仪》："南郊焚

---

① 《汉书》卷七四《丙吉传》颜师古注。

② 《续汉书·礼仪志上》刘昭注引。

犊，北郊埋犊。"① 这里所说的焚犊，正是郊天祭祀中的燔柴。

燔柴这种祭法，非常古老。在向天神献祭时，一直采用这种方式。《仪礼·觐礼》："祭天燔柴。"又《礼记·祭法》："燔柴于泰坛。"疏云："燔柴于坛者，谓积薪于坛上，而取玉及牲置柴上燔之，使气达于天也。"显然这种古老的祭法，是通过象征的方式，使天神歆享供奉的牺牲。东汉郊天祭礼继续采用燔柴，说明在献祭方式上，仍然没有摆脱原始宗教献祭观念的支配，因而，东汉的郊天献祭便具有很浓厚的原始落后性。

4.奏乐降神。在东汉郊天祭祀的礼仪中，表演乐舞是重要仪式。这项仪式具有浓厚的宗教意义。《续汉书·礼仪志中》刘昭注引蔡邕《礼乐志》："汉乐四品：一曰《大予乐》，典郊庙、上陵、殿诸食举之乐。郊乐，《易》所谓'先王以作乐崇德，殷荐上帝'，《周官》'若乐六变，则天神皆降，可得而礼也'。"可见，郊天祭祀中，表演乐舞的主要目的是降神。这在东汉时代，是一种占支配地位的祭祀观念。因此，《白虎通·郊祀篇》才说："祭天作乐者何？为降神。"由于郊天祭祀中的乐舞仪式起到降神的重要作用，所以东汉国家对乐舞做了明确的规定。光武帝初定郊祀礼时，"凡乐奏《青阳》《朱明》《西皓》《玄冥》，及《云翘》《育命》舞"②。后来，国家又采用大予乐"典郊庙"③。东汉国家以大予乐作为郊天祭祀的主要用乐，正表现了对郊天祭祀降神用乐的高度重视。

东汉国家对郊天祭祀的乐舞管理，也是非常严格的。《续汉书·祭祀志中》："桓帝即位十八年，好神仙事。延熹八年，初使中常侍之陈国苦县祠老子。九年，亲祠老子于濯龙。文罽为坛，饰淳金扣器，设华盖之坐，用郊天乐也。"很明显，汉桓帝是由于自己喜欢神仙，敬祀老子，才破例使用了郊天乐。可见郊天乐舞，在一般情况下，是不能随意采用的。因而，东汉国家

① 《后汉书》卷一下《光武帝纪下》李贤注引。

② 《续汉书·祭祀志上》。

③ 《续汉书·礼仪志中》刘昭注引蔡邕《礼乐志》。按：东汉以大予乐作为郊天祭祀主要用乐，当始于汉明帝时。《后汉书·明帝纪》："（永平三年）秋八月戊辰，改大乐为大予乐。"又《后汉书·明帝纪》李贤注引《汉官》："大予乐令一人，秩六百石。"可见大予乐及大予乐令都是在汉明帝时设置的。加之，汉明帝时，对礼制进行了多方面的改革，所以大予乐此时被纳入郊天祭祀的乐舞中，是完全可能的。

为郊天祭祀设置专门的乐舞，不仅是要保证降神仪式的隆重，也是要通过这种乐舞，表现郊天祭祀的突出地位。

5. 布席设神座。布席设神座，也是东汉郊天祭祀的一项仪式。这项仪式在演奏乐舞后进行。《续汉书·祭祀志上》："中营四门，门用席十八枚，外营四门，门用席三十六枚，凡用二百一十六枚，皆莞簟，率一席三神。日、月、北斗无陛郭酹。既送神，燔俎实于坛南巳地。"郊天祭祀所谓布席，据刘昭注："言郊之布席，象五帝坐。"① 可是，东汉郊天祭祀布席，并不只是为五帝设神座，而应该是为所祭祀的全部神祇。因为仪式规定，"用席三十六枚，凡用二百一十六枚，皆莞簟，率一席三神"②，神座之多，是非常明显的。东汉郊天祭祀设神座，仍然是落后的原始宗教仪式的遗存。虽然供神用具粗糙，但包含的宗教意义却很浓厚。西汉人匡衡上疏中提道：郊天祭祀，"其牲用犊，其席稿秸，其器陶匏，皆因天地之性，贵诚上质，不敢修其文也。以为神祇功德至大，虽修精微而备庶物，犹不足以报功，唯至诚为可，故上质不饰，以章天德"③。匡衡的意见，实际上，代表了西汉儒生对郊祀用器的看法。当然，这种看法在东汉仍有很深的影响。在儒家思想完全占支配地位的东汉，对祭祀用器的"上质"，就更注意了。因此，东汉以席设神座，不仅象征对天神的供奉，而且，也表示对天神最深的敬意。

6. 燔俎实送神。郊天祭祀的最后仪式是燔俎实。《续汉书·祭祀志上》："既送神，燔俎实于坛南巳地。"所谓俎实，《公羊传》定公十四年："赈者何？俎实也。"也就是用器皿所盛之肉。郊天祭祀送神采取这种仪式，也是通过象征的方式，向天神最后表示敬意，完成全部献祭活动。

综上可见，东汉郊天祭祀，从祭祀前的准备到献祭结束，礼仪程序是十分复杂的。这些仪式既具有原始落后性，又具有对天神表示最大敬意的特点。这些仪式的完成，当然便使郊天祭祀具有了很明显的庄重性。

（三）郊天祭祀所用车辆和服饰形成定制

东汉国家举行郊天大典仪式时，对参加祭祀者的车辆和服饰做了明确的

---

① 《续汉书·祭祀志上》刘昭注。

② 《续汉书·祭祀志上》。

③ 《汉书》卷二五下《郊祀志下》。

规定，形成了严格的制度。

1. 郊天祭祀所用车辆。东汉郊天祭祀所用车辆，是有等级划分的。主祭的皇帝和助祭的国家官员在等次上，差别很大。东汉皇帝为突出对郊天祭祀的重视，在车辆的配置上，使其具有相当的规模。《续汉书·舆服志上》："行祠天郊以法驾，祠地、明堂省什三，祠宗庙尤省，谓之小驾。"这里提到的法驾，是东汉皇帝车辆配置的一个等次。当时皇帝车辆配置有大驾、法驾和小驾的区分。法驾虽然次于大驾，可是，在驾御和车辆配置上，仍然颇具规模。《续汉书·舆服志上》："乘舆法驾，八卿不在卤簿中。河南尹、执金吾、雒阳令奉引，奉车郎御，侍中参乘。属车四十六乘。"可见，在奉引、驾御、参乘官员的秩级以及属车的配置数量上，法驾还是很有气势的。正因如此，东汉国家便将法驾定为祭祀活动中最高等次的车辆配置。只有皇帝参加郊天祭祀时，方可以使用，而参加其他的祭祀活动时，是不能够使用的。实际上，东汉国家正是要从皇帝所用车辆的配置上，来突出郊天祭祀的重要地位。东汉皇帝不仅在郊天祭祀时用最高等次的车辆配置，而且，对郊天祭祀所用马匹的管理也极为严格。《后汉书·灵帝纪》："（中平元年）诏减太官珍馐，御食一肉；厩马非郊祭之用，悉出给军。"这说明，东汉国家的郊天祭祀，有专门的用马。这些马匹在任何情况下，都不能改作他用。东汉国家把郊天祭祀所用马匹的管理，置于这种特殊的位置上，正是为了保证郊天祭祀的正常举行。

2. 郊天祭祀所用服饰。东汉皇帝和国家官员参加郊天祭祀都必须穿着祭服。国家对祭服也形成了严格的规定。在东汉初年，光武帝确立国家各种祭祀时，便对郊祀的祭服做了规定。但东汉初年的祭服，仍然沿袭了西汉时的制度。至汉明帝时，他任用东平王刘苍，开始对祭服进行改革。其中对郊天祭服的改革是此次改革的重要内容。汉明帝确定："今祭明堂宗庙，圆以法天，方以则地，服以华文，象其物宜，以降神，肃雍备思，博其类也。天地之礼，冕冠裳衣，宜如明堂之制。"① 在郊天祭祀时，皇帝是主祭者，所以其服饰与参与祭祀的官员有明显的等级差别。从冕冠来看，皇帝"系白玉珠为十二旒，以其绶采色为组缨。三公诸侯七旒，青玉为珠；卿大夫五旒，黑玉

---

① 《续汉书·舆服志下》刘昭注引《东观纪》。

为珠"①。很明显，从皇帝至九卿，郊天祭祀的冕冠是分为三个等级的。郊天祭祀的衣裳方面，皇帝也与其他官员不同。《续汉书·舆服志下》："衣裳玉佩备章采，乘舆刺史，公侯九卿以下皆织成，陈留襄邑献之云。"可见，皇帝祭服的质料要优于公侯九卿。这就是说，祭服的质料差别，使皇帝在祭祀时的至尊地位得到充分的表现。应该说，东汉国家在祭服上所做的这些严格规定，正是要表现郊天祭祀浓厚神秘的宗教色彩，并将国家政治等级原则贯穿到郊天祭祀活动中。

（四）郊天祭祀具有严格的督察制度

东汉国家为保证郊天祭祀的顺利进行，规定了祭祀时的督察制度。《续汉书·百官志三》记载，御史中丞属官"侍御史十五人，六百石。本注曰：掌察举非法，受公卿群吏奏事，有违失举劾之。凡郊庙之祠及大朝会、大封拜，则一人监威仪，有违失则劾奏"。这说明，在国家负责监察事务的御史中丞，在郊祀和宗庙祭祀时，还负有督察的责任。其作用正在于，防止参加祭祀活动者违犯礼仪。御史中丞在东汉国家官员中，占有重要地位。他与司隶校尉、尚书令号称"三独坐"②，监察百官的权力很大。东汉国家以御史中丞掌管郊天祭祀的督察，正表明国家对郊天祭祀时的秩序维持，是非常重视的。正因为如此，东汉国家对督察的实施情况，要求很严格。例如东汉初，伏湛任大司徒，"时烝祭高庙，而河南尹、司隶校尉于庙中争论，湛不举奏，坐策免"③。伏湛作为大司徒，并不专门负责祭祀时的督察，可是对祭祀中违犯礼仪的官员，不举奏，尚且免官。国家对专门负责郊庙祭祀中督察的御史中丞的渎职，自然在处罚上就更严厉了。可以说，东汉国家在郊天祭祀时，实行严格的督察，当然是要使祭祀具有良好的秩序，但更重要的是，要营造肃穆、虔敬的氛围，以表示对天神最大的敬意。

三

东汉的郊天祭祀，是国家最隆重的祭祀大典。这种祭祀，在儒家思想完

---

① 《续汉书·舆服志下》。
② 《后汉书》卷二七《宣秉传》。
③ 《后汉书》卷二六《伏湛传》。

全占支配地位的东汉，并不是单纯举行献祭的宗教活动。东汉国家在举行郊天祭祀时，实际上，也将其政治统治的意图渗透到祭祀的活动中。

（一）郊天祭祀与东汉开国皇帝的即位礼仪有密切关系

东汉建国时，开国皇帝光武帝在鄗城称帝，"光武于是命有司设坛场于鄗南千秋亭五成陌。六月己未，即皇帝位。燔燎告天，禋于六宗，望于群神"①。光武帝举行告天仪式，显然是在他即皇帝位之后，这不仅是要为他的统治蒙上神秘色彩，应该说，也具有完善即位礼仪的意义。

关于汉代皇帝的即位，日本学者西嶋定生做了细致的考证。他认为汉代皇帝的即位一般举行两次。一为即皇帝位，二为即天子位。② 西嶋定生的看法，是很有启发意义的。确实，在汉代儒家思想的影响不断深化的社会条件下，汉代最高统治者的称号，已由秦代的一种，演变为两种。蔡邕《独断》曰："皇帝六玺，皆玉螭虎纽，文曰'皇帝行玺''皇帝之玺''皇帝信玺''天子行玺''天子之玺''天子信玺'，皆以武都紫泥封之。"③ 汉代皇帝的玺制，正是当时皇帝具有两种称号的明证。由于汉代皇帝具有两个称号，这两种称号就需要通过两种即位方式来实现。

东汉光武帝在即皇帝位后，又举行告天仪式。这正是要实现即天子位的礼仪。因为在光武帝的告天祭文中提道："皇天上帝，后土神祇，眷顾降命，属秀黎元，为人父母，秀不敢当。群下百辟，不谋同辞。"④ 很明显，光武帝在祭文中自称"秀"，省去了姓。他采取这种自称形式，包含很深的意义。《礼记·曲礼上》："男子二十冠而字，父前子名，君前臣名。"这说明，在古代社会家庭内部，只有子对父，才可以自称名，不称姓。由此看来，光武帝在告天祭文中称名，不称姓，显然是表示他与天神要建立起一种父子关系，也正是"行子礼"的过程。只有这个程式，才象征他与天神建立了虚构的血缘关系，完成了即天子位的仪式。因而，光武帝的告天仪式，就不仅是祭祀活动，而与他现实的统治有很密切的关系。

---

① 《后汉书》卷一上《光武帝纪上》。

② 西嶋定生：《汉代にけおる即位礼仪》，《中国古代国家とアジア世界》，东京大学出版会，1984 年，第 110 页。

③ 《后汉书》卷一上《光武帝纪上》李贤注引。

④ 《后汉书》卷一上《光武帝纪上》。

当然，还需要指出的是，东汉国家使郊祀与即天子位礼仪相联系的活动，只在开国时举行了一次。后世各位皇帝即天子位的仪式都在灵柩前举行。《续汉书·礼仪志下》："三公奏《尚书·顾命》，太子即日即天子位于柩前，请太子即皇帝位，皇后为皇太后。奏可。群臣皆出，吉服入会如仪。"在先帝柩前即天子位，无疑是"正体于上"① 观念的表现。这表明他们都是作为开国皇帝的继体者，而实现了即天子位。从这种意义上来看，柩前即天子位，正是东汉开国皇帝以告祭天神的形式来即天子位仪式的延续。也就是说，后世各皇帝虽然即天子位时不祭祀天神，但柩前即位的形式，仍然具有与天神建立虚构血缘关系的意义。因而，东汉开国告祭天神不仅表明开国皇帝与天神父子关系的建立，而且，表明其继承者也永远保持着与天神的父子关系。西汉人董仲舒说："天子每至岁首，必先郊祭以享天，乃敢为地，行子礼也。"② 董仲舒的这种观念，可以说在东汉时代，已获得了充分的体现。

（二）东汉皇帝亲自主持郊天祭祀，是表现其至尊地位的重要形式

前引《续汉书·礼仪志上》："宰祝举火燔柴，火然，天子再拜，兴，有司告事毕也。"这说明，在郊祀大典中，东汉皇帝一般都要亲自主持祭祀。关于东汉皇帝亲祭的事例，文献记载中多见。如《后汉书·明帝纪》："（永平三年）诏曰：朕奉郊祀，登灵台，见史官，正仪度。夫春者，岁之始也。始得其正，则三时有成。比者水旱不节，边人食寡，政失于上，人受其咎。有司其勉顺时气，劝督农桑，去其螟蜮，以及蟊贼；夙夜匪懈，以称朕意。"即使到东汉末年，天下大乱，汉献帝也不放弃主持郊天祭祀。如建安元年，献帝便"郊祀上帝于安邑，大赦天下，改元建安"③。

东汉皇帝重视主持郊天祭祀，这与西汉前期的情况明显不同。当时在郊祀时，皇帝一般不亲祭。至汉文帝以后，才有亲祭的举动，可是当时皇帝对亲祭也并不十分重视。而东汉皇帝一反西汉时代的情况，高度重视主持郊天祭祀，这应该说是儒家祭祀观念深入影响的必然结果。因为汉代儒生大都极力主张国家最高统治者参与、主持郊天大典。其中以董仲舒的看法最典型。

---

① 《仪礼·丧服》。

② 《春秋繁露》卷一五《郊义》。

③ 《后汉书》卷八《献帝纪》。

他说："春秋之法，王者岁一祭天于郊，四祭于宗庙，宗庙因于四时之易，郊因于新岁之初，圣人有以起之，其以祭，不可不亲也。天者，百神之君也，王者之所最尊也，以最尊天之故，故易始岁更纪，即以其初郊，郊必以正月上辛者，言以所最尊首一岁之事，每更纪者，以郊祭首之，先贵之义，尊天之道也。"① 在汉儒看来，皇帝亲自主持郊天祭祀，实际上，是以地上的最尊者敬祀天上的最尊神。这样，不仅可以对天神表示最深的敬意，而且，也可以显示皇帝的至尊地位。这种郊祀理论，自然符合东汉时代皇帝加强专制集权统治的需要。

毋庸置疑，在东汉，皇帝的至尊地位在政治上已不可动摇，可是，这种至尊地位的保障，仅依靠政治制度还不够，尚需要通过各种礼仪形式来加以强化。东汉皇帝参与、主持郊天祭祀大典，正是突出其至尊地位的一种重要方式。从这一点来看，东汉的郊天祭祀已被纳入维持皇帝权威的至上及地位的至尊的礼仪规范之中。

（三）东汉的郊天祭祀，可以充分体现国家重要官员的等次地位

在举行郊祀大典时，国家重要官员要参加助祭，并且，还要执掌祭祀中的事务。《续汉书·百官志一》记载，太尉"凡郊祀之事，掌亚献"；司徒"凡郊祀之事，掌省牲洗濯"；司空"凡郊祀之事，掌扫除乐器"。显然，东汉三公在郊天祭祀中，分掌的事务是很重要的。在九卿中，也有一部分官员执掌祭事。《续汉书·百官志一》记载，太常"每祭祀，先奏其礼仪；及行事，常赞天子"；光禄勋"郊祀之事，掌三献"；大鸿胪"其郊庙行礼，赞导，请行事，即可，以命群司"。东汉国家使这些重要官员执掌郊天祭祀中的事务，当是先秦时代祭政合一制度的残存。在祭政合一的体制下，官员在政治上的地位与祭祀中的执掌是一致的。因此，当时官员在祭祀时，以有事为荣。各级官员"以官之职掌，各供其事"。周代将这种做法称为"序事"。《礼记·中庸》："序事，所以辨贤也。"说明通过官员在祭祀中执掌事务的状况，可以辨别官员的等次和才能。

从三公情况来看，在国家官员中，其秩级最高，因而，他们能够在郊天祭祀中掌管重要的事务。这样，通过郊天大典，三公的重要地位可以得到充

---

① 《春秋繁露》卷一五《郊义》。

分的表现。不仅如此，三公在国家事务中的班次有差别。因而，这种差别在他们执掌的祭事中就有明显表现。例如，太尉在郊天祭祀中，掌"亚献"，仅次于皇帝的献祭，所以他在三公中的班次便最显要。这与其政治上的等次是一致的。在九卿中，凡在郊天祭祀中有执事的，其班次都是居于前列的。而且，祭祀中的执事越多，其地位越重要。例如，太常"掌礼仪祭祀。每祭祀，先奏其礼仪；及行事，常赞天子"①。因而，在九卿中，他居于最前列。正如《汉官解诂》称："太常，社稷郊畤，事重职尊，故在九卿之首。"② 这正说明，太常的显要班次，正是由于他在国家祭祀中的地位决定的。由于东汉国家将"序事"的原则渗透到郊天祭祀的礼仪中，在郊天祭祀时的执事，便成为区分国家重要官员等次、地位的标准之一。

此外，还要指出的是，不仅郊天祭祀的正式祭祀大典与现实统治联系密切，就是临时的告祭仪式，也常常包含政治内容。其中最重要的便是皇帝谥号的确定。《后汉书·明帝纪》载中元二年诏："（太尉）熹告谥南郊，司徒䜣奉安梓宫，司空鲂将校复土。"这说明，东汉皇帝谥号的确定，必须要由三公告祭南郊。东汉国家之所以要这样确定谥号，正如《白虎通·谥篇》所说："天子崩，大臣至南郊谥之何？以为人臣之义，莫不欲褒其君，掩恶持善者，故之南郊，明不得欺天也。"由此看来，东汉国家临时告祭南郊，也与现实的政治统治有很密切的联系。

综上可见，东汉郊天祭祀已成为国家维持其政治统治的重要辅助方式。这是儒家祭祀观念渗透到东汉郊天祭祀中的必然结果。因而，东汉郊天祭祀不仅在祭祀活动中，就是在现实的政治生活中也具有不可忽视的影响。

（原载《吉林大学古籍研究所建所十五周年纪念文集》，吉林大学出版社，1998 年）

---

① 《续汉书·百官志二》。
② 《太平御览》卷二二八《设官部》引。

东汉明堂祭祀考略

古代社会明堂祭祀出现得很早。《淮南子·主术训》："（神农）以时尝谷，以于明堂。"这是关于明堂祭祀起源的最早记载，也代表了汉代人对明堂祭祀出现的看法。实际上，先秦时期，国家确实设有明堂，并使之成为祭祀与施政的场所。先秦时期的明堂祭祀，对汉代国家统治者影响很大：汉武帝"作明堂汶上"①，使明堂成为国家祭祀的重要地方；光武帝刘秀建立东汉后，沿袭西汉制度，仍然设置明堂；至汉明帝时又规定了明堂祭祀礼仪，使东汉的明堂祭礼具有明显的时代特点。鉴于此，本文拟对东汉明堂祭祀在国家祭礼中的位置、明堂祭祀的神祇规定以及明堂祭祀的类型与明堂正祭仪式的特点诸问题做一些探讨，希望有助于深化对东汉明堂祭祀活动的认识。

一、明堂祭祀在国家祭礼中的位置

东汉明堂祭祀是国家的重要祭祀活动。在东汉建国初，确切说也就是中元元年，光武帝便"初起明堂、灵台、辟雍，及北郊兆域"②。汉明帝即皇位后，又开始制定明堂祭祀礼仪，并且于永平二年"宗祀光武皇帝于明堂，帝及公卿列侯始服冠冕、衣裳、玉佩、绚履以行事"③。实际上，东汉的明堂祭祀已经成为具有固定场所和专门礼仪的活动。那么，东汉明堂祭祀在东汉国家的祭礼中处于怎样的位置呢？这是首先需要讨论的问题。在东汉国家制定的祭祀制度中，除了明堂祭祀之外，还有郊天、郊地、宗庙、寝庙、社稷、

---

① 《汉书》卷二五下《郊祀志下》。
② 《后汉书》卷一下《光武帝纪下》。
③ 《后汉书》卷二《明帝纪》。

迎时气等大的祭祀活动。在这些祭祀活动中,郊祀无疑是最受皇帝重视的祭祀。可是,在东汉初年,郊祀却有一个演变过程,也就是郊祀由最初对天、地的合祭,改变为对天、地的分别祭祀。《续汉书·祭祀志上》:"(建武)二年正月,初制郊兆于雒阳城南七里,依鄗。采元始中故事。为圆坛八陛,中又为重坛,天地位其上,皆南乡,西上。"可见在东汉初年,光武帝是将天、地都作为主神一并加以祭祀的。但在中元元年,光武帝"初营北郊……别祀地祇,位南面西上,高皇后配,西面北上,皆在坛上,地理群神从食,皆在坛下,如元始中故事"①。这样,东汉的郊祀就分为两部分,即在南郊祭天,在北郊祭地。实际上,对天、地分别祭祀,突出了郊天在东汉国家祭礼中的最高地位,同时,也使郊祀礼中的郊天成为独立的祭祀活动。东汉国家这样做的目的,正是要使皇帝与天之间虚构的血缘联系通过郊天祭祀明显表现出来。正因为东汉郊天祭祀活动具有了至上性,这种祭祀活动也就成为区别其他种类祭祀等次高下的重要参照。因此,将东汉明堂祭祀与郊天祭祀做比较,就可以明显看出这种祭祀在国家祭礼中所处的位置。

东汉国家为了表现明堂祭祀与其他祭祀活动的不同,特别将明堂祭祀称为"宗祀"。如《后汉书·和帝纪》:"(永元)五年春正月乙亥,宗祀五帝于明堂,遂登灵台,望云物。"当时将明堂祭祀称为"宗祀",是要体现出明堂祭祀的特殊意义。《后汉书·刘赵淳于江刘周赵列传》序:"孔子曰:'夫孝莫大于严父,严父莫大于配天,则周公其人也。'"李贤注曰:"配天,谓宗祀文王于明堂,以配上帝。"这就是说"宗祀"是一种将祭祀祖先作为配祭上帝的活动。因此东汉人郑玄明确指出:"尊祖严父,宗祀配天于明堂之中。"② 在时人看来,"宗祀"正是对祖先祭祀的最高方式。尽管"宗祀"是一种重要的祭祀活动,但是,在汉代人的宗教观念中,这种祭祀并不是最高等次的祭祀。《汉书·平帝纪》:"(元始)四年春正月,郊祀高祖以配天,宗祀孝文以配上帝。"显然西汉国家是将宗祀置于郊祀之后的。东汉国家依然承袭了这种做法。《续汉书·舆服志下》:"郊天地,宗祀明堂,则冠之。"这说明,在东汉国家祭祀制度中,"宗祀明堂"的礼仪等次还是在郊祀天、地

---

① 《后汉书》卷二《明帝纪》。

② 《后汉书》卷四〇下《班彪传》。

之后的。

东汉明堂祭祀所处的这种位置，还可以从当时国家其他的祭祀礼仪中表现出来。《续汉书·礼仪志上》："正月上丁，祠南郊。礼毕，次北郊，明堂，高庙，世祖庙，谓之五供。五供毕，以次上陵。"这里提到的"祠南郊"，正是东汉皇帝郊祀至上天神的活动。在郊天祭祀之后，按照当时的礼仪要举行"五供"，"五供"正是郊天祭祀的延续。从《续汉书·礼仪志上》的记载来看，明堂的供祀在北郊之后、高庙之前。东汉"五供"的这种排列次序表明，明堂祭祀的地位是次于北郊祭地的。虽然东汉国家使明堂祭祀的等次处于郊天、地之后，但对明堂祭祀还是很重视的。

从祭祀礼仪中的乐舞来看，明堂祭祀"牲各一犊，奏乐如南郊"①。也就是说，明堂祭祀的乐舞与南郊祭天的是相同的。不仅如此，《续汉书·舆服志上》："行祠天郊以法驾，祠地、明堂省什三，祠宗庙尤省，谓之小驾。"这说明，皇帝参加明堂祭祀时，其车辆的配置仅次于郊天祭祀，而与北郊祭地完全相同。从祭服的穿着来看，《续汉书·祭祀志下》："天子、三公、九卿、特进侯、侍祠侯，祀天、地、明堂，皆冠旒冕，衣裳玄上𫄸下。"很明显，东汉皇帝与三公、九卿等参加明堂祭祀与郊祀天、地的祭服是相同的。东汉国家这样来确定郊天、地与明堂祭祀的车辆配置与祭服，一方面要表现明堂祭祀是低于郊天、地祭祀的，另一方面也要突出明堂祭祀在国家祭礼中的重要地位。由此来看，东汉明堂祭祀是仅次于郊天、地祭祀的，是在东汉国家祭礼中占有重要地位的祭祀活动。

当然，需要指出的是，东汉国家设置的明堂并不是一处而是两处。光武帝中元元年，在洛阳设置了一处明堂，称为洛阳明堂。另一处明堂，则为保留的西汉明堂，即汉武帝的"汶上明堂"。从汉章帝开始，对汶上明堂进行祭祀。元和二年，"宗祀五帝于汶上明堂"②。东汉国家对汶上明堂祭祀的礼仪规格也有明确规定。《续汉书·祭祀志中》记载，汉章帝"宗祀五帝于孝武所作汶上明堂，光武帝配，如洛阳明堂祀"。可见汶上明堂的祭祀礼仪规格与洛阳明堂是相同的。汉章帝对汶上明堂祭祀的礼仪规格为后世皇帝所遵

---

① 《续汉书·祭祀志中》。

② 《后汉书》卷三《章帝纪》。

守。例如，延光三年，汉安帝"上东巡狩，至泰山，柴祭，及祠汶上明堂，如元和三年故事"①。至汉顺帝时，又将汶上明堂"修奉常祀"②。实际上，东汉时期，汶上明堂祭祀的礼仪规格是与洛阳明堂完全相同的。因此，汶上明堂与洛阳明堂祭祀活动在国家祭礼中的位置也是一致的。

总之，东汉明堂设置包括洛阳明堂与汶上明堂。这两处明堂祭祀实行相同的礼仪，并且二者在国家祭祀制度中所处的位置也是相同的，所以可以统称为明堂祭祀。东汉国家规定的祭礼明确显示，东汉明堂祭祀是次于南郊祭天、北郊祭地的活动。可是，在国家的一些祭祀礼仪规定中，明堂祭祀又与郊祀天、地相同，这也就决定了东汉明堂祭祀在国家祭祀制度中占有不可忽视的重要地位。

二、明堂祭祀的神祇规定

在古代的祭祀活动中，确定祭祀的神祇对祭祀活动的举行、展示祭祀活动的规模以及显示祭祀的特色都具有重大的影响。所以，国家最高统治者都很重视对不同种类祭祀神祇的规定。当然，东汉国家也是如此。当时国家对郊天、郊地、宗庙、社稷等不同的祭祀，确定所祭祀的神祇是很明确的。东汉的明堂祭祀也明确规定了应该祭祀的神祇。《后汉书·明帝纪》载永平二年诏："今令月吉日，宗祀光武皇帝于明堂，以配五帝。"这就是说，汉明帝明确规定明堂祭祀的神祇有五帝神和作为祖先神的光武帝。但在东汉的明堂祭祀中，这两个神祇所处的地位并不相同。《续汉书·祭祀志中》："明帝即位，永平二年正月辛未，初祀五帝于明堂，光武帝配。"显然五帝神为明堂祭祀的主祭神祇，而光武帝则是配祭神祇。又《续汉书·祭祀志中》："永平二年正月辛未，初祀五帝于明堂，光武帝配。五帝坐位堂上，各处其方。黄帝在未，皆如南郊之位。光武帝位在青帝之南少退，西面。"东汉国家对五帝神与光武帝在祭坛上的这种设置，使五帝神为主祭神、光武帝为配祭神的地位得到更为明确的体现。自汉明帝对明堂祭祀神祇做出规定后，这些规定

① 《续汉书·祭祀志中》。
② 《续汉书·祭祀志中》。

就被以后皇帝的明堂祭祀严格遵循。例如，元和二年，汉章帝"祀五帝于明堂，配以光武，二祖四宗，咸有告祀"①；永元五年，汉和帝"宗祀五帝于明堂"②。这种以五帝神为明堂祭祀主祭神祇、以光武帝为配祭神祇的规定，在汉顺帝开始将明堂祭祀"修奉常祀"以后，就基本固定化了。因此，班固《两都赋》才说："上帝宴飨，五位时序；谁其配之，世祖光武。"③

东汉国家规定明堂主祭的五帝神祇，并不是在东汉时代才开始出现的。《周礼·天官·太宰》："祀五帝，则掌百官之誓戒，与其具修。"又《周礼·春官·小宗伯》："小宗伯之职，掌建国之神位，右社稷，左宗庙，兆五帝于四郊。"这是文献中关于五帝神的最早记载。可是，东汉人却并不认为《周礼》中的五帝与东汉国家祭祀的五帝相同。郑玄解释说："祀五帝，谓四郊及明堂。"④ 由此来看，东汉的五帝神祇的观念，不是来自礼书，而是另有来源。实际上，它是与西汉的五帝神祇的宗教观念相联系的，而西汉的五帝神的观念，则是在西汉初年形成的。《汉书·郊祀志上》："二年，东击项籍而还入关，问：'故秦时上帝祠何帝也？'对曰：'四帝，有白、青、黄、赤帝之祠。'高祖曰：'吾闻天有五帝，而四，何也？'莫知其说，于是高祖曰：'吾知之矣，乃待我而具五也。'乃立黑帝祠，名曰北畤。"这就是说，在汉高祖看来，五帝神应该为白帝、青帝、黄帝、赤帝、黑帝，这正是西汉人宗教观念中的五帝神。然而，虽然西汉的五帝被视为天神系统的帝神，但却没有被看作至上神。正因如此，方士谬忌曾向汉武帝建议祭祀泰一神，提出"天神贵者泰一，泰一佐曰五帝"⑤。汉武帝采纳了谬忌的建议，在郊祀中将五帝神作为至上神泰一的从属神来加以祭祀。西汉后期，在儒家思想的影响下，国家将至上神由泰一改为上帝，也就是"天"，但五帝神仍然被视为上帝的从属神。西汉人的五帝神为天神从属神的宗教观念完全为东汉统治者所吸收。建武二年，光武帝定都洛阳，"起高庙，建社稷于洛阳，立郊兆于城

---

① 《后汉书》卷三七《丁鸿传》李贤注引《东观纪》。

② 《后汉书》卷四《和帝纪》。

③ 《后汉书》卷四〇下《班彪传附班固传》。

④ 《周礼·天官·太宰》郑玄注。

⑤ 《汉书》卷二五上《郊祀志上》。

南"①。关于南郊祭坛情况，《续汉书》中有详细记载："制郊兆于洛阳城南七里，为坛，八陛，中又为重坛，天地位皆在坛上。其外坛上为五帝位，青帝位在甲寅，赤帝位在丙巳，黄帝位在丁未，白帝位在庚申，黑帝位在壬亥。其外为壝，重营皆紫，以象紫宫。"② 东汉南郊祭坛这种设计表现出当时国家是将天、地作为至上神，而五帝神则只处于从属神的地位。在光武帝统治后期，为了更突出南郊祭祀至上天神的地位，在北郊设置祭坛专门祭地。北郊祭坛从属神的设置为"高皇后配，西面北上，皆在坛上，地理群神从食，皆在坛下，如元始中故事。中岳在未，四岳各在其方孟辰之地，中营内。海在东；四渎河西，济北，淮东，江南；他山川各如其方，皆在外营内。四陛醊及中外营门封神如南郊"③。很明显，北郊地神的从属神是没有五帝神的。这样，五帝神只是作为至上天神的从属神而存在。

东汉国家关于明堂祭祀的主祭神为五帝、配祭神为光武帝的规定，实际是与东汉国家整个祭祀体系相适应的。可是，却与《孝经》中的明堂祭祀的观念以及西汉明堂祭祀神祇的规定存在差别。《孝经·圣治章》："宗祀文王于明堂，以配上帝。是以四海之内，各以其职来祭。"这正说明明堂祭祀的周文王只是配祭神，而主祭神则是上帝。可是，在明堂中祭祀的这两个神祇又是紧密联系的。这样做的目的在于通过祭祀祖先配祭上帝实现"尊祖严父"的理念。《孝经》中的这种说法，正是儒家明堂祭祀的观念的明确体现。汉代人受这种观念的影响很深，因此，他们在追述西周明堂祭祀时说："周公相成王，王道大洽，制礼作乐，天子曰明堂辟雍，诸侯曰泮宫。郊祀后稷以配天，宗祀文王于明堂以配上帝。"④ 显然，明堂祭祀的祖先文王只能够配祭至上神上帝。只有这样，才能"祀乎明堂，所以教诸侯之孝也"⑤。西汉时期，国家最高统治者正是遵循这种观念来确定明堂祭祀的神祇的。汉武帝设置明堂后，元封五年，"祠高祖于明堂，以配上帝"⑥。太始四年，"祀高祖于

---

① 《后汉书》卷一上《光武帝纪上》。

② 《后汉书》卷一上《光武帝纪上》李贤注引《续汉志》。

③ 《续汉书·祭祀志中》。

④ 《汉书》卷二五上《郊祀志上》。

⑤ 《礼记·祭义》。

⑥ 《汉书》卷六《武帝纪》。

明堂，以配上帝，因受计"①。实际上，汉武帝已经确定明堂祭祀汉高祖是为了配祭上帝。这种明堂祭祀的神祇规定与儒家明堂祭祀的观念是一致的。当然，汉武帝对明堂祭祀的神祇规定并没有完全固定化。太始四年，汉武帝在明堂祭祀时，不仅祭祀了汉高祖，还"祀孝景皇帝于明堂"②。特别是元始五年"春正月，祫祭明堂"。所谓祫祭，正如应劭所说："祫祭者，毁庙与未毁庙之主皆合食于太祖。"尽管汉武帝在明堂祭祀时，祭祀的先帝是不固定的，但对这些先帝的祭祀，都是为了配祭上帝。也就是说，西汉明堂祭祀的主祭神祇为上帝，这是基本确定的。实际上，西汉明堂祭祀确定了在以上帝为主祭神祇的前提下，配祭神祇可以为西汉多位先帝。尽管如此，在这些配祭神祇中，汉高祖始终是居于首位的。但是，东汉国家为明堂祭祀规定的主祭神为五帝、配祭神为光武帝，这都与西汉明堂祭祀的神祇规定不同。这种情况的出现，是因为东汉明堂祭祀与郊天、郊地、宗庙、社稷祭祀一样，都不是孤立的活动，而是处于一个完整的祭祀体系中，因而，明堂祭祀的神祇规定就要适应这种祭祀体系。

一如前述，东汉国家制定的祭祀体系表现出明显的等级性。在这个等级体系中，明堂祭祀的等次是在郊天、地之后的，所以，明堂祭祀的神祇规定也要表现出这种等级特点。从东汉郊天祭祀的神祇来看，主祭的神祇为至上天神，而配祭的神祇，据《续汉书·祭祀志上》记载："陇、蜀平后，乃增广郊祀，高帝配食，位在中坛上，西面北上。"就是说，配祭的神祇在东汉初年就确定为汉高祖。在东汉北郊祭地时，"别祀地祇，位南面西上，高皇后配，西面北上，皆在坛上，地理群神从食，皆在坛下，如元始中故事"③。在北郊祭祀中，显然主祭神为地神，配祭神为高皇后，也就是吕后。实际东汉关于南郊、北郊祭祀的主祭神、配祭神的规定，是阳、阴相对的，且北郊的神祇的等级要低于南郊。东汉国家对南、北郊神祇的规定的这种特点，决定了在确定明堂祭祀神祇时，要充分体现出所祭祀的神祇与至上天神的关系。在东汉国家确定的神祇等级中，天神为至上神，而五帝神则为天神的从

---

① 《汉书》卷六《武帝纪》。

② 《汉书》卷六《武帝纪》。

③ 《续汉书·祭祀志中》。

属神。这样，明堂祭祀以五帝神为主祭神，就使南郊祭祀的神祇与明堂祭祀的神祇形成了等级差别。同时，由于五帝神为至上天神的从属神，所以明堂祭祀的主祭神祇又是与至上天神紧密联系的。可以说，在一定意义上，对五帝神的祭祀，也就隐含着对至上天神的祭祀。东汉明堂祭祀以光武帝为配祭神，这与光武帝建立了东汉王朝的特殊地位有密切关系。东汉王朝认为是汉高祖所建的西汉王朝的延续，所以，汉高祖被认为是东汉国家的先祖。但是，东汉王朝实际是由皇室的旁系宗亲建立的国家，要使东汉王朝的统治稳定，就不能不使东汉开国皇帝光武帝在人鬼系统的神祇中处于很高的地位。这样，东汉国家在确定汉高祖为南郊祭祀的配祭神后，就在明堂祭祀中以光武帝作为配祭神。以光武帝作为明堂祭祀的配祭神，一方面要表现光武帝与汉高祖在人鬼系统的神祇中的地位差别，另一方面也表现出光武帝作为东汉先祖的特殊地位。

综上可见，东汉国家确定了明堂祭祀的主祭神祇为五帝神、配祭神祇为光武帝。东汉国家对明堂祭祀的神祇规定，是为了适应当时国家祭祀体系的神祇等级化的需要。但是，东汉明堂祭祀的主祭神祇与配祭神祇，并不是与最高等次的神祇没有联系的。实际上，明堂祭祀的主祭神与南郊祭祀的天神具有从属联系；配祭神光武帝与南郊配祭神汉高祖则表现出密切的血缘联系。这样，就使东汉明堂祭祀适应了东汉国家政治统治的需要。虽然东汉明堂祭祀关于主祭神祇与配祭神祇的规定没有完全遵循儒家明堂祭祀的观念，但是这种神祇规定并不是对传统明堂祭祀的颠覆，只是为适应东汉的形势而实行的一种变通。

三、明堂祭祀的类别及正祭仪式的特点

东汉明堂祭祀在国家祭祀体系中居于显要位置，并且当时国家需要充分利用明堂祭祀表现其宗教观念，因此，明堂祭祀的方式就呈现出明显不同的类别。前引《后汉书·章帝纪》："（建初）三年春正月己酉，宗祀明堂。礼毕，登灵台，望云物。"这里提到的明堂祭祀，实际为一种正祭的方式。东汉国家的明堂祭祀方式尚不限于此。《续汉书·礼仪志上》："正月上丁，祠南郊。礼毕，次北郊，明堂，高庙，世祖庙，谓之五供。五供毕，以次上

陵。"实际上，五供也是明堂祭祀的一种方式。只不过这种方式是在国家郊天祭祀后进行的，因此，这种明堂祭祀只是郊天祭祀的一种补充。

除此之外，东汉国家在遇到重大事情时也要在明堂中举行临时的祭祀活动。《后汉书·钟离意传》记载，永平三年夏旱，汉明帝下诏："汤引六事，咎在一人。其冠履，勿谢。比上天降旱，密云数会，朕戚然惭惧，思获嘉应，故分布祷请，窥候风云，北祈明堂，南设雩场。"很明显，在国家出现旱灾时，明堂是举行求雨祭的地方。在时人看来，在明堂举行的求雨祭实际可以与雩祭起到相同的作用。

在各类明堂祭祀中，东汉国家最重视明堂的正祭。当然，对明堂的正祭是包括洛阳明堂与汶上明堂的祭祀的。下面对东汉明堂祭祀正祭举行情况做一些阐释。

统计《后汉书》的记载，从汉明帝确定明堂祭祀礼仪后，东汉一朝举行明堂正祭共有 7 次：永平二年，汉明帝"宗祀光武皇帝于明堂"①；建初三年，汉章帝"宗祀明堂"②；元和二年，汉章帝"宗祀五帝于汶上明堂"③；永元五年，汉和帝"宗祀五帝于明堂"④；延光三年，汉安帝"宗祀五帝于汶上明堂"⑤；永和元年，汉顺帝"宗祀明堂"⑥；汉安元年，汉顺帝"宗祀明堂"⑦。在汉顺帝以后，就不见东汉皇帝举行明堂正祭的记载。由此来看，东汉国家举行明堂正祭的次数并不多，至东汉后期，甚至停止了明堂正祭。因此，从明堂祭祀举行的情况来看，它与国家定期举行的南、北郊祭祀是有很大不同的。这说明，东汉明堂正祭在时间上没有固定的规定，并不是每年都要举行。尽管如此，由于明堂祭祀在国家祭礼中处于特殊位置，所以国家举行明堂正祭是很隆重的，并且有严格的礼仪规定。

首先，明堂祭祀有明确的主祭者与助祭者。《后汉书·明帝纪》："（永

---

① 《后汉书》卷二《明帝纪》。

② 《后汉书》卷三《章帝纪》。

③ 《后汉书》卷三《章帝纪》。

④ 《后汉书》卷四《和帝纪》。

⑤ 《后汉书》卷五《安帝纪》。

⑥ 《后汉书》卷六《顺帝纪》。

⑦ 《后汉书》卷六《顺帝纪》。

平）二年春正月辛未，宗祀光武皇帝于明堂，帝及公卿、列侯始服冠冕、衣裳、玉珮、絇履以行事。"这说明，汉明帝开始实行明堂祭祀礼仪时，是由他亲自担当明堂祭祀的主祭者的，而三公、九卿以及列侯只能以助祭者的身份参加明堂祭祀。汉明帝确定的明堂祭祀由皇帝主祭的规定，为后世皇帝所遵守，因而，也就成为固定的祭祀制度。

从参加明堂正祭的助祭者来看，并不限于三公、九卿以及列侯。班固《两都赋》："《明堂诗》：於昭明堂，明堂孔阳；圣皇宗祀，穆穆煌煌。上帝宴飨，五位时序；谁其配之，世祖光武。普天率土，各以其职；猗与缉熙，允怀多福。"① 这说明，以助祭身份前来参加明堂祭祀的，不仅有中央官员，也有来自地方的人。东汉国家要用明堂祭祀进行教化，因而参加助祭的人数是很多的。《续汉书·舆服志下》："乘舆备文，日月星辰十二章，三公、诸侯用山龙九章，九卿以下用华虫七章，皆备五采，大佩，赤舄絇履，以承大祭。百官执事者，冠长冠，皆祗服。"据此可知，东汉国家举行明堂祭祀，九卿以下的官员都可以参加助祭，只是因为官职的秩级高低不同，在明堂祭祀的助祭活动中表现出等级差别罢了。《续汉书·舆服志上》："公、卿、中二千石、二千石，郊庙、明堂、祠陵，法出，毕大车，立乘，驾驷。他出乘安车。"东汉国家对参加助祭官员所乘车辆的规定，也是这种等级差别的体现。

其次，明堂祭祀的献祭仪式具有固定的礼仪程序。《续汉书·礼仪志上》："正月，天郊，夕牲。昼漏未尽十八刻初纳，夜漏未尽八刻初纳，进熟献，太祝送，旋，皆就燎位，宰祝举火燔柴，火然，天子再拜，兴，有司告事毕也。明堂、五郊、宗庙、太社稷、六宗夕牲，皆以昼漏十四刻初纳，夜漏未尽七刻初纳，进熟献，送神，还，有司告事毕。"这就是说，东汉明堂正祭包括"进熟献""送神"和"告事毕"三项仪节。在这三项仪节中，"进熟献"是重要的环节。因为这项仪式是通过进献牺牲熟肉来表示对祭祀神祇的敬意的。东汉明堂祭祀的这种献祭方式，实际与古礼并没有太大的差别，只是落后宗教意识的一种表现。

东汉明堂祭祀过程，始终要伴以歌舞。正如《续汉书·祭祀志中》所说："牲各一犊，奏乐如南郊。"明堂祭祀的乐舞与郊天之祭是相同的。但

---

① 《后汉书》卷四〇下《班彪传附班固传》。

是，在明堂祭祀中有两种乐舞占有更重要的地位。《续汉书·舆服志下》："祠天地五郊明堂，《云翘舞》乐人服之……天地、五郊、明堂，《育命舞》乐人服之。"可见《云翘舞》《育命舞》是明堂祭祀的主要乐舞。《云翘舞》《育命舞》在西汉祭祀活动中不见，当是东汉才出现的。《续汉书·祭祀志上》："陇、蜀平后，乃增广郊祀，高帝配食……凡乐奏《青阳》《朱明》《西皓》《玄冥》，及《云翘》《育命》舞。"这说明，东汉初年，光武帝在郊天祭祀中，首先采用《云翘》《育命》乐舞。后来，这种乐舞又在北郊、明堂祭祀中被采用。正如《通典·乐一》所称："北郊及祀明堂，并奏乐如南郊。"东汉在明堂献祭仪式中表演乐舞，是对传统祭祀仪式的承袭，以此表示迎神、送神的最高敬意。宋人马端临说："汉高祖令舞人执干戚，舞《武德》之舞，光武迎秋气，亲执干戚，舞《云翘》《育命》之舞，亦庶乎近古也。"①虽然马端临说《云翘》《育命》之舞是在迎时气时表现对古制的遵循，其实，东汉明堂祭祀中《云翘》《育命》乐舞的表演也具有这种意义。《周礼·春官·大司乐》："以六律、六同、五声、八音、六舞大合乐以致鬼神示，以和邦国，以谐万民。"应该说在古礼中，祭祀乐舞具有教化的意义。由此来看，东汉明堂祭祀乐舞的表演就不只是表示对祭祀神祇的敬意，也仍然保持着古礼的传统，有重要的教化作用。

最后，明堂正祭礼仪结束后，一般要有登灵台的仪式。例如，汉章帝"宗祀明堂。礼毕，登灵台，望云物"②；汉和帝"宗祀五帝于明堂，遂登灵台，望云物"③。东汉灵台是光武帝于中元元年与明堂一起修建的。《后汉书·光武帝纪下》李贤注引《汉宫阁疏》曰："灵台高三丈，十二门。天子曰灵台，诸侯曰观台。"《续汉书·祭祀志中》刘昭注引《东京赋》曰："左制辟雍，右立灵台。"薛综注曰："于之班教曰明堂，大合乐射飨者辟雍，司历记候节气者曰灵台。"可见灵台的设置，主要是为了观察天象与季节的变化，这与明堂祭祀起到的教化作用是不同的。东汉国家将明堂祭祀与登灵台的活动结合起来，也就具有了重要的象征意义。实际上，东汉国家举行明堂

---

① 《文献通考》卷一四四《乐考十七》。
② 《后汉书》卷三《章帝纪》。
③ 《后汉书》卷四《和帝纪》。

祭祀后，皇帝登灵台的目的正是要"望云物"。所谓"云物"，晋人杜预说："云物，气色灾变也。"① 所以"望云物"也就是观察自然现象的变化以及是否有自然灾害的出现。因此，可以说在东汉明堂正祭礼仪结束后，参加明堂祭祀的皇帝登灵台"望云物"，正是要通过这种仪式体现出对自然状况的关注。正因如此，东汉明堂祭祀，就不只是表现参与祭祀的皇帝对政治统治的重视，而且还要展示他们实现"恢弘大道，被之八极"② 的目的。

　　总而言之，东汉明堂的正祭已经具有严整、有序的礼仪规定。这种祭祀礼仪一方面沿袭了传统祭礼的原始性，同时又将东汉人的宗教和教化观念渗入到明堂正祭的仪式中，因此，这种祭祀礼仪不仅具有浓厚的宗教色彩，也是明堂祭祀实现的保证。同时，这些祭祀礼仪的实行还与国家最高统治者实现教化的目的紧密联系，使明堂祭祀成为国家进行统治的一种方式。不仅如此，东汉国家又进一步将明堂祭祀与登云台的礼仪活动相结合，进一步增强了明堂祭祀所具有的教化意义。

（原载《咸阳师范学院学报》2011 年第 1 期）

---

① 《续汉书·祭祀志中》刘昭注引。
② 《后汉书》卷二《明帝纪》。

汉碑中所见东汉时期的
山岳祭祀

东汉时期，随着儒家思想对祭祀活动影响的加深，对山岳的祭祀已经成为国家祭礼中的重要内容。在当时国家的祭礼中，有对五岳名山的祭祀，也有对由国家确认的地方郡国名山的祭祀。在祭祀方式上，既有对名山定期的祭祀，也有以名山为祈祷对象的求雨祭。东汉国家举行的这些祭祀山岳活动，表现出时人对山岳的自然崇拜。所以，要深入认识东汉国家祭祀的特点，就需要对祭祀山岳活动做必要考察。可是，在文献中，对当时山岳祭祀的记载缺乏，史料并不多见。然而，值得注意的是，汉碑中保留了一些祭祀山岳的记载，这为了解当时祭祀山岳的问题提供了宝贵史料。本文拟以汉碑中山岳祭祀的记载为主，结合文献材料，对与东汉山岳祭祀的相关问题做一些探讨。

一、汉碑中所见祭祀的名山

在中国古代社会，人们对山岳的崇拜以及举行祭祀山岳的活动起源很早。早在西周时期，祭祀山岳就已经成为国家规定的祭礼的一部分。一些礼书均追述了当时祭祀山岳的情况。如《礼记·曲礼下》："天子祭天地，祭四方，祭山川，祭五祀，岁遍。诸侯方祀，祭山川，祭五祀，岁遍。"这一记载将对山岳与河流的祭祀结合在一起，这只是当时的一种说明方式。实际上，对山岳与河流的祭祀并不是同时进行的。需要注意的是，在周代就已将祭祀山川作为天子、诸侯才可举行的活动，所以当时对山岳与河流的祭祀就占有很重要的地位。

自西周以来形成的这种山岳祭祀在国家祭礼中居于重要地位的观念，也为后来的儒家思想所吸收。至西汉，随着儒家思想对国家祭祀活动的不断影响与渗透，对山岳的祭祀越来越为国家统治者所重视。《汉书·武帝纪》载西汉建元元年（前140）五月诏："河海润千里，其令祠官修山川之祠，为岁事，曲加礼。"这种祭祀正如颜师古说："岁以为常是也。总致敬耳，非止祈农。"① 实际上，汉武帝下此诏的目的就是要将国家对山岳与河流的祭祀纳入祭礼，并使之成为国家祭祀活动的一部分。

东汉时期，祭祀山岳不仅仍然是国家祭礼的重要内容，并且对当时可以祭祀的山岳的规定更为明确。《后汉书·明帝纪》载永平十八年（75年）诏："自春已来，时雨不降，宿麦伤旱，秋种未下，政失厥中，忧惧而已。……二千石分祷五岳四渎，郡界有名山大川能兴云雨者，长吏各洁斋齐祷请，冀蒙嘉澍。"② 这是汉明帝为祈雨而下诏祭祀名山大川。从这一诏书可以看出，汉明帝是将国家可以祭祀的山岳分为两部分：一为五岳名山；二为二千石郡太守管辖郡内的名山。这两种名山都可以成为国家祭祀的对象。

从五岳祭祀的情况来看，在《周礼·春官·大宗伯》中有"以血祭祭社稷、五祀、五岳"的记载。这说明，先秦时期就已出现祭祀五岳的活动，而且这一活动直接影响了西汉国家对五岳的祭祀。实际上，从西汉开始，五岳祭祀已经成为国家祭礼中的一部分。《汉书·郊祀志下》："（神爵元年）自是五岳、四渎皆有常礼。东岳泰山于博，中岳泰室于嵩高，南岳灊山于灊，西岳华山于华阴，北岳常山于上曲阳，河于临晋，江于江都，淮于平氏，济于临邑界中，皆使者持节侍祠。唯泰山与河岁五祠，江水四，余皆一祷而三祠云。"可见，汉宣帝是将东岳泰山、中岳嵩高山、南岳灊山、西岳华山、北岳常山作为国家举行定期祭祀的名山。只是对泰山的祭祀为一年五祭，而对嵩高山、灊山、华山、常山，则采取"一祷而三祠"的祭祀方式。这说明，在五岳中，西汉国家更重视对泰山的祭祀，所以在祭祀方式上才加以区分。

东汉时期，五岳所包括的山岳有所改变。《后汉书·西羌传》："西羌之本，出自三苗，姜姓之别也。其国近南岳。"李贤注："衡山也。"可见东汉

---

① 《汉书》卷六《武帝纪》颜师古注。
② 《后汉书》卷二《明帝纪》。

的南岳已经不是灊山而改为衡山。五岳中一些山岳的名称也有变化。《后汉书·顺帝纪》："（阳嘉元年）庚申，敕郡国二千石各祷名山岳渎；遣大夫、谒者诣嵩高、首阳山，并祠河、洛，请雨。"《后汉书·灵帝纪》李贤注引《东观汉记》："使中郎将堂溪典请雨，因上言改崇高山名为嵩高山。"显然，中岳嵩高山一度改名为崇高山，汉灵帝又改回原名。

将郡国内名山作为祭祀对象则是从东汉开始的。《续汉书·祭祀志中》载汉章帝元和二年（85 年）正月诏："山川百神，应祀者未尽。其议增修群祀宜享祀者。"这一诏书的目的是，要求增加对各地名山、大川的祭祀。这就使得东汉国家对名山的祭祀不只限于五岳，还包括各郡国内的名山。很明显，这一做法是要将各郡国名山纳入国家祭礼中。正因如此，郡国内的山岳要成为可以祭祀的名山，就与获得国家确认密切联系在一起。

对东汉国家确定郡国内山岳成为可以祭祀的名山，汉碑中有明确记载。《白石神君碑》："县界有六名山，三公封龙灵山，先得法食去。光和四年，三公守民盖高等，始为无极山诣太常求法食。"[①] 这一碑文中提到的三公山、封龙山、无极山都在常山国内，即为郡国内名山。可是，对它们的祭祀并不是随意的，也就是说，它们要成为可以祭祀的山岳有一个过程。这就是要上奏朝廷，然后由国家掌管礼仪的太常批准。所谓"诣太常求法食"的意义就在于此。

郡国内山岳成为国家确认的可祭祀的山岳后，也就成为具有灵性的神山。《封龙山颂》："元氏封龙山之颂。惟封龙山者，北岳之英援，三条之别神，分体异处，在与邦内。……能烝云兴雨，与三公、灵山，协德齐勋。国旧秩而祭之，以为三望。"[②] 这一碑文中称道郡国内可祭祀山岳的词句说明，这些山岳与普通的山岳不同，已经成为国家礼典中的一部分。这些纳入东汉国家礼典的郡国名山，见于汉碑中的有三公山、封龙山、无极山、白石山、桐柏山等。而见于文献记载的则有首阳山。[③]

不过，应该指出的是，郡国内这些经国家确认可祭祀的山岳在神祇地位

①　《隶释》卷二。

②　《隶释》卷三。

③　《后汉书》卷六《顺帝纪》。

上还是同五岳名山存有差别。《白石神君碑》："白石神君居九山之数，参三条之壹，兼将军之号，秉斧钺之威。体连封龙，气通北岳，幽赞天地，长育万物。"① 该碑文虽然赞扬了白石山的重要地位，可却认为其"气通北岳"。这说明，在东汉人的宗教观念中，尽管白石山是可祭祀之山，但仍被视为北岳恒山的一部分，因而，只处于从属神的地位。当然，其他郡国内的可祭祀山岳也同样如此。郡内名山神祇地位与五岳名山存在的差别，决定了祭祀这些山岳的礼仪要低于祭祀五岳名山的礼仪。

东汉时期，国家将五岳名山以及郡国内的名山都作为祭祀对象，因而在当时山岳崇拜的观念中就将这些山岳都视为神山，认为它们具有福佑当时社会的神性。从东汉人的宗教观念来看，这些名山的神性主要表现为两方面内容：

其一，具有保佑人们生产、生活的神性。《封龙山颂》："黍稷既馨，牺牲博硕。神歆感射，三灵合化，品物流形。农实嘉谷，粟至三钱，天应玉烛。"②《白石神君碑》："敬恭明祀，降福孔殷。故天无伏阴，地无鲜阳，水无沉气，火无灾燀。时无逆数，物无害生。用能光远宣朗，显融昭明。年谷岁熟，百姓丰盈。粟升五钱，国界安宁。"③ 这些碑文对名山的颂扬表明，祭祀名山可以获得风调雨顺、农业丰收、生活富足的结果。因此，梁朝人刘昭说，东汉祭祀名山就是要"以祈丰年，以致嘉福，以蕃兆民"④。由此可见，当时对这些名山的定期祭祀正是要使名山充分显示其神性。

其二，具有兴云降雨的神性。实际上早在周代，人们就已经开始认为山岳可以兴云降雨。《礼记·祭法》："山林川谷丘陵能出云，为风雨。"可是，当时人们对山岳的这种神性关注不足。至东汉时代，此等情况大为改观。故在汉碑中，关于名山具有降雨神性的记载是很多的。如《西岳华山庙碑》："《周礼·职方氏》：'河南山镇曰华。'谓之西岳。……其有风旱，祈祷祈求，靡不报应。"⑤ 又如，《无极山碑》："光和二年戊子诏书……去年五月，常山

---

① 高文：《汉碑集释》卷三，河南大学出版社，1997年。

② 洪适：《隶释》卷三。

③ 洪适：《隶释》卷二。

④ 《续汉书·祭祀志中》刘昭注。

⑤ 洪适：《隶释》卷二。

相遣吏王勋，三□弘褒诣三公山，请雨山神。即使高传言，令勋、褒归□雨可得。三公山即兴龙灵山、无极山，共兴云交雨。"① 很明显，在这些碑文中，对五岳名山和郡国名山的降雨神性都做了特别渲染。这说明，东汉时代，人们对名山具有兴云降雨的神性不仅深信不疑，而且具有一种强烈期盼的愿望。

当然，有些文献对名山可以兴云降雨也有详细描述。如《续汉书·五行志一》刘昭注引蔡邕《伯夷叔齐碑》："熹平五年，天下大旱，祷请名山，求获答应。……天子开三府请雨使者，与郡县户曹掾吏登山升祠。手书要曰：'君况我圣主以洪泽之福。'天寻兴云，即降甘雨也。"可见在时人看来，向名山请雨是会获得很灵验的回报的。正因为东汉人在宗教观念中赋予了名山这些神性，所以东汉的求雨祭也就开始包括向名山祈祷的活动。

综上可知，东汉时期，国家已经将山岳祭祀作为国家祭礼的一部分。在当时的国家祭祀礼典中，五岳名山是国家必须要祭祀的山岳。从东汉前期开始，国家不断扩大祭祀山岳的范围，一些郡国内名山也开始成为可以祭祀的山岳。不过，东汉国家对郡国名山的祭祀具有控制权。郡国名山只有获得国家确认，才能成为祭祀对象。东汉国家实行这种做法，是为了将山岳祭祀纳入国家祭礼。因为在东汉时代的宗教观念中，名山具有很强地福佑人们生产、生活以及能够兴云降雨的神性，所以东汉的山岳祭祀，正是当时国家为了适应这种对山岳崇拜的宗教观念而必须举行的礼仪活动。

二、汉碑中所见祭祀山岳的祠庙

东汉时期，国家祭祀五岳名山及郡国名山，需要专门的祭祀场所。这种场所是与当时社会祭祀活动中出现的祠庙联系在一起的。在关于东汉的文献中，已经有很多修建祠庙进行祭祀的记载。史载，东汉光武帝对族兄刘赐"亲厚之，数蒙宴私，时幸其第，恩赐特异。赐辄赈与故旧，无有遗积。帝为营冢堂，起祠庙，置吏卒，如春陵孝侯"②。这种祠庙又可称为"祠堂"，

---

① 《隶释》卷三。
② 《后汉书》卷一四《安成孝侯赐传》。

也可简称为"祠"。当然，东汉修建祠庙，并不只是为了墓祭，有时也为了纪念有功官员。例如，公孙述占据益州时，"（文）齐固守拒险，述拘其妻子，许以封侯，齐遂不降。闻光武即位，乃间道遣使自闻。蜀平，征为镇远将军，封成义侯。于道卒，诏为起祠堂，郡人立庙祀之"①。

除此之外，对一些特殊的神祇，当时也特别修建祠堂进行祭祀。如《后汉书·刘盆子传》李贤注："军中常有齐巫鼓舞祠城阳景王，以求福助。"李贤注："以其定诸吕，安社稷，故郡国多为立祠焉。"就是说，在当时城阳景王已被视为有功之神，所以各地都有祭祀他的祠堂。这些情况说明，东汉时期，用祠堂祭祀的对象是很多的。显然，在当时，以祠堂（即祠庙）来作为重要的祭祀场所而举行祭祀活动已经开始形成风气。

东汉时期，对名山的祭祀也在固定场所进行。这个固定场所就是祠庙。实际上，在西汉时，国家就已经开始修建祠庙对一些名山进行祭祀。据《汉书·地理志上》载，当时为祭祀名山而建的祠庙有："太华山在南，有祠，豫州山。集灵宫，武帝起。莽曰华坛也"；河东郡"蒲反，有尧山、首山祠"；庐江郡"灊，天柱山在南。有祠"；常山郡"上曲阳，恒山北谷在西北。有祠。并州山"；泰山郡"博，有泰山庙。岱山在西北，求山上"。

除了为五岳立祠之外，一些郡国内名山也有祠庙设置。泰山郡"蒙阴，《禹贡》蒙山在西南，有祠"；齐郡"临朐，有逢山祠"；琅邪郡"昌，有环山祠"；胶东国"即墨，有天室山祠"；胶东国"昌武，下密，有三石山祠"②。西汉时期，为祭祀五岳名山以及郡国内名山所建祠庙是否在东汉继续设置？《续汉书·郡国志三》载，泰山郡"博有泰山庙，岱山在西北"。由此来看，似乎在东汉只有泰山祠庙的设置。其实，这是由于《续汉书》记载不详所致。汉碑中的记载则可补文献记载之不足。《西岳华山庙碑》："孝武皇帝修封禅之礼，思登假之道，巡省五岳，禋祀丰备。故立宫其下，宫曰集灵宫，殿曰存仙殿，门曰望仙门。仲宗之世，重使使者持节祀焉，岁一祷而三祀。后不承前，至于亡新，寝用丘虚，迄今垣址营兆犹存。建武之元，事举

---

① 《后汉书》卷八六《南蛮传》。
② 《汉书》卷二八下《地理志下》。

其中，礼从其省，但使二千石以岁时往祠。其有风旱。祷请祈求，靡不报
应。"①《樊毅复华下民租田口算碑》："去年（光和元年）十一月到官，其十
二月，奉祠西岳华山，省事庙舍及斋衣、祭器。"② 据这两条碑文记载可以明
确，东汉初年，国家继续祭祀华山，使用的正是在西汉集灵宫基础上修建的
祠庙。

不仅五岳名山继续设置祠庙，就是在国家允许祭祀的郡国名山也要设置
祠庙祭祀。前引《白石山神君碑》："相县以白石山神君道德灼然，乃具载本
末上尚书，求依无极为比，即见听许。于是遂开祏旧兆，改立殿堂，营宇既
定，礼秩有常。"③ 这说明，当时国家准许祭祀郡国地方名山后，当地官员首
先都要在名山附近修建祠庙。而且，这些为祭祀郡国内名山而修建的祠庙颇
具特色。如《桐柏淮源庙碑》："亲之桐柏，奉见庙宇。崎岖逼狭，开祏神
门。立阙四达，增广坛场，饬治华盖，高大殿宇。"④ 从碑文记载来看，桐柏
山祠庙包括"神门""阙""坛场""殿宇"等建筑。其他地方的祠庙建筑格
局当与桐柏山祠庙相差不多。不过，各地祠庙建筑也有各自的特点。如《祀
三公山碑》："卜择吉□治东，就衡山起堂立坛，双阙夹门。"⑤ 这种"双阙夹
门"的设计就与一般祠庙不同。当然，一些地方长官为了表示对祭祀名山的
重视，也特别注意突出祠庙的独特建筑特点。如《桐柏淮源庙碑》："□斋传
馆，石兽表道，灵龟十四，衢廷弘敞，宫庙高峻。"⑥ 很明显，桐柏山祠庙的
建筑已经达到了富丽堂皇的程度。

总之，东汉时期，祭祀名山需要在其附近修建祠庙。以祠庙作为祭祀名
山的场所是对西汉祭祀活动传统的继承。东汉祭祀名山的祠庙不同于当时社
会中出现的为墓祭、特殊人物以及特殊神祇而设置的祠庙，因此这种祠庙在
建筑上具有适应祭祀山岳活动的特点。一些地方为了表示对山岳崇拜的虔
诚，在所祭祀山岳附近修建的祠庙已颇具特色。应该说，东汉时期，为祭祀

---

① 《隶释》卷二。
② 《隶释》卷二。
③ 《隶释》卷三。
④ 《隶释》卷三。
⑤ 《隶释》卷六。
⑥ 《隶释》卷二。

五岳名山及郡国内名山而修建祠庙，实际上已经成为举行祭祀活动的重要事务。

三、汉碑中所见祭祀名山的方式

东汉时期，祭祀名山的活动具有多种方式。依据当时祭祀名山的目的不同，可以分为定期祭祀名山以及为求雨而祭祀名山两种。在汉碑中，对定期祭祀名山的活动有明确记载。如《樊毅复华下民租田口算碑》："（先）谠又书言：县当孔道，加奉尊岳。一岁四祠，养牲百日，常当充祀。"① 碑文中提到"一岁四祠"，即指对名山的定期祭祀，一年要举行四次。

东汉国家对举行定期祭祀名山的主祭者有明确规定。据《西岳华山庙碑》："建武之元，事举其中，礼从其省，但使二千石以岁时往祠。其有风旱，祷请祈求，祷请祈求，靡不报应。自是以来，百有余年，有事西巡，辄过享祭。"② 这说明，东汉时期，对华山的定期祭祀已经不同于西汉，在一般情况下，是由国家派二千石官员前来祭祀。当然，皇帝在西巡时也要亲祭华山。不过，这已经是比较特殊的情况。很明显，由国家派二千石官员主持华山的定期祭祀已经成为主要方式。《樊毅修华岳碑》载，光和二年（179 年），弘农太守樊毅"惟宠禄之报，顺民之则。孟冬十月，斋祠西岳"③，就是说，东汉主持祭祀华山的二千石官员多为郡太守。对华山的祭祀是国家祭礼中规定的活动，因而，对其他五岳名山主祭者的规定应与祭祀华山无太大区别。

东汉时期，对由国家认定的郡国内名山也有定期祭祀。《白石神君碑》中提到祭祀白石山"礼秩有常"④，就是说，对白石山的祭祀有着固定的礼仪规定，因而与祭祀五岳名山相同，也应该有定期祭祀。可是，这些郡国内名山的神祇地位是低于五岳名山的。既然如此，这些郡国内名山的定期祭祀主祭者是否也与五岳名山相同呢？由汉碑中的记载可以看出一些线索。《白石

---

① 《隶释》卷二。
② 《隶释》卷二。
③ 《隶释》卷二。
④ 《隶释》卷二。

山神君碑》记录刻石情况："光和二年，常山相南阳冯巡字季祖、元氏令京兆新丰王翊字元辅、长史颍川申屠熊、丞河南李邵、左尉上郡白土范玮、祠丞解微、石师王明。"① 据此碑文，白石山碑是在东汉国家确立白石山为可祭祀之山而举行祭祀之后，由常山相冯巡等人立碑，对这一举动加以颂扬。由此可以看出，实际主持祭祀白石山的是常山相冯巡。而元氏县令王翊以及国相的属官都是随同参与祭祀白石山的。

其实，对其他郡内名山的祭祀也是如此。可以说，对郡国内名山的祭祀一般都是由郡国长官主持进行的。不过，虽然郡国的长官需要主持郡国内的名山祭祀，但其代表的多为个人意愿。关于这一点，可以从东汉国家对郡国长官主持地方名山祭祀并不严格要求的做法中看出。《桐柏淮源庙碑》："延熹六年正月八日乙酉，南阳太守卢奴□君，灵正好礼，尊神敬祀。……从郭君以来，不复身至。遣丞行事，简略不敬。明神弗歆，灾害以生。"② 碑文中提到的"郭郡"，当为曾经担任过南阳郡太守的人。由此来看，在南阳太守卢奴亲自主持祭祀桐柏山以前，一直由郡丞参与并担任桐柏山的主祭者。显然，东汉国家并未严格要求郡国长官必须担任名山祭祀的主祭者。东汉国家这样做，自然是认为郡国内名山的神祇地位低于五岳名山，因而，就不需要与祭祀五岳名山官员秩级相同的官员来主祭。所以，对郡国名山由郡丞来担任主祭也就不加限制了。应该说，东汉国家对五岳名山及郡国内名山的定期祭祀形成完善的礼仪。

首先，在祭祀名山活动开始之前，确立了供养祭祀所用牺牲的制度。前引《樊毅复华下民租田口算碑》："（先）谠又书言：县当孔道，加奉尊岳。一岁四祠，养牲百日，常当充祀。"③ 这里提到的"养牲百日"是当时祭祀神祇必须要遵守的规定。因为在当时的宗教观念中，祭祀神祇的牺牲，必须要进行专门的饲养，才可以供神。这正是对古礼的承袭。《礼记·月令》："大合百县之秩刍，以养牺牲。令民无不咸出其力，以共皇天上帝，名山大川，四方之神。以祠宗庙社稷之灵，以为民祈福"，说的正是这种情况。可是，

---

① 《隶释》卷三。

② 《隶释》卷二。

③ 《隶释》卷三。

供养牺牲需要"百日",这与礼书记载略有不同。《周礼·地官·充人》:"充人掌系祭祀之牲牷,祀五帝,则系于牢刍之三月。享先王亦如之。凡散祭祀之牲,系于国门,使养之。"据《周礼》所言,古制中的养牲时间最长就是三个月,即九十天。汉碑中所说"养牲百日",应该是为了便于叙述而采取的变通说法。因此,可以说东汉祭祀前的养牲时间规定,也基本承袭了古礼。

在举行祭祀名山礼仪之前,还要检视与修缮祠庙以及祭祀用具。《樊毅复华下民租田口算碑》:"尚书臣毅,顿首,死罪,死罪。谨按文书,臣以去元年十一月到官,其十二月,奉祠西岳华山。省视庙舍及斋衣、祭器。率皆久远有垢。……臣以神岳至尊,宜加恭肃。辄遣行事苟班与华阴令先说,以渐缮治。"① 这就是说,在正式举行祭祀名山的活动之前,对祠庙以及祭祀时的斋衣、祭器,都要做检视,必须使祠庙与祭祀用物保持清洁,才可以举行祭祀活动。不仅对五岳名山祭祀是如此,就是祭祀郡国内名山开始之前也同样如此。前引《封龙山颂》:"戊寅诏书,应时听许。允敕大吏郎巽等,与义民修缮故祠"②,说的正是这种情况。

在祭祀名山的仪式开始后,主要是进行献祭活动。《白石山神君碑》:"旨酒欣欣,燔炙芳芳。敬恭明祀,降福孔殷。"③ 这段碑文对祭祀仪式的叙述虽过于简单,但由此还是可以看出,献祭是对名山定期祭祀的主要环节。在该仪式中,需要向山神进献美酒,还要通过烤灼牺牲让山神获得牺牲的馨香。献祭仪式,一般要由主祭者首先进行。如《桐柏淮源庙碑》:"躬进三牲,执玉以沉。为民祈福,灵祇保佑。天地清和,嘉祥昭格。"④ 这里所说的,正是南阳太守卢奴进行献祭的情况。这些记载说明,祭祀名山,正是要通过献祭仪式向山神表示虔诚的敬意,并求得山神对人们生产、生活的保佑。

在东汉,祭祀名山的礼仪有一个复杂过程,因而需要很多费用。当时,国家为了保证对名山祭祀的正常进行,对祭祀所需费用确立了明确的管理规

---

① 《隶释》卷二。

② 《隶释》卷三。

③ 《隶释》卷三。

④ 《隶释》卷二。

定。前引《樊毅复华下民租田口算碑》："（先）说又书言：县当孔道，加奉尊岳。一岁四祠，养牲百日，常当充祀。用蒭稿三千余斛。或有请雨斋祷，后费兼备。每被诏书调发无差，山高听下。恐近庙小民，不堪役赋，有饥寒之窘，违宗神之敬。乞差诸赋，复华下十里以内民租田口算，以宠神灵，广祈多福，隆中兴之祀。臣辄听行尽力，奉宣铭书。思惟惠利，增异复上。臣毅诚惶诚恐，顿首，顿首，死罪，死罪　上。"① 由这段碑文可知，华山祭祀的养牲费用，是由山岳所在附近县的编户民承担的。在祭祀时，要由皇帝通过诏书来加以调拨。应该说，这种养牲、供牲的规定是严格的。不过，由于祭祀名山次数的频繁以及所需牺牲较多，自然就会增加名山附近编户民的负担。所以，东汉国家还确立了对名山附近编户的田租、口算的减免规定。按照这一规定，由郡太守上呈皇帝需要减免因祭祀名山增加的额外负担，然后，由皇帝批准，才能减免名山附近规定范围内的编户赋税。这种减免名山附近编户田租、口算的做法，正是使名山祭祀能够进行的一项保证措施。

当然，对五岳名山的祭祀，国家实行了必要的保证措施，对祭祀郡国内名山也有经济保证方面的规定。如《白石山神君碑》提到祭祀白石山就是"县出经用"②。这应该是郡国内名山祭祀所需费用的主要来源。不过，在祭祀郡国内名山所需费用超出名山附近编户民的承受能力时，是否与五岳名山祭祀一样，国家有减免赋税的规定，因史料所限，难言其详。

东汉国家对名山祭祀的另一种方式，就是具有明确目的的求雨祭。这种向名山举行的求雨祭，并非定期祭祀，而是一种临时祭祀。如《堂溪典嵩高山石阙铭》："□□□□□时□五官□中郎□鄢陵□□□□并熹平四年来请雨嵩高庙。"③ 正是东汉国家将五岳的嵩高山作为求雨的对象的记载。前引《祀三公山碑》："元初四年，常山相陇西冯君到官，乘饥衰之后，□惟三公御语山，三条别神，迥在领西。吏民祷祀，兴云肤寸，遍雨四维。"④ 则说明郡国内的名山也可以成为地方长官求雨的对象。汉碑中所见东汉以名山为对象而举行求雨祭的活动，与文献记载有一致之处。《后汉书·明帝纪》载永

---

① 《隶释》卷二。

② 《隶释》卷三。

③ 高文：《汉碑集释》，河南大学出版社，1997年，第421页。

④ 《金石萃编》卷六。

平十八年诏：“自春已来，时雨不降，宿麦伤旱，秋种未下，政失厥中，忧惧而已。……二千石分祷五岳四渎，郡界有名山大川能兴云雨者，长吏各洁斋齐祷请，冀蒙嘉澍。”《后汉书·顺帝纪》又载：“（阳嘉元年）庚申，敕郡国二千石各祷名山岳渎……请雨。”这些都说明，东汉国家临时举行求雨祭，一般需要皇帝下诏，再由名山所在地方的郡太守、王国相来举行祭祀。这表明，地方郡守、国相向名山求雨是代表了皇帝的意志。由此来看，《祀三公山碑》所记载地方长官的求雨祭也应该是在皇帝指令下而举行的祭祀活动。

当然，在汉碑中也有与文献记载不同之处。如《白石山神君碑》：“（白石山）长育万物，触石而出，肤寸而合。不终朝日，而澍雨沾洽。前后国县，屡有祈请，指日刻期，应时有验。”①东汉白石山位于常山国，所以这里提到的“国”，当为常山国。而这一记载提到的“县”，则为白石山所在的元氏县。碑文中将“国”“县”并提，说明在需要的时候，元氏县令也可以主持以白石山为对象的求雨祭。不过，这种在皇帝指令下，在各地名山举行的求雨祭并不限于郡国地方长官。《后汉书·顺帝纪》：“（阳嘉元年）遣大夫、谒者诣嵩高、首阳山，并祠河、洛，请雨。”《后汉书·周举传》：“是岁，河南、三辅大旱，五谷灾伤，天子亲自露坐德阳殿东厢请雨，又下司隶、河南祷祀河神、名山、大泽。”《后汉书·灵帝纪》李贤注引《东观汉记》：“使中郎将堂溪典请雨，因上言改之，名为嵩高山。”这些记载说明，东汉皇帝可以根据不同地方的旱情，派遣司隶校尉、河南尹、大夫、谒者、中郎将代表其意志向名山举行求雨祭。据《续汉书·百官志二》载，河南尹为中二千石，司隶校尉、中郎将为比二千石。大夫，东汉时分为光禄大夫、太中大夫、中散大夫、谏议大夫。光禄大夫为比二千石，最低秩级为谏议大夫，为六百石。“谒者三十人。其给事谒者，曰百石。”②由此可见，东汉皇帝派遣中央官员前往名山举行求雨祭，对官员的职掌及秩级都是没有限制的。这种做法与东汉国家举行定期祭祀五岳名山需要由二千石官员主祭的规定是不太相同的。

然而，应该说明的是，东汉的求雨祭具有多种方式，其中零祭占有重要

---

① 《隶释》卷三。
② 《续汉书·百官志二》。

地位。《后汉书·质帝纪》：“（永嘉元年）夏四月壬申，雩。”《后汉书·桓帝纪》：“（延熹元年）丙戌，分中山置博陵郡，以奉孝崇皇园陵。大雩。”《后汉书·桓帝纪》：“（延熹四年）秋七月，京师雩。”这些都说明，东汉国家在遇有旱情时多举行雩祭。《续汉书·礼仪志中》：“自立春至立夏尽立秋，郡国上雨泽。若少，府郡县各扫除社稷；其旱也，公卿官长以次行雩礼求雨。闭诸阳，衣皂，兴土龙，立土人舞僮二佾，七日一变如故事。反拘朱索社，伐朱鼓。”这就指出了东汉雩祭仪式的明显特点。显然，在东汉京城举行的雩祭实际正是由皇帝率领百官举行的求雨活动。与这种雩祭相比，东汉国家派遣官员举行祭祀名山的求雨祭在国家祭礼的规格上显然要低很多。尽管如此，东汉国家还举行以求雨为目的的祭祀名山的活动，说明国家还是比较重视通过祭祀名山达到求雨的目的。《后汉书·灵帝纪》：“（熹平五年）复崇高山名为嵩高山。大雩。”汉灵帝为崇高山改名，是因为要派五官中郎将堂溪典前往那里举行求雨祭。这就是说，汉灵帝向名山求雨与在京城中举行雩祭是同时进行的。他这样做的目的，当然是想获得更好的求雨效果。所以，可以说，祭祀名山求雨，不仅可以辅助皇帝的雩祭，甚至能够与雩祭结合在一起，体现出国家统治者渴望降雨的迫切愿望。正因如此，也就不能忽视当时国家为求雨而举行的祭祀名山活动。

（原载《河北学刊》2011 年第 1 期）

东汉五郊迎气祭祀考

东汉时期，国家实行了五郊迎气祭祀礼仪。虽然这是具有比较浓厚宗教色彩的礼仪活动，可是，却与东汉国家的施政方略具有联系。实际上，东汉五郊迎气祭祀正是国家顺应时气的治国措施在礼仪制度上的保证。因此，考察东汉五郊迎气祭祀礼仪及其实行状况，不仅可以认识这一礼仪的特征，同时，也可以看出国家礼仪制度的实行与政治统治的密切关系，因而，也就需要对东汉五郊迎气祭祀做比较全面的探讨。尽管一些研究著作中提及了东汉的五郊迎气祭祀，[①] 但对这一问题还有继续深入研究的必要。所以，本文拟对与东汉五郊迎气祭祀相关的问题提出一些看法，以就教于方家。

一、五郊迎气祭祀礼仪的制定

东汉国家建立后，对国家祭祀礼仪的制定是很重视的。建武二年，光武帝就开始"起高庙，建社稷于洛阳，立郊兆于城南"[②]。并且，制定了郊祀、宗庙、社稷祭祀礼仪。在中元二年，又"初起明堂、灵台、辟雍，及北郊兆域"[③]。在光武帝故去后，汉明帝继续完善国家的祭祀礼仪。永平二年，汉明帝制定了明堂祭祀礼仪。光武帝、汉明帝的这些做法，表现了他们不仅对国家祭祀礼仪制定的高度重视，并且，还要使国家祭祀制度更好地与儒家礼治

---

① 杨英：《祈望和谐——周秦两汉王朝祭礼的演进及其规律》，商务印书馆，2009年，第 600 – 603 页。王柏中：《神灵世界：秩序的构建与仪式的象征——两汉国家祭祀制度研究》，民族出版社，2005 年，第 88 页。

② 《后汉书》卷一上《光武帝纪上》。

③ 《后汉书》卷一下《光武帝记下》。

思想相适应，进而使祭礼更好地为国家统治服务。正是在这种统治理念支配下，永平二年，汉明帝又制定了五郊迎气祭祀礼仪并加以实行。《后汉书·明帝纪》："是岁，始迎气于五郊。"五郊迎气祭祀礼仪的制定与实行，进一步完善了东汉国家祭祀礼仪。《续汉书·舆服志下》："至世祖践祚，都于土中，始修三雍，正兆七郊。"所谓七郊，就是"五帝及天地为七郊"①。显然自汉明帝制定五郊迎气祭祀礼仪后，东汉国家的郊祀开始形成体系，并且，五郊迎气祭祀也成为国家祭祀中的重要的组成部分。

不过，需要看到的是，东汉国家制定五郊迎气祭祀礼仪，并不是在没有任何参照的情况下制定的。《续汉书·祭祀志中》："迎时气，五郊之兆。自永平中，以《礼谶》及《月令》有五郊迎气服色，因采元始中故事，兆五郊于洛阳四方。"这就是说，东汉五郊迎气祭祀礼仪的制定，受到《礼谶》《月令》以及西汉"元始故事"的明显影响。因此，要说明东汉五郊迎气祭祀的制定情况，就需要对《礼谶》《月令》与"元始故事"的影响做一些辨析。

《礼谶》应该是在东汉时期比较流行的典籍，可是，在《隋书·经籍志》中已经不见著录，说明在隋朝以前就已经失传。杨英教授认为纬书《礼纬含文嘉》即为"礼谶"的一种，② 这是很有启发的看法，说明《礼谶》还有残留的部分流传于世。实际上，西汉后期，谶纬的影响开始扩大，至光武帝中元元年又"宣布图谶于天下"③，成为东汉国家的重要统治思想。这就使当时的儒生一般都要研习谶纬。汉明帝正是任用这些熟悉谶纬、又精通礼学的儒生，诸如董钧等人"创五郊祭祀"的。④ 所以，他们自然也就很难不受《礼谶》观念的影响。

从《月令》来看，杨振红教授认为西汉实行的《月令》有三个来源，承秦而来的法令制度和习俗被称为周代王制的明堂月令、被立为官学的儒家经典，⑤ 并指出《月令》在汉元帝之后掺入《礼记》，王莽时加以整理，《礼

---

① 《后汉书》卷三五《曹褒传》李贤注。

② 杨英：《祈望和谐——周秦两汉王朝祭礼的演进及其规律》，商务印书馆，2009年，第601页。

③ 《后汉书》卷一下《光武帝记下》。

④ 《后汉书》卷七九下《儒林下·董钧传》。

⑤ 杨振红：《出土简牍与秦汉社会》，广西师范大学出版社，2009年，第211页。

记·月令》的独尊地位因此确立，从而使原有的《明堂月令》地位衰微。①

从《月令》的这种流传情况来看，东汉制定的五郊迎气祭祀礼仪，无疑参照的正是《礼记·月令》。因此就有必要说明《礼记·月令》对东汉五郊迎气祭祀礼仪制定的影响。现移录《月令》中的相关记载如下：

> 孟春之月，……其帝大皞，其神句芒。……其数八。……立春之日，天子亲帅三公、九卿、诸侯、大夫，以迎春于东郊。
>
> 孟夏之月，……其帝炎帝，其神祝融。……其数七。……立夏之日，天子亲帅三公、九卿、大夫，以迎夏于南郊。
>
> 季夏之月，……中央土，其日戊己，其帝黄帝，其神后土。……其数五。……天子居大庙大室，乘大路，驾黄马，载黄旗，衣黄衣，服黄玉，食稷与牛。
>
> 孟秋之月，……其帝少皞，其神蓐收……其数九。……立秋之日，天子亲帅三公、九卿、诸侯、大夫，以迎秋于西郊。
>
> 孟冬之月，……其帝颛顼，其神玄冥。……其数六。……立冬之日，天子亲帅三公、九卿、大夫，以迎冬于北郊。

《月令》的记载阐释了两个与迎气祭祀有关的问题，也就是五帝神祇和最高统治者的迎气活动。《月令》中所记载的五帝，实际是受职神。这些神祇是由帝神与辅佐的人神组合而成的。也就是，孟春月为帝大昊，神句芒；孟夏月为帝炎帝，神祝融；孟秋月为帝少皞，神蓐收；孟冬月为帝颛顼，神玄冥；季夏之月为帝黄帝，神后土。在这些受职神中，只有黄帝、后土为中土神，职掌全年，其他的受职神则分别与春、夏、秋、冬四季相配，职掌一季。

《月令》中五帝不仅是受职神，并且，也被视为五方之神。帝大昊、神句芒代表东方；帝炎帝、神祝融代表南方；帝少皞、神蓐收代表西方；帝颛顼、神玄冥代表北方；帝黄帝、神后土则为中央土。正因如此，东汉人蔡邕说："五方正神之别名：东方之神，其帝大皞，其神句芒。南方之神，其帝

---

① 杨振红：《出土简牍与秦汉社会》，广西师范大学出版社，2009 年，第 231 页。

神农，其神祝融。西方之神，其帝少皞，其神蓐收。北方之神，其帝颛顼，其神玄冥。中央之神，其帝黄帝，其神后土。"① 明确将《月令》中的五帝称为五方之神。因此《月令》中的五帝神性具有时节受职神和五方方位神的特征。并且，《月令》还以八、七、五、九、六五个数字代表五帝神所处的不同位置。很明显，《月令》中的五帝的神祇构成是很完善的。可是，这个神祇体系并不是西周的宗教观念，而是在战国时期的阴阳五行以及数术观念影响下产生的。② 因此，可以说《月令》的五帝神的观念，实际是由战国时代的人掺入的。这种五帝神的观念，不论在战国时期，还是对以后的汉代，影响都是很大的。《白虎通义·五行篇》："五行者何谓也？谓金木水火土也。……水位在北方，……阴化沾濡任生木。木在东方，……万物始生，……阳气动跃。火在南方……万物垂枝。……阳气用事，万物变化也。……金在西方，……西方者，阴始起，万物禁止。……土在中央者，……主吐含万物。……土所以不名时，地土别名也。比于五行最尊，故不自居部职也。"③ 由此来看，东汉今文经学家对五行的解释与《月令》中的五帝神的特征几乎是完全一致的。因此，在儒家今文经盛行的东汉时代，将《月令》中五帝神的观念与五郊迎气祭祀结合在一起，也就完全适应了国家统治的需要。《月令》对天子迎气活动的记载也是明确的。迎气的时间规定为一年的立春、立夏、立秋、立冬日。迎气的地点为东郊、南郊、西郊、北郊。迎气活动的参加者则为天子以及三公、九卿、大夫。黄帝的位置特殊，所以《月令》中只规定在夏季，"天子居大庙大室，乘大路，驾黄马，载黄旗，衣黄衣，服黄玉，食稷与牛"，以此象征迎黄气，但并不到郊地举行迎气的举动。因此，《月令》中只明确规定了立春、立夏、立秋、立冬日的迎气活动。《月令》对迎气活动的这种规定，应该说是用国家产生后的社会等级观念改造上古迎气的习俗后才确立的。因此《月令》中的迎气活动也就成为国家的重要礼仪。并且，《月

---

① 蔡邕：《独断》卷上，程荣纂辑《汉魏丛书》，吉林大学出版社，1992年，第182页。

② 杨英：《祈望和谐——周秦两汉王朝祭礼的演进及其规律》，商务印书馆，2009年，第231-234页。

③ 蔡邕：《独断》卷上，程荣纂辑《汉魏丛书》，吉林大学出版社，1992年，第158页。

令》还将这种礼仪活动作为顺时气的象征，因而，这正反映了一种治国应该遵循的原则。汉代儒生将这种《月令》编入《礼记》中，也就成为儒家的一种治国的理念。因此，虽然《月令》中还没有形成五郊迎气完整的做法，可是，《月令》中四季一时的迎气观念却对东汉国家统治者具有重大的影响。因此，《月令》中迎气活动的礼仪规定，当然也就成为东汉国家制定五郊迎气礼仪的重要依据。

东汉五郊祭祀礼仪的制定，受西汉"元始故事"的影响也是重大的。所谓"元始故事"是指元始五年汉平帝对国家祭礼的改革。实际上，这种改革只是以儒家的祭祀观念为指导，对国家祭礼采取的调整措施。汉平帝不仅设置了南、北郊分别祭祀皇天上帝、皇地后祇，还在首都长安郊外设兆坛祭祀五帝神祇。《汉书·郊祀志下》："（元始五年）分群神以类相从为五部，兆天地之别神；中央帝黄灵后土畤及日庙、北辰、北斗、填星、中宿中宫于长安城之未地兆；东方帝太昊青灵句芒畤及雷公、风伯庙、岁星、东宿东宫于东郊兆；南方炎帝赤灵祝融畤及荧惑星、南宿南宫于南郊兆；西方帝少皞白灵蓐收畤及太白星、西宿西宫于西郊兆；北方帝颛顼黑灵玄冥畤及月庙、雨师庙、辰星、北宿北宫于北郊兆。"从元始五年西汉国家祭祀五帝神祇的具体做法来看，可以说与西汉以往对五帝祭祀相比，出现了较大的变化。

一是将《礼记·月令》中的象征受职、五方的帝大昊、神句芒、帝炎帝、神祝融、帝黄帝、神后土、帝少皞、神蓐收、帝颛顼、神玄冥与在五畤祭祀的青、赤、黄、白、黑五帝神结合在一起。应该说，《礼记·月令》中的五帝神与在五畤祭祀的五帝神，虽然都是在阴阳五行思想影响下产生的神祇，可是，却是两个不同系统的神祇。《月令》中的五帝神只是五行观念在神祇设置上的体现，并没有受到实际的祭祀。而在郊畤祭祀的青、赤、黄、白四帝，则首先出现在战国秦时。当时秦国在雍附近设四畤祭祀青、赤、黄、白帝，并以此作为郊祀对象。

西汉建立后，承袭秦制，并增加了黑帝，继续在雍设畤祭祀。因此，在西汉前期，国家祭祀青、赤、黄、白、黑五帝神，就被视为郊祀神祇。在汉武帝确定郊祀礼后，遵泰一神为至上神，就将五帝神降为从属神。正如《汉书·郊祀志上》称："天神贵者泰一，泰一佐曰五帝。"元始五年，西汉国家将《月令》中的五帝神与西汉作为郊祀神祇的五帝神合并在一起加以祭祀，因而，就使五帝神的神性包含更多的特征。即五帝神是四季一时的受职神、象征方位的五方神，也是从属至上神皇天上帝与皇地后祇的"别神"。

二是在首都长安五郊设置了祭祀五帝神的兆坛。实际上，元始五年的五郊兆坛是在整顿西汉原来的五畤的基础上重新设置的。也就是说，祭祀黄帝的为长安城之未地兆，祭祀青帝的为东郊兆，祭祀赤帝的为南郊兆，祭祀白帝的为西郊兆，祭祀黑帝的为北郊兆。王柏中教授认为元始五年西汉国家的这一做法是将天地神以下各界诸神以五帝为核心分为五部，强化了诸神、五帝神、天、地神，这样一个由低到高的神界秩序。[①] 由此来看，元始五年祭祀五帝的五郊兆坛的设置，不仅将西汉的祭祀中心由雍地迁至西汉首都长安附近，并且，也使五帝祭祀具有了新的意义。元始五年，西汉国家将《月令》中的五帝神与实际祭祀的五帝神合并为一，成为四季一时的受职神、五方之神以及至上神的从属神，并且，在长安设置五郊进行祭祀，应该说这些做法直接影响了东汉五郊迎气祭祀礼仪的制定。

实际上，东汉五郊迎气祭祀礼仪正是以西汉元始五年于五郊祭祀五帝的规定为基础，并与《月令》中记载的四季一时的迎气活动相结合而制定的完全适应东汉国家统治需要的一种重要礼仪制度。

二、五郊迎气祭祀的神祇与兆坛的设置

古代社会祭祀活动都需要将明确的神祇设置作为祭祀的对象。东汉五郊迎气祭祀，当然也是如此。应该说东汉国家制定的五郊迎气祭祀礼仪，对所祭祀的神祇的规定是明确的。《续汉书·祭祀志中》："立春之日，迎春于东郊，祭青帝句芒。……立夏之日，迎夏于南郊，祭赤帝祝融。……先立秋十八日，迎黄灵于中兆，祭黄帝后土。……立秋之日，迎秋于西郊，祭白帝蓐收。……立冬之日，迎冬于北郊，祭黑帝玄冥。"说明东汉五郊祭祀的神祇是以青、赤、黄、白、黑五帝为主神，而以句芒、祝融、后土、蓐收、玄冥五人神为辅助神。以这种方式设置祭祀的神祇是吸收了《礼记·月令》中的

---

① 王柏中：《神灵世界：秩序的构建与仪式的象征——两汉国家祭祀制度研究》，民族出版社，2005年，第85页。

神祇观念，并沿袭了西汉"元始故事"的做法。东汉国家为五郊迎气祭祀做这样的神祇设置，正是要突出所祭神祇的独特特征。虽然东汉五郊迎气祭祀的神祇有主神与辅助人神，但是，这两种神祇是密切结合在一起的，所以五郊迎气祭祀神祇的神性特征，主要还是通过主神表现出来的。

一如前述，东汉五帝神的设置，实际沿袭西汉"元始故事"的做法，因此，东汉的五帝神，是具有多重神性的神祇。并且，五帝神不仅是东汉五郊迎气祭祀的神祇，也是郊天祭祀、明堂祭祀的神祇。《续汉书·祭祀志上》："（建武）二年正月，初制郊兆于雒阳城南七里，依鄗。采元始中故事。为圆坛八陛，中又为重坛，天地位其上，皆南乡，西上。其外坛上为五帝位。青帝位在甲寅之地，赤帝位在丙巳之地，黄帝位在丁未之地，白帝位在庚申之地，黑帝位在壬亥之地。其外为壝，重营皆紫，以像紫宫；有四通道以为门。"显然东汉的郊祀神坛分为重坛与外坛。天、地神设在重坛上，而五帝神则设在外坛上。这种设置表明，在郊祀时，天、地为至上神，而五帝神只是天、地的从属神。不仅如此，在外坛所设的五帝神被分别设置在甲寅、丙巳、丁未、庚申、壬亥之地，这正是受五行观的影响而确定的神位。实际上，甲寅之地代表东方，丙巳之地代表南方，庚申之地代表西方，壬亥之地代表北方，丁未之地则为未地。[①] 可见光武帝在制定郊祀礼仪时，不仅将五帝神作为天、地神的从属神，也将五帝神作为代表五方的方位神。东汉明堂祭祀礼仪，也使五帝神具有多重神性。《续汉书·祭祀志中》："明帝即位，永平二年正月辛未，初祀五帝于明堂，光武帝配。五帝坐位堂上，各处其方。黄帝在未，皆如南郊之位。"在明堂中以这种方式安置五帝神，说明五帝神同在南郊郊祀礼仪中一样，也具有五方之神的特征。

东汉五郊迎气祭祀五帝神与郊祀和明堂祭祀不同的是，采取对五帝分别祭祀的方式。《后汉书·蔡邕传》："天子以四立及季夏之节，迎五帝于郊。"李贤注："四立谓立春、立夏、立秋、立冬。各以其日，天子亲迎气于其方，并祭其方之帝。季夏之末，祭中央帝也。"这说明，东汉五郊迎气祭祀礼仪中的五帝神，不仅是五方之神，并且也是代表四季一时的季节神。

---

① 杨英：《祈望和谐——周秦两汉王朝祭礼的演进及其规律》，商务印书馆，2009年，第634页。

东汉五帝神具有季节神特征的出现，正是受《月令》中的受职神的特征影响，并在此基础上加以改造的结果。东汉五郊迎气祭祀礼仪，使所祭五帝神具有至上神的从属神的特征，并决定了这一祭祀礼仪在国家祭礼中的位置，也就是说，在东汉国家七郊祭祀系统中，这一祭礼是低于南、北郊祭祀的。五帝神具有五方之神的特征，就使五郊迎气祭祀需要根据五帝神中各神代表方向的不同来设置兆坛位置。五帝神的季节神特征则是使五郊迎气祭祀可以作为顺应时气的象征。由此来看，东汉五郊迎气祭祀中的五帝神的设置，虽然承袭了西汉"元始故事"的做法，可是，为了适应这一祭祀礼仪的需要，使五帝神的特征更加明确化，并且，更突出了五帝神所具有的季节神的神性，进而表明迎气活动具有明确的目的性。

东汉五郊迎气祭祀是对五帝神在不同方位采取分别祭祀的方式。这样就需要根据五帝神的特征来设置兆坛。但是，东汉五郊迎气兆坛的设置并不是随意的。《续汉书·祭祀志中》："迎时气，五郊之兆。……因采元始中故事，兆五郊于洛阳四方，中兆在未。"就是说，东汉五郊迎气祭祀需要在五郊设置，并且，基本仿照西汉"元始故事"的做法，只是将五郊从长安移至东汉首都洛阳。《续汉书·祭祀志中》刘昭注引蔡邕《月令章句》：迎春于东郊，"东郊去邑八里，因木数也"；迎夏于南郊，"南郊七里，因火数也"；迎黄灵于中兆，"去邑五里，因土数也"；迎秋于西郊，"西郊九里，因金数也"；迎冬于北郊，"北郊六里，因水数也"。不仅蔡邕这样说明五郊，贾逵注释《周礼》中"五郊"也说："东郊，木帝太昊，八里"，"南郊，火帝炎帝，七里"，"西郊，金帝少皞，九里"，"北郊，水帝颛顼，六里"，并引卢植的解说："中郊，五里之郊也。"[①] 东汉人蔡邕、贾逵对五郊的看法是相同的。他们解释五郊距离都城的不同里数，依据的正是《礼记·月令》中五帝神所处八、七、五、九、六的位置数。

实际上，东汉国家也正是以五帝神的位置数来确定五郊与洛阳的不同距离。因此，可以说东汉国家对五郊的这种规划，正是在五行数术观的支配下对五帝神代表的不同方位的一种明确的体现。此外，东汉宗教观念上的青、赤、黄、白、黑帝神，只有代表的方向和季节的不同，并没有等次的差别，

---

① 《魏书》卷五五《刘芳传》载刘芳上疏引贾逵说。

所以，在五郊设置的兆坛，"坛皆三尺，阶无等"①。东汉国家对五郊兆坛的这种规定，自然是为了表明青、赤、黄、白、黑帝神的设置没有明显区别。

三、五郊迎气祭祀的献祭方式、乐舞与祭服

东汉国家对五郊迎气祭祀的献祭方式做了明确的规定。从献祭的时间来看，由于五郊迎气祭祀的目的是要顺应时气，所以对举行祭祀的时间要求就更为严格。《续汉书·祭祀志中》："立春之日，迎春于东郊，祭青帝句芒"，"立夏之日，迎夏于南郊，祭赤帝祝融"，"立秋之日，迎秋于西郊，祭白帝蓐收"，"立冬之日，迎冬于北郊，祭黑帝玄冥"。这说明，五郊迎气祭祀是在每年立春、立夏、立秋、立冬日，定期举行。只是迎黄气的时间比较特殊，据《续汉书·祭祀志中》记载，"先立秋十八日，迎黄灵于中兆，祭黄帝后土"，也就是在立秋之前十八天举行。东汉国家对迎黄气做这样的时间规定，正是出于时人对黄帝神的认识。唐人孔颖达解释《月令》中"中央土"说："四时系天。年有三百六十日，则春、夏、秋、冬各分居九十日。五行分配四时，布于三百六十日间。以木配春，以火配夏，以金配秋，以水配冬。以土则每时辄寄王十八日也。虽每分寄，而本末宜处于季夏之末，金火之间。"② 孔颖达的看法，基本符合汉朝人对迎黄气时间的认识。因此，可以说东汉国家按《月令》中的观念，将黄帝置于土位，虽然与其他四帝没有等次差别，但"比于五行最尊，故不自居部职也"③。所以，才在祭祀黄帝的时间上做了与黄帝位置相应的特别的规定。这一特别的规定，也就明确了祭祀黄帝的固定时间。

东汉五郊迎气祭祀具有一整套完备的献祭的仪式。在五郊迎气祭祀举行前，参加祭祀者需要斋戒，④ 并且，还有"夕牲"的规定。⑤ 在祭祀举行时，

---

① 《续汉书·祭祀志中》。

② 《礼记·月令》孔颖达疏，十三经注疏本，中华书局，1980 年，第 1371 页。

③ 《白虎通义·五行篇》，程荣纂辑《汉魏丛书》，吉林大学出版社，1992 年，第 158 页。

④ 《后汉书》卷六〇下《蔡邕传》。

⑤ 《续汉书·礼仪志上》。

"皆以昼漏十四刻初纳，夜漏未尽七刻初纳，进熟献，送神，还，有司告事毕"①。显然，"进熟献"和"送神"都是献祭仪式的重要环节。这都是沿袭了古礼中的献祭方式。参加祭祀者正是要通过这些仪式来表现对五帝的虔诚崇拜。

五郊迎气祭祀仪式开始后，始终要伴随乐、舞表演。实际五郊迎气祭祀中的乐、舞成为献祭仪式的重要组成部分。汉明帝在制定五郊迎气祭祀礼仪后，也就规定了献祭仪式的乐、舞。《后汉书·明帝纪》李贤注引《续汉书》："立春之日，迎春于东郊，祭青帝句芒，车服皆青，歌《青阳》，八佾舞《云翘》之舞。立夏之日，迎夏于南郊，祭赤帝祝融，车服皆赤，歌《朱明》，八佾舞《云翘》之舞。先立秋十八日，迎黄灵于中兆，祭黄帝后土，车服皆黄，歌《朱明》，八佾舞《云翘》《育命》之舞。立秋之日，迎秋于西郊，祭白帝蓐收，车服皆白，歌《白藏》，八佾舞《育命》之舞。立冬之日，迎冬于北郊，祭黑帝玄冥，车服皆黑，歌《玄冥》，八佾舞《育命》之舞。"很明显，五郊祭祀所用歌有《青阳》《朱明》《白藏》《玄冥》，所用舞则有《云翘》《育命》。这些乐、舞要在不同时节分别祭祀五帝时，进行搭配表演，以此营造庄严的气氛。可是，有的论者依据《后汉书·章帝纪》："（建初五年）冬，始行月令迎气乐"的记载，以为五郊迎气乐在建初五年才开始制定。② 确实，汉章帝在建初五年，任命光禄勋马防负责编定了迎气乐。《东观汉记》称："可作十二月均，各应其月气。公卿朝会，得闻月律，乃能感天，和气宜应。"③ 显然由马防编定的迎气乐只是用于朝会，并不是用于五郊迎气祭祀的。其实，东汉五郊迎气祭祀所用乐、舞在光武帝制定郊祀礼仪时，已经开始使用。《续汉书·祭祀志上》："陇、蜀平后，乃增广郊祀。……凡乐奏《青阳》《朱明》《西皓》《玄冥》，及《云翘》《育命》舞。"《青阳》《朱明》《西皓》《玄冥》都是汉武帝为国家郊祀礼编定的乐歌。《汉书·礼乐志》："《郊祀歌》十九章：……《青阳》三……《朱明》四……《西颢》五……

---

① 《续汉书·礼仪志上》。

② 杨英：《祈望和谐——周秦两汉王朝祭礼的演进及其规律》，商务印书馆，2009年，第602页。

③ 《隋书》卷一五《音乐志下》引。

《玄冥》六"。《青阳》歌辞："青阳开动，根荄以遂，膏润并爱，跂行毕逮。"《朱明》歌辞："朱明盛长，旉与万物，桐生茂豫，靡有所诎。"《西颢》歌辞："西颢沆砀，秋气肃杀，含秀垂颖，续旧不废。"《玄冥》歌词："玄冥陵阴，蛰虫盖臧，中木零落，抵冬降霜。"① 可见这四首郊祀歌是分别歌咏春、夏、秋、冬四季的。在东汉的祭祀活动中，《西皓》又被称为《白藏》。《尔雅·释天》："春为青阳，夏为朱明，秋为白藏，冬为玄英。"可见使用《白藏》一名能直接地表现，这是歌咏秋季的乐歌。东汉五郊迎气祭祀采用郊祀的这些乐歌，并与一种舞蹈搭配，正是要以此象征四季。

不过，应该看到，在五郊迎气祭祀五帝的乐歌中，只有祭祀黄帝与其他四帝的情况不同。《续汉书·礼仪志中》："至立秋，迎气于黄郊，乐奏黄钟之宫，歌《帝临》。"迎气黄郊使用黄钟之乐，这是由于汉代的黄钟被视为五音之首，同时，也象征黄色。正如《汉书·律历志上》称："五声之本，生于黄钟之律。……律以统气类物，一曰黄钟。……黄钟：黄者，中之色，君之服也。"迎气黄郊所用《帝临》歌，则为西汉乐歌，"《郊祀歌》十九章……《帝临》二"②。足见《帝临》为郊祀的重要乐歌。祭祀黄帝采用这种乐歌，正是要表现黄帝作为中土神的特殊地位。祭祀黄帝不仅所用乐歌与其他四帝不同，在所用舞蹈以及乐歌与舞蹈的搭配上，也不相同。《续汉书·礼仪志中》："至立秋，迎气于黄郊，……舞《云翘》《育命》"，就是说，祭祀黄帝是并用《云翘》《育命》舞。这种用舞情况是与东汉国家最高等次的郊天祭祀相同的。在祭祀黄帝时采用这种乐、舞的搭配方式，也就明确体现了黄帝"主吐含万物"③ 的特殊位置。

由此可见，五郊迎气祭祀中的乐、舞可以充分表现对所祭五帝神的虔诚信仰，并形成迎神与送神的庄严气氛，同时，通过乐、舞的不同搭配方式象征不同时节，体现出五帝的时节神特征。并且，还通过对乐、舞的特别使用与搭配，表现了黄帝在五帝神中所处的特殊位置。因此五郊迎气祭祀仪式中

---

① 《汉书》卷二二《礼乐志》。

② 《汉书》卷二二《礼乐志》。

③ 《白虎通义·五行篇》，程荣纂辑《汉魏丛书》，吉林大学出版社，1992年，第158页。

的乐、舞表演，正是要明确体现这种祭祀"所以养时训"①的意义。

五郊迎气祭祀举行时，对参加献祭仪式者的车、骑、服饰有严格的要求。《续汉书·祭祀志中》："立春之日，迎春于东郊，祭青帝句芒。车旗服饰皆青。……立夏之日，迎夏于南郊，祭赤帝祝融。车旗服饰皆赤。……先立秋十八日，迎黄灵于中兆，祭黄帝后土。车旗服饰皆黄。……立秋之日，迎秋于西郊，祭白帝蓐收。车旗服饰皆白。……立冬之日，迎冬于北郊，祭黑帝玄冥。车旗服饰皆黑。"这就是说，东汉参加祭祀五郊迎气祭祀者的车、旗、服饰，因不同时节分别祭祀五帝神祇的不同，在颜色上有明确的区别。换言之，参加祭祀五郊迎气祭祀者的车、旗、服饰的颜色必须要随着祭祀五帝的不同而改变，并且，要与当时宗教观念上的青、赤、黄、白、黑五帝的颜色一致。可是，东汉国家对所穿祭服与所祭五帝颜色一致者是有限定的。《晋书·舆服志》："汉制，祀五郊，天子与执事者所服，各如其方，百官不执事者自服常服，常绛衣也。"晋人追述，当有所本。由此来看，这种规定只限定在主祭的皇帝和参与献祭仪式的官员的范围内。国家对五郊迎气祭服的这种明确规定，突出了主祭的皇帝与执事者，在祭祀活动中的特殊地位。

此外，参加五郊迎气祭祀者的祭服样式与郊天、郊地、明堂祭祀时不同。《续汉书·舆服志下》："长冠，一曰斋冠，……祀宗庙诸祀则冠之。……五郊，衣帻绣各如其色。此冠高祖所造，故以为祭服，尊敬之至也。"可见参加五郊迎气祭祀者所戴长冠与所穿祭服都是与宗庙祭祀相同的。《续汉书·舆服志下》："天子、三公、九卿、特进侯、侍祠侯，祀天地明堂，皆冠旒冕，衣裳玄上纁下。"又《续汉书·舆服志下》："宗庙以下，祠祀皆冠长冠，皂缯袍单衣，绛缘领袖中衣，绛绔，五郊各从其色焉。"很明显，东汉国家对祭服的规定，以宗庙祭祀为界限，划分为两个等次，即东汉南郊、北郊和明堂祭祀的服饰为一等次，宗庙祭祀以下的祭祀则为另一等次。因此，五郊迎气祭服的样式，也可以表现这一祭祀，在国家祭祀体系中的位置。由此来看，参加东汉五郊迎气祭祀主祭者与执事者的祭服，可以表现这一祭祀的礼仪规格，也可以表现五郊迎气祭祀的目的，因而，就使五郊迎气祭祀活动的独特性得到比较充分的体现。

---

① 《续汉书·礼仪志中》。

四、五郊迎气祭祀的主祭者与参加者

因为东汉五郊迎气祭祀是国家重要的礼仪活动，所以，必须要由皇帝亲自担任主祭者。东汉时，对皇帝担任五郊迎气祭祀的主祭者是非常重视的。《续汉书·五行志中》："灵帝建宁二年四月癸巳，京都大风雨雹，拔郊道树十围已上百余枚。其后晨迎气黄郊，道于洛水西桥，逢暴风雨，道卤簿车或发盖，百官沾濡，还不至郊，使有司行礼。迎气西郊，亦壹如此。"显然汉灵帝放弃亲自参加黄郊、西郊的迎气活动，是因为遇到暴风雨的缘故。即便如此，汉灵帝放弃主祭五郊迎气祭祀的举动，受到了一些官员的谴责。建宁六年，蔡邕上封事称："国之大事，实先祀典，天子圣躬所当恭事。臣自在宰府，及备朱衣，迎气五郊，而车驾稀出，四时至敬，屡委有司，虽有解除，犹为疏废。故皇天不悦，显此诸异。"①蔡邕所说的"显此诸异"，正是指建宁年间频频发生的"雷霆疾风，伤树拔木，地震、陨雹、蝗虫之害"②。足见在东汉人看来，皇帝不亲自担任五郊迎气主祭，就是不顺应时气的表现，因而就会使国家出现重大的灾异。所以东汉皇帝为了表明施政决策对时气的顺应，也就不敢轻易地放弃五郊迎气祭祀的主祭活动。

在东汉，参加国家五郊迎气祭祀活动，并不具有随意性。当时国家对参加五郊迎气祭祀的人员是有明确限制的。《续汉书·礼仪志上》："立春之日，……京师百官皆衣青衣。"又《续汉书·礼仪志中》："立夏之日，……京都百官皆衣赤。……先立秋十八日，郊黄帝。……京都百官皆衣黄。至立秋，迎气于黄郊。……立秋之日。……京都百官皆衣白，施皂领缘中衣，迎气白郊。……立冬之日，……京都百官皆衣皂，迎气于黑郊。"这说明，参加五郊迎气祭祀者，只能是京城的百官。也就是参加者受到身份与地域的限制。即便是东汉郡、国、县的地方官员，也不能参加国家五郊迎气祭祀活动。只是国家在举行迎春气活动时，使"郡国县道官，下至斗食令史，皆服

---

① 《后汉书》卷六〇下《蔡邕传》。
② 《后汉书》卷六〇下《蔡邕传》。

青帻，立青幡，施土牛耕人于门外，以示兆民"①，进行象征性的活动。当然，由于春季为一年的首季，所以，东汉国家在举行迎春气的祭祀活动的同时，也允许各地方举行迎春的象征性活动。《续汉书·祭祀志》："（县邑）立春之日，皆青幡帻，迎春于东郭外。令一童男冒青巾，衣青衣，先在东郭外野中。迎春至者，自野中出，则迎者拜之而还，弗祭。三时不迎。"实际东汉国家正是通过这种仪式，向各地方表明顺应春气的重要性。虽然在地方进行的迎春活动也是一种顺应时气的象征，可是，这种活动并不是迎春祭祀礼仪的组成部分。正因为如此，参加这种迎春活动者，就不只限于地方官员，一些平民也是可以参加的。因此，可以说东汉国家只能以改变的方式，使更多的人参加到迎春气的活动中。

五、余　论

东汉五郊迎气祭祀是当时国家的重要祭祀活动。这种祭祀是在东汉时期的宗教意识支配下而进行的礼仪活动。尽管东汉五郊迎气祭祀带有浓厚的宗教色彩，可是，对于东汉国家的政治统治却有重要的影响。

从东汉国家施政的决策来看，很重要的一点就是要顺应时气。顾颉刚先生指出：东汉前期，国家制定的各项礼仪实行后，"顺时令"一义成为帝王施政的总纲。② 确实东汉国家是将顺应时令的做法与《明堂月令》联系在一起的。所谓《明堂月令》，东汉人蔡邕《月令篇名》解释称："因天时，制人事，天子发号施令，祀神受职，每月异礼，故谓之《月令》。所以顺阴阳，奉四时，郊气物，行王政也。成法具备，各从时月，藏之明堂，所以示承祖考神明，明不敢泄渎之义，故以《明堂》冠《月令》，以名其篇。"③ 蔡邕对《明堂月令》的阐释，不仅说明了《明堂月令》的由来，而且，还看到顺应时令制定国家的大政方针，是国家统治稳定的保证。蔡邕的看法，并不只是追述先秦时期的统治理念，实际也是对东汉国家统治特点的明确阐述。实际

---

① 《续汉书·礼仪志上》。

② 顾颉刚：《秦汉的方士与儒生》，上海人民出版社，1956年，第118页。

③ 《续汉书·律历志中》刘昭注引。

上，从汉明帝制定明堂祭祀礼仪之后，"宗祀光武皇帝于明堂，帝及公卿、列侯始服冠冕、衣裳、玉珮、絇履以行事。其班时令，敕群后"。李贤注："班，布也。时令，谓月令也。四时各有令，若有乖舛，必致妖灾，故告之。"① 这就是说，东汉明堂正是国家"班时令"的地方。而东汉国家举行五郊迎气祭祀的目的，正是要表现对时令的顺应。《后汉书·蔡邕传》："天子以四立及季夏之节，迎五帝于郊，所以导致神气，祈福丰年。"正指出了五郊迎气祭祀的本质特征。这样，东汉国家在明堂"班时令"的做法，也就必然与五郊迎气祭祀活动联系在一起。从这一方面来看，东汉五郊迎气祭祀礼仪的制定与实行，对辅助东汉国家确定顺应时令的施政方略，应该说起到不可低估的作用。

（原载《人文杂志》2011 年第 3 期）

---

① 《后汉书》卷二《明帝纪》。

东汉墓祭问题试探

东汉时代，墓祭活跃是当时社会祭祀活动中的突出现象。考察东汉的墓祭，不仅可以了解当时祖先祭祀的特点，而且，能够认识祖先祭祀同社会生活的密切联系。本文拟就东汉园庙和墓祠的设置、园庙和墓祠祭祀的方式以及墓祭的社会作用问题做一些探讨。

一、东汉园庙和墓祠的设置

所谓园庙和墓祠，都是东汉社会中进行墓祭的场所。园庙与墓祠的区别即在于：园庙是皇室专门举行墓祭之处，而墓祠则是皇室以外各社会阶层祭祀先人的地方。由于园庙和墓祠存在这种差别，所以它们在设置上存在着比较明显的不同。这样，就需要对园庙和墓祠设置的情况分别说明。

（一）园庙设置的特点

在探讨东汉园庙设置特点时，有必要说明园庙产生的情况。园庙在汉代文献中，也被称为园寝，它不同于国家设置的宗庙。关于园庙的发端，在文献记载中多见。《汉官仪》说："古不墓祭。秦始皇起寝于墓侧，汉因而不改。"[①] 又《续汉书·祭祀志下》："古不墓祭，汉诸陵皆有园寝，承秦所为也。"关于先秦时期，是否有墓祭，这一问题可暂置不论。由这些记载可知，秦代已出现将寝殿设于墓侧的情况。原来庙寝同处的设置被打破，开始向庙、寝分离发展。秦代寝殿的这种设置，已为园庙的出现开了端绪。到西汉时，继续在陵墓旁设寝殿。《汉书·叔孙通传》：

---

① 《后汉书》卷二《明帝纪》注引。

> 惠帝为东朝长乐宫，及间往，数跸烦民，作复道，方筑武库南，通奏事，因请间，曰："陛下何自筑复道高帝寝，衣冠月出游高庙？子孙奈何乘宗庙道上行哉！"惠帝惧，曰："急坏之。"通曰："人主无过举。今已作，百姓皆知之矣。愿陛下为原庙渭北，衣冠月出游之，益广宗庙，大孝之本。"上乃诏有司立原庙。

据此可见，西汉于陵旁设寝的做法，始于汉惠帝时。这时园庙的称谓才正式出现。自汉惠帝为刘邦设置园庙后，这就开始成为西汉的定制。

东汉建立后，承袭西汉制度，在皇帝的陵墓附近设置园庙。东汉园庙的设置，有承袭西汉制度的方面，也有为适应东汉国家祭祀的需要而增加的新内容。

首先，园庙设置的范围，比起西汉来，有较明显的扩大。西汉时期，可以设置园庙的，主要是最高统治者皇帝。当然，除皇帝外，还有一些皇室的其他成员。《汉书·韦玄成传》："京师自高祖下至宣帝，与太上皇、悼皇考各自居陵旁立庙，并为百七十六。又园中各有寝、便殿。……而昭灵后、武哀王、昭哀后、孝文太后、孝昭太后、卫思后、戾太子、戾后各有寝园，与诸帝合，凡三十所。"说明皇后及皇帝的直系祖父、母都可立园庙。不过，需要指出的是：为皇后立园庙当是西汉定制。而为戾太子、戾后设园庙则是特例。这是出于汉宣帝要尊崇、祭祀自己祖父、母的需要。西汉园庙的这种设置情况，与国家宗庙比较，还是比较宽松的。东汉时期，国家为使祭祀活动适应其统治的需要，进一步放宽了园庙的设置范围。

第一，东汉国家确立了为直系祖先设置园庙的制度。众所周知，东汉建国并不是对西汉皇权的嫡系继承，东汉开国皇帝刘秀，不过是西汉皇室的远亲。这样，光武帝刘秀就必须要解决对西汉各代皇帝的祭祀同对他的直系祖先祭祀相互矛盾的问题。因而，东汉国家将汉宣帝为其祖父母、戾太子、戾后立园庙的情况加以发展，确立了其直系祖先的园庙祭祀系统。建武十九年，刘秀下诏："南顿君以上至节侯，皆就园庙。南顿君称皇考庙，钜鹿都尉称皇祖考庙，郁林太守称皇曾祖考庙，节侯称皇高祖考庙，在所郡县侍祠。"[1]

---

① 《续汉书·祭祀志下》。

可见，东汉国家为其直系祖先设置的园庙制度，在建国初年就已确定下来。

第二，在后宫出现了贵人园庙。如前所述，西汉时期，皇后故去，都可立园庙。至于为后宫中的其他妃妾立园庙，尚不见记载。而在东汉时，能够立园庙的后宫嫔妃，已不限于皇后。《续汉书·祭祀志下》："永元中，和帝追尊其母梁贵人曰恭怀皇后，陵，以窦后配食章帝，恭怀后别就陵寝祭之。……安帝以清河孝王子即位，建光元年，追尊其祖母宋贵人曰敬隐后，陵曰敬北陵。亦就陵寝祭，太常领如西陵。"可见，原来曾是贵人身份者也可以立园庙。但是，贵人立园庙在东汉是有条件限制的。这些贵人，只有在其子或其孙继承皇帝位后，方有立园庙可能。在一般的情况下，贵人是不能立园庙的。《后汉纪·殇皇帝纪》："初，宋贵人冢上无祠堂，庆每露祭，未尝不流涕。"便说明这一点。

东汉时期，后宫贵人园庙设置上的这种限制性，是由贵人的特殊身份决定的。《后汉书·皇后纪》："及光武中兴，斫雕为朴，六宫称号，唯皇后、贵人。贵人金印紫绶，奉不过粟数十斛。又置美人、宫人、采女三等，并无爵秩，岁时赏赐充给而已。"这说明，贵人同皇后相比，属于妃妾范围，可是，同身份低微的一般妃妾相比，又有较高的地位。贵人在东汉后宫中所处的这种特殊等级地位，正是其立园庙受条件限制的重要原因。

第三，对早夭的幼帝，只设园庙，不设宗庙。东汉时，年幼即帝位者很多，这些皇帝不仅即位时年龄幼小，而且，不到成年就已夭折。比如殇帝、冲帝、质帝都属此类。国家对这类皇帝的祭祀，不实行通常的方式。《续汉书·祭祀志下》：

> 殇帝生三百余日而崩，邓太后摄政，以尚婴孙，故不列于庙，就陵寝祭之而已。……冲、质帝皆小崩，梁太后摄政，以殇帝故事，就陵寝祭。凡祠庙讫，三公分祭之。

可见，这类皇帝只有园庙，而无宗庙。东汉国家采取这种做法，是为了使祭祀活动适应皇帝幼年夭折这种特殊的社会状况。因而，也就使园庙的社会作用进一步提高。

再次，东汉园庙设置上的统一格局更为明确。园庙的出现，是寝庙分离的结果。正如《续汉书·祭祀志下》："说者以为古宗庙前制庙，后制寝，以象人之居，前有朝，后有寝也。……庙以藏主，以四时祭。寝有衣冠，几杖象生之具，以荐新物。秦始出寝，起于墓侧，汉因而弗改，故陵上称寝殿，起居衣服象生人之具，古寝之意义。"由于园庙不同于宗庙，所以在设置上，与宗庙有很大不同。东汉时，国家为充分体现园庙的象征意义以及适应对祖先供奉的需要，在园庙设置上的布局更加规范。《后汉书·明帝纪》称，园庙有"更衣别室"。李贤注说："更衣者，非正处也。园中有寝，有便殿。寝者，陵上正殿。便殿，寝侧之别殿，即更衣也。"东汉园庙设置上的这种规范化，是园庙祭祀发展的结果。它反过来，就更有利于国家在园庙中进行各种不同形式的祭祀。

（二）墓祠设置的特点

在东汉各社会阶层中，墓祠的设置是很广泛的。《后汉书·宗室四王·安成孝侯赐传》："（建武）十三年，更增户邑，定封为安成侯，奉朝请。以赐有恩信，故亲厚之，数蒙宴私，时幸其第，恩赐特异。赐辄赈与故旧，无有遗积。帝为营冢堂，起祠庙，置吏卒，如春陵孝侯。"即为诸侯王设墓祠的事例。在一般平民中，凡有条件者，多要设祠祭祀先祖。如《后汉书·崔寔传》："（崔）寔父卒，剽卖田宅，起冢茔，立碑颂。葬讫，资产竭尽，因穷困，以酤酿贩鬻为业。时人多以讥之，寔终不改。"在这些社会阶层的人中，墓祠的设置对他们追祭祖先有重大意义。因为东汉时，从诸侯王到平民同国家以宗庙和园庙两重方式祭祖不同，墓祠实际上是他们祭祀祖先的唯一的地方。

东汉墓祠，主要是家族或宗族成员为其先人所设。不过，由于在当时社会中，尊祖、敬祖的意识具有很大影响，所以设置墓祠不仅可以使家族或宗族成员追祭先祖，还能够使家族或宗族外的成员向亡人表示敬意。因而，在东汉为先人或亡人设置墓祠，便突破了血缘关系网络的限制。在为亡人立祠中，出现了以下几种情况：

一是出于"恩义"关系而立祠。这种情况在东汉多见。例如，桓典"举孝廉为郎。居无几，会国相王吉以罪被诛，故人亲戚莫敢至者。典独弃官收敛归葬，服丧三年，负土成坟，为立祠堂，尽礼而去"①。

---

① 《太平御览》卷四二〇引《东观汉记》。

二是门生为师长立祠。东汉时期，门生与师长之间的从属关系逐渐加强，因而门生不仅在师长生前尊敬他，在师长故去后，也要为之立祠，给予祭祀。《后汉书·杨厚传》："建和三年，太后复诏征之，经四年不至。年八十二，卒于家。策书吊祭。乡人谥曰文父。门人为立庙，郡文学掾史春秋飨射常祠之。"即其例证。这正是为表示对亡者敬意而立祠。东汉时，出现一些治理地方政绩卓著的官员，地方吏民多立祠来表达对这些官员的怀念。例如，周嘉"稍迁零陵太守，视事七年，卒，零陵颂其遗爱，吏民为立祠焉"①。

由上可见，在立祠者中，与亡人并无血缘联系的，占有相当的数量。这种情况的出现，使墓祠的设置呈现出复杂化的倾向。

墓祠的建筑，也受到立祠者的重视。一般殷实之家，为彰扬他们对先人的敬意，都不惜花费重金修建墓祠。如《潜夫论·浮侈篇》："今京师贵戚，郡县豪家，生不极养，死乃崇丧。或至金镂玉匣，梓梗楠，多埋珍宝偶人车马，造起大冢，广种松柏，庐舍祠堂，务崇华侈。"② 又《后汉书·蔡邕传》："前者乳母赵娆，贵重天下，生则赀藏侔于天府，死则丘墓逾于园陵，两子受封，兄弟典郡。"东汉墓祠建筑的奢侈豪华，是官僚、豪民生活腐朽的表现。但是，这也从一个侧面反映了墓祠的设置在时人心目中占有极高的地位。

二、东汉园庙、墓祠祭祀的方式

东汉墓祭分为园庙祭祀和墓祠祭祀。这两种墓祭，由于主持和参加祭祀的社会阶层不同，在具体的方式上有较大的差别，因此需要分别说明其活动的特点。

（一）园庙祭祀的主要方式

东汉国家对园庙祭祀活动是很重视的。园庙祭祀已由原来对宗庙祭祀的补充，演变成为一种独立的祭祀体系。在园庙祭祀活动中，具体的祭祀方式呈现出了多样性，主要有以下几类：

---

① 《后汉书》卷八一《周嘉传》。
② 《后汉书》卷四九《王符传》。

一是上食祭。这是由原来寝中的献食礼发展而来的。在汉代人的宗教观念中，园庙是祖先神灵的居处。祖先神灵同现实中的人一样，都需要定时饮食。上食祭正具有保证祖先每日饮食的象征意义。正如《续汉书·祭祀志下》："庙日上饭。"因此，上食祭的举行是非常频繁的。东汉的上食祭同西汉一样，都是"寝，日四上食"①。这完全是按照亡者生前的饮食活动来安排的。这种祭祀虽然频繁，但是规模并不大，因而并不需要皇帝亲祭，只是由"庙日上饭，太官送用物，园令、食监典省，其亲陵所宫人随鼓漏理被枕，具盥水，陈严具"②。

二是时祭。这是在园庙中，对祖先按固定时节定期举行的祭祀。园庙的时祭，是依照宗庙时祭的特点，加以改造演变而成的。宗庙时祭，在东汉国家的祭祀活动中，非常受重视。《续汉书·祭祀志下》："光武帝建武二年正月，立高庙于洛阳。四时祫礼，高帝为太祖，文帝为太宗，武帝为世宗，如旧。余帝四时春以正月，夏以四月，秋以七月，冬以十月及腊，一岁五祀。"可见，宗庙时祭在东汉一年要定期举行五次，并要祫祭先祖。东汉园庙时祭虽然发端于宗庙时祭，但是，它同宗庙时祭有很多方面的不同，已形成一套独立的祭祀方式。其明显表现有二：

其一，东汉园庙时祭分为两个系统。一是对长安附近的西汉诸帝的园庙祭祀。正如《续汉书·祭祀志下》："建武以来，关西诸陵以转久远，但四时特牲祠。"二是对洛阳附近东汉皇帝园庙的祭祀。《续汉书·祭祀志下》："皆以晦望二十四气伏腊及四时祠。"说明东汉国家对洛阳园庙祭祀的次数，显然多于长安的各园庙，并且也同西汉对园庙祭祀的次数不同。西汉时，国家对各园庙"时祭于便殿"，"便殿，岁四祠"③。东汉园庙时祭次数的这种不同，表明国家更重视对洛阳园庙的祭祀。

其二，东汉园庙时祭的规模不及宗庙。宗庙时祭是由皇帝亲自参加的正祭，而园庙时祭只是"以荐新物"④的活动，实际上，属于一种荐礼。因而，园庙时祭并不需要皇帝亲祭，只是由国家掌管祭祀的官员主持。园庙时祭礼

---

① 《汉书》卷七三《韦贤传附韦玄成传》。

② 《续汉书·祭祀志下》。

③ 《汉书》卷七三《韦贤传附韦玄成传》。

④ 《续汉书·祭祀志下》。

仪具有的这种特点，使这种祭祀象征对亡灵生前的供奉，所以它呈现出更浓厚的原始色彩。

三是上陵祭。这种祭祀园庙的方式，在西汉后期方出现。东汉明帝永平元年"帝率公卿已下朝于原陵，如元会仪"①，又重新开始这种祭祀，以后逐渐形成定制。在对园庙的各种祭祀中，它是规模最大的祭祀，这种祭祀活动已形成很严格的礼仪规定。

上陵祭在时间规定上是严格的。《续汉书·祭祀志下》说："正月，五供毕，以次上陵。"不仅如此，上陵祭还形成了一套严格的仪式。《续汉书·礼仪志上》："东都之仪，百官、四姓亲家妇女、公主、诸王大夫、外国朝者侍子、郡国计吏会陵。昼漏上水，鸿胪设九宾，随立寝殿前。钟鸣，谒者治礼引客，群臣就位如仪。乘舆自东厢下，太常导出，西向拜，折旋升阼阶，拜神坐。退坐东厢，西向。侍中、尚书、陛者皆神坐后。公卿群臣谒神坐，太官上食，太常乐奏食举，舞元始、五行之舞。"据此可知，主持上陵仪式的是皇帝，参加上陵祭的助祭者众多，而且拜神坐、上食、乐舞的礼仪规定都是明确的。上陵祭的这种严格的仪式，体现了这种祭祀活动的庄重性。

四是巡幸祭。东汉的统治者虽然与西汉皇室有血缘关系，但是他们对西汉王朝毕竟不是嫡系继承，并且东汉国家的首都建在洛阳，而不是长安。这样，东汉统治者为表现他们与西汉王朝的密切继承关系，就要采取各种手段。以巡幸的方式，拜谒和祭祀长安的西汉各皇帝陵寝，就是实现这一目的的重要途径。现将东汉各朝皇帝巡幸祭祀西汉帝园庙的情况移录如下：

1. 建武六年四月，"幸长安，始谒高庙，遂有事于十一陵"②。

2. （建武）十年八月己亥，"幸长安，祠高庙，遂有事于十一陵"③。

3. （建武）十八年二月，"幸长安，三月壬午，祠高庙，遂有事于十一陵"④。

4. （建武）二十三年三月丙戌，"幸长安，祠高庙，遂有事于十一陵"⑤。

---

① 《后汉书》卷二《明帝纪》。
② 《后汉书》卷一下《光武帝纪下》。
③ 《后汉书》卷一下《光武帝纪下》。
④ 《后汉书》卷一下《光武帝纪下》。
⑤ 《后汉书》卷一下《光武帝纪下》。

5. 中元元年三月，"行幸长安。戊子，祀长陵"①。

6. 永平二年正月，"幸长安，祠高庙，遂有事于十一陵"②。

7. 建初七年十一月，"幸长安。丙辰，祠高庙，遂有事于十一陵"③。

8. 永元三年十月，"幸长安。十一月癸卯，祠高庙，遂有事于十一陵"④。

9. 永和二年十月，"行幸长安。十一月丙午，祠高庙，遂事于十一陵"⑤。

10. 延熹三年"十月乙酉，幸长安。甲午，祠高庙。十一月庚子，遂有事于十一陵"⑥。

由这些记载可知，以巡幸的方式祭祀长安的各皇帝园庙，以光武帝刘秀时期最为频繁。此后各朝皇帝一般仅到长安祭祀一次。东汉初年，国家频繁地举行这种祭祀，其中很重要的原因，是要表明其继统的合理性。当东汉国家的统治稳定后，各朝皇帝虽然依然仿照建武时期的仪式，巡幸祭祀长安各园庙，但是这种祭祀的象征意义更浓厚了。

不过，自东汉初至东汉末年，巡幸祭祀始终没有停止，说明东汉各皇帝把这种祭祀，同其统治的正当性是紧密联系在一起的。当然，东汉皇帝的巡幸祭，并不限于西汉诸帝园庙。他们对其直系祖先的园庙也以巡幸方式祭祀。如《后汉书·光武帝纪下》："（建武）十一年三月，幸章陵，祠园陵。"《后汉书·张禹传》："永元六年，入为大司农，拜太尉，和帝甚礼之。十五年，南巡祠园庙，禹以太尉兼卫尉留守。"又《后汉书·杨震传》："（延熹）七年，南巡园陵，特诏秉从。"东汉皇帝的这种巡幸祭，是对其直系祖园庙正祭的补充。可以说，自刘秀确定为其直系祖设置园庙进行祭祀后，他们只能受到园庙所在地的郡太守或县令、长的定期祭祀。这就使东汉皇帝直系祖的祭祀规模下降了许多，因而，同东汉国家倡导的"孝"道是相违背的。东汉皇帝以巡幸的方式，祭祀其先祖，自然起到提高对其直系祖先祭祀规模的作用。这样，东汉国家对祖先的追祭，就能够比较容易地同其统治思想结合

---

① 《后汉书》卷一下《光武帝纪下》。

② 《后汉书》卷二《明帝纪》。

③ 《后汉书》卷三《章帝纪》。

④ 《后汉书》卷四《和帝纪》。

⑤ 《后汉书》卷六《顺帝纪》。

⑥ 《后汉书》卷七《桓帝纪》。

在一起。

(二) 墓祠祭祀的方式

东汉的墓祠祭祀，是当时社会各阶层宗教生活中的重要内容。墓祠祭祀的参加者是广泛的，祭祀的方式也是多种多样的。祭祀墓主的活动，已经冲破了血缘关系的限制，有家族、宗族成员的祭祀，也有非家族、宗族成员的祭祀。

1. 家族、宗族墓祭

家族、宗族成员墓祭，是要通过对祖先的追祭，实现他们尽"孝"的目的。同时，他们也认为祖先是具有神灵的，可以庇护他们的行动，所以对墓祭非常重视。他们的墓祭形式，大体是定期祭祀。这种墓祭是家族、宗族成员追祭祖先的主要形式。在文献中将这种祭祀称为时祭。如《后汉书·祭遵传附祭肜传》："光武初以遵故，拜肜为黄门侍郎，常在左右。及遵卒无子，帝追伤之，以肜为偃师长，令近遵坟墓，四时奉祠之。"其实，东汉墓祠时祭，与皇室的宗庙、园庙时祭有很大的不同。《四民月令》① 载：

> 正月之旦，是谓正日。躬率妻孥，洁祀祖祢。
>
> 二月。祠太社之日，荐韭卵于祖祢。
>
> 五月。……夏至之日，荐麦鱼于祖祢，厥明祠冢。
>
> 六月。初伏，荐麦瓜于祖祢。齐、馔扫涤，如荐麦鱼。
>
> 八月。……是月也，以祠太社之日，荐黍豚于祖祢。厥明祀冢，如荐麦鱼。
>
> 十一月。冬至之日，荐黍羔，先荐玄冥于井，以及祖祢。
>
> 十二月。腊日，荐稻雁。前期五日杀猪，三日杀羊。前除二日，齐馔扫涤，遂腊先祖五祀。

据此可知，家族中对祖先的定期祭并不是四次，而是七次，只是每次祭物的种类和祭祀的规模存在差别。其中最重要的是一月举行的祭祀。在这次祭祀举行时，"进酒降神毕，乃家室尊卑，无小无大，以次列坐先祖之前，子、

---

① 《四民月令》，缪启愉辑释本。

妇、孙、曾，各上椒酒于家长，称觞举寿，欣欣如也"①。其他各月的祭祀，则是向祖先进献不同种类的祭物，这些祭祀活动的一致性，都是向先祖表示最大的敬意。

二是因事祭。这是家族、宗族成员在举行重要活动前，在墓祠前向祖先举行的秉告仪式。例如，公孙瓒任郡主簿，"太守刘君坐事槛车征，官法不听吏下亲近，瓒乃改容服，诈称侍卒，身执徒养，御车到洛阳。太守当徙日南，瓒具豚酒于北芒上，祭辞先人，酹觞祝曰：'昔为人子，今为人臣，当诣日南。日南多瘴气，恐或不还，便当长辞坟茔。'慷慨悲泣，再拜而去，观者莫不叹息"②。这种祭祀只是希望一时求得先祖的帮助，因而祭祀的仪式是比较简单的。

2. 与祭祀对象无血缘联系者的墓祭

如前所述，东汉时代，墓祭活动的发展，使这种祭祀已冲破了血缘关系的限制，在社会中，出现了向亡人表示敬意、亲善的各种祭祀活动。这种活动比较突出的，主要有三类：

一是致敬祭。司马彪《续汉书》："梁冀既诛，而灾眚屡见。明年史官上言，宜有赦令，又当存录大臣冤死者子孙。于是求固后，爕乃以本末告酒家，酒家具车重厚遣之。后王成卒，爕以礼葬之，感伤旧恩，每四节为设上宾之位而祠焉。"③ 即属于为报恩而定期向亡人祭祀，以示敬意。除这种报恩性质外，凡是有政绩的官员及著名儒生在辞世后，也多受到人们的祭祀。例如，东汉初，祭彤治理辽东有方，深受当地人们拥戴，"乌桓、鲜卑追思彤无已，每朝贺京师，常过冢拜谒，仰天号泣乃去。辽东吏人为立祠，四时奉祭焉"④。又如卢植被时人认为"名著海内，学为儒宗，士之楷模，国之桢干也"，曹操为向卢植表示敬意，即"亟遣丞掾除其坟墓，存其子孙，并致薄醴，以彰厥德"⑤。可见这种致敬墓祭，在具体祭法上是多种多样的，参加者不受任何条件限制，其目的是向亡人表示最大的敬意。

---

① 《四民月令》，缪启愉辑释本。

② 《后汉书》卷七三《公孙瓒传》。

③ 《太平御览》卷四二〇引。

④ 《后汉书》卷二〇《祭遵传》。

⑤ 《后汉书》卷六四《卢植传》。

二是复仇祭。东汉复仇风气甚盛。这种复仇活动也影响到当时的墓祭。《后汉书·窦融传》："永平时，谒者韩纡尝考劾父勋狱，宪遂令客斩纡子，以首祭勋冢。"又《后汉书·党锢·何颙传》："（何颙）少游学洛阳。颙虽后进，而郭林宗、贾伟节等与之相好，显名太学。友人虞伟高有父仇未报，而笃病将终，颙往候之，伟高泣而诉。颙感其义，为复仇，以头醊其墓。"这些记载说明，在复仇活动中，墓祭已构成其中重要的环节。不过，这类祭礼同一般墓祭不同，即它具有极大的残酷性。复仇者正是以这种残酷的方式，表现出对仇人的愤恨和对亡者的思念。

总之，东汉墓祭虽然表现出多样性，各种墓祭方式的具体目的也不同，但是其活动的主旨却是一致的，就是通过向亡者献祭寄托对亡人的思念和敬意，并求得亡人神灵的庇佑。

三、东汉墓祭的社会作用

东汉时代，墓祭是一种宗教献祭活动，然而，在当时人们的祖先信仰还很盛行的社会状况下，这种献祭活动自然还要发生多方面的影响。因而，东汉的墓祭必然要产生相应的社会作用。

首先，国家的园庙祭祀，同施政产生了联系。祖先祭祀同国家施政联系密切，是在先秦时期。当时国家重大事务的处理都在宗庙中进行。在宗庙祭祀后，多要进行赐爵、赏赐、分封等重大活动。在汉代，祖先祭祀同国家施政的联系已不像先秦时期那样密切，但是，国家统治者仍然不能完全放弃对祖先祭祀的利用。特别是东汉时期，儒家思想已完全支配人们的意识，因而，东汉国家统治者便积极把施政同祖先祭祀结合起来，以便使其统治更具有神秘色彩。由于园庙祭祀在东汉时期已占据重要的地位，并且园庙设在陵墓附近，更具有祖先神灵依托的神秘性，因此，国家便把一些重要措施的实施，贯穿在园庙祭祀中。其中最明显的就是上计制度与园庙上陵祭的结合。《续汉书·礼仪志上》："西都旧有上陵。东都之仪，百官、四姓亲家妇女、公主、诸王大夫、外国朝者侍子、郡国计吏会陵。昼漏上水，大鸿胪设九宾，随立寝殿前。……礼乐阕，君臣受赐食毕，郡国上计吏以次前，当神轩占其郡谷价，民所疾苦，欲神知其动静。孝子事亲尽礼，敬爱之心也。周遍如礼。最后亲陵，遣计吏，赐之带佩。"上计是国家掌握各郡国赋役、户口、民情等事务的重要制度。皇帝在上陵祭中，让各郡国上计吏禀报各郡国情况，其中意义正如东汉人蔡邕所说："苟先帝有瓜葛之属，男女毕会，王、侯、大夫、郡国计吏，各向神坐而言，庶几先帝神魂闻之。"① 这样，就可以使皇帝在群臣面前显示他对孝道的提倡，又可以表现"天子事亡如事存之意"②。这同先秦时期天子在宗庙祭祀中实施诸种重要措施的意义是相同的。

其次，东汉国家利用墓祭在群臣心目中的重要地位，来笼络为其服务的官员。国家控制官员，既要用规章和法律制度来约束，同时也要用赏赐来引诱。东汉国家对群臣的赏赐，不仅有财货等物品，也将墓祭纳入赏赐活动中。墓祭虽然只是一种宗教献祭活动，但这种祭祀在敬祖上具有极大的虔诚性，在时人心目中享有崇高的地位，因而皇帝就可以利用人们的这种心理，将其作为极大的荣誉赏赐群臣。东汉国家对群臣赐以墓祭的荣誉，主要有三种形式：

一是让受赐者亲自归乡墓祭。如《后汉书·冯异传》："建武二年春，定封异阳夏侯。引击阳翟贼严终、赵根，破之。诏异归家上冢，使太中大夫赍牛酒，令二百里内太守、都尉已下及宗族会焉。"又如《后汉书·宋筠传》："（宋筠）于是入贼营，散其众遣归本郡，为置长吏而还。筠未至，先自劾矫制之罪。光武嘉其功，迎赐以金帛，令过家上冢。"

二是派遣使者代皇帝祭祀有功官员的先祖。例如，东汉初年，光武帝刘秀感激李通"首创大谋，即日封通少子雄为召陵侯。每幸南阳，常遣使者以太牢祠通父冢"③。

三是皇帝下诏，由地方官员代祭有功官员先祖墓。例如，光武帝刘秀认为窦融"信效著明，益嘉之。诏右扶风修理融父坟茔，祠以太牢。数驰轻使，致遗四方珍羞"④。

由此可见，虽然皇帝赐官员墓祭的形式不同，但这些做法都是向官员表示恩宠，这无疑会起到鼓舞和安抚官员的作用，使其尽力为国家服务。

---

① 《续汉书·礼仪志上》刘劭注引谢承《后汉书》。
② 《续汉书·礼仪志上》刘劭注引谢承《后汉书》。
③ 《后汉书》卷一五《李通传》。
④ 《后汉书》卷二三《窦融传》。

再次，墓祭的发展为地方社会中宗族组织的稳固，提供了宗教意识上的基础。东汉社会中，宗族组织的大量涌现，是当时突出的社会现象。宗族组织是有共同祖先、共同血缘关系的家族联合体。族人共同的尊祖墓祭，成为族人结合的重要条件。东汉时代，族人墓祭的重要特点是需要族人共同活动。正如《四民月令》说："前期三日，家长及执事皆致齐焉。礼将祀心齐七日，致齐三日，家人苦多务，故俱致齐也。及祀日进酒降神毕，乃家室尊卑无小无大，以次列坐于先祖之前。子妇、孙、曾子，直谓子妇、子之妻。各上椒酒于其家长，称觞举寿，欣欣如也。"① 由于族人都参与到对祖先的祭祀中，因而在浓厚的宗教氛围中，便会形成对先祖的虔诚敬意。族人会把对祖先的追祭，作为他们活动的大事。东汉人郑兴说："兴闻事亲之道，生事之以礼，死葬之以礼，祭之以礼，奉以周旋，弗敢失坠。"② 正道破了其中的道理。正因为如此，族人也就会把维护先祖祠的神圣作为共同的职责。《后汉书·邓晨传》："新野宰乃污晨宅，焚其冢墓。宗族皆恚怒，曰：'家自富足，何故随妇家人入汤镬中？'"便是明证。这些共同的尊祖意识，都是在墓祭活动中形成的。这正是宗族组织稳定和发展不可缺少的。

不仅如此，东汉宗族族人墓祭不单纯是献祭活动，在墓祭之后，一般都有族人会议的举行。《四民月令》："十二月，后三日，祀冢。事毕，乃请召宗族、婚姻、宾旅，讲好和礼，以笃恩纪，休农息役，惠必下浃。"③ 这种族人会议，因为同祖先追祭结合在一起，所以它实际上是原始的族人会议在阶级社会中的遗存。这种会议可以在共同尊祖活动中，通过族人的相互协商而形成共同的意志，从而使宗族组织的结合更加紧密。

最后，墓祭活动的发展加强了当时人们之间的"恩义"联系。可以说，东汉墓祭活动已不受血缘关系的限制，一些与亡人无血缘联系者，可以以不同形式参与这种活动。他们的墓祭活动，对社会的影响是很大的。《四民月令》："（十二月）是月也，群神频行，大蜡礼兴，乃冢祠。君师、九族、友朋，以崇慎行，终不背之义。"④ 说明在非血缘联系者的墓祭中，体现"恩

---

① 《四民月令》，缪启愉辑释本。

② 《后汉书》卷三六《郑兴传》。

③ 《四民月令》，缪启愉辑释本。

④ 《四民月令》，缪启愉辑释本。

义"关系是重要的内容。这种事例，在文献记载中多见。如《后汉书·鲍永传》："（鲍）永行县到霸陵，路经更始墓，引车入陌，从事谏止之。永曰：'亲北面事人，宁有过墓不拜！虽以获罪，司隶所不避也。'遂下拜，哭尽哀而去。"又如《后汉书·徐稚传》："（徐）稚尝为太尉黄琼所辟，不就。及琼卒归葬，稚乃负粮徒步到江夏赴之，设鸡酒薄祭，哭毕而去，不告姓名。"在这种以表示"恩义"关系的墓祭中，甚至还渗入了家族关系的内容。《三国志·蜀书·张翼传》注引司马彪《续汉书》："论功，纲当封，为冀所遏绝，故不得侯。天子美其功，征欲用之。婴等上书，乞留在郡二岁。建康元年，病卒官，时年三十六。婴等三百余人，皆衰杖送纲丧至洛阳，葬讫，为起冢立祠，四时奉祭，思慕如丧考妣。"即其例证。由此可见，墓祭活动的发展，自然促使人们之间"恩义"联系的强化。

由于东汉时期，各种依附关系在滋长、蔓延，人们的"恩义"关系也在不断渗入这方面的内容。正因为如此，促使"恩义"联系加强的墓祭，也就包含了深化依附关系的意义。

（原载《秦汉史论丛》第十辑，江西教育出版社，1994年）

东汉丧葬吊祭考

东汉时期，国家和私人的丧葬活动都有吊祭。吊祭在当时文献中也被称为"吊祠"①，简称为"吊"。实际上，吊祭是丧葬活动中的重要仪式。在国家的丧葬活动中，吊祭是丧礼的重要组成部分；而在私人治丧的活动中，吊祭则是表达对死者的哀思。应该说东汉的吊祭是承袭西汉而来的，但是，东汉吊祭也有不同于西汉的内容。因此，对东汉丧葬活动中的吊祭还有必要做细致的考察。当然，前人对东汉吊祭已做了一些有意义的探讨，② 但是，对吊祭在东汉丧葬中的具体实行状况以及起到的作用还需要深入研究。因此，本文拟对东汉丧葬吊祭相关问题做一些探讨，希望有助于深入认识东汉丧葬活动的特点。

一、皇帝丧礼中的吊祭

东汉皇帝是国家最高统治者，在他们驾崩后，其丧礼是最高规格的。《续汉书·礼仪志下》记载了东汉皇帝丧礼的举行情况，其礼仪程式非常复杂。陈戍国先生依据《续汉书·礼仪志下》的记载，认为皇帝丧礼包括（1）登遐；（2）确定典丧官；（3）百官素服，帝室哭踊，沐浴如礼；（4）典丧官开始料理天子后事；（5）"下竹使符告郡国二千石、诸侯王……竹使符到，皆伏哭尽哀"；（6）小殓；（7）大殓；（8）皇家宗室、诸侯王、列侯、六百石以上官员按谒者引导排定伏哭；（9）三公安梓宫内珪璋诸物；（10）嗣子哭踊；

---

① 《后汉书》卷九《献帝纪》。

② 杨树达：《汉代婚丧礼俗考》，上海古籍出版社，2000 年，第 66 - 71 页。陈戍国：《中国礼制史（秦汉卷）》，湖南教育出版社，1993 年，第 333 - 335 页。

（11）太子即日即天子位于柩前，请太子即皇帝位，皇后为皇太后；（12）"百官五日一会临，故吏二千石、刺史、在京都郡国上计掾史皆五日一会"；（13）中黄门虎贲执绋，司空择土造穿，太史卜日；（14）太尉等官员在规定的时间和地点读策谥；（15）大鸿胪传哭，嗣位皇帝和皇后亲自送葬；（16）大行至陵，太史令读哀策；（17）东园武士奉车下明器；（18）太常导皇帝就赠位，皇帝再拜，传哭如仪；（19）奉衣物藏于便殿，进醴献几；（20）司空将校复土，皇帝、皇后以下皆去粗服，服大红，还宫，立主；（21）虞礼毕，祔于庙，如礼；（22）先大驾日游冠衣于诸宫诸殿，群臣皆吉服从会如仪，皇帝近臣丧服如礼；（23）"天下吏民发丧临三日，皆旦晡临。既葬，释服，无禁嫁娶、祠祀"。① 陈戍国先生考证东汉皇帝丧礼的各仪节大体是合理的。不过，对发丧仪式后吊祭活动的认识还是存在一些问题的。因此需要根据《续汉书·礼仪志下》记载，对社会中不同阶层吊祭皇帝的活动再做一些考证。实际上，在京城的诸侯王、列侯和各级官员、京城外的诸侯王、列侯和官员以及各地平民吊祭皇帝的方式是不尽相同的。一般说来，在京城的诸侯王、列侯和各级官员对亡故皇帝的吊祭是在发丧之后进行的。《续汉书·礼仪志下》：

> 夜漏，群臣入。昼漏上水，大鸿胪设九宾，随立殿下。谒者引诸侯王立殿下，西面北上；宗室诸侯、四姓小侯在后，西面北上。治礼引三公就位，殿下北面；特进次中二千石；列侯次二千石；六百石、博士在后；群臣陪位者皆重行，西上。位定，大鸿胪言具，谒者以闻。皇后东向，贵人、公主、宗室妇女以次立后；皇太子、皇子在东，西向；皇子少退在南，北面；皆伏哭。大鸿胪传哭，群臣皆哭。

《礼仪志下》所载发丧之后进行的活动，正是对皇帝的吊祭。由此可知，参加吊祭的主要有三类人员：一类为皇室成员，即皇后、贵人、公主、皇太子、皇子；二类为在京城的诸侯王、宗室诸侯、宗室妇女、四姓小侯；三类为各级中央官员和列侯，即三公、中二千石、特进、二千石、列侯、六百石

---

① 陈戍国：《中国礼制史（秦汉卷）》，湖南教育出版社，1993年，第333－335页。

官员以及博士官等。典丧官要根据参加吊祭者与亡故皇帝血缘关系的亲疏远近以及爵位等级和官位秩级的高低来引导他们"西面北上""西上",进入陈放灵柩的殿堂,并确定他们吊哭的站位和朝向。吊祭皇帝的方式是通过群臣"伏哭,大鸿胪传哭,群臣皆哭"①来实现的。

在吊哭之后,"三公升自阼阶,安梓宫内珪璋诸物,近臣佐如故事。嗣子哭踊如礼"②。最后完成了盖棺的过程。同时,"太常上太牢奠,太官食监、中黄门、尚食次奠,执事者如礼。太常、大鸿胪传哭如仪"③。这就是说,对皇帝的哭吊、盖棺和祭奠是一个相联系的过程。在这个过程中,伴随着最后的盖棺,通过哭吊和食奠的供奉完成了对驾崩皇帝的吊祭仪式。

东汉时期,在吊祭皇帝之后,凶礼很快转为吉礼。《续汉书·礼仪志下》:"三公奏《尚书·顾命》,太子即日即天子位于枢前,请太子即皇帝位,皇后为皇太后。奏可。群臣皆出,吉服入会如仪。太尉升自阼阶,当枢御坐北面稽首,读策毕,以传国玉玺绶东面跪授皇太子,即皇帝位。"这说明,将对驾崩皇帝的吊祭与新皇帝的即位礼联系在一起,正是东汉吊祭活动的一个重要特点。因此,在这一过程中,吊祭的丧服要换成吉服。不过,皇帝的丧礼并没有结束。一旦新皇帝的即位礼结束,"群臣百官罢,入成丧服如礼。兵官戎。三公,太常如礼"④。

在皇帝灵柩没有下葬之前,吊祭仪式也没有停止,"百官五日一会临,故吏二千石、刺史、在京都郡国上计掾史皆五日一会"⑤。这种五日一次的"会临",仍然是吊祭仪式的延续。因此,可以说东汉皇帝丧礼中的吊祭,是由两部分组成的。也就是由在盖棺时的吊哭和食奠供奉与新皇帝即位礼之后的"五日会临"组成的。这应该是在京城的百官吊祭皇帝活动的主要仪式。

各地方的郡太守和王国诸侯王也要举行吊祭驾崩皇帝的活动。当时国家对各郡、国的吊祭是非常重视的。在由护丧官处理亡故皇帝后事,"沐浴如

---

① 《续汉书·礼仪志下》。
② 《续汉书·礼仪志下》。
③ 《续汉书·礼仪志下》。
④ 《续汉书·礼仪志下》。
⑤ 《续汉书·礼仪志下》。

礼。守宫令兼东园匠将女执事，黄绵、缇缯、金缕玉柙如故事。饭含珠玉如礼"① 的同时，"是日夜，下竹使符告郡国二千石、诸侯王"②。各地郡太守和诸侯王在接到告丧的竹使符后，"皆伏哭尽哀"③，显然在当地吊哭驾崩皇帝的活动是必须进行的。除了在当地吊祭之外，郡太守和诸侯王还需要派官员进京城吊祭。《续汉书·礼仪志下》："部刺史、二千石、列侯在国者及关内侯、宗室长吏及因邮奉奏，诸侯王遣大夫一人奉奏，吊臣请驿马露布，奏可。"又《后汉书·廉范传》："肃宗崩，范奔赴敬陵。时庐江郡掾严麟奉章吊国，俱会于路。"这些记载说明，郡太守和在封地的诸侯王所派吊祭者都是他们的下属官员。可见国家不允许他们亲自到京城吊祭驾崩的皇帝。

东汉国家对封国内的诸侯王和列侯吊祭皇帝的活动要求极为严格。《后汉书·赵典传》："会帝崩，时禁蕃国诸侯不得奔吊。"这里所说的"蕃国诸侯"不仅指在封国内的诸侯王，还包括在封地的列侯。例如，汉桓帝时，赵典袭父爵为厨亭侯，后免官就国。汉桓帝驾崩，赵典不顾禁令，"遂解印绶符策付县，而驰到京师。州郡及大鸿胪并执处其罪"。只是"公卿百寮嘉典之义，表请以租自赎"，汉灵帝才下诏赦免了赵典。④ 可见，当时国家是严禁封国内的诸侯王和列侯亲自到京城参加吊祭活动的。东汉国家对这一禁令执行得很严格。然而，对于藩国诸侯的子弟赴京城参与吊祭活动，就限制得不很严格了。如汉明帝驾崩，"齐殇王子都乡侯畅来吊国忧，……与步兵校尉邓叠亲属数往来京师，因叠母元自通长乐宫，得幸太后，被诏召诣上东门"⑤。东汉国家限制地方郡太守、在封地的诸侯王和列侯亲自赴京城吊丧，当然，主要目的是要防止在国丧期间地方社会秩序的稳定受到破坏以及突然变故的发生。

东汉皇帝的丧礼是国家的大丧，因此，吊祭活动的涉及范围是很广的。《续汉书·礼仪志下》："天下吏民发丧临三日。先葬二日，皆旦晡临。既葬，释服，无禁嫁娶、祠祀。"这就是说，东汉国家皇帝驾崩后，各地官民接到

---

① 《续汉书·礼仪志下》。

② 《续汉书·礼仪志下》。

③ 《续汉书·礼仪志下》。

④ 《后汉书》卷二七《赵典传》。

⑤ 《后汉书》卷二三《窦融传附窦宪传》。

发丧令后，要着丧服出临三日；在皇帝灵柩下葬前二日，还要"且晡临"。这些活动正是全国官民对亡故皇帝的吊祭。东汉国家要求吏民以这种方式参与对驾崩皇帝的吊祭，是承袭西汉文帝确立的规定。《汉书·文帝纪》载文帝遗诏："其令天下吏民，令到，出临三日，皆释服。无禁取妇嫁女祠祀饮酒食肉。自当给丧事服临者，皆无践。无发民哭临宫殿中。殿中当临者，皆以旦夕各十五举音，礼毕罢。非旦夕临时，禁无得擅哭临。"显然，汉文帝遗诏中对官民参与驾崩皇帝丧礼的规定，已经成为定制。这就是说，东汉国家要求官民参与皇帝丧礼活动，正是承袭汉文帝的遗诏的规定而继续推行的。陈戍国先生将全国各地官民对皇帝的吊祭作为皇帝丧礼的最后一项仪式，显然是不正确的。因为这种吊祭是在国家发丧之后进行的，也就是说与京城官员对皇帝的吊祭是同时进行的，在礼仪的顺序上，并没有先后的区别。当然，由于交通的限制，这种吊祭很难与京城的吊祭活动在时间上完全一致。

此外，还要提及的是，对亡故皇后丧礼的吊祭，《续汉书·礼仪志下》中没有明确的记载。但在《后汉书·孝崇匽皇后纪下》中记载了孝崇匽皇后的丧礼。其中提道："在位三年，元嘉二年崩。以帝弟平原王石为丧主，殓以东园画梓寿器、玉匣、饭含之具，礼仪制度比恭怀皇后。使司徒持节，大长秋奉吊祠，赗钱四千万，布四万匹，中谒者仆射曲护丧事，侍御史护大驾卤簿。"据此，东汉对皇后丧礼吊祭没有固定的规定，而是根据皇后生前的不同情况对主持吊祭的官员做出规定。孝崇匽皇后丧礼以大长秋主持吊祭是比照恭怀皇后的规格。《续汉书·礼仪志下》："太皇太后、皇太后崩，司空以特牲告谥于祖庙如仪。长乐太仆、少府、大长秋典丧事，三公奉制度，他皆如礼仪。"可见只有太皇太后、皇太后的丧礼才用大长秋主持丧事。东汉的大长秋秩级二千石，"中兴常用宦者，职掌奉宣中宫命"①。因此，孝崇匽皇后的丧礼吊祭以大长秋主持，无疑是提高了丧礼的规格。很明显，这种做法只是一种特殊的礼遇。

概而言之，东汉皇帝的丧礼是国家最重要的丧葬活动。在皇帝的丧礼中，吊祭是重要的仪式。但对京城的官员和地方各郡、国官员来说，吊祭的

---

① 《续汉书》卷二七《百官志四》。

方式是不同的。然而，吊祭的一致之处就在于，都是要通过不同的方式表现对亡故皇帝的哀悼。同时，国家还要求各地方的吏民举行吊祭活动。这些吊祭活动都规定在丧礼的同一仪式次序中进行。因此，对亡故皇帝的吊祭，实际上就是全国不同社会等级的人都要实行的悼念活动。

二、皇帝亲临吊祭与遣使者吊祭

东汉时期，由国家举行的丧礼都有吊祭活动。不过，根据参加吊祭者情况的不同，实际上，可以将吊祭活动分为两大类，即皇帝亲临吊祭和国家遣使者吊祭。

(一) 皇帝亲临吊祭

东汉皇帝为了表示对重要官员亡故的哀悼，体现对这些官员丧礼的重视，有时要亲着丧服，到治丧的庐舍参加吊祭活动。为了说明问题，将文献记载中皇帝亲自吊祭官员的活动列表如下：

表 1　皇帝吊祭官员活动情况

时间	亲临吊祭的皇帝	亡故官员姓名	亡故官员的官职与爵位	吊祭方式	史料出处
建武四年	光武帝	卓茂	太傅	车驾素服亲临送葬	《后汉书》卷二五《卓茂传》
建武七年	光武帝	来歙	中郎将	丧还洛阳，乘舆缟素临吊送葬	《后汉书》卷一五《来歙传》
建武九年	光武帝	祭遵	征虏将军、颍阳侯	(祭)遵丧至河南县，诏遣百官先会丧所，车驾素服临之，望哭哀恸。……丧礼成，复亲祠以太牢，如宣帝临霍光故事	《后汉书》卷二〇《祭遵传》

续　表

时间	亲临吊祭的皇帝	亡故官员姓名	亡故官员的官职与爵位	吊祭方式	史料出处
建武十一年	光武帝	刘顺	六安太守、成武侯	帝使使者迎丧，亲自临吊	《后汉书》卷一四《宗室四王三侯·成武孝侯顺传》
建武十三年	光武帝	伏湛	大司徒，后策免，又任尚书，不其侯	帝亲吊祠，遣使者送丧修冢	《后汉书》卷二六《伏湛传》
建武十三年	光武帝	侯霸	大司徒、追封则乡哀侯	（帝）亲自临吊	《后汉书》卷二六《侯霸传》
建武十八年	光武帝	李通	大司空、积二岁，乃听上大司空印绶，以特进奉朝请。固始侯	帝及皇后亲临吊，送葬	《后汉书》卷一五《李通传》
建武二十三年	光武帝	郭伋	太中大夫	帝亲临吊，赐冢茔地	《后汉书》卷三一《郭伋传》
建武二十三年	光武帝	杜林	大司空	帝亲自临丧送葬	《后汉书》卷二七《杜林传》
建武二十六年	光武帝	郭皇后母郭主（郭昌妻）		帝亲临丧送葬	《后汉书》卷一〇上《光武郭皇后纪》
永平二年	汉明帝	郭况	特进、阳安侯	帝亲自临丧	《后汉书》卷一〇上《光武郭皇后纪》

时间	亲临吊祭的皇帝	亡故官员姓名	亡故官员的官职与爵位	吊祭方式	史料出处
永平二年	汉明帝	桓荣	太常、五更，关内侯	帝亲自变服，临丧送葬	《后汉书》卷三七《桓荣传》
建初三年	汉章帝	牟融	司空、太尉	车驾亲临其丧	《后汉书》卷二六《牟融传》
建初五年	汉章帝	赵憙	太傅	憙疾病，帝亲幸视。及薨，车驾往临吊	《后汉书》卷二六《赵憙传》
永元五年	汉和帝	邓彪	太傅、录尚书事，关内侯	天子亲临吊临	《后汉书》卷四四《邓彪传》
永元十五年	汉和帝	张酺	司徒	乘舆缟素临吊	《后汉书》卷四五《张酺传》
永和六年	汉顺帝	梁商	大将军、乘氏侯	帝亲临丧	《后汉书》卷三四《梁统传附梁商传》

　　由表1所示可知，东汉的五位皇帝，即光武帝、汉明帝、汉章帝、汉和帝和汉顺帝曾亲自参与重要官员丧礼的吊祭活动。然而，这些皇帝吊祭的官员的地位和秩级并不相同。根据这些官员的地位与活动情况，可以将他们分为四类：一类为东汉初年立有军功的将领，即来歙（官至中郎将）、祭遵（官至征虏将军）。二类为太傅和三公或曾任三公者，太傅有三人，即卓茂、赵憙、邓彪；三公六人，即侯霸、杜林、牟融、张酺、伏湛（大司徒，后策免）、李通（大司空，二年上大司空印绶，为特进奉朝请）。此外，郭伋官至太中大夫。他虽不是三公，但曾被提名为三公。《后汉书·郭伋传》："是时朝廷多举伋可为大司空，帝以并部尚有卢芳之儆，且匈奴未安，欲使久于其

事，故不召。"可见，光武帝是为了防御卢芳和匈奴，才使郭伋没有担任三公职，实际上，是将他视为三公的。三类为身份特殊的九卿。桓荣官至太常，又被选为五更。光武帝时，桓荣"拜为议郎，赐钱十万，入使授太子"，也就是曾经做过明帝的授业师。① 四类为皇亲、宗室和外戚。皇亲正是光武帝的郭皇后母亲郭主。郭皇后母为"真定恭王女，号郭主……郭主虽王家女，而好礼节俭，有母仪之德"②。宗室为六安太守、成武侯刘顺。外戚则有郭伋，光武帝"数幸其第，会公卿、诸侯、亲家饮燕，赏赐金钱缣帛，丰盛莫比，京师号况家为金穴"③。还有梁商，汉顺帝阳嘉元年，梁商"女立为皇后，妹为贵人"，"商自以戚属居大位，每存谦柔，虚己进贤"④。从光武帝至汉顺帝时，皇帝亲自参与吊祭的官员丧礼情况来看，被吊祭的官员显然以太傅、三公人数为最多。

东汉建国初年，光武帝亲自吊祭来歙、祭遵，因为来歙在征伐割据势力公孙述时被害；祭遵则在击败割据势力隗嚣后，进屯陇下，病死军中。所以，光武帝亲自吊祭他们二人，显然有激励前方将士作战的目的。汉明帝亲自吊祭桓荣，自然是要表示对受业师以及养老礼中"五更"的敬意。光武帝亲自吊祭郭主、刘顺，则是要在丧礼中体现出对有亲缘和宗亲关系者的关心，进而提高他们丧礼的规格。光武帝、汉顺帝对外戚郭况、梁商的亲自吊祭，也是要在丧礼中充分表达对有亲缘关系者的关照。因此，可以说东汉皇帝对这三类官员丧礼的亲自吊祭，都是出于特殊的目的，并不是国家丧礼的规定。

光武帝至汉顺帝时，皇帝亲自吊祭亡故三公，当是承袭西汉时期的做法。当时皇帝对有功劳的丞相常要亲自吊祭。诸如《汉书·霍光传》："（霍）光薨，上及皇太后亲临光丧。"又《汉书·孝元皇后传》："元帝崩，太子立，是为孝成帝。尊皇后为皇太后，以凤为大司马、大将军领尚书事，益封五千户。"因此，颜师古注引《汉旧仪》说："丞相有疾，皇帝法驾亲至问疾，从西门入。即薨，移居第中，车驾往吊，赠棺、棺敛具，赐钱、葬地。葬日，

---

① 《后汉书》卷三七《桓荣传》。

② 《后汉书》卷一〇上《光武郭皇后纪》。

③ 《后汉书》卷一〇上《光武郭皇后纪》。

④ 《后汉书》卷三四《梁统传附梁商传》。

公卿已下会葬焉。"可是,《汉旧仪》中的记载,只说明了西汉皇帝亲自吊祭丞相的礼仪过程,并不是说西汉丞相的丧礼都必须要由皇帝亲自吊祭。其实,西汉皇帝在丞相丧礼中亲自吊祭,只是对有功劳的丞相表示特别礼遇的一种做法。《汉书·翟方进传》:"丞相官缺,群臣多举方进,上亦器其能,遂擢方进为丞相,封高陵侯,食邑千户。……方进即日自杀。上秘之,遣九卿册赠以丞相高陵侯印绶,赐乘舆秘器,少府供张,柱槛皆衣素。天子亲临吊者数至,礼赐异于它相故事。"正说明了这一点。东汉开国皇帝光武帝对太傅、三公的吊祭,也是要表示一种特别的礼遇。就吊祭太傅、三公的人数来看,以光武帝时的次数最多,共有六人受到光武帝的吊祭。可是,这些受到吊祭的太傅、三公,并不是光武帝一朝亡故的全部太傅和三公。统计光武帝一朝,亡故的太傅、三公除了表中所列的六人外,还有:1. 建武十五年大司徒韩歆免,自杀;2. 建武十五年冬十一月甲戌,大司徒欧阳歙下狱死;3. 建武二十年大司马吴汉薨;4. 建武二十年大司徒戴涉下狱死;5. 建武二十三年夏五月丁卯,大司徒蔡茂薨;6. 建武二十七年夏四月戊午,大司徒玉况薨;7. 中元元年三月戊辰,司空张纯薨;8. 中元元年六月司徒冯勤薨。在这些三公中,除了因犯罪被处死或自杀的韩歆、欧阳歙、戴涉之外,大司马吴汉"病笃。车驾亲临。……及薨,有诏悼愍,赐谥曰忠侯"[1]。蔡茂"赐东园梓棺,赙赠甚厚"[2]。玉况情况不详。张纯"薨,谥曰节侯"[3]。冯勤"帝悼惜之,使者吊祠,赐东园秘器,赗赠有加"[4]。可见,光武帝并没有吊祭全部亡故的太傅和三公,而是有选择地参与吊祭三公的活动。这说明,光武帝只是为了更有效地笼络为东汉政权服务的三公,才使亲自吊祭的三公人数,明显多于以后的皇帝。由此来看,在光武帝统治时,并没有形成在为太傅、三公举行丧礼时,需要皇帝亲自参与吊祭的制度。

光武帝以后,直到东汉末年,皇帝亲自吊祭的太傅、三公只有四位。可是,统计《后汉书》中的记载,从汉明帝永平元年至汉献帝官职改革的建安十三年,任职太傅、三公的共有一百二十人次,在任亡故的太傅、三公共有

---

① 《后汉书》卷一八《吴汉传》。

② 《后汉书》卷二六《蔡茂传》。

③ 《后汉书》卷三五《张纯传》。

④ 《后汉书》卷二六《冯勤传》。

二十四人。这就是说，皇帝亲临三公丧礼所吊祭的人数，只占全部亡故太傅、三公的十二分之一。可以说，皇帝亲临吊祭的太傅、三公人数是很少的，因此，应该说皇帝的这种吊祭活动，只是对太傅、三公的很高的礼遇，也是很难获得的一种殊荣。反之，没有皇帝亲自参与的吊祭三公的活动，却在文献记载中多见。《后汉书·任光传附任隗传》："章和元年，拜司空。……永元四年薨，子屯嗣。帝追思隗忠，擢屯为步兵校尉，徙封西阳侯。"《后汉书·丁鸿传》："（永元）六年，鸿薨，赐赠有加常礼。"《后汉书·种暠传》："延熹四年，迁司徒。推达名臣桥玄、皇甫规等，为称职相。在位三年，年六十一薨。并、凉边人咸为发哀。匈奴闻暠卒，举国伤惜。单于每入朝驾，望见坟墓，辄哭泣祭祀。"由这些记载可以看出，没有皇帝亲自参加的三公丧礼吊祭，才是当时的一种正常礼仪活动。正因为如此，即使七登公府的胡广，"年八十二，熹平元年薨。使五官中郎将持节奉策赠太傅、安乐乡侯印绶，给东园梓器，谒者护丧事，赐冢茔于原陵，谥文恭侯。拜家一人为郎中。故吏自公、卿、大夫、博士、议郎以下数百人，皆缞绖殡位，自终及葬。汉兴以来，人臣之盛，未尝有也"[①]。为胡广举行这样隆重的丧礼，显然也并不需要皇帝亲临吊祭。由此可见，在东汉三公的丧礼中，皇帝是否亲临吊祭，自然不能够成为考察丧礼规格的唯一标准。

当然，还需要提到的是，自汉顺帝以后，已经不见有皇帝吊祭重要官员的记载。因此，可以说自汉顺帝以后，皇帝吊祭太傅、三公以及其他官员的活动已经停止。《后汉书·杨震传附杨赐传》："（杨赐）二年九月，复代张温为司空。其月薨。天子素服，三日不临朝，赠东园梓器襚服，赐钱三百万，布五百匹。"这是汉灵帝对五登公府的杨赐的追悼方式。可见，在这一时期，皇帝素服，三日不临朝，已经是对重臣的特殊的最高的礼遇了。所以，在这一时期，衡量太傅、三公以及其他官员丧礼是否具有特殊仪式的标准，自然也就随之改变了。

（二）国家派遣使者吊祭

东汉时期，国家派遣使者吊祭亡故的诸侯王和官员的活动已经制度化。《续汉书·礼仪志下》："诸侯王、贵人、公主、公、将军、特进皆赗器，官

---

① 《后汉书》卷四四《胡广传》。

中二十四物。使者治丧，穿作，柏椁，百官会送，如故事。"又《续汉书·礼仪志下》："朝臣中二千石、将军，使者吊祭，郡国二千石、六百石以至黄绶，皆赐常车驿牛赠祭。"依据这两条记载，东汉国家派使者吊祭的对象包括诸侯王、贵人、公主、公、将军、特进、朝臣中二千石以及朝臣中六百石以上官员。国家对地方郡守、国相以及六百石以下至黄绶的中央官员的丧礼，一般是不派使者吊祭的。需要说明的是，上述将军可以分为两类。《续汉书·百官志一》："将军，不常置。本注曰：掌征伐背叛。比公者四：第一大将军，次骠骑将军，次车骑将军，次卫将军。"又《续汉书·百官志一》刘昭注引蔡质《汉仪》："汉兴，置大将军、骠骑，位次丞相，车骑、卫将军、左、右、前、后，皆金紫，位次上卿。典京师兵卫，四夷屯警。"虽然这两条记载略有差异，但可以看出，一类东汉将军的地位相当于三公；另一类将军的地位则略次于上卿，也就是秩级为中二千石或者二千石的中央官员。因此《礼仪志下》所载，表明东汉国家是根据亡故者的爵位和秩级来决定是否派使者参加他们的丧礼吊祭的。

东汉国家除了对诸侯王丧葬派使者吊祭外，诸侯王的嗣子亡故也要派使者吊祭。《续汉书·百官志二》："光禄大夫，比二千石。本注曰：……凡诸国嗣之丧，则光禄大夫掌吊。"

东汉国家在需要时，对诸侯王母也可以派使者吊祭。《后汉书·光武十王·楚王英传》："元和三年，许太后薨，复遣光禄大夫持节吊祠，因留护丧事，赙钱五百万。"许太后为楚王刘英母。汉章帝派使者吊祭许太后，是在为楚王刘英平反后，采取的一种安抚措施，因此，这种吊祭只是一种特殊的做法。

东汉国家出于安抚的目的，在周边少数民族首领亡故后，有时也派使者吊祭。《后汉书·南匈奴传》："单于比立九年薨，中郎将段郴将兵赴吊，祭以酒米，分兵卫护之。比弟左贤王莫立，帝遣使者赍玺书镇慰，拜授玺绶，遗冠帻，绛单衣三袭，童子佩刀、绲带各一，又赐缯彩四千匹，令赏赐诸王、骨都侯已下。"使匈奴中郎将段郴吊祭南匈奴单于比在建武三十一年，"其后单于薨，吊祭慰赐，以此为常"①，开始形成固定的制度。可是，东汉

---

① 《后汉书》卷八九《南匈奴传》。

国家对其他少数民族首领丧葬的吊祭，并没有形成固定的制度。《后汉书·东夷·高句骊传》载，高句骊王宫亡故，玄菟太守姚光"上言欲因其丧发兵击之"。尚书陈忠曰："宫前桀黠，光不能讨，死而击之，非义也。宜遣吊问，因责让前罪，赦不加诛，取其后善。"陈忠的建议被汉安帝采纳。很明显，东汉国家派使者吊祭高句骊王宫，只是出于交往、安抚的目的而采取的临时措施。

东汉国家派使者参加诸侯王的丧礼吊祭，一般派出的使者要由专官担任。《续汉书·百官志二》："大鸿胪，卿一人，中二千石。……王薨则使吊之。"这说明，诸侯王丧礼吊祭，一般由大鸿胪担任使者。当然，对地位特殊的诸侯王担任吊祭使者的官员秩级就更高了。《后汉书·章帝八王·清河孝王庆传》："（刘）庆立凡二十五年，乃归国。其年病笃。……遂薨，年二十九。遣司空持节与宗正奉吊祭。"汉章帝曾立刘庆为皇太子，后废弃，立为清河王。因此，清河王刘庆的地位与一般的诸侯王不同。所以，他的丧礼吊祭就由司空持节任使者，以此表明其丧礼的规格高于一般诸侯王。可是，对因犯罪被取消封国的诸侯王，虽然东汉国家对这类诸侯王的丧礼也派使者吊祭，但是使者的秩级要低于大鸿胪。《后汉书·光武十王·楚王英传》："（永平十四年）英至丹阳，自杀。立三十三年，国除。诏遣光禄大夫持节吊祠，赠赗如法，加赐列侯印绶，以诸侯礼葬于泾。"东汉光禄大夫的秩级为比二千石，低于大鸿胪二级。东汉国家这样选派吊祭的使者，正是要表现其丧礼吊祭的规格低于一般的诸侯王。由此可见，东汉国家对诸侯王丧礼吊祭使者的选派已经形成固定的制度，但对特殊身份的诸侯王，丧礼吊祭使者的官职秩级可以不遵守常制而采取变通的做法。

东汉国家为三公丧礼派使者吊祭是通常的做法。在《后汉书》的记载中多见。如《后汉书·冯勤传》："（司徒冯勤）中元元年，薨，帝悼惜之，使者吊祠，赐东园秘器，赠赠有加。"被策免的三公亡故后，国家也派使者吊祭。《后汉书·张禹传》："永初元年，以定策功封安乡侯，食邑千二百户，与太尉徐防、司空尹勤同日俱封。其秋，以寇贼、水雨策免防、勤，而禹不自安，上书乞骸骨，更拜太尉。……五年，以阴阳不和策免。七年，卒于家。使者吊祭。"即是一例。东汉国家吊祭三公使者的秩级，在《续汉书·百官志》中不见记载，但《后汉书》的记载还能够透露一些情况。《后汉书·胡广传》："（胡广）年八十二，熹平元年薨。使五官中郎将持节奉策赠太傅、安乐乡侯印绶。"又《后汉书·王允传》记载，对司徒王允，汉献帝"思允忠节，使改殡葬之，遣虎贲中郎将奉策吊祭，赐东园秘器，赠以本官印绶，送还本郡"。又《后汉书·袁安传》："（袁）逢字周阳，以累世三公子，宽厚笃信，著称于时。灵帝立，逢以太仆豫议，增封三百户。后为司空，卒于执金吾。朝廷以逢尝为三老，特优礼之，赐以珠画特诏秘器，饭含珠玉二十六品，使五官中郎将持节奉策，赠以车骑将军印绶，加号特进。"这说明，东汉国家对地位显赫的三公，都要派中郎将奉策吊祭。东汉中郎将有五种，即五官中郎将、左中郎将、右中郎将、虎贲中郎将、羽林中郎将，其秩级皆为比二千石。中郎将的职位在汉代极受重视。时人郑兴说："夫中郎将、太中大夫、使持节官，皆王者之器，非人臣所当制也。"① 因此，在三公丧礼中，东汉国家派中郎将奉策吊祭，自然明显提升了丧礼的规格。然而，东汉国家派中郎将担任使者参加三公吊祭，只是出于国家提高三公丧礼规格的需要，很难说参加三公丧礼的吊祭使者全部都是由中郎将担任的。

如前所述，在为秩级在中二千石至六百石以上的中央官员举行丧礼时，东汉国家一般都要派使者前往吊祭。相关文献记载证明，《续汉书·礼仪志下》的说法是正确的。《后汉书·张皓传》："阳嘉元年，复为廷尉。其年卒官，时年八十三。遣使者吊祭，赐葬地于河南县。"廷尉属九卿，其秩级为中二千石。《后汉书·班超传》："（班）超在西域三十一岁。十四年八月至洛阳，拜为射声校尉。……其年九月卒，年七十一。朝廷愍惜焉，使者吊祭，赠赙甚厚。"班超所任射声校尉秩级为比二千石。显然，秩级为中二千石至比二千石的中央官员的丧礼，都需要使者参加吊祭。又《续汉书·百官志二》："谒者三十人，本注曰：……将、大夫以下之丧，掌使吊。"这里提到的"大夫"，正如《后汉书·和帝纪》李贤注："大夫谓光禄、太中、中散、谏议大夫也。"其中东汉的中散大夫、谏议大夫秩级为六百石。可见，东汉国家派使者参加丧礼吊祭活动，是以中央官员秩级六百石为限的。也就是说，东汉国家派使者参加中央官员吊祭，这些官员的秩级不能低于六百石，

---

① 《后汉书》卷三六《郑兴传》。

六百石以下的官员的丧礼，东汉国家就不再派使者吊祭，"皆赐常车驿牛赠祭"①。

东汉国家对不同秩级官员的吊祭，也要派相应秩级的官员担任使者。《北堂书钞·设官部》引《汉官仪》："谒者三十人，秩四百石，掌报章奏事及丧吊祭享。"这说明，在官员的丧礼中，谒者一般作为吊祭的使者。不过，谒者并不是可以参加全部秩级为中二千石至六百石官员的吊祭。前引《续汉书·百官志二》："谒者三十人。其给事谒者，三百石。其灌谒者郎中，比三百石。本注曰：掌宾赞受事，及上章报问。将、大夫以下之丧，掌使吊。"可见掌吊祭的谒者被称为给事谒者和灌谒者郎中，他们只负责将、大夫的吊祭。《百官志二》中所说的"将"，为各类中郎将，也就是五官中郎将、左中郎将、右中郎将、虎贲中郎将、羽林中郎将，其秩级都为比二千石。《百官志二》提到的"大夫以下"，当指各类大夫。《续汉书·百官志二》刘昭注引胡广曰："光禄大夫，本为中大夫，武帝元狩五年置谏大夫为光禄大夫，世祖中兴，以为谏议大夫。又有太中、中散大夫。"其中光禄大夫，比二千石；太中大夫，千石；中散大夫，六百石；谏议大夫，六百石。② 这就是说，给事谒者和灌谒者郎中只出任中郎将和大夫丧礼吊祭的使者。据此可以推断，中央秩级比二千石至六百石以上官员丧礼的使者似乎也应该由这些谒者出任。由此来看，出任中央秩级中二千石、二千石官员丧礼吊祭使者的职官，是与比二千石至六百石官员丧礼吊祭使者的职官存在差别的。至于中央秩级中二千石、二千石官员丧礼的使者，由何种官员出任，这还是需要研究的问题。然而，出任中央秩级中二千石、二千石官员与秩级比二千石至六百石官员丧礼吊祭使者的官员，应该说是有明确区分的。关于这一点，可以说还是有比较明确的规定。

综上可知，遣使吊祭是东汉国家对诸侯王和中央官员丧礼采取的主要吊祭方式。不过，东汉国家实行遣使吊祭是有明确的范围的。除了明确规定在诸侯王、贵人、公主的丧礼中，国家要遣使者吊祭外，对于官员来说，遣使吊祭只在中央六百石以上官员范围内实行。这个规定的标准是明确的。不仅

---

① 《续汉书·礼仪志下》。
② 《续汉书·百官志二》。

如此，国家对担任使者的官员秩级也有规定，也就是说，要依据爵位的等级与官员的秩级，并根据受吊祭对象的具体情况，派出相应秩级的官员担任使者。因此，遣使吊祭也就可以成为体现亡故者丧礼规格的一个标准。

三、私人丧葬活动中的吊祭

东汉私人丧葬活动不同于国家的丧礼，私人丧葬只是平民的活动。不过，各级官员的丧礼，也有亲属、友人参与丧葬期间的活动，因此，官员的丧礼也就渗入平民丧葬活动的内容，因而各级官员的丧礼也就具有两重性。实际上，各级官员的丧礼吊祭，既有国家的使者介入，也有私人的参与。这样，考察私人丧葬活动中的吊祭，就包括平民和各级官员亲属、友人参与的活动。因为二者之间没有明显区别，所以作为一个问题考察。

东汉时期，参与私人丧葬吊祭活动者，可以分为与丧主有亲属关系和无亲属关系两类。东汉社会中的各家庭有丧事，一般说来，与丧主有亲属关系者都要参与吊丧。例如，桓晔父桓鸾卒，桓晔姑为司空杨赐夫人，"姑归宁赴哀，将至，止于传舍，整饰从者而后入"①。又如，季姜"梓潼文氏女，将作大匠广汉王敬伯夫人也。……姜年八十一卒，四男弃官行服，四女亦从官舍交赴"②。

东汉社会中，与丧主无亲属关系的人参加吊祭已形成社会风气。《后汉书·马援传》载马援诫兄子说："杜季良豪侠好义，忧人之忧，乐人之乐，清浊无所失，父丧致客，数郡毕至。"又司马彪《续汉书》："蒋诩字元卿，父丧，吊者盈门。"都反映了这种情况。虽然这些吊祭者与丧主无亲属关系，可是，大多数都与丧主具有不同的社会联系。大体说来，可以分为亲友关系和主从关系。司马彪《续汉书》："郭泰字林宗，退身隐居教授，徒众甚盛。丧母，友人或千里来吊之。"就是友人参与丧主的吊祭的情况。

东汉时期，社会中主从关系开始形成，因此在私人丧葬吊祭活动中就表现出多方面的这种联系。《后汉书·马援传》记载，马援遭诬陷，"援妻孥惶

---

① 《后汉书》三七《桓荣传附桓晔传》。
② 《华阳国志》卷一〇《汉中士女》。

惧，不敢以丧还旧茔，裁买城西数亩地槁葬而已。宾客故人莫敢吊会"。马援蒙冤才导致其宾客不敢吊祭，很明显，在正常情况下，宾客是必须为主人吊祭的。这正是社会中主客关系，在丧葬活动中的一种表现。业师与门生的关系，不仅表现为业师对门生的一种传授关系，实际上，开始表现出业师对门生的支配。因此在业师亡故后，门生必须要吊祭业师。《御览》卷四二〇引谢承《后汉书》："颍阳刘翊……好振贫乏。陈国张季札吊师丧，值冰寒车毁，牛病不能进，罢曳道路。翊行于汝南界中，逢之，素与疏阔，下马与语，便推所乘牢车强牛与之，供其资粮，不告姓名。"可见门生参加业师的丧礼，吊祭业师，不仅已经是很平常的活动，并且，是不能轻易放弃的活动。

东汉时期，故吏与举主之间，已经形成特殊的主从关系，因此，故吏必须要为举主服丧、吊祭。当然，受这种特殊的主从关系的影响，在社会中，一些曾为举主征辟，但没有赴任者，也效法故吏，为亡故的举荐者吊祭。如《后汉纪·孝桓帝纪》记载延熹四年，徐稚"诸公所辟，虽不就，其有死丧者，负笈徒步，千里赴吊，斗酒只鸡，借以白茅，酹毕便退，丧主不得知也"。徐稚这种为亡故举荐者吊祭的活动，正是利用故吏与举主特殊主从关系在当时的影响来表现他为丧主吊祭的合理性，以便体现出他的一种追求，以及与常人不同的气度。

东汉私人吊祭活动除了受到当时社会中特殊主从关系的影响外，也受到名士风气的影响。在东汉后期，社会中出现了一批名士。这些名士相互标榜，不同宦官合流，因此，吊祭活动开始成为名士行为的一种体现。《后汉书·陈寔传》记载，陈寔"灵帝初，大将军窦武辟以为掾属。时中常侍张让权倾天下。让父死，归葬颍川，虽一郡毕至，而名士无往者，让甚耻之"。可见，社会中的名士已经将吊祭与他们的政治态度结合在一起。在这种风气的影响下，一些士人常要借助吊祭来提高他们的声望。《后汉书·徐稚传》："及林宗有母忧，稚往吊之，置生刍一束于庐前而去。众怪，不知其故。林宗曰：'此必南州高士徐孺子也。《诗》不云乎："生刍一束，其人如玉。"吾无德以堪之。'"显然，徐稚采取这样独特的吊祭方式，正是要凭借丧葬活动，使自己获得名士们的赞誉，进而抬高身价。

东汉时期，吊祭活动还受到社会中奢侈风气的影响。崔寔《政论》："送终之家亦无法度，烹牛作倡。"时人王符批评说："养生顺志，所以为孝也。

今多违志俭养，约生以待终，终没之后，乃崇饬丧纪以言孝，盛飨宾旅以求名，诬善之徒，从而称之，此乱孝悌之真行，而误后生之痛者也。"① 受这种风气的影响，一些丧家使吊祭活动完全不受常礼的约束。《后汉书·荀淑传》称："时人多不行妻服，虽在亲忧犹有吊丧疾者，又私谥其君父及诸名士。"在这种社会氛围中，吊丧致哀成为表面现象，某些丧主还以此显示其丧礼的奢华，甚至一些吊祭参与者不过将吊祭作为相互交际、相互联系的一种手段。

总而言之，东汉私人丧葬的吊祭活动已经渗入了当时社会关系的诸多方面的因素，展现着各种私人联系。尤其社会中追求奢侈的风气与吊祭活动的结合，使一些吊祭的参与者无非要借助丧葬吊祭活动与丧主建立起密切的社会联系，这样便削弱了吊祭所具有的为丧主致哀的意义。

（原载《古代文明》2009 年第 4 期）

---

① 《潜夫论》卷一《赞学篇》。

东汉丧礼中的护丧考略

汉代丧礼中有护丧活动。当时国家为亡故官员的丧礼派官员护丧的记载，最早见于西汉时代。在大将军霍光的丧礼中，西汉国家就派太中大夫任宣与侍御史五人持节护丧事，使霍光的丧礼具有很高的规格。东汉时期，在一些皇后、诸侯王、功臣、三公和宦官的丧礼中仍然有护丧的记载。前辈学者杨树达先生在《汉代婚丧礼俗考》中，列"护丧"一条，将文献中有关护丧的史料搜罗齐备，指出护丧实际是替丧家经纪丧事。① 但是，杨先生没有再指出丧礼中的护丧具有的特殊意义。有鉴于此，本文拟在前人研究的基础上，对东汉时期的护丧所具有的特点和意义做一些探讨。

一、皇后丧礼中的护丧

东汉国家对主持皇太后、皇后的丧礼，有明确的规定。《续汉书·礼仪志中》："太皇太后、皇太后崩，司空以特牲告谥于祖庙如仪。长乐太仆、少府、大长秋典丧事，三公奉制度，他皆如礼仪。"这就是说，皇太后、皇后亡故后，其丧礼是由国家规定的固定官员来主持的，没有必要再用其他的官员来经纪丧葬活动。因此《后汉书·皇后纪上》和《皇后纪下》记载的皇后，包括贵人共有二十一人，由东汉国家派官员在丧礼中为皇后护丧的事例很少见。虽然东汉国家对皇太后、皇后的丧葬，形成了礼仪化的规定，但实际的丧葬礼仪中，还有特殊的护丧活动。《后汉书·孝崇匽皇后纪》：

（孝崇匽皇后）在位三年，元嘉二年崩。以帝弟平原王石为丧主，

---

① 杨树达：《汉代婚丧礼俗考》，上海古籍出版社，2000 年，第 154 - 156 页。

> 殓以东园画梓寿器、玉匣、饭含之具，礼仪制度比恭怀皇后。使司徒持
> 节，大长秋奉吊祠，钱四千万，布四万匹，中谒者仆射典护丧事，侍御
> 史护大驾卤簿。

这是汉桓帝为孝崇匽皇后举行的丧葬活动。其中以中谒者护丧，是丧葬活动的重要组成部分。汉桓帝为何要为孝崇匽皇后派官员护丧？这与孝崇匽皇后的经历有关。孝崇匽皇后原为汉桓帝父蠡吾侯刘翼媵妾，后来汉桓帝即位，追尊其父刘翼为孝崇皇，"以后为博园贵人。和平元年，梁太后崩，乃就博陵尊后为孝崇皇后"①。这就是说，孝崇皇后原来只是列侯刘翼的媵妾，汉桓帝成为皇帝后，她才成为皇太后。这正是母以子贵的表现。正因为如此，汉桓帝自然更要提高其母亲丧礼的规格。不仅在吊祠、赙赠和护丧上，要与其他的皇太后、皇后不同，同时在丧葬礼仪中，增加了国家派中谒者护丧的活动，这显然使孝崇皇后丧礼的标准高出了其他皇太后、皇后的。汉桓帝为孝崇皇后举行的护丧活动，实际上，具有进一步提高孝崇皇后地位的意义，也表明他以旁系继承皇位的合理性。

东汉皇帝在特殊情况下，可以为皇太后、皇后的丧礼增加护丧活动，就是对等次较低的妃妾的丧礼也可以派官员护丧。《后汉书·光武十王·楚王英传》：

> （永平）十五年，帝幸彭城，见许太后及英妻子于内殿，悲泣，感
> 动左右。建初二年，肃宗封英子楚侯，种五弟皆为列侯，并不得置相臣
> 吏人。元和三年，许太后薨，复遣光禄大夫持节吊祠，因留护丧事，赙
> 钱五百万。

这一记载中提到的许太后为光武帝的美人。《后汉书·皇后纪上》："六宫称号，唯皇后、贵人。……又置美人、宫人、采女三等，并无爵秩，岁时赏赐充给而已。"光武帝死后，许太后随其子楚王刘英到封国。后楚王刘英谋反，被汉明帝削夺封国。刘英死后，汉章帝认为明帝对楚王刘英处分得过于严厉，所以他不仅封刘英子为侯，并且还要提高刘英生母许太后丧礼的规格。

---

① 《后汉书》卷一〇下《皇后·孝崇匽皇后纪》。

他不仅派光禄大夫前往吊祭，还命光禄大夫护丧。不仅包括对丧葬活动的经纪，还包括主持丧葬的活动。《续汉书·百官志二》："光禄大夫，比二千石。本注曰：……凡诸国嗣之丧，则光禄大夫掌吊。"可见，汉章帝以光禄大夫掌吊祭，完全符合许太后的身份，但以光禄大夫为许太后护丧，就是对丧礼规格的提高。为皇太后、皇后典丧的官员只有长乐太仆，秩级不详，少府秩级为中二千石，大长秋为二千石。由此可见，汉章帝派光禄大夫为许太后护丧，显然要表现他对楚王刘英谋反案的处理扩大化的纠正，同时，在不违反国家礼制规定的情况下，通过护丧的方式表达对许太后的敬意。因此，许太后丧礼中的护丧包含了多方面的意义。由此来看，对于后宫嫔妃来说，护丧不是丧葬礼仪必须要有的环节，但增加了护丧的活动，实际上，也就明显地提高了丧葬礼仪的标准。

二、诸侯王丧礼中的护丧

讨论诸侯王丧礼中的护丧，需要全面列举对东汉始封诸侯王丧礼的记载。以下分四表对宗室四王、光武十王、明帝八王、章帝八王的丧礼情况加以说明：

1. 宗室四王丧礼表

始封时间	始封王号及姓名	死亡时间	丧礼规模	史料出处
建武十五年追谥伯升为齐武王	齐武王刘缤			《后汉书》卷一四《宗室四王·齐武王缤传》
建武二年	鲁王刘兴	永平八年		《后汉书》卷一四《宗室四王·北海靖王兴传》
建武二年	赵孝王刘良（广阳王）	建武十七年，薨于京师		《后汉书》卷一四《宗室四王·赵孝王良传》
建武二年	城阳恭王刘祉	建武十一年	谥曰恭王，竟不之国，葬于洛阳北邙	《后汉书》卷一四《宗室四王·城阳恭王祉传》
建武二年	泗水王刘歙	建武十年		《后汉书》卷一四《宗室四王·泗水王歙传》

2. 光武十王丧礼表

始封王时间	始封王号及姓名	死亡时间	丧礼规模	史料出处
建武十九年	东海恭王刘彊	永平元年	天子览书悲恸,从太后出幸津门亭发哀。使大司空持节护丧事,大鸿胪副,宗正、将作大匠亲丧事,赠以殊礼,升龙、庬头、鸾辂、龙旗、虎贲百人。诏楚王英、赵王栩、北海王兴、馆陶公主、比阳公主及京师亲戚四姓夫人、小侯皆会葬	《后汉书》卷四二《光武十王·东海王彊传》
建武十七年	中山王刘辅	元和元年		《后汉书》卷四二《光武十王·沛献王辅传》
建武十七年	楚王刘英	永平十四年	诏遣光禄大夫持节吊祠,赠赗如法,加赐列侯印绶,以诸侯礼葬于泾	《后汉书》卷四二《光武十王·楚王英传》
建武十七年	济南安王刘康	立五十九年薨		《后汉书》卷四二《光武十王·济南安王康传》
建武十七年	东平宪王刘苍	建初七年	遣大鸿胪持节,五官中郎将副监丧,及将作使者凡六人,令四姓小侯诸国王主悉会诣东平奔丧,赐钱一亿,布九万匹	《后汉书》卷四二《光武十王·东平宪王苍传》
建武十七年	淮阳王刘延	立五十一年薨		《后汉书》卷四二《光武十王·阜陵质王延传》
建武十七年	山阳王刘荆	立二十九年死	其后使巫祭祀祝诅。有司举奏,请诛之,荆自杀。……帝怜伤之,赐谥曰思王	《后汉书》卷四二《光武十王·广陵思王荆传》

始封王 时间	始封王号 及姓名	死亡时间	丧礼规模	史料出处
建武 十五年	临淮怀公 刘衡	未及晋爵 为王而薨		《后汉书》卷四二《光 武十王·临淮怀公衡 传》
建武 十七年	中山简王 刘焉	立五十二年， 永元二年薨	自中兴至和帝时，皇子 始封薨者，皆赙钱三千 万，布三万匹。……是 时窦太后临朝，窦宪兄 弟擅权，太后及宪等， 东海出也，故睦于焉而 重于礼，加赙钱一亿。 诏济南、东海二王皆会。 大为修冢茔，开神道， 平夷吏人冢墓以千数， 作者万余人。……凡征 发摇动六州十八郡，制 度余国莫及	《后汉书》卷四二《光 武十王·中山简王焉 传》
建武 十七年	琅邪孝王 刘京	立三十一 年薨	葬东海即丘广平亭，有 诏割亭属开阳	《后汉书》卷四二《光 武十王·琅邪孝王京 传》

3. 明帝八王丧礼表

始封王时间	始封王号 及姓名	死亡时间	丧礼 规模	史料出处
永平三年	千乘哀王刘建	永平四年薨		《后汉书》卷五〇《孝明 八王·千乘哀王建传》
永平三年	陈敬王刘羡	立三十七年薨		《后汉书》卷五〇《孝明 八王·陈敬王羡传》
永平九年	彭城靖王刘恭	立四十六年薨		《后汉书》卷五〇《孝明 八王·彭城靖王恭传》
永平九年	乐成靖王刘党	立二十五年薨		《后汉书》卷五〇《孝明 八王·乐成靖王党传》

始封王时间	始封王号 及姓名	死亡时间	丧礼 规模	史料出处
永平十五年	下邳惠王刘衍	立五十四年薨		《后汉书》卷五〇《孝明 八王·下邳惠王衍传》
永平十五年	梁节王刘畅	立二十七年薨		《后汉书》卷五〇《孝明 八王·梁节王畅传》
永平十五年	常山王刘昞	立十六年薨		《后汉书》卷五〇《孝明 八王·淮阳顷王昞传》
永平十五年	济阴悼王刘长	立十三年， 薨于京师		《后汉书》卷五〇《孝明 八王·济阴悼王长传》

4. 章帝八王丧礼表

始封王时间	始封王号 及姓名	死亡时间	丧礼规模	史料出处
建初四年	千乘贞王 刘伉	立十五年 薨	薨于京师，皆葬洛阳	《后汉书》卷五五 《章帝八王·千乘贞 王伉传》
建初四年	平春悼王 刘全	其年薨， 葬于京师		《后汉书》卷五五 《章帝八王·平春悼 王全传》
建初七年	清河孝王 刘庆	庆立凡二 十五年， 乃归国。 其年病笃， ……遂薨， 年二十九	遣司空持节与宗正奉 吊祭；又使长乐谒者 仆射、中谒者二人副 护丧事；赐龙旗九旒， 虎贲百人，仪比东海 恭王。李贤注："旗有 九旒，天子制也。恭 王薨葬，赠以殊礼， 升龙、旒头、鸾辂、 龙旗，虎贲百人。"	《后汉书》卷五五 《章帝八王·清河孝 王庆传》

续　表

始封王时间	始封王号及姓名	死亡时间	丧礼规模	史料出处
永元二年	济北惠王刘寿	立三十一年薨	自永初已后，戎狄叛乱，国用不足，始封王薨，减赙钱为千万，布万匹；嗣王薨，五百万，布五千匹。时唯寿最尊亲，特赙钱三千万，布三万匹。	《后汉书》卷五五《章帝八王·济北惠王寿传》
永元二年	河间孝王刘开	立四十二年薨		《后汉书》卷五五《章帝八王·河间孝王开传》
永元二年	城阳怀王刘淑	立五年薨，葬于京师		《后汉书》卷五五《章帝八王·城阳怀王淑传》
永元五年	广宗殇王刘万岁	其年薨，葬于京师		《后汉书》卷五五《章帝八王·广宗殇王万岁传》
延平元年	城阳怀王刘淑（和帝子）	立八年薨	葬于京师	《后汉书》卷五五《章帝八王·城阳怀王淑传》

　　以上四表所列是东汉宗室四王、光武十王、明帝八王和章帝十王的丧礼情况。在《后汉书》中，出现的与一般诸侯王丧礼情况不同的记录，显然都是属于特殊情况。因为东汉国家对始封诸侯王的丧葬礼仪有严格的规定。《续汉书·礼仪志下》："诸侯王，傅、相、中尉、内史典丧事，大鸿胪奏谥，天子使者赠璧帛，载日命谥如礼。"东汉国家对始封诸侯王所赠赙钱也是固定的，"自中兴至和帝时，皇子始封薨者，皆赙钱三千万，布三万匹"①。但是，"自永初已后，戎狄叛乱，国用不足，始封王薨，减赙钱为千万，布万匹"②。东汉国家规定的诸侯王的丧葬礼仪和赙赠数量是诸侯王举行丧葬活动

① 《后汉书》卷四二《光武十王·中山简王焉传》。
② 《后汉书》卷五五《章帝八王·济北惠王寿传》。

必须要遵守的原则。不过，东汉国家为诸侯王举行丧葬活动，也有特殊的礼仪。据《光武十王丧礼表》和《章帝十王丧礼表》中所列，东汉国家在举行东海王刘彊、东平王刘苍和清河孝王刘庆的丧礼时，都派官员护丧。东汉国家派官员护丧，显然主要是对他们丧礼的主持。按东汉国家常礼的规定，为诸侯典丧，也就是主持丧礼的人，是其封国内的傅、相、中尉、内史。可是，东海王刘彊、东平王刘苍和清河孝王刘庆丧礼中的护丧，却是东汉国家所派官员。东汉国家为东海王刘彊，"使大司空持节护丧事，大鸿胪副，宗正、将作大匠亲丧事，赠以殊礼"①。东汉国家为东平王刘苍，"遣大鸿胪持节，五官中郎将副监丧"②。监丧就是护丧。在《后汉书》的记载中，也将护丧称为监护丧。《后汉书·宦者·孙程传》记载，阳嘉元年，"（孙）程病甚……及卒，……侍御史持节监护丧事"。可见，东汉国家是以大鸿胪为正职，五官中郎将为副职，为东平王刘苍进行护丧活动。东汉国家为清河王刘庆，"遣司空持节与宗正奉吊祭；又使长乐谒者仆射、中谒者二人副护丧事"③。实际上，长乐谒者仆射、中谒者只是为清河王护丧的副职官员，护丧正职官员当为相当于三公的官员。因为东汉国家为清河王刘庆举行的丧礼是比照东海王刘彊的。可是，清河王刘庆是薨于封国内，因此，东汉国家派出的护丧官员，当与东海王刘彊的情况有所区别。

东汉国家为东海王刘彊、东平王刘苍和清河王刘庆丧礼的举行，特别派官员护丧是与他们在诸侯王中的特殊地位和身份相联系的。东海王刘彊原为太子，他并无过错，因为其母郭皇后的缘故，而失去太子的地位。东海王刘彊失去太子地位后，恪守臣礼，并无怨言。东海王刘彊病故后，汉明帝对他的丧礼十分重视，"赠以殊礼"，所谓殊礼，一是不同于一般礼仪；二是为最高的礼仪。具体说来，其丧礼相当于皇帝的规格。按东汉皇帝大丧礼的规定，"登遐，皇后诏三公典丧事"④。其实，皇帝丧礼由三公典丧，也可以通过遗诏的方式实现。例如，太尉赵憙"中元元年，从封泰山。及帝崩，憙受

---

① 《后汉书》卷四二《光武十王·东海王彊传》。
② 《后汉书》卷四二《光武十王·东平宪王苍传》。
③ 《后汉书》卷五五《章帝八王·清河孝王庆传》。
④ 《续汉书·礼仪志中》。

遗诏典丧礼"①。东汉皇帝大丧礼的典丧无论通过何种方式实现,都必须由三公主持丧事,这是不可改变的。东海王刘彊的丧礼,既然是以殊礼来实现的,因此,护丧官员只能是持节的三公。这正是东海王刘彊丧礼为殊礼的重要体现。

清河王刘庆与东海王刘彊的身份和地位有相同之处。汉章帝曾一度立刘庆为太子。后因窦皇后不满,太建七年"帝遂废太子庆而立皇太子肇"②。刘庆被废后,"时虽幼,而知避嫌畏祸,言不敢及宋氏。帝更怜之,敕皇后令衣服与太子齐等。太子特亲爱庆,入则共室,出则同舆。及太子即位,是为和帝,待庆尤渥,诸王莫得为比,常共议私事"③。刘庆还协助汉和帝诛大将军窦宪等人。汉殇帝崩,邓太后又使清河王刘庆长子刘祐即皇帝位,是为汉安帝。可见,清河王刘庆在诸侯王中居于极特殊的地位。他薨后,汉安帝对他的丧礼,依然"赐龙旗九旒,虎贲百人,仪比东海恭王"④。李贤注说:"旗有九旒,天子制也。恭王彊葬,赠以殊礼,升龙、旐头、鸾辂、龙旗,虎贲百人。"其实,以殊礼为清河王举行丧礼,还表现在护丧上。《后汉书·安帝纪》:"清河王薨,使司空持节吊祭,车骑将军邓骘护丧事。"汉安帝使车骑将军邓骘护丧,首先要注意到车骑将军的地位。《续汉书·百官志一》:"将军……本注曰:掌征伐背叛。比公者四:第一大将军,次骠骑将军,次车骑将军,次卫将军。"可见,车骑将军的地位与三公相同。同时,为清河王的护丧,又遵从"旧制无三公出者"⑤ 的规定,就使清河王刘庆的丧礼的举行不仅获得了与三公地位相同的典丧者,也充分表现出清河王刘庆丧葬的殊礼特征。

东平王刘苍与东海王刘彊和清河王刘庆的情况不同,他没有被立为皇太子的经历。但在汉明帝在位期间,他被任命为骠骑将军在朝辅政,位在三公上,协助汉明帝制定诸礼仪。后来他认为以皇帝亲兄弟的身份辅政,不合旧

---

① 《后汉书》卷二六《赵惠传》。

② 《后汉书》卷五五《章帝八王·清河孝王庆传》。

③ 《后汉书》卷五五《章帝八王·清河孝王庆传》。

④ 《后汉书》卷五五《章帝八王·清河孝王庆传》。

⑤ 《后汉纪》卷一二《章帝纪》。

制，坚决要求返回藩国。汉章帝即位，"尊重恩礼逾于前世，诸王莫与为比"①。很明显，东平王刘苍在诸侯王中的地位很特殊，受到皇帝的高度重视。正因为如此，东平王刘苍病故后，汉章帝为他的丧礼派官员护丧。不过，东平王刘苍只是身份特殊的诸侯王，与东海王刘彊和清河王刘庆曾经做过太子不同，因此，汉章帝只是"遣大鸿胪持节，五官中郎将副监丧"②。大鸿胪属于九卿，"大鸿胪，……中二千石。……王薨则使吊之，及拜王嗣"③。为东平王刘苍监护丧事的大鸿胪的地位同三公和骠骑将军有明显差别。所以，汉章帝使大鸿胪持节护丧，只是提高东平王刘苍丧礼主持者的地位，表现东汉国家对东平王刘苍的特别关照，与东海王刘彊和清河王刘庆丧礼享受殊礼的待遇存在一定的差别。

由上述三王的丧礼护丧活动来看，他们丧礼中的护丧是东汉国家给予这些诸侯王丧礼的特殊礼遇，其目的是要加重他们的典丧官的地位，进而提高他们丧礼的规格，因此，护丧只是皇帝为提高有特殊地位的诸侯王丧礼的标准而实行的一种常礼之外的重要的特殊礼仪活动。

三、国家官员丧礼中的护丧

在东汉国家的丧葬礼仪中，对官员丧礼的典丧没有明确的规定，因此，他们的丧礼的典丧似乎应该由死者家庭来决定。《后汉书·王丹传》："（王）丹资性方洁，疾恶强豪。时河南太守同郡陈遵，关西之大侠也。其友人丧亲，遵为护丧，事赙助甚丰。"这说明，对一般家庭来说，除了家族成员外，死者的友人也能够护丧，因此，护丧的自由性比较强。从这一方面来看，国家派官员为亡故官员的丧礼护丧，就更具有特殊的意义。然而，东汉国家派官员护丧并不是随意的，是具有规定标准的。以下对东汉官员丧礼中的护丧，分三类情况说明：

一为开国功臣护丧。《后汉书·朱、景、王、杜、马、刘、傅、坚、马

---

① 《后汉书》卷四二《光武十王·东平宪王苍传》。
② 《后汉书》卷四二《光武十王·东平宪王苍传》。
③ 《续汉书·百官志二》。

传论》："永平中，显宗追感前世功臣，乃图画二十八将于南宫云台，其外又有王常、李通、窦融、卓茂，合三十二人。"这就是说，汉明帝时，国家确定的功臣有二十八人。但东汉国家为这些功臣的丧礼派官员护丧的只有两人。为说明问题，将功臣丧礼护丧情况的记载移录如下：

1.《后汉书·来歙传》："（来歙）投笔抽刃而绝。帝闻大惊，省书览涕，……使太中大夫赠歙中郎将、征羌侯印绶，谥曰节侯，谒者护丧事。丧还洛阳，乘舆缟素临吊送葬。"

2.《后汉书·祭遵传》："（建武）九年春，卒于军。遵为人廉约小心，克己奉公，赏赐辄与士卒，家无私财，身衣韦绔，布被，夫人不加缘，帝以是重焉。及卒，愍悼之尤甚。遵丧至河南县，诏遣百官先会丧所，车驾素服临之，望哭哀恸。还幸城门，过其车骑，涕泣不能已。丧礼成，复亲祠以太牢，如宣帝临霍光故事。诏大长秋、谒者、河南尹护丧事，大司农给费。"

光武帝为来歙、祭遵的丧礼派官员护丧，都是在国内内战没有平息之时。来歙在光武帝讨伐公孙述时任中郎将，战功卓著。但在向蜀地进军时，为刺客暗杀。光武帝在哀策中称："中郎将来歙，攻战连年，平定羌、陇，忧国忘家，忠孝彰著。遭命遇害，呜呼哀哉！"[①] 因此，光武帝派官员为来歙护丧，正是对征战中亡故将领的隆重追悼。

祭遵随从光武帝征伐隗嚣立下军功。在公孙述派出援军时，"吴汉、耿弇等悉奔还，遵独留不却"[②]。《后汉书·祭遵传》称："帝每叹曰：'安得忧国奉公之臣如祭征虏者乎！'遵之见思若此。"可见在功臣中，祭遵很受光武帝的尊重。因此，当他在军中病故后，光武帝派大长秋、谒者、河南尹为他护丧，主持丧礼，自然是肯定他的功绩，也是要激励其他的功臣。

光武帝为来歙、祭遵两位功臣的护丧活动说明，东汉初年的功臣，不仅要为国家立下功劳，而且，只有死于军中者才可以得到国家派官员护丧的礼遇。因此，对于功臣来说，东汉国家为他们的丧礼护丧，完全是特殊的荣誉。

二为三公护丧。东汉国家派官员为三公丧礼护丧的事例很少。从东汉初至东汉末，只有两位三公的丧礼有护丧活动的记载。《后汉书·胡广传》：

---

① 《后汉书》卷一五《来歙传》。

② 《后汉书》卷二〇《祭遵传》。

> （陈）蕃等每朝会，辄称疾避广，时人荣之。年八十二，熹平元年
> 薨。使五官中郎将持节奉策赠太傅、安乐乡侯印绶，给东园梓器，谒者
> 护丧事，赐冢茔于原陵，谥文恭侯。

又《后汉书·刘般传附刘恺传》：

> （刘恺）视事三年，以疾乞骸骨，久乃许之，下河南尹礼秩如前。
> 岁余，卒于家。诏使者护丧事，赐东园秘器，钱五十万，布千匹。

这两条记载说明，三公胡广、刘恺病故后，东汉国家派官员为他们的丧礼护丧，确实提高了他们丧礼的规格，这也是东汉国家给予他们的很高的殊荣。胡广能够获得这种殊荣，与他任三公职的经历密切相关。清人黄大华在《东汉三公年表》考证，胡广七登公府。在东汉连续七次任三公者，只有胡广一人。《后汉书·胡广传》："自在公台三十余年，历事六帝，礼任甚优，每逊位辞病，及免退田里，未尝满岁，辄复升进。凡一履司空，再作司徒，三登太尉，又为太傅。其所辟命，皆天下名士。"可见胡广不仅出任三公的时间很长，并且还能够遵守国家礼制，征辟众多的名士。

又据黄大华考证，刘恺为三登公府。刘恺在三公任上，也受到称道。《后汉书·刘般传附刘恺传》："时安帝始亲政事，朝廷多称恺之德，帝乃遣问起居，厚加赏赐。"刘恺先后任司空、司徒、太尉。后来刘恺"以疾乞骸骨，久乃许之，下河南尹礼秩如前"[1]。

从胡广、刘恺出任三公的经历可以看出，三公亡故后，东汉国家派官员为他们的丧礼护丧，必须具备两个条件：其一，要有三次以上担任三公的经历；其二，在三公位上要做出政绩，不出现过错。这两个条件是不可缺少的。胡广、刘恺能够获得东汉国家派官员为他们护丧的殊荣，就是因为具备了这两个条件。

其实，东汉时期，任三公三次以上者，大有人在。黄大华考证，三登公府者有：赵憙、张禹、徐防、刘恺、许栩、许训、桥玄，共七人。四登公府

---

① 《后汉书》卷三九《刘般传附刘恺传》。

者三人，赵戒、刘宠、杨彪。五登公府者二人，黄琼、杨赐。七登公府者一人，胡广。然而，除了胡广和刘恺之外，其他人在三公任上，都有或被策免，或被免职的经历。以下将这些三次以上任三公免职者的情况列表如下：

任三公三次以上免职者情况

任三公者	任三公次数	免职情况	史料出处
赵憙	三登公府	永平三年春，坐考中山相薛修事不实免	《后汉书》卷二六《赵憙传》
张禹	三登公府	（永初）五年，以阴阳不和策免。七年，卒于家	《后汉书》卷四四《张禹传》
徐防	三登公府	是日，太尉徐防免。李贤注："以灾异屡见也。"凡三公以灾异策免，始自防也	《后汉书》卷四四《徐防传》
许栩	三登公府	夏四月，济阴、东郡、济北、平原河水清。司徒许栩免	《后汉书》卷七《桓帝纪》
许训	三登公府	（建宁四年）大疫，使中谒者巡行致医药。司徒许训免	《后汉书》卷八《灵帝纪》
桥玄	三登公府	（桥）玄以国家方弱，自度力无所用，乃称疾上疏，引众灾以自劾。遂策罢	《后汉书》卷五一《桥玄传》
赵戒	四登公府	（建和三年）九月己卯，地震。庚寅，地又震。……郡国五山崩。冬十月，太尉赵戒免	《后汉书》卷七《桓帝纪》
刘宠	四登公府	延熹四年，代黄琼为司空，以阴雾愆阳免	《后汉书》卷七六《循吏·刘宠传》
杨彪	四登公府	（董）卓使司隶校尉宣播以灾异奏免琬、彪等，诣阙谢，即拜光禄大夫	《后汉书》卷五四《杨震传附杨彪传》
黄琼	五登公府	延熹元年，以日食免	《后汉书》卷六一《黄琼传》
杨赐	五登公府	二年，代唐珍为司空，以灾异免	《后汉书》卷五四《杨震传附杨赐传》

上表所列的这些三登公府、四登公府、五登公府的三公，有的是因为灾异被策免，有的因为在任职期间出现过失而被免职。他们一致的地方是，都在任三公时有被免职的经历。不被免职的三次以上登公府者，极为罕见。因此这些三公亡故，就很难获得东汉国家派官员为他们的丧礼护丧。由此来看，对于三公来说，他们的丧礼有国家派官员护丧显然是很难获得的殊荣。

三为宦官护丧。东汉中期以来，宦官的势力发展起来。这些宦官在协助皇帝铲除外戚势力方面起到了重要作用。因此，在一些宦官的丧礼中，皇帝也派官员护丧。不过，在宦官丧礼中，有国家派官员护丧的事例并不多见。见于记载的有两例。《后汉书·宦者·孙程传》：

> 阳嘉元年，程病甚，即拜奉车都尉，位特进。及卒，使五官郎将追赠车骑将军印绶，赐谥刚侯。侍御史持节监护丧事，乘舆幸北部尉传，瞻望车骑。

又《后汉书·宦者·单超传》：

> （单）超病，帝遣使者就拜车骑将军。明年薨，赐东园秘器，棺中玉具，赠侯将军印绶，使者理丧。及葬，发五营骑士，将军侍御史护丧，将作大匠起冢茔。

由这两条记载可以看出，汉顺帝为宦官孙程的丧礼派"侍御史持节监护丧事"，这是与孙程的特殊地位有关。孙程是拥立顺帝的倡导者，也是铲除顺帝的敌对势力阎显、江景、刘安、陈达等人行动的发动者和组织者。因此孙程受到汉顺帝的最高封赏，"其封程为浮阳侯，食邑万户"[①]。

同样，汉桓帝为单超的丧礼，派"将军侍御史护丧"，单超与孙程的情况大体相同。在汉桓帝消灭梁冀外戚势力的过程中，单超是主要的谋划者。《后汉书·李云传》："桓帝延熹二年，诛大将军梁冀，而中常侍单超等五人皆以诛冀功并封列侯，专权选举。"其中单超受到汉桓帝的最高封赏，"封超

---

① 《后汉书》卷七八《宦者·孙程传》。

新丰侯，二万户"①。

上述情况表明，汉顺帝和汉桓帝并没有为其他参与铲除敌对势力的宦官的丧礼派官员护丧，只是为最重要的谋划者和参与者护丧。因此，护丧显然是国家授予官员丧礼中的最高的仪式。

此外，东汉时期，还有国家为贵戚护丧的记载。东汉一朝，新野君阴氏和外戚王斌的丧礼，国家都派官员持节护丧。新野君的丧礼"使司空持节护丧事"②，外戚王斌的丧礼"赠前将军印绶，谒者监护丧事"③。虽然二者丧礼护丧的等级存在差别，但都表现出皇帝要通过丧礼中的护丧表现一种亲情关系。他们获得这种殊荣同他们与皇室具有特殊的亲缘关系是密切联系在一起的。

就新野君的情况来看，她为邓训之妻，邓太后之母。邓太后与邓骘共同拥立汉安帝，邓太后实际控制朝政的大权。因此"永初元年，爵号太夫人为新野君，万户供汤沐邑"④。从外戚王斌的情况来看，尽管他的官位不高，但他却是汉献帝的舅父。然而，东汉国家为贵戚丧礼护丧只有这两例，并没有为全部贵戚都赐予护丧的仪式。显然，东汉国家为有亲缘关系的贵戚的丧礼派官员护丧，只是在非常特殊的情况下才实行的做法，并不是固定的礼仪环节。

四、结　语

通过对东汉皇后、诸侯王、功臣、三公、宦官和贵戚丧礼中的护丧的考察，可以得出如下认识：

东汉时期，国家将丧礼中的护丧纳入礼仪的等级规定之中，护丧成为丧礼规格的最高表现，护丧这种经纪丧事的活动，成为区别丧葬礼仪等次的重要环节。

---

① 《后汉书》卷七八《宦者·单超传》。

② 《后汉书》卷五《安帝纪》。

③ 《后汉书》卷一〇下《灵思何皇后纪》。

④ 《后汉书》卷一〇上《和熹邓皇后纪》。

对于皇后、诸侯王来说，护丧可以提高其丧礼典丧的等次，因而护丧也就成为国家所赐殊礼的重要组成部分。皇后、诸侯王一般很少能够取得国家所派持节官员的护丧，因此，获得国家派官员护丧也就成为他们具有极高荣宠地位的体现。

东汉国家为亡故官员的丧礼派官员护丧，对象只有开国的功臣、三公和宦官。其他的官员不能够获得国家的这种赐予。就是对开国功臣、三公和宦官来说，国家派官员为他们的丧礼护丧，要求的标准也极高，能够获得国家所派官员护丧的人数极少。在东汉国家丧葬礼仪中，没有明确规定国家官员的典丧，所以国家派官员为亡故的官员护丧，不仅提高了他们丧礼的规格，而且，也表现出国家对他们的特殊功绩和地位的认可。对东汉国家为官员丧礼实行护丧所具有的这种意义，应该有充分的估计。

（原载《秦汉史论丛》第 11 辑，吉林文史出版社，2009 年）

东汉丧礼送葬考

东汉国家丧礼中包括送葬仪节。在文献记载中，也将当时的送葬活动记为"会葬""会丧""送丧"。东汉丧礼送葬仪节，实际是从西汉沿袭来的，但是为了适应东汉丧葬活动的特点，人们对送葬仪节做了一些改变。应该说，东汉的送葬仪节是国家丧礼中的重要活动，而且，这一仪节的实行对表现国家丧礼的规格起到不可忽视的重要作用。杨树达先生注意到了实行这一仪节的重要性，所以他对汉代的送葬活动做了比较细致的考证。① 陈戍国考察东汉丧礼时，也提及送葬仪式。② 尽管前人对东汉丧礼送葬仪节做了一些研究，可是，对东汉丧礼送葬仪节实行的诸问题仍然有深入探讨的必要。因此，本文拟对东汉国家送葬仪节相关问题再做考察，希望能够进一步发掘这一仪节所包含的意义。

一、国家丧礼送葬仪节的实行范围及等级层次的区分

在东汉国家丧礼中，送葬是重要的仪节。既然这个仪节是东汉国家丧礼的组成部分，那么，这一仪节就要适应当时社会的等级构成，并且，也不是在所有社会阶层都可以实行的，而是要有限定的范围。实际上，东汉国家对丧礼送葬仪节实行范围的规定是明确的。从东汉的社会等级来看，东汉皇帝是国家最高统治者，具有至尊的地位，所以，驾崩皇帝的丧礼必须要有送葬仪式。在东汉皇室中，太皇太后、皇太后占有突出的地位，因而，她们的丧礼也都有送葬仪节。皇帝、太皇太后、皇太后的丧礼送葬仪式在《续汉书·

---

① 杨树达：《汉代婚丧礼俗考》，上海古籍出版社，2000 年，第 71 - 75 页。

② 陈戍国：《中国礼制史（秦汉卷）》，湖南教育出版社，1993 年，第 334 - 335 页。

礼仪志下》中有比较详细的记载。当然，东汉后宫丧礼送葬仪式并不只限于太皇太后、皇太后。《后汉书·皇后纪上》："及光武中兴，斫雕为朴，六宫称号，唯皇后、贵人。又置美人、宫人、采女三等，并无爵秩，岁时赏赐充给而已。"美人、宫人、采女没有爵秩，所以她们应当在国家丧礼规定的范围之外，而贵人则与之不同。《续汉书·礼仪志下》："诸侯王、贵人、公主、公、将军、特进皆赐器，官中二十四物。使者治丧，穿作，柏椁，百官会送，如故事。"说明东汉国家的丧礼规定，是将贵人与诸侯王、三公、将军、特进编制在同一等级序列中的，所以贵人亡故后的送葬仪式规格，应该与他们是大体相同的。

东汉社会的上层主要是贵族和官僚。当时国家实行的丧礼自然要将他们包括在内。但是，东汉国家对社会上层是有等级区分的。这种等级的区分所依据的，主要是爵位等级和职官秩级，因为汉代社会是爵本位与官本位并行的社会。[1] 正因为如此，爵位等级与职官秩级也就成为确定丧礼送葬仪节规格的根据。然而，东汉国家实行的爵位系统，不是一个而是两个，也就是诸侯王、列侯系统和二十等爵系统。东汉国家确定国家礼仪的实行范围，依据的则是诸侯王、列侯爵位系统。而二十等爵系统只起到确定社会成员地位的作用，是与国家礼仪的规定没有联系的。关于诸侯王、列侯爵位系统，正如《史记·汉兴以来诸侯王年表》所记载的："汉兴，序二等。"韦昭注："汉封功臣，大者王，小者侯也。"但是，东汉国家对列侯的规定，已经与西汉不同。《续汉书·百官志五》："列侯，所食县为侯国。本注曰：承秦爵二十等，为彻侯，金印紫绶，以赏有功。功大者食县，小者食乡、亭，得臣其所食吏民。"可见东汉列侯已经分为县、乡、亭侯三个级别。实际上，东汉国家确定的这种爵位系统是二等次四级别的制度。东汉国家正是依据这种等次与级别确定丧礼送葬仪节的规格。诸侯王作为这一爵位序列中的最高等级，当然，他们的丧礼要有送葬仪节。《后汉书·光武十王·东海恭王彊传》记载，东海王刘彊薨，"诏楚王英、赵王栩、北海王兴、馆陶公主、比阳公主及京师亲戚四姓夫人、小侯皆会葬"。由此可知，东汉国家不仅为诸侯王规定了

---

① 阎步克：《从爵本位到官本位——秦汉官僚品位结构研究》，生活·读书·新知三联书店，2009 年，第 70－87 页。

固定的送葬仪式，对地位特殊的诸侯王，还要特别指定其他的诸侯王、公主和贵戚参与送葬仪式。

东汉国家对列侯丧礼送葬仪节的规定也是同样重视的。《后汉书·祭遵传》："（祭遵）建武二年春，拜征虏将军，定封颍阳侯。……遵丧至河南县，诏遣百官先会丧所，车驾素服临之，望哭哀恸。"又《后汉书·邓晨传》："（邓晨）定封西华侯，复征奉朝请。二十五年卒，诏遣中谒者备公主官属礼仪，招迎新野主魂，与晨合葬于北邙。乘舆与中宫亲临丧送葬。"祭遵所任征虏将军，不是固定设置的职官，正如《续汉书·百官志》说："及前、后、左、右杂号将军众多，皆主征伐，事讫皆罢。"邓晨所领奉朝请，如《晋书·职官志》所说："汉东京罢三公、外戚、宗室、诸侯多奉朝请。奉朝请者，奉朝会请召而已。"实际东汉奉朝请只是一种没有职掌的荣誉职称。因此，可以确定，东汉国家能够为祭遵、邓晨举行丧礼送葬仪式，正是由他们拥有列侯爵位决定的。由于祭遵封于颍阳县、邓晨封于西华县，所以他们的丧礼送葬仪式，应该是县侯等次。在东汉列侯爵中，乡侯、亭侯的级别低于县侯，但他们的地位却并不低。《后汉书·皇后纪下》李贤注："汉法，大县侯位视三公，小县侯位视上卿，乡侯、亭侯视中二千石也。"显然乡侯、亭侯的等次可以与中二千石的职官相比照。而东汉国家秩级二千石职官的丧礼，当时被视为"大夫礼"。[①] 在东汉职官秩级中二千石高于二千石，因此，乡侯、亭侯的丧礼的规格不会低于"大夫礼"，自然他们丧礼送葬仪式的规格也是很高的。

东汉国家同样注意为担任职事的官员规定丧礼送葬仪节。并且，将他们丧礼送葬仪式的等次与所任职官的秩级密切结合起来。《续汉书·礼仪志下》："自王、主、贵人以下至佐史，送车骑导从吏卒，各如其官府。载饰以盖，龙首鱼尾，华布墙，缥上周，交络前后，云气画帷裳。"这一记载说明了东汉国家对丧礼送葬所用车辆的规定。但从这一规定可以看出：一是东汉国家将爵位等级与职官秩级编为统一的等级序列，并以此来确定送葬仪式等级差别。二是东汉国家允许不同秩级的官员都实行送葬仪式，最低秩级的佐史也包括在内。所谓"佐史"，正如《汉书·百官公卿表序》记载："百石以

① 《后汉书》卷七七《酷吏·董宣传》。

下有斗食、佐史之秩，是为少吏。"这就是说，除了不任职官的平民之外，全部官员都包括在可以实行丧礼送葬仪节的范围之内。尽管如此，东汉国家却将官员的送葬仪式在等级上做了区分。也就是说，要使送葬仪式划分出明显的层次。

实际上，东汉国家在区分丧礼送葬礼仪的等级层次上，明确了秩级界限。《后汉书·酷吏·董宣传》："（董宣）年七十四，卒于官。……以宣尝为二千石，赐艾绶，葬以大夫礼。"这就是说，为秩级二千石的职官所举行的丧礼，被视为大夫礼。显然这一秩级应该是将丧礼的实行划分为不同等级层级的界限。从当时丧礼的具体仪节来看，《后汉书·羊续传》："旧典，二千石卒官赙百万。"可见秩级二千石以上官员可以获得固定的丧葬赏赐，表明丧葬赏赐仪节也是以秩级二千石为界限的。由此可以确定，丧礼送葬仪节的等级层次，应该与丧葬赏赐不会有太大的差别。

东汉国家不仅将秩级二千石作为区分丧礼的等级层次的界限，而且，也是划分其他礼仪等级层次的界限。《续汉书·舆服志上》："公、卿、中二千石、二千石，郊庙、明堂、祠陵，法出，皆大车，立乘，驾驷。"说明东汉国家规定只有秩级二千石以上的官员才能参加祭祀礼仪活动。《续汉书·礼仪志中》："每月朔岁首，为大朝受贺。其仪：夜漏未尽七刻，钟鸣，受贺。及贽，公、侯璧，中二千石、二千石羔，千石、六百石雁，四百石以下雉。"据此可见，以秩级二千石为界限，不仅国家丧礼是这样规定的，就是朝贺瑞贽礼也实行同样的界限标准。东汉其他的礼仪规定，基本都采取这种等级层次界限。不过，应该看到，东汉国家在规定的这种礼仪等级序列中，特别排除了比二千石这一职官秩级。东汉国家采取这种做法，就造成统一的等级序列在职官秩级上的不连续情况的出现。东汉国家做出这种规定，除了比二千石秩级所处的位置特殊之外，① 更重要的是，要在礼仪活动中，凸显秩级二千石以上官员等级层位的特殊性，进而使二千石以上与二千石以下官员分属不同的等级层位的状况得到更明显的表现。

当然，东汉国家对丧礼送葬仪节的等级层位的划分并不只限于礼仪原则

① 阎步克：《从爵本位到官本位——秦汉官僚品位结构研究》，生活·读书·新知三联书店，2009年，第 434－460 页。

的文本规定上，从送葬仪式的具体实行情况来看，秩级二千石以上与秩级二千石以下官员的丧礼活动的区分也是明显的。《后汉书·卓茂传》："（卓）茂为太傅。……建武四年，薨，赐棺椁冢地，车驾素服亲临送葬。"《后汉书·吴汉传》："（吴汉）拜为大司马，更封武阳侯。……（建武）二十年，汉病笃。……及薨，有诏悼愍，赐谥曰忠侯。发北军五校、轻车、介士送葬"。东汉太傅为上公、大司马则为三公之一。颜师古认为"汉制，三公号称万石"①。就是说，东汉最高秩级的太傅、三公亡故后，要遵照国家的规定为他们举行送葬仪式。与太傅、三公在同一等级层位的职官也是如此。《后汉书·梁统传附梁商传》："（梁商）为大将军，固称疾不起。……及薨，帝亲临丧。……及葬，赠轻车介士，赐谥忠侯。中宫亲送，帝幸宣阳亭，瞻望车骑。"《后汉书·宦者·单超传》："（单超）病，帝遣使者就拜车骑将军。明年薨，……及葬，发五营骑士，将军侍御史护丧，将作大匠起冢茔。"梁商生前任大将军、单超则任车骑将军，秩级都与三公相同。② 很显然，尽管东汉国家对他们的送葬仪式都有特殊的规定，但是他们送葬活动都是按国家确定的方式进行的。东汉的特进地位特殊，"功德优盛，朝廷所敬异者，赐特进，在三公下"。③ 因而，特进也与三公在同一等级序列，所以，其送葬仪式也是国家丧礼规定的仪节。《后汉书·樊宏传》："（樊宏）拜光禄大夫，位特进，次三公。……（建武）二十七年，卒。……赗钱千万，布万匹，谥为恭侯，赠以印绶，车驾亲送葬。"说明东汉皇帝对有特进职位者的送葬仪式也是很重视的，并且，还做出一些特别的规定。秩级低于三公的中二千石、二千石官员，由于他们的丧礼等次与三公编制在同一层位序列中，所以，他们的送葬仪式也就要符合国家丧礼的规定。《后汉书·耿弇传附耿秉传》："（耿秉）永元二年，代桓虞为光禄勋。明年夏卒，时年五十余。赐以朱棺、玉衣，将作大匠穿冢，假鼓吹，五营骑士三百余人送葬。"《陈留太守胡硕碑》："（胡硕）即拜陈留太守。……奄忽而卒，时年四十一。天子悯悼，诏使者王

---

① 《汉书》卷一九上《百官公卿表序》。

② 《续汉书·百官志一》。

③ 《续汉书·百官志五》刘昭注引胡广《汉制度》。

谦送葬。"① 桓虞所任光禄勋为中二千石，胡硕所任陈留太守则为二千石。这些情况表明，秩级中二千石、二千石官员的送葬仪式，要依据东汉国家丧礼规定的原则，才能做出必要的规定。

东汉国家不仅使二千石以上等级层位的官员的送葬仪式遵照国家统治者的意志，而且，还要使其礼仪活动有规定的标准。《汉官旧仪》："丞相有病，皇帝法驾亲至问病，从西门入。即薨，移居第中，车驾往吊，赐棺、殓具，赠钱、葬地。葬日，公卿以下会送。"② 说明东汉国家对参与三公送葬仪式的官员有明确规定。当然，这种规定不只限于参与送葬人员，对送葬过程中的一些环节也应该是有规格标准的。东汉国家为送葬仪式确定的标准，应该是这一等级层位官员丧葬活动的重要特点。

东汉国家之所以要确定秩级二千石以上官员送葬仪式的标准，一方面是出于使这一等级层位官员的送葬活动遵守丧礼规定的需要。但更重要的是，这与这一等级层位官员所处的特殊位置有很密切的关系。日本学者宫崎市定认为，汉代的俸秩分为十几个等级，大的区分可以归纳为二千石以上、六百石以上、二百石以上和百石以下四个级别。它大致与儒家所说的公卿大夫、上士、下士和庶民四个等级相对应。③ 这就是说，东汉国家将二千石以上等级层位的官员视为儒家理念中的公卿大夫，因而他们的丧礼也就可以与古制中对公卿大夫的规定相比照。这表明，东汉国家是将这一等级层位作为国家丧礼主要实行的范围的，因此，也就需要比较严格地掌控他们的送葬仪式的实行。

东汉国家对秩级二千石以下层位的官员，一方面，并不限制他们实行国家送葬仪式。但另一方面，则使他们实行的送葬仪式多有一些不固定的标准。《后汉书·伏湛传附伏隆传》："（光武帝）拜隆光禄大夫，复使于步，并与新除青州牧守及都尉俱东，诏隆辄拜令长以下。……其后，步遂杀之，时人莫不怜哀焉。五年，张步平，车驾幸北海，诏隆中弟咸收隆丧，赐给棺

---

① 《蔡邕集》，载严可均编纂：《全上古三代秦汉三国六朝文》，中华书局，1958 年，第 882 页。

② 《太平御览》卷二○四引。

③ 宫崎市定：《九品官人法研究——科举前史》，中华书局，2008 年，第 45 页。

殪，太中大夫护送丧事，诏告琅邪作冢。"《后汉书·赵孝传》："（赵礼）为御史中丞。礼亦恭谦行己，类于孝。……数年，礼卒，帝令孝从官属送丧归葬。"伏隆所任光禄大夫秩级为比二千石，赵礼所任御史中丞秩级则为千石。① 这些事例说明，秩级二千石以下官员送葬活动的规格，必须由皇帝下诏来确定。而且，担任丧主的职官以及送葬官员的人数，都是临时确定的。也就是说，东汉国家使他们送葬仪式的规格，包含一些不明确、不固定的因素，因而，与秩级二千石以上官员实行的送葬仪式的差别，自然是比较明显的。

不仅如此，在东汉国家实行丧礼送葬仪式的同时，民间丧葬的送葬活动是很活跃的。如郭太"家世贫贱。……明年春，卒于家，时年四十二。四方之士千余人，皆来会葬"②；又如郑玄"其年六月卒，年七十四。遗令薄葬。自郡守以下尝受业者，缞绖赴会千余人"③。很明显，在私家的丧葬中，也是要举行送葬活动的。由于东汉时期的这种私家送葬活动的规模，是由亡故者生前的声望和丧家的财力决定的，并且，私家送葬也同样能够使亡故者的声誉得到很大的提高，所以这种送葬活动自然会受到时人的重视，并且，也得到很大的发展。这种形势的出现，当然会影响到官员葬礼的举行，特别是对秩级二千石以下官员的影响更为显著。其中明显表现就是，当时一些二千石以下官员的送葬活动出现了变化。《后汉书·赵咨传》："（赵咨）征拜议郎。抗疾京师，将终，告其故吏朱祇、萧建等，使薄殪素棺，籍以黄壤。……朱祇、萧建送丧到家。"东汉议郎秩级为六百石。④ 这说明赵咨的送葬活动的丧主是自行选择的，丧家并不刻意追求国家的委派。《后汉书·儒林下·楼望传》："（楼望）建初五年，坐事左转太中大夫，后为左中郎将。教授不倦，世称儒宗，诸生著录九千余人。年八十，永元十二年，卒于官，门生会葬者数千人，儒家以为荣。"据此可知，大多数参与楼望丧礼的送葬者都是他的门生，因而，这明显属于私家的送葬活动。然而，楼望生前担任左中郎将，秩级为比二千石，实际并没有按国家丧礼的规定实行送葬活动。这说明，对

---

① 《续汉书·百官志三》。

② 《后汉书》卷六八《郭太传》。

③ 《后汉书》卷三五《郑玄传》。

④ 《续汉书·百官志二》。

亡故的秩级二千石以下的官员，丧家能够对送葬活动做出选择，并不一定要将送葬活动纳入国家丧礼范围之中。因此，可以明确，东汉二千石以下官员既能够选择国家规定的送葬仪式，也可以采取私家的送葬做法，这样，他们的送葬活动就表现出很大的随意性。这种情况的出现，实际表明二千石以下的官员与二千石以上等级层位的官员的送葬活动的差别，是很明显的。

总之，东汉送葬仪式是国家丧礼的重要组成部分。皇帝及太皇太后、皇太后及贵人亡故后，都要举行送葬仪式。东汉国家还依据爵位和职官秩级，确定丧礼送葬的实行范围，使诸侯王、列侯爵位以及有秩级的官员的丧礼都可以有送葬仪式。然而，由于诸侯王、列侯及二千石以上官员的地位与二千石以下的官员有较大差异，所以丧礼送葬仪式的规定也就存在明显的等次界限。诸侯王、列侯和秩级二千石以上官员需要按国家的规定举行丧礼送葬，而二千石以下官员既可以按国家规定举行丧礼送葬，也能够以私人的方式送葬。可以说，尽管国家确定的丧礼送葬范围的规定，可以对秩级二千石以下官员的送葬活动起到约束作用，但是并不能使私人送葬活动的介入得到有效的限制。

二、皇帝及后宫丧礼送葬仪式的特点

东汉皇帝是国家最高统治者，而太皇太后、皇太后则在后宫中占有突出的地位，所以在他们亡故后，东汉国家为他们规定了完整的丧礼送葬仪式。以下分别对驾崩皇帝与亡故太皇太后、皇太后的丧礼送葬仪式的特点做一些阐释。

(一) 驾崩皇帝的送葬仪式

东汉驾崩皇帝的送葬活动，是指在吊祭结束后，将皇帝灵柩送至陵墓这一过程中所举行的活动。当时国家为驾崩皇帝的送葬过程规定了完整的礼仪程式。《续汉书·礼仪志下》比较详细地记载了为驾崩皇帝送葬的仪式。归纳《续汉书·礼仪志下》的记载，可以明确，驾崩皇帝的送葬仪式必须要有以下几个不可缺少的环节。

一是为驾崩皇帝送葬之前，皇太子要在驾崩皇帝灵柩前举行即位礼。《续汉书·礼仪志下》："三公奏《尚书·顾命》，太子即日即天子位于柩前，请太子即皇帝位，皇后为皇太后。奏可。群臣皆出，吉服入会如仪。太尉升自阼阶，当柩御坐北面稽首，读策毕，以传国玉玺绶东面跪授皇太子，即皇帝位。"就是说，驾崩皇帝的送葬仪式的丧主，不是以皇太子身份，而是以新即位皇帝的身份担任的。

二是在驾崩皇帝送葬开始时，必须要有读谥策、收藏谥策和"传哭"的仪式。《续汉书·礼仪志下》："太尉诣南郊。未尽九刻，大鸿胪设九宾随立，群臣入位，太尉行礼。执事皆冠长冠，衣斋衣。太祝令跪读谥策，太尉再拜稽首。治礼告事毕。"这是在送葬仪式开始时的第一次读谥策。由于这一活动在南郊举行，并且，谥策涉及对驾崩皇帝一生活动的评价，尽管太尉不亲自读谥策，却要主持这一活动的进行，说明读谥策是送葬仪式中很重要的活动。皇帝送葬仪式中的读谥策活动，不只举行一次。《续汉书·礼仪志下》："太尉奉谥策，还诣殿端门。太常上祖奠，中黄门尚衣奉衣登容根车。东园武士载大行，司徒却行道立车前。治礼引太尉入就位，大行车西少南，东面奉策，太史令奉哀策立后。太常跪曰'进'，皇帝进。太尉读谥策，藏金匮。皇帝次科藏于庙。"可见在送葬仪式中，还要举行第二次读谥策的活动。也就在收藏谥策前，对驾崩皇帝生前的活动做再一次认定。然后，谥策由太尉收入金匮，再由皇帝亲自送至宗庙。这正是对驾崩皇帝的最高敬意，足见收藏谥策是非常重要的仪式。这个仪式举行之后，"太尉旋复公位，再拜立哭。太常跪曰：'哭'，大鸿胪传哭，十五举音，止哭。太常行遣奠皆如礼。请哭止哭如仪"①。这正是"传哭"仪式。也就是在收藏谥策后，通过使送葬官员哭泣来表达对驾崩皇帝的深切的哀思。

三是在驾崩皇帝灵柩下葬前，有读哀策和"传哭"的仪式。《续汉书·礼仪志下》："大鸿胪设九宾……皇帝白布幕素里，夹羡道东，西向如礼。容车幄坐羡道西，南向，车当坐，南向，中黄门尚衣奉衣就幄坐。车少前，太祝进醴献如礼。司徒跪曰'大驾请舍'，太史令自车南，北面读哀策。"读哀策仪式，应该是对驾崩皇帝哀悼的表诉。然后，"掌故在后，已哀哭。太常跪曰'哭'，大鸿胪传哭如仪"②。读哀策后的这种"传哭"，是要表现参与送

---

① 《续汉书·礼仪志下》。

② 《续汉书·礼仪志下》。

葬的群臣对哀策表述的赞同，同时再一次对驾崩皇帝表现出哀思。在这些仪式之后，"司徒、太史令奉谥、哀策"①。驾崩皇帝灵柩下葬的活动随之进行。

四是为驾崩皇帝送葬规定规格最高的引车、挽车及仪仗人员。送葬引车，"方相氏黄金四目，蒙熊皮，玄衣朱裳，执戈扬楯，立乘四马先驱"②。在灵柩车上插旗，"旗之制，长三仞，十有二游，曳地，画日、月、升龙，书旐曰'天子之柩'"③，"中黄门、虎贲各二十人执绋"④。并且，由"公卿以下子弟凡三百人"牵引灵车。他们"皆素帻委貌冠，衣素裳"⑤。前导仪仗人员有"校尉三人，皆赤帻不冠，绛科单衣，持幢幡"⑥，"侯司马丞为行首，皆衔枚。羽林孤儿、巴俞擢歌者六十九，为六列。铎司马八人，执铎先"⑦，灵柩车后，"谒者二人立乘六马为次"⑧。显然东汉国家对送葬车辆和仪仗人员做这些规定，都是要展示驾崩皇帝的送葬仪式是最高等次的，并通过灵柩车的装饰和仪仗人员的活动寄托对死者的哀思。

五是新即位皇帝和皇后要亲自送葬，京城百官也都要参与送葬活动。从送葬仪式的过程来看，新皇帝要参与这一仪式中的重要活动。在送葬的行列中，"皇帝从送如礼"⑨。新皇帝送葬车辆的配置，为"大驾甘泉卤簿，金根容车，兰台法驾"⑩。关于"甘泉卤簿"，蔡邕《独断》称："天子出，车驾次第谓之卤簿，有大驾，有小驾，有法驾。……在长安时出祠天于甘泉，备之百官，有其仪注，名曰甘泉卤簿。中兴以来希用之。……唯大丧乃施之。"⑪显然新皇帝送葬车辆配置的等次是最高的，以此表明他对驾崩皇帝的最高敬意。皇后也要随新皇帝送葬。《续汉书·礼仪志下》："皇帝，皇后以下皆去

---

① 《续汉书·礼仪志下》。

② 《续汉书·礼仪志下》。

③ 《续汉书·礼仪志下》。

④ 《续汉书·礼仪志下》。

⑤ 《续汉书·礼仪志下》。

⑥ 《续汉书·礼仪志下》。

⑦ 《续汉书·礼仪志下》。

⑧ 《续汉书·礼仪志下》。

⑨ 《续汉书·礼仪志下》。

⑩ 《续汉书·礼仪志下》。

⑪ 蔡邕：《独断》下，载程荣纂辑《汉魏丛书》，吉林大学出版社，1992年，第186页。

粗服，服大红，还宫反庐，立主如礼。……虞礼毕，祔于庙，如礼。"这里提到的是安葬驾崩皇帝之后的虞祭。这说明，皇后要跟随皇帝参与送葬活动，还要参加下葬活动之后的虞祭。而且，新皇帝需要参与读谥策与收藏谥策的仪式，"治礼引太尉入就位，大行车西少南，东面奉策，太史令奉哀策立后。太常跪曰'进'，皇帝进。太尉读谥策，藏金匮。皇帝次科藏于庙"①。很明显，这些仪式，实际是以新皇帝为中心展开的。在驾崩皇帝灵柩下葬前，"皇帝白布幕素里，夹羡道东，西向如礼"②。这不仅表现了新皇帝对驾崩皇帝的哀悼，也使新皇帝在送葬仪式中的突出地位得到体现。

京城百官也要参与送葬仪式。在举行读谥策仪式时，"太尉诣南郊。未尽九刻，大鸿胪设九宾随立，群臣入位，太尉行礼"③。在举行读哀策仪式时，"大鸿胪设九宾，随立陵南羡门道东，北面；诸侯王、公、特进道西，北面东上；中二千石、二千石、列侯宜九宾东，北面西上。……太史令自车南，北面读哀策"④。所谓"九宾"，《续汉书·礼仪志上》刘昭注引薛综曰："九宾谓王、侯、公、卿、二千石、六百石下及郎、吏、匈奴侍子，凡九等。"在九宾中，郎，即郎中。《续汉书·百官志二》："中郎，比六百石。侍郎，比四百石。郎中，比三百石。"吏，则为长吏和少吏。《汉书·百官公卿表序》："秩四百石至二百石，是为长吏。百石以下有斗食、佐史之秩，是为少吏。"这应当是参加驾崩皇帝送葬官员秩级的下限。这与送葬车辆规定的下限，"二百石黄绶以下至于处士，皆以簟席为墙盖"⑤，显然是一致的。但是，在举行读谥策和读哀策仪式时，并不是"九宾"中的全部人员都可以参加仪式，只有诸侯王、列侯和二千石以上的官员才能够参与。这些情况说明，东汉国家规定驾崩皇帝的送葬礼仪允许百官参与，是要以此表现送葬规模的盛大；但又将行礼者分出等次层位，则是要表现驾崩皇帝丧礼的最高等级以及二千石以上官员在国家丧礼送葬仪式中的特殊地位。

综上可见，东汉国家为驾崩皇帝举行的送葬活动，具有完备的仪式。在

---

① 《续汉书·礼仪志下》。
② 《续汉书·礼仪志下》。
③ 《续汉书·礼仪志下》。
④ 《续汉书·礼仪志下》。
⑤ 《续汉书·礼仪志下》。

这一仪式中，丧主、灵车、仪仗人员都是最高规格的，并且，新皇帝、皇后要亲随送葬，因此，驾崩皇帝丧礼的最高特征得到明显的体现。而且，在送葬仪式中的读谥策、哀策以及"传哭"活动，则使众人对驾崩皇帝的悼念和哀思，也得到充分的体现。东汉国家在送葬仪式中，有设"九宾"的规定，表明国家对参加驾崩皇帝送葬活动的官员的秩级限制不是很严格的。其目的在于，使可以参与送葬活动的人员众多，以此来表现出送葬活动盛大的规模。然而，对送葬中的一些重要仪式，只有"九宾"中的二千石以上官员和诸侯王、列侯参与，这就表现了他们在送葬活动中的特殊地位，进而也就在参与送葬人员中划分出明显的等级层次。

（二）太皇太后、皇太后及后宫嫔妃的送葬仪式

《续汉书·礼仪志下》："太皇太后、皇太后崩，司空以特牲告谥于祖庙如仪。长乐太仆、少府、大长秋典丧事，三公奉制度，安皆如礼仪。"就是说，在送葬活动中有告谥的活动，并且，还规定了中二千石、二千石的官员可以担任丧主。《续汉书·礼仪志下》："羡道开通，皇帝谒便房，太常导至羡道，去杖，中常侍受，至柩前，谒，伏哭止如仪。"显然皇帝要亲自参与她们的送葬仪式。由此可见，她们的丧葬送葬仪式，不仅规定是完备的，并且，仪式规格也是很高的。但与皇帝送葬仪式比较，也有不同之处。陈戌国先生考证，东汉的丧礼，告天子谥于南郊，谥策副本藏于祖庙；告太皇太后、皇太后之谥则仅在祖庙。[1] 也就是说，太皇太后、皇太后的送葬仪式，没有在南郊告谥的活动。东汉国家之所以要使送葬仪式的规定出现这种差别，正是要表明她们的送葬仪式规格低于皇帝的仪式。除此之外，东汉国家为了突出为女性送葬的特点，在车辆配置与仪仗人员的规定上，都有特殊之处。《续汉书·礼仪志下》刘昭注引丁孚《汉仪》：

> 永平七年，阴太后崩，宴驾诏曰："柩将发于殿，群臣百官陪位，黄门鼓吹三通，鸣钟鼓，天子举哀。女侍史官三百人皆著素，参以白素，引棺挽歌，下殿就车，黄门宦者引以出宫省。太后魂车，鸾路，青羽盖，驷马，龙旗九旒，前有方相。凤皇车，大将军妻参乘，太仆妻

---

[1] 陈戌国：《中国礼制史（秦汉卷）》，湖南教育出版社，1993年，第339页。

御，悉道。公卿百官如天子郊卤簿仪。"后和熹邓后葬，案以为仪，自此皆降损于前事也。

很明显，牵引灵柩车者，为三百女御史官，她们都"参以白素，引棺挽歌"；皇后所乘凤凰车，由"大将军妻参乘，太仆妻御"。自然这种规定，不仅使亡故的太皇太后、皇太后在后宫中的至尊地位得到明显的表现，同时也体现出她们是身份高贵的女性。

在东汉后宫中，贵人是低于皇后地位的嫔妃。正如《后汉书·皇后纪上》说："六宫称号，唯皇后、贵人。贵人金印紫绶。"如前所述，东汉国家规定的丧礼等次序列，还将贵人与诸侯王、三公、将军、特进编制在同一层位，因此，贵人送葬的仪式规格，应该与他们相同。贵人不仅可以获得固定的送葬礼仪，皇帝还可以为她们实行"殊礼"。丁孚《汉仪》："孝灵帝葬冯贵人，赠步摇、赤绂葬，青羽鸒，驷马。柩下殿，女侍史一百人著素衣挽歌，引木下就车，黄门宦者引出宫门。"① 可见这种"殊礼"的送葬仪式的规格，明显要高于常礼。东汉皇帝对一些亡故贵人以"殊礼"送葬，正是要使她们生前受皇帝宠爱的特殊地位得到明显的体现。

三、诸侯王与官员丧礼送葬仪式的特殊规定

一如前述，东汉国家对丧礼送葬实行的范围做了限定，并规定了亡故者送葬仪式的等级序列。应该说，由于亡故者的爵位和职官秩级不同，送葬仪式的等级差别是明显的。这种等级差别的主要表现，就是对秩级二千石以上官员丧礼送葬仪式的规定更为明确。因为在这一等级范围的亡故者的丧礼，可以比照古制的诸侯、卿、大夫。《后汉书·侯霸传》记载，大司徒韩歆亡故，"帝乃追赐钱谷，以成礼葬之"。李贤注："成礼，具礼也。"所谓"具礼"，就是国家使丧礼有固定标准。这正是这一等级序列丧礼规定的重要特点。当然，丧礼送葬仪节也是如此。东汉国家对秩级二千石以下官员的丧礼送葬仪式也有规定的等次标准，但在实行的要求上，就明显不如秩级二千石

---

① 《续汉书·礼仪志下》刘昭注。

以上官员严格。实际东汉国家更注意的是，秩级二千石以上等级序列丧礼送葬的实行情况。尽管东汉国家要求这一等级序列送葬仪式的实行遵守常礼，然而，诸侯王、列侯以及秩级二千石以上官员对国家有不同的建树，因此，东汉国家必须要对他们的丧礼送葬的规定采取一些特殊的做法，以此体现皇帝对他们的恩恤。细理文献记载，东汉国家的这些特殊的规定主要表现以下诸方面：

（一）皇帝亲自参与官员丧礼的送葬仪式

诸如，卓茂"为太傅。……建武四年，薨，赐棺椁冢地，车驾素服亲临送葬"①；李通"引拜为大司空。……（建武）十八年卒，谥曰恭侯。帝及皇后亲临吊，送葬"②；杜林"代朱浮为大司空。博雅多通，称为任职相。明年薨，帝亲自临丧送葬"③；郭况"为特进，数授赏赐，恩宠俱渥。……永平二年，况卒，赠赐甚厚，帝亲自临丧"④。这些事例说明，亡故的太傅、三公以及地位相当于三公的特进都能够获得皇帝亲自送葬的礼遇。他们生前所任职官的秩级最高，因此，可以说皇帝要亲临送葬，是不能忽视他们的职官秩级的。然而，东汉皇帝亲自为亡故官员送葬，也并不完全受官员秩级的限制。《后汉书·邓晨传》："（邓晨）入奉朝请，复为汝南太守。……二十五年卒，诏遣中谒者备公主官属礼仪，招迎新野主魂，与晨合葬于北邙。乘舆与中宫亲临丧送葬。"邓晨所任郡太守的秩级为二千石；⑤《后汉书·来歙传》："使太中大夫赠歙中郎将、征羌侯印绶，谥曰节侯，谒者护丧事。丧还洛阳，乘舆缟素临吊送葬。"东汉中郎将为比二千石。⑥ 由此可见，秩级低于太傅、三公的官员也同样能够获得皇帝亲自送葬的殊荣。

不过，需要指出的是，东汉皇帝亲自为亡故官员送葬的情况，并不多见。统计《后汉书》中的记载，官员亡故后，由皇帝亲自送葬的只有郭况、邓晨、樊宏、李通、梁商、杜林、来歙、祭遵、卓茂、桓荣十人。其中郭

---

① 《后汉书》卷二五《卓茂传》。
② 《后汉书》卷一五《李通传》。
③ 《后汉书》卷二七《杜林传》。
④ 《后汉书》卷一〇上《光武郭皇后纪》。
⑤ 《续汉书·百官志五》。
⑥ 《续汉书·百官志五》。

况、邓晨、樊宏、李通、梁商都与皇帝有亲属关系。但是，也有与这五人不完全相同的情况。杜林"博雅多通，称为任职相"①，来歙"忧国忘家，忠孝彰著"②，祭遵"廉约小心，克己奉公"③，卓茂"束身自修，执节淳固，诚能为人所不能为"④，他们都被认为是品德高尚、对皇帝忠心耿耿者，所以在他们亡故后，皇帝会亲自参加他们的送葬仪式。只有桓荣在国家三老礼中"为五更"⑤，所以在他亡故后，皇帝也亲自为他送葬。这正是由"五更"在养老礼中占有特殊地位所决定的。这些情况表明，东汉皇帝为有亲属关系的官员送葬，是要将亲情关怀在丧礼中表现出来。而皇帝为无亲属关系者送葬，则是要表彰他们特别尽忠皇帝，并极力为国家服务的行为，因而，这也是亡故官员获得了极高的荣宠的体现。因此，可以明确，东汉皇帝亲自为亡故官员送葬，实际是一种特别优待的做法。正因为如此，东汉皇帝也就很少亲自参加亡故官员的送葬仪式。当然，还要指出的是，东汉皇帝亲自为亡故官员送葬，只是东汉前期才有的情况。东汉中期以后就很少能够见到这种情况。比如永和六年，梁商病故，中宫亲送，汉顺帝只是"幸宣阳亭，瞻望车骑"⑥。梁商生前任大将军，又有外戚身份，可是，汉顺帝并没有亲自为他送葬至陵墓，说明当时国家基本取消了皇帝亲自为亡故官员送葬的活动。

（二）以赐"殊礼"及"霍光故事"的方式，提高亡故诸侯王与官员送葬仪式的规格

从东汉诸侯王的情况来看，国家对他们的送葬仪式有明确的规定。《续汉书·礼仪志下》："诸侯王，傅、相、中尉、内史典丧事，大鸿胪奏谥，天子使者赠璧帛，载日命谥如礼。"很显然，送葬仪式的丧主要由王国傅、相、中尉、内史担任。在送葬活动中，要按规定命谥号，而且，对送葬的车辆也有规定。《续汉书·礼仪志下》："自王、主、贵人以下至佐史，送车骑导从吏卒，各如其官府。"可见，诸侯王丧礼送葬仪式的规定是完备的。但是，

---

① 《后汉书》卷二七《杜林传》。

② 《后汉书》卷一五《来歙传》。

③ 《后汉书》卷二〇《祭遵传》。

④ 《后汉书》卷二五《卓茂传》。

⑤ 《后汉书》卷三七《桓荣传》。

⑥ 《后汉书》卷三四《梁统传附梁商传》。

东汉皇帝对地位特殊的诸侯王的丧礼送葬，就要实行与一般规定不同的做法，也就是要"赠以殊礼"。[1] 诸如，东海王刘彊薨，为他送葬时，汉明帝特别赐予"升龙、旂头、鸾辂、龙旗、虎贲百人"[2]，并且，还下诏使"楚王英、赵王栩、北海王兴、馆陶公主、比阳公主及京师亲戚四姓夫人、小侯皆会葬"[3]。东平王刘苍薨，汉章帝"诏有司加赐鸾辂乘马，龙旗九旒，虎贲百人，奉送王行"[4]，还"令四姓小侯诸国王主悉会诣东平奔丧"[5]。中山王刘焉薨，汉和帝"诏济南、东海二王皆会"[6]。这些都是诸侯王获得以"殊礼"送葬的事例。东汉皇帝之所以对他们的送葬赐以"殊礼"，是与他们生前的地位特殊有很大关系的。东海王刘彊，是被废的皇太子，光武帝"以彊废不以过，去就有礼，故优以大封"[7]，并且，"赐虎贲旄头，宫殿设钟虡之县，拟于乘舆"[8]。东平王刘苍，在汉明帝时，"拜为骠骑将军，置长史掾史员四十人，位在三公上"[9]，汉章帝即皇帝位后，对他"尊重恩礼逾于前世，诸王莫与为比"[10]。中山王刘焉生前，汉明帝"以焉郭太后偏爱，特加恩宠，独得往来京师"。很显然，刘彊、刘苍和刘焉亡故后，能够获得"殊礼"送葬，与他们生前受到皇帝特殊优待的情况是一致的。反之，大多数诸侯王生前没有获得皇帝特殊的优遇，自然他们的送葬仪式也就不能获得"殊礼"，只能按国家规定的常礼进行。

东汉国家对官员的送葬仪式实行特殊的做法，则是通过皇帝恩准实行"霍光故事"的方式实现的。《后汉书·祭遵传》："（祭遵）丧礼成，复亲祠以太牢，如宣帝临霍光故事。"李贤注引《东观记》曰："时下宣帝临霍将军

---

① 《后汉书》卷四二《光武十王·东海恭王彊传》。
② 《后汉书》卷四二《光武十王·东海恭王彊传》。
③ 《后汉书》卷四二《光武十王·东海恭王彊传》。
④ 《后汉书》卷四二《光武十王·东平宪王苍传》。
⑤ 《后汉书》卷四二《光武十王·东平宪王苍传》。
⑥ 《后汉书》卷四二《光武十王·中山简王焉传》。
⑦ 《后汉书》卷四二《光武十王·东海恭王彊传》。
⑧ 《后汉书》卷四二《光武十王·东海恭王彊传》。
⑨ 《后汉书》卷四二《光武十王·东平宪王苍传》。
⑩ 《后汉书》卷四二《光武十王·东平宪王苍传》。

仪,令公卿读视,以为故事。"可见,所谓"霍光故事",就是西汉宣帝为重臣霍光举行的丧礼仪式。这种丧礼是要提高国家规定的礼仪规格。从送葬仪节来看,就是要特别以北军五校尉、轻车、介士送葬。这样做的目的,正如《后汉书·吴汉传》李贤注说:"以北军五校尉、轻车、介士载光尸以辒辌车,黄屋左纛,军陈至茂陵。不以南军者,重之也。"这样,也就使送葬仪式的规格得到明显的提高。由于以"霍光故事"来送葬具有这种意义,所以东汉国家为了提高功劳卓著的官员的送葬规格,多采取这种做法。如吴汉"及薨,有诏悼愍,赐谥曰忠侯。发北军五校、轻车、介士送葬,如大将军霍光故事"①;又如邓弘"将葬,有司复奏发五营轻车骑士,礼仪如霍光故事"②。东汉国家采取这种做法,当然需要注意到官员的秩级。《后汉书·杨震传附杨赐传》:"(杨赐)复代张温为司空。其月薨。……及葬,又使侍御史持节送丧,兰台令史十人发羽林骑轻车介士。……公卿已下会葬。"显然对最高秩级的三公,可以实行这种做法。但采取"霍光故事"的做法,并不只在最高秩级官员范围内实行。《后汉书·耿弇传附耿秉传》:"(耿秉)明年夏卒,时年五十余。……五营骑士三百余人送葬。"耿秉生前任官最高为光禄勋。光禄勋秩级为中二千石。这些情况说明,东汉皇帝恩准以"霍光故事"的方式送葬,应该是以秩级二千石以上的等级层位为限的。由此可见,获得以"霍光故事"的方式送葬,显然是秩级二千石以上官员拥有的一种殊荣。不过,由于东汉国家要将这种殊荣与官员生前为国家建树特别的勋劳结合在一起,因而,也就很少有官员可以获得这种送葬方式。

(三)加重主丧官员的地位,以此提高送葬仪式的规格

东汉国家为亡故官员举行丧礼,必须要选定官员担任丧主。东汉丧礼的丧主,也要主持送葬仪式。东汉国家为亡故官员选择丧主,一般要根据他们生前的秩级来选择。但是为了提高亡故官员丧礼的规格,东汉国家对任丧主的官员要采取特别措施。《后汉书·马援传附马廖传》:"建初四年,遂受封为顺阳侯,以特进就第。……后诏还廖京师。永元四年,卒。和帝以廖先帝之舅,厚加赗赙,使者吊祭,王主会丧,谥曰安侯。"马廖所任特进的地位,

---

① 《后汉书》卷一八《吴汉传》。

② 《后汉书》卷一六《邓禹传附邓训传》。

"在三公下"①。所以，在正常情况下，一般要选择低于特进秩级的官员任丧主。可是，由于马廖是外戚，与皇帝有亲缘关系，所以国家选择了地位要高于三公的诸侯王作为其丧礼送葬的丧主。东汉国家这样做，一方面顾及马廖与皇室的亲缘关系，另一方面，因为丧主的地位高于国家通常的规定，这样做就使送葬仪式规格的提高获得明显的体现。

东汉国家还以官员持节任丧主的做法来提高亡故官员的送葬仪式的规格。前引《后汉书·杨震传附杨赐传》："（杨赐）及葬，又使侍御史持节送丧。……公卿已下会葬。"东汉侍御史秩级为六百石，②因此，如果只以这一秩级职官为丧主，表明送葬仪式的规格并不高。可是，东汉国家却使侍御史持节送葬，这就提高了丧主的地位。因为东汉的"节"，正如《后汉书·光武帝纪上》李贤注说："节，所以为信也，以竹为之，柄长八尺，以旄牛尾为其眊三重。"所以，官员持节正是代表皇帝行事的象征。因此，侍御史以持节官身份参与送葬仪式，表明他是代表皇帝来主持丧葬事务的，因而，也就表现了送葬仪式的规格是高于常礼的。

除此之外，东汉国家还使一些官员以使者的身份任丧主来主持亡故官员的送葬仪式。《后汉书·伏湛传》："（伏湛）及就位，因宴见中暑，病卒。赐秘器，帝亲吊祠，遣使者送丧修冢。"显然伏湛送葬仪式的丧主是由使者担任的。东汉国家更多采取的做法是，选派使者担任地方官员送葬仪式的丧主。比如陈留太守胡硕卒，"天子悯悼，诏使者王谦送葬"③。东汉国家的这种做法，当然是要通过使者的参与来体现皇帝对亡故官员的恩恤。不过，派使者参与官员的送葬仪式，还有更重要的意义。《续汉书·礼仪志下》："君临吊若遣使者，主人免绖去杖望马首如礼。免绖去杖，不敢以戚凶服当尊者。"可见，东汉人是将参加丧礼的使者视为可以代表皇帝的尊者，所以，也就必须要"免绖去杖"。因此，可以说，皇帝选派使者参与亡故官员的送葬仪式，不仅表明对亡故官员送葬的重视，也要以此象征皇帝亲自参与他们

---

① 《续汉书·百官志五》刘昭注引胡广《汉制度》。

② 《续汉书·百官志三》。

③ 《陈留太守胡硕碑》，严可均编纂《全上古三代秦汉三国六朝文》卷七五引《蔡邕集》，中华书局，1958年，第882页。

的丧葬活动。很显然，其中所包含的意义就在于，使者代表皇帝参与家属、亲戚、大臣之丧葬礼，这是皇帝维持其正常人际关系之方式。① 由此来看，东汉国家使官员以使者身份作为送葬仪式的丧主，当然会使亡故官员丧礼的规格得到明显提升。

此外，还需要看到的是，由于东汉国家对以私人身份参与官员的送葬的行为，并不加以严格的限制，所以私家的送葬活动也就介入国家的送葬活动中。一如前述，东汉国家对参与亡故官员送葬仪式的人员是有明确规定的，一般要求有秩级的官员参加，对秩级为二千石以上层位的官员的送葬仪式更是如此。因此，在文献中，有"公卿皆会丧"② "公卿以下会送"③ 的记载。在汉碑中，则有"公卿百僚，缙绅之徒，其会如云"④ "朝廷悯惜，百僚叹伤"⑤ 的描述。然而，在这种丧礼送葬仪式中，除了国家规定要参与的官员之外，还有不以官员身份参加的人。《后汉书·申屠蟠传》："太尉黄琼辟，不就。及琼卒，归葬江夏，四方名豪会帐下者六七千人"。这里提到的为太尉黄琼送葬的六七千人中，应该包括以私人身份参与活动的。《后汉书·徐稚传》："（徐）稚尝为太尉黄琼所辟，不就。及琼卒归葬，稚乃负粮徒步到江夏赴之。"就是明证。当然，在参与三公丧礼送葬仪式的人员中，还有一些身份特殊者。《后汉书·胡广传》："（胡广）自在公台三十余年，历事六帝，……年八十二，熹平元年薨。……故吏自公、卿、大夫、博士、议郎以下数百人，皆缞经殡位，自终及葬。"显然参加胡广送葬仪式的公、卿、大夫、博士、议郎以下数百人，不仅有官员，而且，还有故吏。东汉的故吏，实际已经与举主结成不可分离的主从关系。由此来看，虽然这些人是有职官身份者，可是，他们的这种身份却表现为公、私两重性。不只三公送葬仪式如此，一些二千石官员的送葬活动也出现这种情况。《后汉书·独行·缪肜传》："（缪肜）汝南召陵人也。……太守陇西梁湛召为决曹史。安帝初，湛病卒官，肜送丧还陇西。"可见缪肜为郡太守梁湛送葬不是国家指定的，而

---

① 廖伯源：《使者与官制演变—秦汉皇帝使者考论》，文津出版社，2006 年，第 65 页。

② 《后汉书》卷一六《邓禹传附邓骘传》。

③ 《太平御览》卷二〇四引《汉旧仪》。

④ 《太尉刘宽碑》，《隶释》卷一一。

⑤ 《沛相杨统碑》，《隶释》卷七。

是私人自愿的活动。前引《陈留太守胡硕碑》："（陈留太守胡硕）奄忽而卒，时年四十一。天子悯悼，诏使者王谦送葬。……同位毕至，赴吊云集。"碑文中提到参与郡太守胡硕送葬的人员，应该包括没有官职的私家。由此可见，尽管秩级二千石以上的官员亡故后，东汉国家要为他们举行固定的丧礼送葬，可是，这种送葬仪式并不能够排除以私人身份参与活动者。也就是说，国家丧礼送葬是公场域的活动，但是，在公场域中却出现了体现私人关系的活动。不过，因为东汉丧礼送葬仪式毕竟是国家的礼仪活动，自然对私家的活动是有限制的，对秩级二千石以上官员的送葬仪式更是如此，因而，私家活动对丧礼送葬仪式的渗入，也就未形成一种固定的活动。实际上，应该将这种情况的出现，看作只是私人借助国家礼仪，对亡故官员表达哀思的一种特殊的方式。

四、结　语

东汉国家丧礼送葬仪式，在皇帝以及后宫太皇太后、皇太后和贵人丧葬活动中，都是不可缺少的仪式。东汉国家还将丧礼送葬仪节的实行范围，在贵族和官僚阶层中做了明确的规定。为了将实行范围明确化，东汉国家将爵位与职官秩级编制为统一的等级序列。这一等级序列，正是实行丧礼送葬仪节的依据。由于秩级二千石以上等级的官员，可以与古制中的公卿大夫相比照，所以，东汉国家严格掌握这一等级层位送葬仪节的实行。对秩级二千石以下官员的送葬活动的规定并不很严格，因而，实行了选择性的做法。也就是说，东汉国家使秩级二千石以下官员能够采取国家丧礼送葬仪式，也可以选择私家的送葬方式。因此，在国家规定可以实行丧礼送葬仪节的等级序列中，以秩级二千石为界限，明显分为两个层次。由于等级层次不同，不同层次的送葬活动的区分也就很明显。

东汉国家对驾崩皇帝的送葬仪式具有严格的规定。在驾崩皇帝的送葬仪式中，要由新即位的皇帝担任丧主，并且，新皇帝与皇后还要亲自参与送葬的全过程。在这一送葬仪式中，对读谥策、哀策和"传哭"仪式以及对丧葬的车舆、仪仗队的规定都是严格的，而且，还要以新皇帝为中心展开活动，并使京城百官都可以参与其中。东汉国家为驾崩皇帝举行的送葬活动，不仅表现出礼仪规定是最高规格的，并且，还展示出这一活动的盛大和隆重。东汉国家还为后宫亡故的太皇太后、皇太后以及贵人规定了送葬仪节。这一送葬仪节，不仅表现出亡故的太皇太后、皇太后在后宫的崇高地位，并且，还使她们尊贵女性的身份得到充分的体现。

东汉国家为了彰显地位特殊的诸侯王以及对国家有很高建树的官员的生前事迹，对他们的送葬仪式做出一些特殊的规定。这些规定是通过皇帝亲自为亡故者送葬、赐以"殊礼"、实行"霍光故事"以及使主持丧葬活动的丧主地位提高的方式实现的。东汉国家在送葬仪式中，采取这些特殊的做法，一方面是要体现皇帝对亡故者的恩恤；另一方面，则是要使亡故者获得特别的殊荣，进而使皇帝与官员之间可以保持一种特殊的温情关系。除此之外，东汉国家对秩级二千石以上官员的送葬仪式，也不严格限制以私人身份参与其中。显然这种特殊的做法，实际是要通过送葬仪式的实行而营造一种亲情联系的氛围。

（原载《古代文明》2015 年第 4 期）

东汉时期的丧葬赏赐

——从丧礼的仪节透视东汉的丧葬活动

东汉时期，国家承袭西汉的制度，为了规范国家丧葬活动的需要实行丧葬赏赐。实际上，这种赏赐是国家赏赐的一种，但又同其他的赏赐不同，它是国家丧礼的重要组成部分。考察东汉丧葬赏赐，对认识当时丧礼实施的特点是很必要的。杨树达先生考证汉代丧葬活动时，提及丧葬赏赐，[①] 陈戍国教授也对东汉丧葬赏赐的范围有所论及。[②] 但是，对东汉丧葬赏赐的研究，还有继续探讨的空间。因此，本文拟对与东汉丧葬赏赐相关的问题，提出一些看法，希望有助于对东汉国家丧葬赏赐特征的认识。

一、丧葬赏赐对象的限定

东汉的丧葬赏赐，是国家丧礼中的重要内容。当时国家需要通过丧葬赏赐体现丧礼的规格，因此，这种赏赐的实行不具有随意性，并且，对赏赐的对象也有明确的限定。《续汉书·礼仪志下》：

> 诸侯王、列侯、始封贵人、公主薨，皆令赠印玺、玉柙银缕；大贵人、长公主铜缕。诸侯王、贵人、公主、公、将军、特进皆赐器，官中二十四物。使者治丧，穿作，柏椁，百官会送，如故事。诸侯王、公主、贵人皆樟棺，洞朱，云气画。公、特进樟棺黑漆。中二千石以下坎侯漆。

---

① 杨树达：《汉代婚丧礼俗考》，上海古籍出版社，2000 年，第 54 - 154 页。

② 陈戍国：《中国礼制史（秦汉卷）》，湖南教育出版社，2002 年，第 332 - 353 页。

这是东汉国家实行的丧礼赏赐物的规定。在这一规定中，实际将丧葬赏赐的对象分为两个序列，即玉柙赏赐为第一种等级序列；棺具赏赐为第二种等级序列。

先看第一种丧葬赏赐等级序列。这一赏赐序列是依据爵位等级确定的。事实上，汉代的爵位分为两个体系：诸侯王、列侯为一体系；二十等爵则为另一体系。东汉国家的丧礼只将诸侯王、列侯爵位体系与丧葬赏赐结合在一起，而二十等爵与这种赏赐没有关系。关于诸侯王、列侯爵位体系，《史记·汉兴以来诸侯王年表》称："汉兴，序二等。"韦昭注："汉封功臣，大者王，小者侯也。"但侯爵等级，东汉不同于西汉，又分为三等次。《续汉书·百官志五》："列侯，所食县为侯国。本注曰：承秦爵二十等，为彻侯，而金印紫绶，以赏有功。功大者食县，小者食乡、亭，得臣所食吏民。"也就是说，东汉侯爵又分为县侯、乡侯、亭侯三等次。因此，诸侯王、列侯爵位体系已经演变为二等四级。

东汉的诸侯王是最高的爵位等级。《续汉书·百官志五》："诸王封者受茅土，归以立社稷。"所以，在丧葬赏赐中，诸侯王处于特殊的地位。列侯是低于诸侯王的爵位等级。但在东汉，并不是县、乡、亭三等次的侯爵都可以获得丧葬赏赐。因为列侯爵与诸侯王爵有很大不同。《续汉书·百官志五》刘昭注引胡广曰："至于列侯归国者，不受茅土，不立宫室，各随贫富，裁制黎庶，以守其宠。"由于侯爵具有这种特点，所以只有与他们所担任的职官相参照，才能确定其地位。《汉官仪》："诸侯功德优盛，朝廷所敬者，位特进，在三公下；其次朝侯，在九卿下；其次侍祠侯；其次下土小国侯，以肺腑亲公主子孙，奉坟墓于京师，亦随时朝见，是为限诸侯也。"[①] 这一记载指出了特进侯、朝侯可比照的职官，但没有提到侍祠侯可以比照的职官。《后汉书·邓禹传》："（邓康）为夷安侯。……以侍祠侯为越骑校尉。"可见祠封侯邓康可以担任五校尉之一的越骑校尉。而东汉越骑校尉的秩级为比二千石。[②] 这说明，祠封侯可以比照的职官秩级当为二千石以下的比二千石。处于这种地位的侍祠侯，《后汉书·张纯传附张奋传》李贤注："名臣子孙侍

---

① 《后汉书》卷一六《邓禹传》李贤注引。

② 《续汉书·百官志四》。

祠封侯。"并且，侍祠侯的食邑与只食乡、亭的"下土小国侯"不同。《后汉书·邓禹传》："定封禹为高密侯，食高密、昌安、夷安、淳于四县。"夷安县后来又成为邓康的食邑，则侍祠侯邓康，当然为县侯。《续汉书·舆服志下》："天子、三公、九卿、特进侯、侍祠侯，祀天地明堂，皆冠旒冕，衣裳玄上纁下。"显然在郊祀的服饰上，侍祠侯与特进侯相同。因此文献中提到的特进侯、朝侯、侍祠侯应该都为县侯。由此可见，《续汉书·礼仪志下》所列可以获得玉柙赏赐的，只能是具有县侯爵位者，而有乡侯和亭侯爵位者则不可能获得这种赏赐。

《续汉书·礼仪志下》所载贵人，为东汉后宫嫔妃的爵位等级。《后汉书·皇后纪上》："及光武中兴，斫雕为朴，六宫称号，唯皇后、贵人。贵人金印紫绶，奉不过粟数十斛。又置美人、宫人、采女三等，并无爵秩，岁时赏赐充给而已。"说明贵人为后宫爵位，地位次于皇后。关于公主，《后汉书·皇后纪下》："汉制，皇女皆封县公主，仪服同列侯。其尊崇者，加号长公主，仪服同蕃王。诸王女皆封乡、亭公主，仪服同乡、亭侯。"《续汉书·礼仪志下》将诸侯王、列侯的玉柙赏赐与贵人、公主的等次相比照，因此，可以明确女性的爵位只有在相当于诸侯王、列侯的等级范围内时，她们才能获得这种赏赐。

再看第二种丧葬赏赐的等级序列。实际上，这是将诸侯王、女性的爵位与相应的职官编制在一起而规定的一个赏赐等级序列。也就是说，诸侯王、贵人、公主、公、将军、特进都可以获得棺具赏赐。《续汉书·礼仪志下》提到的"公"，实际就是太傅、三公。《续汉书·百官志一》："太傅，上公一人。……太尉，公一人。……司徒，公一人。……司空，公一人。"将军，则为"掌征伐背叛。比公者四：第一大将军，次骠骑将军，次车骑将军，次卫将军"[①]。特进，正如《续汉书·百官志一》说："中兴以来，唯以功德赐位特进者，次车骑将军。"可见公、将军、特进的秩级是相同的。《汉书·百官公卿表》颜师古注："汉制，三公号称万石。"即他们的秩级都应该为万石。当然，在这个赏赐的等级序列中，还有"中二千石以下"的官员。可是，东汉国家对能够获得丧葬赏赐的官员的秩级并不是没有限定的。《后汉

---

① 《续汉书·百官志一》。

书·羊续传》："旧典，二千石卒，官赙百万。"这就是说，秩级二千石是这个赏赐等级序列的最低界限。陈戌国先生将对大将军、三公及秩级为二千石者的丧葬赏赐，视为社会上层的丧葬制度。^① 应该说，这种看法明确把握了这一赏赐等级层次中的职官的最低秩级标准。

东汉国家实行的这种做法，与当时将职官划分层位是有密切关系的。日本学者宫崎市定认为，汉代的俸秩分为十几个等级，大的区分可以归纳为二千石以上、六百石以上、二百石以上和百石以下四个级别，它大致与儒家所说的公卿大夫、上士、下士和庶民四个等级相对应。^② 东汉建国后，恢复了西汉的秩级规定，但当时儒家思想的影响更为深入，因而，将职官秩级分为四个层位的理念也就延续下来。由此来看，东汉国家将秩级二千石作为丧葬赏赐的最低界限，是由于当时把二千石以上官员视为同一层位的缘故。

其实，东汉国家将诸侯王、女性的爵位与相应的职官编制在一起而确定赏赐对象，并不限于丧葬赏赐。《后汉书·安帝纪》："（永初）三年春正月庚子，皇帝加元服。大赦天下。赐王、主、贵人、公、卿以下金帛各有差。"又《后汉书·顺帝纪》："（永建元年）十二月辛巳，赐王、主、贵人、公、卿以下布各有差。"这些记载中提到的"卿"，就是秩级为中二千石的官员。"卿以下"，则当以秩级二千石为限。这说明，东汉国家实行的重要的赏赐活动，一般都基于这种等级序列的规定。

不过，需要注意的是，在东汉国家实行的将爵位与职官秩级编制在一起的赏赐序列中，缺少县侯爵。这种情况的出现，正是由这一级爵位的特殊性决定的。一如前述，东汉县侯，可以分为特进侯、朝侯、侍祠侯。特进侯可以比照秩级万石的公，朝侯可以比照中二千石的九卿，而侍祠侯可以比照的只有秩级比二千石的官员。这样，也就使东汉国家确定赏赐对象时，不能根据侯爵的爵级，只能依据职官的秩级。但在这一等级序列中，却有相当于县侯爵的公主，这正是公主爵位没有分化出等次的缘故。因此，可以说东汉国家确定这种赏赐规定，实际是将诸侯王置于特殊的地位，而使诸侯王以下的爵位与职官秩级相比照，并与万石、中二千石、二千石的职官秩级相结合而

---

① 陈戌国：《中国礼制史（秦汉卷）》，湖南教育出版社，2002年，第345-346页。

② 宫崎市定：《九品官人法研究》，韩昇译，中华书局，2008年，第45页。

构成一个等级序列。这一等级序列不仅是东汉国家棺具赏赐，也是衣衾、赙赗赏赐的依据。在东汉国家的丧葬礼仪中，是以明确的等级序列作为赏赐标准的，这就使赏赐的对象固定化，因而，也就成为丧葬礼仪规格的一种明确的体现。

东汉国家丧葬赏赐的对象，实际还并不限于二千石以上的官员。《后汉书·班超传》："（班）超在西域三十一岁。十四年八月至洛阳，拜为射声校尉。……其年九月卒，年七十一。朝廷愍惜焉，使者吊祭，赠赗甚厚。"又《后汉书·儒林上·戴凭传》："拜凭虎贲中郎将，以侍中兼领之。……在职十八年，卒于官，诏赐东园梓器，钱二十万。"班超、戴凭分别担任射声校尉、侍中，其秩级均为比二千石。① 由此可见，秩级比二千石的官员是可以获得丧葬赏赐的。

实际上，王莽在以儒家理念改革官制时，已经将比二千石秩级做了明确的规定。《汉书·王莽传中》："更名秩百石曰庶士，三百石曰下士，四百石曰中士，五百石曰命士，六百石曰元士，千石曰下大夫，比二千石曰中大夫，二千石曰上大夫，中二千石曰卿。车服黻冕，各有差品。"说明王莽是将比二千石秩级置于中大夫之列的。东汉时，国家仍然将比二千石的职官视为大夫。《后汉书·贾逵传》："（贾逵）位至侍中，以老病乞身，帝赐以大夫禄，归乡里。"就是明证。可是，东汉国家丧礼中规定的固定赏赐的等级序列，却没有将秩级比二千石的官员包括在内。这种情况的出现，与比二千石秩级的特殊性有很大的关系。阎步克教授认为："宦皇帝"诸官、文学之官之列在"比秩"主要因其"非吏"的性质，也就是行政吏员之外的职类。② 军吏之列于"比秩"，是由于军吏自成系统，与文官系统区分开来。③ 正因为如此，虽然二千石和比二千石都在大夫之列，可是，东汉国家却将他们明显分开。《续汉书·舆服志上》："公、卿、中二千石、二千石，郊庙、明堂、祠陵、法出，毕大车，立乘，驾驷。"这说明，在车辆使用的规定上，东汉

---

① 《续汉书·百官志四》。

② 阎步克：《从爵本位到官本位——秦汉官僚品位结构研究》，生活·读书·新知三联书店，2009年，第434、460页。

③ 阎步克：《从爵本位到官本位——秦汉官僚品位结构研究》，生活·读书·新知三联书店，2009年，第460页。

国家可以将秩级二千石、中二千石的官员与三公、九卿规定为一个层位。但是，比二千石秩级与二千石、中二千石秩级是肯定不能够划在同一个层位上的。然而，国家又不能忽视这一秩级，所以在确定等级序列时，一般将比二千石秩级置于不明确的位置上。《续汉书·礼仪志中》："每月朔岁首，为大朝受贺。其仪：夜漏未尽七刻，钟鸣，受贺。及贽，公、侯璧，中二千石、二千石羔，千石、六百石雁，四百石以下雉。"这就是说，东汉的瑞贽礼规定，秩级二千石与中二千石秩级的官员相同，都是执羔的。但与二千石秩级相接的是千石，并没有提及比二千石。这种情况不仅见于瑞贽礼的规定。《续汉书·舆服志上》："公、列侯安车，朱班轮，倚鹿较，伏熊轼，皂缯盖，黑轓，右骓。中二千石、二千石皆皂盖，朱两轓。其千石、六百石，朱左轓。"可见东汉国家在安车的等次上，就没有明确比二千石官员应该具有的规定标准。《续汉书·舆服志下》："九卿、中二千石、二千石青绶，三采，青白红，淳青圭，长丈七尺，百二十首。……千石、六百石黑绶，三采，青赤绀，淳青圭，长丈六尺，八十首。……四百石、三百石、二百石黄绶，淳黄圭，一采，长丈五尺，六十首。……百石青绀纶，一采，宛转缪织，长丈二尺。"很显然，在印绶的等级规定上也是如此。

东汉国家的这些规定，不提及比二千石秩级，自然不是忽略这一秩级，而是将其置于特殊的位置。这种特殊位置就是，比二千石只能比照二千石秩级的标准，但又不能完全将其划到二千石以上的层位上。东汉国家使比二千石秩级具有这种特殊性，这就决定了秩级为比二千石官员在国家丧葬赏赐中的地位。也就是说，比二千石的官员可以获得丧葬赏赐，但是，又与二千石以上等级序列的固定赏赐不完全相同。《后汉书·淳于恭传》："建初元年，肃宗下诏美恭素行。……迁侍中、骑都尉，礼待甚优。（建初）五年，病笃，使者数存问，卒于官。诏书褒叹，赐谷千斛，刻石表闾。"淳于恭所任侍中、骑都尉的秩级都为比二千石，而他亡故后汉明帝特别下诏给予他赏赐，实际是对他生前政绩的褒奖。《后汉书·周举传》："（周举）后拜光禄大夫。……建和三年卒。朝廷以举清公亮直，方欲以为宰相，深痛惜之。乃诏告光禄勋、汝南太守曰：……其令将大夫以下到丧发日复会吊。加赐钱十万，以旌委蛇素丝之节焉。"周举所任光禄大夫的秩级也为比二千石。可见，周举亡故后，汉桓帝也特别下诏给予他赏赐。淳于恭、周举的事例说明，东汉国家可以给予比二千石官员丧葬赏赐，但这种赏赐具有明确的目的，就是要表彰他们生前的事迹，因而，这种赏赐一般是通过皇帝下诏实现的，所以相比二千石官员受到的赏赐，只是一种特别的赏赐，并不具有固定性。

此外，东汉国家实行的这种特别的丧葬赏赐的对象，也并不只限于比二千石的官员。《后汉书·独行·刘茂传》："永初二年，剧贼毕豪等入平原界，县令刘雄将吏士乘船追之。……雄败，执雄，以矛刺之。时小吏所辅前叩头求哀，愿以身代雄。纵雄而刺辅，贯心洞背即死。东郡太守捕得豪等，具以状上。诏书追伤之，赐钱二十万。"这里提到的小吏，也被称为少吏，"百石以下有斗食、佐史之秩，是为少吏"①。东汉国家对秩级低微的小吏的赏赐，正是恩恤忠烈之士的一种体现。不过，这种赏赐只是东汉国家的一种特殊做法，实际上，已经超出国家丧礼的规定范围。

然而，还需要指出的是，东汉丧葬赏赐的等级规定不包括外戚这一特殊阶层。可是东汉国家却将这一阶层纳入固定赏赐范围之内。《后汉书·梁统传附梁竦传》记载，外戚梁竦为诸窦所害，"建初八年，遂潜杀二贵人，而陷竦等以恶逆。诏使汉阳太守郑据传考竦罪，死狱中，家属复徙九真。……永元九年，窦太后崩。……（和帝）其追封谥皇太后父竦为褒亲愍侯，比灵文、顺成侯。……诣京师改殡，赐东园画棺、玉匣、衣衾"。很显然，梁竦冤案平反后，被追封为褒亲愍侯，但他并没有担任过职官，其身份只是外戚，但汉和帝对他的丧葬赏赐是优厚的。在《后汉书》记载中，外戚马氏、窦氏等成员亡故后，国家也都给予赏赐。《汉旧仪》："天子即位，明年，将作大匠营陵地，……已营陵，余地为西园后陵，余地为婕好以下，次赐亲属、功臣。"② 这就是说，皇帝的外戚可以获得葬地的赏赐。显然外戚不仅是国家固定的赏赐对象，并且，国家对他们的赏赐还是特别优渥的。

总之，东汉国家确定丧葬赏赐的对象，是要适应丧礼规定的需要，因而是以诸侯王、列侯爵位的序列以及上至诸侯王的爵位等次、下至二千石的职官秩级编制在一起的等级序列作为固定标准的。所以这两个等级序列，成为东汉国家确定固定丧葬赏赐对象的依据。并且，因为在东汉职官秩级体系

---

① 《汉书》卷一九上《百官公卿表序》。
② 《续汉书·礼仪志下》刘昭注引。

中，比二千石具有特殊性，所以规定将这一秩级的官员作为特别赏赐的对象。实际这是对属于儒家理念中的"大夫"范围内职官的一种优遇。同时，规定还顾及皇帝的亲属关系，将不在等级序列中的外戚纳入固定赏赐的范围内。因此，可以说东汉国家的固定丧葬赏赐与特别丧葬赏赐对象都是有明确限定范围的，实际这种赏赐只是一些上层显贵、官僚可以享有的特权。

二、丧葬赏赐物的种类与赙赗的数量

如前所述，东汉国家实行固定和特别两类不同的丧葬赏赐。这两类不同的丧葬赏赐在物品种类和赙赠数量的规定上是不尽相同的，所以需要分别阐释。

（一）东汉固定丧葬赏赐物的种类与赙赠数量

一如前述，东汉固定的丧葬赏赐的等级序列有两种。第一种是依据爵位等级确定的赏赐。前引《续汉书·礼仪志下》："诸侯王、列侯、始封贵人、公主薨，皆令赠印玺、玉柙银缕；大贵人、长公主铜缕。"据此丧礼规定，诸侯王、列侯以及相当于这两级爵位的女性，都可以获得玉柙的赏赐。玉柙也称为玉匣，或者玉衣。《汉仪注》："王侯葬，腰已下玉为札，长尺，广二寸半；为匣，下至足，缀以黄金镂为之。"① 在《后汉书》记载中，一些具有列侯爵位的外戚和官员也可以获得玉匣赏赐。例如，汉和帝改葬外戚梁竦时，就追封他为褒亲愍侯，"赐东园画棺、玉匣、衣衾"②；又如，耿秉"永元二年，代桓虞为光禄勋。明年夏卒，时年五十余。赐以朱棺、玉衣"③。但耿秉在生前，被封为"美阳侯，食邑三千户"④，耿秉获得玉匣的赏赐，不是因为他曾任中二千石的光禄勋，而是由他的美阳侯爵位决定的。因此，在东汉丧礼规定中，一些具有诸侯王、列侯爵位的社会上层显贵，才能够获得玉匣赏赐。

① 《后汉书》卷三四《梁统传附梁竦传》李贤注引。
② 《后汉书》卷三四《梁统传附梁竦传》。
③ 《后汉书》卷一九《耿弇传附耿秉传》。
④ 《后汉书》卷一九《耿弇传附耿秉传》。

如前一节所述，东汉国家实行第二种赏赐等级序列，实际是将诸侯王、公主、贵人与秩级二千石以上的职官编制在一起的。在这一等级序列中，具有相应的爵位和官位者都可以获得赏赐。《太平御览》卷二〇四引《汉旧仪》："丞相有病，皇帝法驾亲至问疾；薨，即移于第中，赐棺赙葬地；葬日，公卿以下会送。"这就是说，丞相亡故后，可以获得棺具、赙赠和葬地三种赏赐。但《汉旧仪》所载，只是西汉的丧葬赏赐。实际上，东汉固定的丧葬赏赐已经与西汉不同，葬地已经成为特别的赏赐。关于此问题下节讨论，兹不赘述。前引《续汉书·礼仪志下》："诸侯王、贵人、公主、公、将军、特进皆赐器，官中二十四物。……诸侯王、公主、贵人皆樟棺，洞朱，云气画。公、特进樟棺黑漆。中二千石以下坎侯漆。"这里提到的"赐器"，就是赏赐棺具。因为在汉代，棺具也被称为"器"。《史记·伍子胥列传》有"必树吾墓上以梓，令可以为器"一语。《正义》释云："器，谓棺也。"因此，可以说对秩级二千石官员直至诸侯王这一等级序列，棺具应该是固定赏赐的一种。

东汉国家赏赐的棺具，一般称为东园梓棺，或者东园秘器。例如，蔡茂"（建武）二十三年薨于位，时年七十二。赐东园梓棺"①；冯勤"中元元年，薨，帝悼惜之，使者吊祠，赐东园秘器"②。东园秘器，诚如《汉旧仪》说："东园秘器作棺梓，素木长二丈，崇广四尺。"③《后汉书·皇后纪》李贤注："东园，署名，属少府，主作凶器，故言秘也。"实际东园秘器中，都有温明。所谓温明，《汉书·霍光传》颜师古注引服虔："东园处此器，形如方漆桶，开一面，漆画之，以镜置其中，以悬尸上，大殓并盖之。"孙机先生认为，实际温明是与东园秘器配套的。④ 因此，国家赐授的棺具，也被称为东园温明，⑤ 或者东园温明秘器。

由于东汉国家规定的秩级二千石官员直至诸侯王的赏赐序列存在爵位等

---

① 《后汉书》卷二六《蔡茂传》。

② 《后汉书》卷二六《冯勤传》。

③ 《汉书》卷九三《董贤传》颜师古注引。

④ 孙机：《汉代物质文化资料图说（增订本）》，上海古籍出版社，2011年，第472页。

⑤ 《汉书》卷六八《霍光传》。

级和职官秩级的差别，所以赏赐棺具的色彩并不相同。《续汉书·礼仪志下》载，诸侯王、贵人、公主的棺具为"洞朱，云气画"。杨树达先生认为这种棺具色朱而有画。① 在《后汉书》中，一般称这种棺具为朱棺。如耿秉卒，"赐以朱棺"②，也称为"东园朱寿之器"③。但在文献中，还将它称为画棺。如梁竦卒，"赐东园画棺"④。公、特进秩级万石，赏赐"樟棺黑漆"⑤。秩级中二千石以下官员被赏赐的棺具则为"坎侯漆"⑥。很明显，东汉国家将这一等级序列的棺具赏赐，通过所涂颜色的不同，又划分为三等次。

除了棺具之外，衣衾也是东汉国家对这一等级序列的固定赏赐。《后汉书·第五伦传》："（第五）伦奉公尽节，言事无所依违。……后数年卒，时年八十余。诏赐秘器、衣衾、钱布。"这里所说的衣衾赏赐，并不是个别的情况。《白虎通义·崩薨篇》："赠襚，何谓也？赠之为言称也，玩好曰赠；襚之为言遗也，衣被曰襚。知死者则赠襚，所以助生送死，追恩重终，副至意也。"这里提到的"赠襚"，就是指赏赐衣衾。正如《穀梁传》隐公元年云："衣衾曰襚。"《白虎通义》所说，表明东汉今文经学家对在丧礼中赏赐衣衾是非常重视的。正是在这种理念影响下，东汉国家的固定丧葬赏赐，自然不可缺少衣衾。《后汉书·盖勋传》："（盖）勋虽强直不屈，而内厌于卓，不得意，疽发背卒，时年五十一。遗令勿受卓赙赠。卓欲外示宽容，表赐东园秘器赠襚，送之如礼。"说明"襚"，也就是衣衾的赏赐，已经是国家丧礼的重要规定。不过，还要指出的是，据杨树达先生考证，衣衾为两物。大抵遗骸入棺之后，以衾覆之。故衾在上而衣在下。⑦

东汉国家对这一等级序列的固定赏赐，还有赙赠。前引《后汉书·羊续传》："旧典，二千石卒，官赙百万。"这就是说，东汉国家的官赙是以二千石秩级为限的。换言之，就是这一等级序列的有爵者和官员都可以获得赙赠

① 杨树达：《汉代婚丧礼俗考》，上海古籍出版社，2000 年，第 57 页。

② 《后汉书》卷一九《耿弇传附耿秉传》。

③ 《后汉书》卷三四《梁统传附梁商传》。

④ 《后汉书》卷三四《梁统传附梁竦传》。

⑤ 《续汉书·礼仪志下》。

⑥ 《续汉书·礼仪志下》。

⑦ 杨树达：《汉代婚丧礼俗考》，上海古籍出版社，2000 年，第 52 页。

赏赐。不过，东汉国家赗赠的这个标准，实际是为在任亡故官员规定的。《后汉书·周荣传》："（周荣）复以为山阳太守。……以老病乞身，卒于家，诏特赐钱二十万。"这说明，官员退官后亡故，就需要皇帝特别下诏恩准，才可以获得赗赠的赏赐。

东汉国家赏赐的赗赠，实际包括钱和布。如司空杨秉卒，就获"赐钱三百万，布五百匹"①。东汉国家对这一等级序列赗赠的钱、布数量是有规定的标准的。实际当时国家规定了两个标准：一为赏赐诸侯王的赗赠数量标准；二为赏赐二千石以上者的赗赠标准。

先看赏赐诸侯王的赗赠数量标准。从光武帝建国至汉和帝时，国家赏赐始封王与嗣王赗赠的数量是有差别的。"皇子始封薨者，皆赗钱三千万，布三万匹；嗣王薨，赗钱千万，布万匹。"② 在汉和帝以后，东汉国家减少了对诸侯王的赗赠赏赐。《后汉书·章帝八王·济北惠王寿传》："自永初已后，戎狄叛乱，国用不足，始封王薨，减赗钱为千万，布万匹；嗣王薨，五百万，布五千匹。"可见东汉国家将始封王的赗赠数量减少了三分之二，而将嗣王的赗赠数量减少了一半。

再看赏赐秩级二千石以上者的赗赠数量标准。前引《后汉书·羊续传》："旧典，二千石卒，官赗百万。"这正是东汉国家赏赐秩级二千官员赗赠的数量标准。这应该是将赗赠中的布都折算成钱而形成的统一的数量规定。实际上，东汉国家制定的这个标准，应该是对秩级二千石以上官员赗赠赏赐的最低数量。《后汉书·张皓传附张纲传》："（张纲）为广陵太守，……纲在郡一年，年四十六卒。……赐钱百万。"东汉郡太守秩级为二千石。这说明对张纲的赗赠赏赐，正是按国家规定的数量标准进行的。可是，东汉国家的赗赠赏赐不只有钱，还有布和其他物品时，这就使赐钱的数量发生变化。《后汉书·韦彪传》："（韦彪）永元元年，卒，诏尚书：'故大鸿胪韦彪，在位无愆，方欲录用，奄忽而卒。其赐钱二十万，布百匹，谷三千斛。'"又《后汉书·蔡茂传附郭贺传》："（郭贺）永平四年，征拜河南尹。……在官三年卒，诏书愍惜，赐车一乘，钱四十万。"大鸿胪韦彪、河南尹郭贺得到钱的

---

① 《后汉书》卷五四《杨震传附杨秉传》。

② 《后汉书》卷四二《光武十王·中山简王焉传》。

赏赐数量都不足百万，显然国家是在赐钱的同时，又赏赐他们布、谷、车所致。这说明，东汉国家在统计赏赐数量时，是需要将这些物品的价格折算成钱再与赏赐钱的数量一并加以计算的。

东汉国家为诸侯王和二千石以上官员规定的赙赗赏赐的数量标准，是正常的丧葬赏赐需要遵守的，因此，文献中将这种情况一般称为"赠赙如法"①。可是，东汉国家并不是要求必须严格遵守这种赏赐标准。东汉国家赏赐诸侯王赙赗，多有超过标准的事例。如窦太后临朝，亲睦中山简王刘焉"加赙钱一亿"②；邓太后"唯（刘）寿最尊亲，特赙钱三千万，布三万匹"③。对二千石以上官员的赏赐也是如此。《后汉书·蔡茂传》："（蔡茂）建武二十年，代戴涉为司徒，在职清俭匪懈。二十三年薨于位，时年七十二。赐东园梓棺，赙赠甚厚。"《后汉书·冯勤传》："（光武帝）以勤劳赐爵关内侯。迁尚书令，拜大司农，三岁迁司徒。……中元元年，薨，帝悼惜之，使者吊祠，赐东园秘器，赗赠有加。"这些记载中提到的"赙赠甚厚""赗赠有加"都是指皇帝对亲幸的三公的赏赐超过了规定标准。《后汉书·杨震传附杨秉传》："（杨秉）复代张温为司空。其月薨。天子素服，三日不临朝，赠东园梓器襚服，赐钱三百万，布五百匹。"可见东汉国家对一些三公的赏赐赙赗的数量超过规定的最低赏赐标准甚多。东汉国家的这种做法，被视为"赐赠有加常礼"④。也就是说，这种赙赠已经超过丧礼的正常规定。

东汉国家实行赙赠赏赐超过常礼的做法，具有明确的目的性。对于诸侯王来说，自然是要体现皇族内部的一种亲情。东汉皇帝出于这种目的赏赐赙赗的做法，不只是针对诸侯王。《后汉书·樊宏传》："（樊宏）世祖之舅。……世祖即位，拜光禄大夫，位特进，次三公。建武五年，封长罗侯。……（建武）二十七年，卒。……赙钱千万，布万匹。"显然东汉国家赏赐樊宏钱、布的数量已经超过规定的数量非常之多。这正是因为樊宏是光武帝的舅父，所以他才能获得这样的赙赠。这说明，东汉国家对外戚的赙赗赏赐，也是非常优厚的。

东汉国家对一些亡故官员增加赙赗赏赐的数量，其目的性也是很明显

---

① 《后汉书》卷四二《光武十王·楚王英传》。
② 《后汉书》卷四二《光武十王·中山简王焉传》。
③ 《后汉书》卷五五《章帝八王·济北惠王寿传》。
④ 《后汉书》卷三八《丁鸿传》。

的。《后汉书·牟融传》："肃宗即位，以融先朝名臣，代赵憙为太尉，与憙参录尚书事。建初四年薨，车驾亲临其丧。……赠赗恩宠笃密焉。"又《后汉书·张酺传》："（张酺）代鲁恭为司徒。月余薨。乘舆缟素临吊，赐冢茔地，赠赠恩宠异于它相。"这都表明，皇帝对这些亡故官员的赠赗赏赐超过规定的数量标准，正是要体现对他们的宠幸和优待。

此外，如前所述，东汉国家规定的赠赗数量，实际是为在任官员亡故后制定的标准。而对一些退官后亡故的官员的赠赗赏赐，就不一定要执行这个标准。《后汉书·刘般传附刘恺传》："（刘恺）视事三年，以疾乞骸骨。……岁余，卒于家。诏使者护丧事，赐东园秘器，钱五十万，布千匹。"说明国家对退官亡故官员的赠赗赏赐，明显少于国家规定的最低标准。

（二）东汉国家特别丧葬赏赐物的种类与赠赗数量

如前所述，东汉国家对秩级比二千石的官员实行特别的赏赐。这种特别赏赐，在赏赐物的规定上，不同于固定的赏赐。前引《后汉书·儒林·戴凭传》："（光武帝）拜凭虎贲中郎将，以侍中兼领之。……在职十八年，卒于官，诏赐东园梓器，钱二十万。"这说明，东汉国家可以为秩级比二千石的官员同时赏赐棺具和赠赗。但对大多数秩级比二千石的官员，国家只赏赐赠赗。如射声校尉班超卒，"朝廷愍惜焉，使者吊祭，赠赗甚厚"[1]；又如长水校尉樊鲦卒，"赠赠甚厚"[2]。东汉国家赏赐这些比二千石官员的赠赗，实际并没有固定的数量标准。甚至对一些官员赠赗的赏赐，并不是钱和布。前引《后汉书·淳于恭传》："（淳于恭）迁侍中、骑都尉，礼待甚优。……卒于官。诏书褒叹，赐谷千斛。"就是说，东汉国家对淳于恭的赏赐，是以谷物代替钱、布作为赠赗的。可见东汉国家对比二千石官员的赠赗赏赐的随意性是很明显的。

当然，东汉国家对比二千石官员的丧葬赏赐，并不只限于棺具、赠赗。《后汉书·承宫传》："（承宫）拜博士，迁左中郎将。……（永平）十七年，拜侍中祭酒。建初元年，卒，肃宗褒叹，赐以冢地。"承宫所任侍中祭酒的

---

① 《后汉书》卷四七《班超传》。
② 《后汉书》卷三二《樊宏传附樊鲦传》。

秩级与侍中相同，都为比二千石。① 这说明，东汉国家对品行优异的比二千石官员，还给予他们葬地的赏赐。

由此可见，东汉国家仅对秩级比二千石的官员实行特别的丧葬赏赐，所以与固定的丧葬赏赐明显不同。赏赐物的类别以及赗赠的数量，一般都是因人而异，并没有明确的规定。获得赏赐的比二千石的官员，并不是可以同时得到棺具、赗赠和葬地，他们只能获得其中的一种，最多也就是两种。因此，可以说比二千石官员亡故后，可以获得的丧葬赏赐具有明显的不固定性。

三、丧葬葬地的赏赐

在东汉国家丧葬活动中，实际上，葬地的赏赐也是重要内容。在文献记载中，将东汉国家赏赐葬地称为"赐冢茔地"②，也称为赐"冢田"③。东汉葬地赏赐与丧葬物赏赐有较大的差别，表现出比较明显的特殊性。这种特殊性表现有二：一是当时葬地赏赐不是按照丧葬赏赐的诸侯王、列侯爵位等级以及爵位与二千石以上职官编制在一起的等级序列而进行的。当时诸侯王亡故后，就在封国埋葬。例如，东海恭王刘彊薨，"使大司空持节护丧事，大鸿胪副，宗正、将作大匠亲丧事，赠以殊礼。……将作大匠留起陵庙"④。因此，杨树达先生认为诸侯王及其亲属以葬于封国为常。⑤ 显然东汉国家的葬地赏赐，已经将诸侯王排除在外。二是东汉国家赏赐葬地的做法不是固定的，这是特别的赏赐。以下对东汉亡故者获得葬地赏赐的情况分别说明：

东汉国家一般可以赏赐外戚、功臣葬地。前引《汉旧仪》："天子即位，明年，将作大匠营陵地。……已营陵，余地为西园后陵，余地为婕妤以下，次赐亲属、功臣。"⑥ 这一记载中提到的亲属，应该是皇帝的外戚。由于外戚与皇帝有亲缘关系，自然国家要赏赐他们葬地以便他们亡故后能够安葬在洛

---

① 《续汉书·百官志三》。

② 《后汉书》卷四五《张酺传》。

③ 《后汉书》卷七九下《儒林下·高诩传》。

④ 《后汉书》卷四二《光武十王·东海恭王彊传》。

⑤ 杨树达：《汉代婚丧礼俗考》，上海古籍出版社，2000年，第137页。

⑥ 《续汉书·礼仪志下》刘昭注引。

阳。但功臣的情况与外戚不同。从东汉前期国家的功臣的人数来看，正如范晔说："永平中，显宗追感前世功臣，乃图画二十八将于南宫云台，其外又有王常、李通、窦融、卓茂，合三十二人。"① 可是，统计《后汉书》中的记载，获得葬地赏赐的功臣只有邓晨、来歙、邓禹、吴汉、祭遵五人。如邓晨卒，"招迎新野主魂，与晨合葬于北邙"②；祭遵卒，"愍悼之尤甚。遵丧至河南县"③。很明显，东汉国家并没有使大多数功臣获得葬地赏赐。

东汉国家还为一些太傅、三公赏赐葬地。如前所述，西汉丞相亡故后，国家可以一并赏赐棺具、赙赠和葬地。固然，东汉国家还向亡故的太傅、三公赏赐葬地。如太傅卓茂薨，"赐棺椁冢地，车驾素服亲临送葬"④；又如太尉牟融薨，"赠赙恩宠笃密焉。又赐冢茔地于显节陵下"⑤。但是，这些事例中的葬地赏赐，都属于特别赏赐。据《后汉书》记载，获得葬地赏赐的太傅、三公只有牟融、张酺、胡广、杨秉、伏恭、张晧六人。清人黄大华考证，自建武元年至建安十三年改革官制止，拜太傅、太尉、司徒、司空者一百五十四人。⑥ 这说明，东汉国家是不轻易赏赐太傅、三公葬地的，只有在生前有特别勋劳者，才能够获得葬地的赏赐。

东汉国家对三公以下的官员也可以赏赐葬地。《后汉书·儒林下·召驯传》："（召驯）建初元年，稍迁骑都尉，侍讲肃宗。拜左中郎将，入授诸王。帝嘉其义学，恩宠甚崇。……章和二年，代任隗为光禄勋，卒于官，赐冢茔陪园陵。"显然召驯能够获得葬地的赏赐，是因为他生前曾经做过汉明帝的侍讲。《后汉书·儒林下·高诩传》："（高诩）建武十一年，拜大司农。在朝以方正称。十三年，卒官，赐钱及冢田。"据此可知，东汉国家赏赐高诩葬地，则是为了表彰他的高洁的品德。这些事例说明，东汉国家给予中二千

---

① 《后汉书》卷二二《朱祐、景丹、王梁、杜茂、马成、刘隆、傅俊、坚镡、马武传论》。

② 《后汉书》卷一五《邓晨传》。

③ 《后汉书》卷二〇《祭遵传》。

④ 《后汉书》卷二五《卓茂传》。

⑤ 《后汉书》卷二六《牟融传》。

⑥ 黄大华：《东汉三公年表》，《二十五史补编（二册）》，中华书局，1955年，第1962页。

石、二千石官员葬地的赏赐，一般都是因为他们生前与皇帝有特殊关系，或者具有特殊的事迹的原因，所以这种赏赐应该是使他们获得殊荣的一种表现。

从东汉国家对秩级比二千石、千石官员的葬地赏赐情况来看，这种特别赏赐的特点就更明显。《后汉书·独行·温序传》："（温序建武）六年，拜谒者，迁护羌校尉。序行部至襄武，为隗嚣别将苟宇所拘劫。……序受剑，衔须于口，顾左右曰：'既为贼所迫杀，无令须污土。'遂伏剑而死。序主簿韩遵、从事王忠持尸归殡。光武闻而怜之，命忠送丧到洛阳，赐城傍为冢地。"温序殉职时任护羌校尉，秩级为比二千石。很明显，光武帝赏赐温序葬地，正是要表扬他的忠烈行为。《后汉书·宦者·单超传附徐璜传》："（徐）璜卒，赗赠钱布，赐冢茔地。"徐璜生前为中常侍，秩级只有千石。他能够获得赏赐，自然是因为他同单超等人一起协助汉桓帝除掉大将军梁冀的缘故。东汉国家为了表彰官员的功劳，还采取破例的做法。《后汉书·郭躬传附郭镇传》："（郭镇）拜河南尹，转廷尉，免。永建四年，卒于家。诏赐冢茔地。"可见郭镇获得葬地赏赐时，已经被免职。不过，郭镇生前曾经与中黄门孙程等一起诛杀江京、阎景而拥立了汉顺帝，因此，顺帝恩赐他葬地。很显然，东汉国家对这些官员赏赐葬地，都是为了褒奖他们生前做出了特别的事迹。

东汉国家把葬地的赏赐作为一种特殊的荣誉，因而，也就将这种赏赐与养老礼结合在一起。东汉的养老礼，是在汉明帝永平二年开始实行的。实行养老礼的目的，诚如《白虎通义·乡射篇》说："欲陈孝悌之德，以示天下也。"在东汉的养老礼中，施政的皇帝需要"尊事三老，兄事五更"①。无疑养老礼中的三老、五更受到皇帝的极大尊重，在他们亡故后，皇帝自然也要给予他们特殊的赏赐。《后汉书·儒林下·伏恭传》："建初二年冬，肃宗行飨礼，以恭为三老。年九十，元和元年卒，赐葬显节陵下。"显然赏赐葬地是对三老伏恭极为尊崇的表现。《后汉书·桓荣传》："永平二年，三雍初成，拜荣为五更。……荣卒，帝亲自变服，临丧送葬，赐冢茔于首山之阳。"首山即首阳山。西周时的伯夷、叔齐"义不食周粟，隐于首阳山，……遂饿死

---

① 《后汉书》卷二《明帝纪》。

于首阳山"①。可见首阳山是与高洁之士伯夷、叔齐的事迹联系在一起的。东汉国家将桓荣的葬地赏赐在首阳山，正是由于他生前是五更，而且具有值得称颂的品格。这些事例说明，东汉国家正是要通过葬地赏赐来表现对亡故的三老、五更的最高敬意，因而，这种葬地赏赐，无疑具有特殊褒奖的重要意义。

东汉国家不仅极其重视葬地赏赐，并且，还将葬地赏赐划分出不同等次。最高等次的葬地赏赐是将茔地赐在皇帝陵或者皇后陵附近。《后汉书》载，胡广"赐冢茔于原陵"②；牟融"赐冢茔地于显节陵下"③；梁竦"冢葬于西陵旁"④。东汉的原陵为光武帝陵；显节陵为汉明帝陵；西陵则为恭怀梁皇后陵。东汉国家赏赐葬地在皇帝陵，或皇后陵附近，正是给予这些亡故者的极高的宠遇。所以，文献中也就将这种赏赐称为"陪陵"⑤，或者"陪园陵"⑥。

低于"陪陵"的，则是将亡故官员的葬地赏赐在洛阳附近。诸如，卓茂"建武四年，薨，赐棺椁冢地，车驾素服亲临送葬"⑦；建武二十二年，郭伋"征为太中大夫……明年卒，时年八十六。帝亲临吊，赐冢茔地"⑧；张酺"数月，代鲁恭为司徒。月余薨。乘舆缟素临吊，赐冢茔地"⑨。东汉国家赐授这些亡故官员的葬地，应当在洛阳附近。但也有赏赐葬地在河南县的情况。《后汉书·张皓传》："（张皓）犍为武阳人也。……阳嘉元年，复为廷尉。其年卒官，时年八十三。遣使者吊祭，赐葬地于河南县。"河南县为河南尹所辖县。《续汉书·郡国志一》："河南周公时所城雒邑也，春秋时谓之王城。"刘昭注引《地道记》曰："去洛城四十里。"可知河南县距离洛阳并不远，就在洛阳附近。应该说，在洛阳附近的葬地赏赐，是与"陪陵"有等

① 《史记》卷六一《伯夷列传》。

② 《后汉书》卷四四《胡广传》。

③ 《后汉书》卷二六《牟融传》。

④ 《后汉纪》卷四《和帝纪》。

⑤ 《后汉书》卷五四《杨震传附杨秉传》。

⑥ 《后汉书》卷七九下《儒林下·张驯传》。

⑦ 《后汉书》卷二五《卓茂传》。

⑧ 《后汉书》卷三一《郭伋传》。

⑨ 《后汉书》卷四五《张酺传》。

次差别的。

从东汉国家官员的丧葬情况来看，他们亡故后，大多数要归葬乡里。《丹阳太守郭旻碑》："君讳旻……君之弟，故太尉，薨，归葬旧陵。"① 碑文中提到的太尉为郭禧；旧陵则是郭禧任官前所在乡里的先世陵墓。《后汉书·徐稚传》："（徐）稚尝为太尉黄琼所辟，不就。及琼卒归葬，稚乃负粮徒步到江夏赴之。"这也是三公亡故后归葬乡里的事例。三公以下的官员也是如此。例如，琅邪东武人伏隆，在光武帝时，任光禄大夫出使张步，被张步所杀。"时人莫不怜哀焉。五年，张步平，车驾幸北海，诏隆中弟咸收隆丧，赐给棺殓，太中大夫护送丧事，诏告琅邪作冢。"② 伏隆葬地所在的琅邪郡，正是他出身的本郡。除此之外，东汉皇帝赐授葬地后，也并不限制亡故官员归葬乡里。前引《后汉书·承宫传》："（承宫）拜博士，迁左中郎将。建初元年，卒，肃宗褒叹，赐以冢地。妻上书乞归葬乡里，复赐钱三十万。"说明东汉国家对不在赏赐葬地埋葬的亡故官员，是要通过赏赐其家属赙赠钱给予补偿的。这些情况表明，东汉国家不使一些亡故官员归葬乡里，而向他们赏赐葬地，显然具有提高他们丧礼规格的目的，进而也就使他们生前所具有的特殊地位得到更明确的体现。

综上所述，东汉国家的葬地赏赐是不受丧葬物赏赐的等级序列约束的，因此这种赏赐的对象，完全是依据国家的需要确定的。东汉国家将外戚、功臣、三公以及千石以上的官员都纳入这种赏赐的范围内。不过，当时国家实行葬地赏赐的目的，就是要对亡故官员生前的事迹给予特殊的褒奖，因而，这也就是一种很难获得的赏赐。因为东汉葬地赏赐具有这种特点，所以取得这种赏赐，官员的丧礼规格就得到明显的提高，对这种赏赐在当时的丧葬活动中产生的重要影响，当然也就不能忽视了。

四、余　论

东汉时期，丧葬活动受到当时社会各阶层人们的高度重视，所以东汉国

---

① 《隶释》卷二四《赵明诚金石录上》。

② 《后汉书》卷二六《伏湛传附伏隆传》。

家实行的丧礼在国家的各种礼仪中明显地占有非常重要的地位。正因为如此，东汉国家为举行丧礼规定了一系列复杂的仪节。而丧礼中的每一个仪节的实行，都体现了东汉国家实行丧礼的目的以及丧礼所具有的社会意义。东汉的丧葬赏赐正是丧礼中的重要仪节。这一仪节对于表现丧礼包含的社会意义具有不可忽视的作用。

实际上，东汉丧葬赏赐可以明确体现丧礼具有的等级性。可以说，东汉国家依据丧葬赏赐物的不同，而将赏赐对象明确地区分为不同的等级序列。这种区分，一方面说明东汉国家的丧礼只是在当时的社会上层实行，并且，在社会上层中，也是有明确的范围限定的；另一方面，也表现出丧礼实行范围的确定，是以爵本位和官本位为标准的，并且，东汉国家还为了丧礼的实行，巧妙地将爵位和官位结合在一起而形成明确的赏赐等级序列。东汉的丧葬赏赐体现出丧礼的等级性，不只是表现在赏赐对象上，而且，赏赐物本身，诸如玉匣、棺具、衣衾、赙赠等，也是划分为不同等次的，所以东汉国家不同等次的赏赐物，实际也成为丧礼等级性的明显表现。

东汉的丧葬赏赐，实际可以区分为固定的赏赐与特别的赏赐。这种区分可以明显表现东汉丧礼的等级性差别，同时，也能够使丧礼中的特别赏赐体现出国家对比二千石以下官员的褒奖的特殊意义，进而使东汉丧礼的社会功能进一步扩大。

在东汉的丧葬赏赐中，葬地的赏赐具有特殊意义。毫无疑问，葬地赏赐是国家丧礼中的重要内容，可是，东汉国家却将赏赐葬地与奖励官员的功劳和赞扬他们的高洁品德结合在一起，并且，还将葬地的赏赐划分出不同等次，这样，就使葬地赏赐不仅代表着一种特别的赏赐，而且，在当时的丧葬赏赐中占有特殊的地位。东汉国家的这种做法，实际就使获得葬地赏赐的亡故者取得了一种特殊的荣誉。更重要的是，这种葬地赏赐可以充分地表现出提高亡故者丧礼规格的重要意义。

总之，东汉的丧葬赏赐是国家丧礼的重要仪节。可以说，这一仪节的实行从多方面表现出丧礼具有的社会功能。正因为如此，对丧葬赏赐在东汉国家丧礼中所占有的重要地位，也就不能够忽略，而应该有充分的估计。

（原载《人文杂志》2013 年第 1 期）

略论汉代的弛刑徒

在汉代，刑罚严酷，许多自由人因触犯刑律而沦为刑徒，因此在社会中刑徒的数量是不少的。但国家在对刑徒的管理和役使方式上，却不尽相同。在有关汉代的文献和考古材料中有不少关于"弛刑徒"的记载，正反映了这种情况。对弛刑徒的役使是汉代劳役刑的一个特征。弛刑徒的出现和国家对弛刑徒的役使，不仅涉及刑徒管理的问题，它和汉代社会阶级关系的变动也有一定联系。因此，本文准备对弛刑徒的阶级地位，国家对弛刑徒的役使状况及弛刑徒出现的原因做一些探讨。

一

什么是弛刑徒，其阶级地位怎样？在回答这个问题之前，首先有必要对汉代刑徒的阶级地位做一个大概的考察。《论衡·四讳篇》称："被刑谓之徒。"可见汉代的刑徒就是触犯刑律的罪人。自殷周以来，罪人一直是国家奴隶的重要来源之一。《说文·女部》云："奴，奴婢，皆古罪人。"应劭也说："古制本无奴婢，奴婢皆是犯事者，或原之。奴者，劣；婢者，卑陋。"①《周礼·秋官·司厉》载："其奴，男子入于罪隶，女子入于舂槁。"郑玄注引郑司农："谓坐为盗贼而为奴者，输于罪隶，舂人，槁人之官也。由是观之，今之为奴婢，古之罪人也。"根据《周礼》的记载，可知罪人奴隶古已有之。而郑司农的解说，证明罪人在汉代和上古没有什么不同，仍然是奴隶的重要来源。在《周礼·天宫》各属官中都有"徒"。郑玄注："此民给徭役者也。"沈家本对此解释得很清楚，他说："周之徒，庶人在官充役者也。汉

---

① 《太平御览》卷一九引《风俗通义》。

之徒，有罪在官充役者也。其人异，其义同。"① 沈家本所说甚确。由此可知，在汉代，自由人一旦沦为刑徒，实际上就成为官府的奴隶，而要承担沉重的劳役。

不过，汉代的罪人奴隶和以前的罪人奴隶还有不同，就是汉代对刑徒已有了刑期的规定。卫宏《汉旧仪》和《汉书·刑法志》都有记载。从这些记载中，可以看到汉代的刑名有：髡钳城旦、完城旦、鬼薪、隶臣、司寇、罚作等几种。依据沈家本、程树德和陈直先生的研究，能够确定髡钳城旦为五岁刑，完城旦为四岁刑，鬼薪为三岁刑，司寇为二岁刑，罚作为一岁刑。罚作男子又称为隶臣，女子称为隶妾。尽管汉代对刑徒有了一定的刑期规定，但不能以此否定刑徒的奴隶身份。这是因为：

第一，在汉代，虽然刑徒有了固定的刑名和刑期，但是刑期并不是固定不变的。《汉晋律序注》："徒加不过六，囚加不过五，累作不过十一岁，累笞不过千二百。"② 虽然汉代的劳役刑期规定最长时间为五年，但是国家可以延长刑期达到十一年。

第二，刑徒在其服刑期间所受到的压榨是十分残酷的。据汉代文献及碑刻记载，汉代刑徒从事的劳役主要有制盐冶铁、建筑宫殿、修陵、筑城、修桥治路。实际上，汉代强迫刑徒从事沉重劳役的做法，是从秦代沿袭下来的。《秦律·徭律》规定："兴徒以为邑中之红（功）者，令（婶）堵卒岁。未卒堵坏，司空将红（功）及君子主堵者有罪，令其徒复垣之，勿计为（徭）。"③ 秦统一后，政府更大规模地役使刑徒筑长城、修骊山陵。而汉代刑徒服劳役的繁重程度并不低于秦代。秦中行《汉阳陵附近钳徒墓的发现》一文，介绍了对汉阳陵附近钳徒墓的发掘情况。作者指出，在阳陵附近，发掘出大量戴有刑具的人骨架。这些死者都是刑徒。他们生前戴着刑具，死后仍然戴着刑具，甚至还有两个人同系在一个铁杠上。④ 这说明，他们从事劳役的繁重和人身的不自由。埋葬这些骨架的墓坑距离阳陵不远，可见这些刑徒

---

① 《沈寄簃先生遗书·分考》。

② 《太平御览》卷六四二引晋张斐《汉晋律序注》。

③ 睡虎地秦墓竹简整理小组：《睡虎地秦墓竹简》，文物出版社，1978年版，第77页。

④ 秦中行：《汉阳陵附近钳徒墓的发现》，《文物》，1972年，第7期。

都是在修建阳陵时被折磨而死的。阳陵是汉景帝的坟墓，景帝时代一向被称轻刑省役，但是仍有大批刑徒被摧残而死，那么这种现象在其他时代就更为严重了。《汉书·成帝纪》永始二年诏："前将作大匠万年知昌陵卑下，不可为万岁居，奏请营作，建置郭邑，妄为巧诈，积土增高，多赋敛徭役，兴卒暴之作。卒徒蒙辜，死者连属，百姓罢极，天下匮竭。"这正是大批刑徒在苦役之下被摧残而死的悲惨景象。《东汉洛阳城南郊的刑徒墓地》一文中提到，被埋葬的刑徒绝大多数为青壮年，老年的占极少数。全部刑徒的脊椎骨都有明显的劳损痕迹。[①] 由此可见，不仅刑徒们的劳役是沉重的，而且他们中很多人还在青壮年就被夺去生命。这样，刑徒要等到刑满获得自由是十分困难的。并且，在发掘的这些刑徒墓中，出土铭砖八百二十多块。在这些铭砖上多带有刑名。例如："右部无任南宛髡钳陈便永初元年五月廿五日物故死在此下。"[②]

《在陶斋藏砖记》中也著录了刑徒砖志一百十三件，其中有刑名的砖志铭有很多。这些刻有刑名的砖铭表明，这些刑徒在刑期之内就被折磨致死。所以，汉代虽然对刑徒有了刑期的规定，但是这些刑徒还是和以前的罪人奴隶的性质完全相同。刑期只不过是一种形式，国家不仅可以延长刑徒的刑期，而且在沉重的劳役下，大量的刑徒在刑期内就被夺去生命，实际上这些人，仍然是终身的奴隶。这都说明，汉代刑徒应该为罪人奴隶。

我们再看弛刑徒的情况。弛刑徒在《汉书》《后汉书》和汉简中也被称作"弛刑募士""弛刑士""弛刑屯士"，或者省称"弛刑"。那么弛刑徒是在什么时候出现的，与刑徒又有什么区别呢？细理文献和汉简的记载，可以知道弛刑徒的出现是在汉武帝时期以后。因为在汉武帝前，文献中并无弛刑徒的记载。出现弛刑徒的最早记载是在汉昭帝元凤元年。《汉书·昭帝纪》："武都氐人反，遣执金吾马适建、龙额侯韩增、大鸿胪广明将三辅、太常徒，皆免刑击之。"这里提到了对三辅、太常徒免刑。那么，免刑的意义是什么呢？在《汉书·西域传》中也有"免刑罪人"这一记载，其云："地节二年，

---

① 中国科学院考古所洛阳工作队：《东汉洛阳城南郊的刑徒墓地》，《考古》，1972年，第 4 期。

② 中国科学院考古所洛阳工作队：《东汉洛阳城南郊的刑徒墓地》，《考古》，1972年，第 4 期。

汉遣侍郎郑吉、校尉司马憙将免刑罪人田渠犁，积谷，欲以攻车师。"《史记·建元以来侯者年表》记载同一事："郑吉，家在会稽。以卒伍起从军为郎，使护将弛刑士田渠梨。"可以说，《史记·建元以来侯者年表》中记载的"弛刑士"就是《汉书·西域传》中的"免刑罪人"。所以"弛刑"与"免刑"是同一意思。因此，弛刑徒也可以称为免刑徒，或免刑罪人。由此看来，在元凤元年，国家对三辅、太常徒免刑，实际上是把他们变为弛刑徒。

就弛刑徒的情况而言，后世注释家有明确的解释。现将这些解释排列如下：

1. 李奇云："弛，废也。谓若今徒解钳釱赭衣，置任输作也。"颜师古同意李奇的看法，他说："弛刑，李说是也。若今徒囚，但不枷锁而责保散役之耳。"①

2. 孟康云："复，音服，谓弛刑徒也。有赦令诏书去其钳釱赭衣。更犯事，不从徒加，与民为例，故当复为官作，满其本罪年月日，律名为复作也。"②

3. 李贤引《前书音义》云："谓有赦令去其钳釱、赭衣，谓之弛刑。"③

综观以上诸家解释，可见各家看法没有歧异，都认为弛刑徒是去掉钳釱、赭衣的刑徒。但是李奇、颜师古、李贤的解释尚太简略，唯孟康阐述最为详尽。概括孟康的解说，实际说明三点：1. 有皇帝赦令诏书，刑徒方可解去赭衣、刑具，成为弛刑徒。2. 弛刑徒如再犯罪按平民对待。3. 弛刑徒原来的刑期不变，还要继续服役到期满为止。孟康是三国时人，距汉世较近，其说可信。从孟康的解说中，可以明确弛刑徒的来源及弛刑徒和刑徒的区别。可以说，由皇帝下诏赦免，是刑徒变为弛刑徒的主要途径。在史籍和汉简中对此也有记载。《后汉书·明帝纪》载永平元年诏："其施刑及郡国徒，在中元元年四月己卯赦前所犯，而后捕系者，悉免其刑。"居延汉简中也有：

完城旦□蒋寿，王兰渡塞。初元四年十一月丙申谕。初元五年八月

---

① 《汉书》卷八《宣帝纪》颜师古引李奇说。

② 《汉书》卷八《宣帝纪》颜师古引孟康说。

③ 《后汉书》卷一下《光武帝纪下》。

戊申以诏书弛刑。故戍卒居延广田□①

这些记载与孟康所说颇合。但是在刑徒中,有男犯,也有女犯,对他们的处理方法也不尽相同。《汉书·平帝纪》:"天下女徒已论归家,顾山钱月三百。"把现役的女徒由国家改为课顾山钱,即为一种弛刑徒。

刑徒改为弛刑徒后,虽然仍要服刑,可是在待遇上已较刑徒有一些改善。明显的就是,正如诸家指出的,限制刑徒行动自由的钳鈇已被去掉。《说文》云:"钳、鈇有所劫束也。"汉代的刑徒必须要佩戴钳、鈇。《汉书·陈万年传》:"(陈)咸免官。起家复为南阳太守。所居以杀伐立威,豪猾吏及大姓犯法,辄论输府,以律程作司空,为地臼木杵,舂不中程,或私解脱钳鈇,衣服不如法,辄加罪笞。"可见,官府对私解钳鈇的刑徒是要予以严厉处罚的,以便有效地防止刑徒逃亡。所以,当刑徒变为弛刑徒,解除了钳鈇,也就相对地获得了行动上的自由。不仅在服刑期间,待遇有此改善,而且,弛刑徒触犯法律后,重新犯罪,按普通平民来量刑,这也是和刑徒不同的。这正是弛刑徒地位较刑徒地位提高的表现。除孟康所指出的刑徒和弛刑徒的区别之外,据汉简记载,在边地的弛刑徒已有了自己的经济。一些地方开始把土地分给弛刑徒耕种。《汉晋西陲木简汇编》有:

> □玉门屯田吏高廪,放田七顷,给予弛刑十七人

并且也出现了弛刑徒放债的情况。居延汉简中有:

> 甲渠士吏孙根自言去岁官调,根为卒责故甲渠弛刑宋后,负驹望卒徐乐钱五百后至卒②

但是,这些情况在西汉都是比较零星的,并不普遍。弛刑徒在边地屯戍,其衣食主要都是由国家供给。居延汉简中有很多关于给弛刑徒发放衣食的记

---

① 劳干:《居延汉简考释释文之部》卷二,商务印书馆,1949年,第235页。
② 劳干:《居延汉简考释释文之部》卷一,商务印书馆,1949年,第80页。

载。诸如：

> 廪施刑①
> 二月尉薄食弛刑屯士四人为谷小石②

但在口粮的供应标准上弛刑和一般按更役制征发来的戍卒并不相同。居延汉简中有一简记载：

> 戍卒孔胜之、徐充、块粟、李寿王、乐胜之每月口粮为三石三斗三升③

可是，弛刑徒孔胜之的口粮只有三石。④ 从这里可以看出，弛刑徒在口粮标准上要比一般戍卒少三斗三升。而且，在居延汉简的戍卒名册中可以看到，一般戍卒都有爵位，可是弛刑徒却没有爵位。这些都证明，弛刑徒的地位要低于一般戍卒。

综上所述，可以明确，弛刑徒是由国家赦免而去掉刑具的刑徒。他们在服役时，管制放松，在行动上有了自由，比原来的刑徒地位有了提高。但是弛刑徒仍然属于刑徒的一种，还是罪人奴隶。

二

在汉代，弛刑徒仍为国家所役使。主要被用来服劳役、充兵和屯戍。现分别说明如下：

1. 弛刑徒服劳役。弛刑徒也和刑徒一样，要为国家服繁重的劳役。汉代国家为了役使刑徒，从中央到地方都设有专门管理刑徒的机构。在西汉，中

---

① 劳干：《居延汉简考释释文之部》卷二，商务印书馆，1949 年，第 254 页。

② 劳干：《居延汉简考释释文之部》卷二，商务印书馆，1949 年，第 34 页。

③ 劳干：《居延汉简考释释文之部》卷二，商务印书馆，1949 年，第 325 页。

④ 劳干：《居延汉简考释释文之部》卷二，商务印书馆，1949 年，第 325 页。

央有司隶校尉，宗正属官的都司空令，少府属官的左、右司空令，水衡都尉属官的水司空令。在东汉，除司隶校尉外，还有将作大匠属官的左、右校令。在地方上，两汉郡国各县都设有徒丞。《汉印文字征》中有"故且兰徒丞""爰得徒丞""巩县徒丞印""干昌县徒丞"。《十钟山房印举》有"爵丘徒丞印""雒卢徒丞印"。《金石索》有"贝水徒丞"。刑徒就是分别在这些机构的监督之下，从事各种徭役劳动。弛刑徒开始出现后，在中央所设的管理刑徒的官署也开始管理弛刑徒。《汉书·宣帝纪》："（神爵元年）西羌反，发三辅、中都官徒弛刑及应募、佽飞射士、羽林孤儿、胡越骑，三河、颍川、沛郡、淮阳、汝南材官，金城、陇西、天水、安定、北地、上郡骑士、羌骑，诣金城。"《汉旧仪》云："长安中都官狱三十六所。"① 所谓中都官弛刑，就应包括司隶校尉所管诸狱及在各官府服役的弛刑徒。东汉对弛刑徒的管理承袭西汉制度。将作大匠属官的左、右校令也管理弛刑徒。《续汉书·百官志四》："将作大匠一人，二千石。"其属官有"左校令一人，六百石。本注曰：掌左工徒。丞一人"② 。洛阳城郊出土东汉刑徒墓砖有：

> 右部无任免刑颍川颍阴鬼薪不能圉致医，永初元年六月廿五日物故死在此下

墓砖上提到的右部是右作部的简称，是属右校署所管的工徒作部。免刑也就是弛刑徒。这证明右校确实管理弛刑徒。左校也是如此。《后汉书》中记载，官吏犯罪，"输作左校"事很多。《后汉书·党锢传》称，李膺"输作左校"；冯绲、刘祐"时亦得罪输作"。这正是左校也管理弛刑徒的明证。东汉时，各郡国也有弛刑徒。《后汉书·光武帝纪下》："（建武十二年）遣骠骑大将军杜茂将众郡施刑屯北边，筑亭候，修烽燧。"前面提到在各郡国管辖的县亦设有徒丞一官。大概郡国的弛刑徒就是在徒丞的监管之下。这些中央和地方官署所管的弛刑徒，如未遇到征发事，都要为官府服劳役。这在东汉时期表现得十分明显。《续汉书·百官志四》："掌修作宗庙、路寝、宫室、陵园木

---

① 《汉书》卷八《宣帝纪》颜师古注引。
② 《续汉书·百官志五》。

土之功，并树桐梓之类列于道侧。"

可见，将作大匠所属左、右校的弛刑徒是要从事土木营造劳役的。《后汉书·和帝纪》："（永元元年）以车骑将军窦宪为大将军，以中郎将刘尚为车骑将军。令郡国弛刑输作军营。"这说明，各郡国的弛刑徒，也要在当地郡国服劳役。不仅如此，内郡的弛刑徒有时还要被派到边郡去"补理城郭"。① 因此，可以说，东汉时使用弛刑徒服劳役的现象是比较广泛的。从中央官署所属的弛刑徒，到边郡、内郡所属的弛刑徒都被驱使到沉重的劳役中去。那么，在西汉，弛刑徒是否服劳役呢？在《汉书》和汉简中没有这样的记载。这并不是由于记载的缺漏，反而说明西汉时期使用弛刑徒服劳役的现象并不普遍，大量地使用弛刑徒从事劳役是从东汉才开始的。

2. 弛刑徒充兵。使用刑徒当兵，秦代就有。秦二世为阻挡陈胜起义军向咸阳进军，曾赦免骊山徒当兵。但这只是秦政府为应付紧急情况而采取的临时措施，并不是常例。汉武帝时，大规模对外用兵，兵源缺乏，开始用罪人当兵。以后国家又采取招募的方法，以将刑徒变为弛刑徒为条件，把他们遣往边地当兵。在《汉书》的记载中，金城和渠犁都有被派去的弛刑徒兵。居延汉简中有：

> 元康四年二月己未朔乙亥，使护鄯善以西校尉吉、副卫司马富昌、丞庆、都尉官建都□，乃元康二年五月癸未，以使都护橄国，遣尉丞将施刑士五十人，送致将□发②

由此可见，在西域地方，西汉政府也派去弛刑徒兵。不过，西汉时，弛刑徒兵大都在边地。由于刚刚开始使用弛刑徒当兵，从记载看，弛刑徒兵的数量并不太多。东汉时期则和西汉明显不同，弛刑徒兵不仅在数量上有显著增加，而且使用的范围也扩大了。在《后汉书》中关于用弛刑徒当兵的记载很多。在刘秀同割据势力公孙述的战争中，建武十一年春，他派吴汉"将南阳

---

① 《后汉书》卷一下《光武帝下》。

② 劳干：《居延汉简考释释文之部》卷二，商务印书馆，1949 年，第 81 页。

兵及弛刑募士三万人，溯江而上"①，他军队中的弛刑徒兵为数是不少的。章帝在建初二年，曾"发荆州七郡及汝南、颍川施刑徒吏士五千余人，拒守零阳"②，镇压南方的少数民族叛乱。对北匈奴和反叛的羌族，国家也使用了不少弛刑徒兵。《后汉书·南匈奴传》："（建武二十六年）令中郎将置安集掾吏将弛刑五十人，持兵弩随单于所处，参辞讼，察动静。"这虽然是帮助南匈奴防范北匈奴，实际上仍担负着同北匈奴作战的任务。汉明帝初年，西羌在陇右反叛，东汉政府派捕虏将军马武等人"将乌桓、黎阳营、三辅募士、凉州诸郡羌胡兵及弛刑，合四万人击之"③。由此可见，东汉政府在同割据势力的战争中，在镇压国内反叛以及同匈奴、羌族作战时，都大量地用弛刑徒当兵。这些弛刑徒兵可以和其他的郡兵一样被征发。这些表明弛刑徒兵已是东汉军队的重要组成部分。

3. 弛刑徒屯戍。可以说，边郡地区的屯戍，始终是两汉时期的大事。汉文帝时，晁错曾上疏："陛下幸忧边境，遣将吏发卒以治塞，甚大惠也。然令远方之卒守塞，一岁而更，不知胡人之能，不如选常居者，家室田作，且以备之。……为室屋，具田器，乃募罪人及免徒复作令居之；不足，募以丁奴婢赎罪及输奴婢欲以拜爵者；不足，乃募民之欲往者。"④ 这个建议为汉文帝采纳。这是西汉政府用罪人戍边的开始。汉武帝以后，在使用罪人屯戍的同时，国家也开始用弛刑徒来屯戍。汉宣帝时，赵充国要求"愿罢骑兵，留弛刑应募，及淮阳、汝南步兵与吏私从者，合凡万二百八十一人，用谷月二万七千三百六十三斛，盐三百八斛，分屯要害处"⑤。在居延汉简中有很多关于弛刑徒屯戍的记载：

---

① 《后汉书》卷一八《吴汉传》。

② 《后汉书》卷八六《南蛮传》。

③ 《后汉书》卷二二《马武传》。

④ 《汉书》卷四九《晁错传》。

⑤ 《汉书》卷六九《赵充国传》。

　　要虏隧弛刑傅当①
　　有五人弛刑□士②

这些记载说明，西汉时，在边地屯戍的弛刑徒为数已不少。但是从居延汉简中所反映的边郡屯戍者来看，其中主要的还是按更役制征调而来的农民。至东汉，边郡的屯戍情况已发生变化。《续汉书·郡国志五》刘昭注引应劭《汉官》曰："世祖中兴，海内人民可得而数，裁十二三。边陲萧条，靡有孑遗，郡塞破坏，亭队绝灭。建武二十一年，始遣中郎将马援、谒者，分筑烽候，堡壁稍兴，立郡县十余万户，或空置太守、令、长，招还人民。……乃建立三营，屯田殖谷，弛刑谪徒以充实之。"可见，东汉初年由于边郡地区人口稀少，屯戍只有靠弛刑徒来承担。这样的做法，终东汉一朝也没有改变。从永平十七年到建康元年，皇帝多次下诏，以"减死一等"③ 为条件，徙罪人及其家属实边。汉章帝时，虽然暂时停止徙罪人戍边的制度，但不久就恢复了。这样到东汉灵帝建宁二年，还有党人被捕，"百余人，皆死狱中。……妻子徙边"④ 的记载。这些实边的弛刑徒及其家属如遇不到皇帝的特赦，就不能重返内地。《后汉书·张奂传》："旧制边人不得内移。"由于法令的限制，徙边的弛刑徒及其家属只能世代居于边地。《后汉书·光武帝纪下》："横野大将军王常薨。遣骠骑大将军杜茂将众郡施刑屯北边，筑亭候，修烽燧。"又《后汉书·光武帝纪下》："南单于遣子入侍，奉奏诣阙。于是云中、五原、朔方、北地、定襄、雁门、上谷、代八郡民归于本土。遣谒者分将施刑补理城郭。"可见，在东汉时，各主要边郡几乎都有弛刑徒戍边。不仅在边郡，就是在西域地区也有弛刑徒屯戍。校书郎杨终上疏："自永平以来，仍连大狱，有司穷考，转相牵引，掠考冤滥，家属徙边。加以北征匈奴，西开三十六国，频年服役，转输烦费。又远屯伊吾、楼兰、车师、戊己，民怀土思，怨结边域。"⑤《后汉书·西域传》："（汉安帝）乃以班勇为西域长史，将弛刑士五百人，西屯柳中。"很明显，

---

① 劳干：《居延汉简考释释文之部》卷二，商务印书馆，1949年，第228页。

② 劳干：《居延汉简考释释文之部》卷三，商务印书馆，1949年，第56页。

③ 《后汉书》卷三《章帝纪》。

④ 《后汉书》卷六七《党锢传》。

⑤ 《后汉书》卷四八《杨终传》。

弛刑徒屯戍的地方，最远已达到伊吾、楼兰、车师、柳中、高昌。

三

汉代的弛刑徒应该是在汉武帝以后开始出现的。西汉时，使用弛刑徒服劳役、充兵、屯戍的数量并不多，但到东汉时期，使用弛刑徒的数量增多，范围也扩大了。这种变化是汉代社会内部矛盾逐渐尖锐而产生的结果。

首先，国家的兴盛依赖于小农的稳定。小农在汉代是属于自由民阶层。他们要向国家交纳田租、口赋、算赋，这是国家财政的重要来源，并且，汉代兵徭合一，"士卒尽家人子，起田中从军"[①]。小农同时也是国家军队士兵的主要来源。国家保证小农的稳定，才会获得丰富的财源，并保证有强大的武力。但是武帝时期，他改变前期的方针，实行"多欲"政治，发动了对匈奴及其他周边各族的战争，历时长达几十年，兵役、徭役十分繁重，"功费愈甚，天下虚耗"[②]。商人高利贷者又加紧了对小农的勒索，因此造成了大批小农破产，被排挤出土地，成为流民。以至在武帝元封元年，"关东流民二百万口，无名数者四十万"[③]。小农的大量破产，使原来的番上制度已很难维持。又加上武帝对外用兵频繁，这样就得用刑徒兵、蛮族兵、奴兵和募兵来弥补兵源的不足。因而，在这个时期，国家使用了很多的刑徒来当兵。《汉书·武帝纪》记载：

1. 遣伏波将军"路博德出桂阳，下湟水；楼船将军杨仆出豫章，下浈水；归义越侯严为弋船将军，出零陵，下离水；皆将罪人。……越驰义侯遗别将巴蜀罪人，发夜郎兵，下牂柯江，咸会番禺"。

2. "元封二年四月，募天下死罪击朝鲜"。

3. 元封二年"六月，遣杨仆、荀彘将应募罪人击朝鲜"。

4. 元封六年，"赦京师亡命令从军，遣拔胡将军郭昌将以击之"。

5. 太初元年，"发天下谪民西征大宛"。

---

① 《汉书》卷五〇《冯唐传》。

② 《汉书》卷二四上《食货志上》。

③ 《汉书》卷四六《石奋传》。

6. 天汉元年"发谪戍五原"。

7. 天汉四年"发天下七科谪出朔方"。

从以上记载,可以看出这些充兵的刑徒分为两种情况:一种是属于自愿应募。另一种,占大多数的还是属于强制性质。可是,武帝时,招募罪人当兵情况的出现,说明国家在对刑徒的管理和役使方式上发生变化。这样,至汉武帝以后,国家就开始以免除刑徒的苦役和枷锁为条件,即把他们变为弛刑徒来充兵戍边。

东汉时期,小农破产的情况更为严重。从东汉初期,光武帝刘秀就力图稳定小农,要改变小农流散逃亡的状况。《后汉书·光武纪下》:"(建武十三年)兵革既息,天下少事,文书调役,务从简寡,至乃十存一焉。"刘秀"务从简寡"的政策之一,就是废止更役制度。《后汉书·光武纪下》:"是岁(建武六年),初罢郡国都尉官。"这说明,东汉初年,番上制度已经被破坏,更役制度确实停止了。虽然国家还保留着小农的军籍,但是对农民的征发已受到了很大限制。而且小农破产在东汉已处于无可挽回的局面,因而国家招还流亡农民的诏令,史不绝书。这样国家为了解决徭役、兵员和屯戍问题,只有继续扩大原来使用弛刑徒的数量和范围。

其次,西汉弛刑徒出现以及至东汉被大量使用,与刑徒的反抗也有很大关系。刑徒由于忍受不了残酷的压榨,经常奋起反抗。在秦末农民大反叛中,有很多刑徒参加。像黥布这样的起义领导者就是刑徒。西汉时期,刑徒的反抗也没有停止。汉成帝时出现了数次较大规模的刑徒起义,形成了刑徒起义的高潮。主要有颍川"铁官徒"申屠圣领导的起义、广汉郡郑躬领导的起义以及山阳"铁官徒"苏令领导的起义。例如,颍川铁官徒申屠圣等"百八十人杀长吏,盗库兵,自称将军,经历九郡"①。这些起义对西汉政府的打击是沉重的。因为刑徒的斗争,迫使西汉政府不得不采取缓和阶级矛盾的措施。在哀帝、平帝时,皇帝都下诏大赦天下刑徒。

新莽末年,波及全国的绿林、赤眉、河北农民起义是社会危机的一次爆发。这次起义之后,东汉统治者不得不继续提高奴隶的地位。刘秀多次下诏

---

① 《汉书》卷一〇《成帝纪》。

解放私奴婢，明文规定《卖人法》，正式肯定奴隶的人格。因此，东汉的私奴婢的地位比起西汉时期有了很大的提高。《后汉书·刘宽传》："尝坐客，遣苍头市酒，迂久，大醉而还。客不堪之，骂曰：'畜产。'宽须更遣人视奴，疑必自杀。顾左右曰：'此人也'，骂言'畜产'，辱孰甚焉！故吾惧其死也。"可见，东汉时奴隶已被视为人，而不是会说话的工具。与刘秀解放私奴婢并行不悖的是，同时也提高了罪人奴隶，即刑徒的地位。刘秀继续实行把大量的罪人变为弛刑徒的措施。《后汉书·光武纪》："遣谒者案行，其死罪系囚在戊辰以前，减死罪一等；徒皆弛解钳，衣丝絮。"因此，东汉时期，大量地役使弛刑徒和东汉政府提高奴隶地位的政策是有关系的。这样做，自然可以减弱刑徒的反抗。所以，在东汉和西汉明显不同的是，在西汉，刑徒反抗斗争激烈，而在东汉既没有刑徒，也没有弛刑徒反叛事件的发生。这正是由于给罪人奴隶以相对的人身自由，把大量的刑徒变为弛刑徒而加以役使的缘故。

四、余 论

在汉代，弛刑徒虽然还属于罪人奴隶，但已开始具有中世纪农奴先驱的一些特征。弛刑徒不仅有行动上的自由，而且在边地，弛刑徒可以分得土地以及放债等现象都已发生。这都反映出罪人奴隶农奴化的趋势。它和私奴婢的社会地位提高一样，都开了魏晋时期奴隶农奴化的端绪。

弛刑徒大量被用来充兵、屯戍，对汉代的兵制变化也产生了很大影响。汉武帝时，在中央军队中创立了期门、羽林和羽林孤儿。羽林孤儿是父死子继的。这是世兵制出现的萌芽。东汉时期的北军也是父死子继的。在中央兵制中出现父死子继情况后，同样边地也具有了世兵制产生的条件。弛刑徒大量被用来充兵和屯戍不仅降低了士兵的社会地位，而且边郡屯戍的弛刑徒大部分携带家属，世代居于边地。这样，使弛刑徒前往边郡屯戍的做法，恐怕也同样透露出未来的世兵制的迹象。

（原载《东北师大学报（哲学社会科学版）》1984 年第 4 期）

略论汉代的巫

汉代巫俗盛行，是当时社会生活的一个特点。巫作为人同鬼神联系的媒介，对汉代各阶层人们的生活产生极大的影响。因此，考察汉代社会生活，就不可忽略巫的特点及活动情况。本文拟就这些问题做初步探讨。

一

中国历史上的巫早在原始社会就已出现。《国语·楚语》："及少皞之衰也，九黎乱德，民神杂糅，不可方物，夫人作享，家为巫史。"但随着社会分工的发展，宗教上的神职也逐渐专门化，因此有了专操巫术的巫。国家产生以后，巫的活动并没有消失。在殷周时期，巫在社会中的活动还是很活跃的。《说文·巫部》："巫，祝也。女能事无形以舞，降神者也。"说明了殷周时期巫在宗教活动上的一般特点。充当人同鬼神联系的媒介、善行巫术是当时巫活动的主要内容。汉代的巫在活动方式上，同殷周时期是有着一脉相承的联系的。不过，汉代毕竟同殷周时期不同，在社会政治、经济、宗教诸方面发生了许多重大的变化，这样，巫的活动也要同汉代具体的社会条件相适应，也就具有了一些明显的时代特征。

第一，汉代巫在称谓上的区别已经消失。至少在周代，巫有男女之分，而且各有不同的名称。《国语·楚语》："在男曰觋，在女曰巫。"周代依据性别，分别给巫命以不同的名称，主要原因在于，当时男、女巫在从事宗教迷信活动时，各有不同分工。《周礼·春官·男巫》："掌望祀，望衍，授号。旁招以茅，冬堂赠，无方无筭。春招弭，以除疾病。王吊，则与祝前。"《春官·女巫》："掌岁时祓除衅浴，旱暵，则舞雩。若王后吊，则与祝前。凡邦之大灾，歌哭而请。"虽然《周礼》中对男、女巫职的记载过于规范化，但是，由此可以看出周代男、女巫的分工还是明确、严格的。

汉代从事巫业者，仍有男女的分别，可是，在称谓上已没有严格的区分。可以说，巫已成为巫者的一般泛称。《汉书·蒯通传》："（蒯通）惶恐，乃佯狂为巫。"可见巫已不专指女性，男性巫者也可以称巫。巫在称谓上的变化，实际上透露了巫在宗教活动中的演化轨迹。综合汉代文献记载可以看出，汉代巫在从事宗教活动时，已无须根据性别来规定不同的活动内容。因此，巫在称谓上的区分，在汉代也就没有多大的必要了。

第二，巫的传业方式在汉代有了一定改变，巫的来源扩大。《太平御览》卷三六二引《风俗通》："万类之中，惟人为贵。《春秋左氏传》：'官有世功，即有官族，邑亦如之。'……盖姓有九，或氏于号，或氏于谥，或氏于爵，或氏于国，或氏于官，或氏于字，或氏于居，或氏于事，或氏于职。盖姓有九，或氏于号，或氏于谥，或氏于爵，或氏于国，或氏于字，或氏于居，或氏于事，或氏于职。'……以事，巫、卜、陶、丘也；以职，三马、五鹿、青牛、白马也。"这里所说的，应是周代的姓氏制度。既然巫可以用自己所从事的职业作为家族的姓氏，说明当时巫者的传袭是严格地限制在他们家庭内部的。

但是，自战国以降，社会政治经济变化显著。巫同工商业者一样，由于商品经济发展的影响，要维持原来那种封闭式的家庭内部的传业方式已很困难。特别是到了汉代，商品生产和商品交换出现了前所未有的活跃局面，"天下熙熙，皆为利来；天下攘攘，皆为利往"[1]。由此造成了各行业间人们的流动经常发生。因为汉代社会中对鬼神迷信的空气浓厚，从事巫业已成为重要的获利方式，所以巫业对于希望获利者就具有了一定的吸引力。《盐铁论·散不足篇》："今世俗宽于行而求于鬼，怠于礼而笃于祭，嫚亲而贵势，至妄而信日，听訞言而幸得，出实物而享虚福。……故君子不素餐，小人不空食。今世俗饰伪行诈，为民巫祝，以取厘谢，坚贿健舌，或以成业致富，故惮事之人，释本相学。是以街巷有巫，闾里有祝。"说明汉代人们为获利而学巫，已是社会中经常出现的情况。当然，在弃原业而为巫者中，并不尽是企图获利的。《圣贤高士传》："安丘望之字仲都，京兆长陵人。少持《老

---

① 《史记》卷一二九《货殖列传》。

子经》，恬净不求进官，号曰安丘丈人。成帝闻，欲见之，望之辞不肯见，为巫医于人间也。"① 可见一些不愿出仕为官的人，也以从事巫业而避世。这些表明，汉代巫业在传袭上，表现出相对的开放性，因此改变了巫的单一成分，使巫的来源有所扩大。但是，汉代占支配地位的仍然是自然经济，这样就限制了商品经济的发展而促成的各行业间人口的流动，因而，汉代各行业的封闭状况的改变只是小规模、小范围的。实际上，巫业的传袭情况也是如此。尽管在汉代，巫业的世袭传统有所突破，但是并不能完全改变传统的状况。先秦时期的遗俗还在很大程度上继续保留着。文献记载中，多见"巫家"② 之称，正反映了汉代巫业世袭的情况。所以汉代巫业还是以家庭世袭为主。但是由于学巫者日益增多，这种传统受到了极大影响。

第三，汉代的巫的社会地位明显低落。殷周时期，因为对鬼神的极端迷信，国家特别重视巫作为神人联系的媒介的作用，所以巫在社会中享有很高的地位。殷代的巫不仅可以参与国家的宗教事务，而且，能够担任国家的重要官职，影响国家政策的制定。《史纪·殷本纪》："伊陟赞言于巫咸，巫咸治王家有成，作〈咸艾〉。"即其证明。周代巫虽然没有像殷代那样显赫的地位，但是，在国家宗教和政治事务中，仍不可缺少巫。他们还是被当时人们看作是一些"能齐肃衷正，其智能上下比义，其圣能光远宣朗，其明能光照之，其聪能听彻之"③ 的重要神职者。

汉代的巫的社会地位较之殷周时期，有了明显变化。西汉时期，国家虽然还没有把巫从国家的宗教事务中完全排除，但是，能够参加国家祭祀活动的，只有从地方选出的极少数巫。他们只能主持国家所设置的一些祠的祭祀，大部分巫只能在民间活动。《汉书·食货志下》记载王莽时贡法："工匠医巫卜祝及它方技商贩贾人坐肆列里区谒舍，皆各自占所为于其所之县官。除其本，计其利，十一分之，而以其一为贡。"说明新莽时，巫同商人的地位相差无几，也要以贡法行事。王莽的政策，是西汉一贯抑商政策的继续，由此来看，巫实际同西汉的商人一样，已成为西汉国家贱视的社会阶层。

---

① 《后汉书》卷一九《耿弇传》李贤注引《嵇康集》。
② 《后汉书》卷八三《逸民·高凤传》。
③ 《国语·楚语下》。

　　东汉时期，巫已被严禁参加国家的祭祀活动，而且随着国家对民间"淫祀"的严禁，巫在政治上，受到国家更严重的贱视。其明显的表现，就是东汉的巫已不被作为普通的编户齐民看待。当时对以巫为业的家庭，特别称之以"巫家"。如《风俗通义·怪神篇》："时太守宋均到官，主者白出钱，给聘男女，均曰：'众巫与神合契，知其旨欲，卒取小民不相当。'于是敕条巫家男女以备公姬。"这种"巫家"同编户齐民在政治地位上相差悬殊。《后汉书·逸民·高凤传》："（高）凤年老，执志不倦，名声著闻。太守连召请，恐不得免，自言本巫家，不应为吏。"据此可知，东汉时一旦被定为巫家，巫及其子弟就失去了充当国家官吏的资格。东汉国家的这种做法，正是自西汉以来一贯对巫歧视政策的发展。

　　第四，汉代的巫继续保留着地域性特点。在汉代，尽管国家的集权统治加强，但是，各地区经济文化发展不平衡的状态依然存在。《汉书·地理志》明确记载了各地文化习俗的差异。这种差异性，主要表现为各地区都不同程度地保留着先秦时期的遗俗。先秦时期各地不同的巫俗延续到汉代，便是其重要表现之一。《汉书·地理志》："陈国，今淮阳之地。陈本太昊之虚，周武王封舜后妫满，是为胡公，妻以其女大姬，妇人尊贵好祭祀，用史巫，故其俗巫鬼。"便反映了这一情况。汉代巫的地域性特点，在他们宗教活动的方式上，表现得最为明显。《汉书·地理志》："始桓公兄襄公淫乱，姑姊妹不嫁，于是令国中民家长女不得嫁，名曰'巫儿'，为家主祠，嫁者不利其家，民至今以为俗。"汉代齐地的巫儿，就是一种女巫。可见在当时经济文化很发达的齐地，巫不仅有特殊的称呼，而且她们主要是为各家庭的祭祀服务，因此，齐地巫的宗教活动的地方色彩很浓厚。至于在汉代落后的边远郡县，巫活动的地方性特点就更多一些。《法言·重黎篇》："昔者姒氏治水土，而巫步多禹。"注云："姒氏，禹也。治水土，涉山川，病足，故行跛也。禹自圣人……而巫俗多效禹步。"扬雄为西汉蜀地人，他所说的情况，应在巴蜀一带常见。这说明巴蜀地方的巫，在降神时，采用的是一种特殊的舞步形式。边远地区巫所施巫术，同汉代内郡也有差别。《史记·封禅书》载："（越巫）以鸡卜，上信之，越祠鸡卜始用。"说明在武帝引进越巫以前，越巫的巫术，为内郡各地所不见。由此可见，汉代经济文化发展的不平衡，使各地巫俗仍具有多样性，因而，巫的地域性特点就很难立即消失。

二

汉代的巫的活动，主要同汉代社会各阶层的宗教生活密切联系。巫的宗教活动及其影响主要表现在以下几方面：

（一）*巫和巫术活动*

在汉代的社会生活中，施以巫术，是巫的重要活动。巫术早在原始社会就已产生，它是当时人们企图借助超自然物的力量，以接触或模拟的方式，来满足人们控制自然力，克服自身痛苦和消灭敌对势力的心理要求。随着阶级的产生，原始宗教转化为人为宗教，巫术就成为一种宗教行为。在汉代，社会中各种巫术还广泛存在，对人们的生活还有不同程度的影响。汉代由巫直接施行的巫术大体有以下几种：

1. 祝诅。又称为厌诅。文献记载："诅祝，谓告神明令加殃咎也，以言告神谓之祝，请神加殃谓之诅。"① 汉代社会中，一些人为了发泄对于怨恨者的仇视，经常请巫祝诅，以嫁祸于仇恨者。如《汉书·公孙贺传》："（朱）安世遂从狱中上书，告敬声与阳石公主私通，及使人巫祭祠诅上，且上甘泉当驰道理偶人，祝诅有恶言。"祝诅不仅有以加祸为目的的，还有试图移祸于他人的。史载武帝天汉二年："秋，止禁巫祠道中者。"文颖注："始汉家于道中祠，排祸咎，移之于行人，百姓以其不经，止之也。"② 至少在武帝以前，在汉代民间，移祸于他人的祝诅活动是普遍存在的。国家对于祝诅巫术是不提倡的，但对于不同祝诅，处理的方式并不相同。对于普通人们之间的祝诅只是一般禁止，而对祝诅皇帝的活动，汉律规定为"大逆无道"。《汉书·诸侯王表》："广陵厉王胥，坐祝诅上，自杀。"《后汉书·光武十五王传·阜陵质王延传》："驸马都尉韩光招奸猾，作图谶，祠祭祝诅，事下案验，光、弇拿被杀，辞所连及，死者徙者甚众。"这些记载说明，汉代国家对于"祝诅上"的活动，打击是十分严厉的。但由此也可以看出，祝诅巫术在当时社会中有很深的影响，而且，在人们的生活中是十分盛行的。

2. 巫医术。早期的医术是与巫术相联系的。《吕氏春秋·勿躬篇》有

① 《尚书·无逸篇》孔颖达疏。

② 《汉书》卷六《武帝纪》文颖注。

"巫彭作医"的记载。汉代的巫医术仍具有迷信的色彩。汉代不少的巫专门以行巫医术为业，文献中也称他们为"巫医"。① 在巫医看来，疾病的根源是魔鬼附于病人身体的缘故，因而，他们诊治病人也就表现为视鬼、驱鬼的形式，所以，巫医又有"驱鬼者"之称。汉代巫医的驱鬼的方式，见于文献记载的，大体有二：一是降神驱鬼。马王堆帛书《五十二病方》有："禹步三，取桃东枳（枝），中别为□□□之倡而门户上各一。"② 禹步，即是降神时的舞跳形式。《史记·封禅书》："天子病鼎湖甚，巫医无所不致，不愈。游水发根言上郡有巫，病而鬼神下之。"这些记载说的，都是由巫舞跳降神，为患者驱鬼的事例。由此可见，巫的降神驱鬼术，无论是在民间，还是在宫廷中，都是经常被采用的。二是祷祀驱鬼。《后汉书·皇后纪》："（阴）太后其年寝疾，不信巫祝小医，数敕绝祷祀。至六月崩。"祷祀，《说文》："告事求福。"皇太后不信巫的祷祀，另当别论。但由此可以看出，以巫祷祀，也是汉代巫医术中常用的方式。除此之外，东汉以后，逐渐出现用符水治病的方法，可是这种医术的表现形式，仍然与驱鬼术有联系。巫医术并不能达到治愈患者的目的，但是，却可以迎合为迷信意识所禁锢的汉代人的心理。因此，巫医术在汉代能够得到比较广泛的流行。

3. 祓禳。祓禳是一种去恶求福的巫术。即文献所说，"（巫）祓谓除不祥求福也"③。在汉代，祓禳的形式较多。但最流行的是由巫洗浴，"可以拂除灾也"④。《西京杂记》："（戚夫人）至七月七日临百子池。……正月上辰出池边盥濯，食蓬饵以祓妖邪。"《续汉书·礼仪志上》："是月上巳，官民皆洁于东流水上，曰洗濯祓除去宿垢疢为大洁。"这些记载说明，西汉时在宫廷和民间都要举行这种活动，参加祓禳的社会阶层是广泛的。东汉时期，祓禳的时节开始固定。《周礼·春官·女巫》："女巫掌岁时祓除衅浴。"郑玄注："岁时祓除，如今三月上巳，如水上之类。"因此，这种祓禳在东汉已成为一种节日性的活动。

4. 下裼降神。在汉代，举行葬礼，也需要由巫施巫术。《周礼·春官·

---

① 《汉书》卷二五上《郊祀志上》。

② 马王堆帛书：《五十二病方》，文物出版社，1978年，第126页。

③ 《史记》卷四《周本纪》《正义》。

④ 《后汉书》卷七四上《袁绍传》李贤注。

司巫》："凡丧事，掌巫降之礼。"郑玄注："巫下神之礼。今世或死既殡，就巫下裼，其遗礼。"也就是在死者入殓时，要有巫为之进行驱鬼下神的活动。

5. 占吉凶。占卜是巫术的一种。汉代多由卜筮者或方士专门从事这种活动。但是，巫还没有同占卜活动完全脱离。《汉书·息夫躬传》："（息夫）躬邑人河内掾贾惠往过躬，教以祝盗方，以桑东南指枝为匕，躬邑人河内掾贾惠往过人有上书言躬怀怨恨，非笑朝廷所进，候星宿，视天子吉凶，与巫同祝诅。"据此可知，候星占卜术在汉代应多为巫者所操。前引《史记·封禅书》提到的"鸡卜"，也是越巫所独具的巫术。由此可见，巫尽管也同卜筮者和方士一样，从事一些占卜活动，但是他们的占卜多表现为一些特殊的技艺。

总之，由于汉代人对巫术的信奉以及巫能施以当时人们所需要的巫术，这些巫者的活动领域就很广泛，同汉代社会各阶层的生活发生直接的联系。

（二）巫和祭祀活动

在汉代，祭祀是重要的宗教活动。两汉国家和民间都要定期和不定期地祭祀诸神。由于汉代巫的社会地位比先秦时期明显低落，因此巫在参加国家和民间祭祀时，表现出不同的情况。如前所述，西汉时期，少数的巫还可以参加国家祭祀。当时国家在首都长安附近及其他地方设祠，来祭祀天上、地下的各种神祇。《史记·封禅书》："长安置祠祀官、女巫。其梁巫祠天、地、天社、天水、房中、堂上之属；晋巫祠五帝、东君云中、司命、巫社、巫祠、族人、先饮之属；秦巫祠社主、巫保、族累之属；荆巫祠堂下、巫先、司命、施靡之属；九天巫祠九天，皆以岁时祠宫中。"据此可知，西汉初年，选自各地参加国家祭祀的巫，只是为国家祠祀官所属，仅能主持一些祠的祭祀。西汉前期，少数巫还能够参与国家祭祀，这当然是受到先秦遗俗的影响。但更重要的是，汉高祖刘邦本为东楚人。《史记·货殖列传》："（东楚）朐、缯以北，俗则齐。"因此，刘邦故乡沛县一带，也同齐地一样，是对巫特别崇信的地方。这就影响了刘邦对于国家祭祀的规定。为了彰显刘氏的功德，刘邦所选担任祠祀的巫，都同当时认为刘氏祖先曾活动过的地区相关。《史记·封禅书》集解引文颖注："范氏世于晋故祠祀有晋巫。范会支庶留秦为刘氏，故有秦巫。刘氏随魏都大梁，故有梁巫。后徙丰，丰属荆，故有荆巫。"高祖刘邦的这种做法，正是要为刘氏的继统蒙上一层神秘的色彩。武帝时，征服南越，"乃令越巫立越祝祠，安台无坛，亦祠天神上帝百鬼"①。因此，武帝以前少数巫可以参与国家祭祀，还没有完全受到排斥。但是，当汉武帝独尊儒术以后，儒家的思想影响不断发展，元成帝时期就有人提议，以儒家的礼制来改造西汉国家祀典，这样，祠祀在西汉后期开始出现动摇的趋势。东汉时期，国家则完全按照儒家的礼制定国家祀典，改变了西汉以祠祭神的状况。国家郊、社宗庙之祭，都由太常所属官掌握，"每祭祀，先奏其礼仪"②。各地方"太守、令、长使祠，牲用羊豕"③，直接参加和管理祭祀。所以，东汉时期，巫已经被严禁参加国家的祭祀活动。巫从国家祭祀活动中被排挤出来，同汉代国家对巫的歧视不断加深有很大关系。

当然，与国家祭祀的情况明显不同是，汉代民间的各种祭祀活动都同巫有密切联系。汉代民间最重要的祭祀，便是社祀。社的设置在汉一代已有官社和民社的区分，县以上由国家置官社，"民里社各自财以祠"④。《史记·封禅书》："汾阴巫锦为民祠魏脽后土营旁，见地如钩状，掊视得鼎。"汉代的后土，即是社。《礼记·月令》郑玄注"后土，社也"可证。这说明民间的社祀，多由巫来主持。由巫把握民间社祀，还可以从汉代巫的居住方式上看出。《墨子·迎敌祠篇》："善为舍，巫必近公社，必敬神之。"这种习俗在汉代还在延续。《风俗通》："齐倡徙居社南，因以为氏，又有居社北者，亦以为氏。"⑤ 倡即是善舞者，汉代的巫一般多善舞，因此，这些居于社南、社北的倡，即是一种巫。一些巫采取在社附近居住的形式，正是利用了汉朝人的迷信意识，来表现巫同社神的密切关系。

汉代民间祭祀表现为多神崇拜，很多被祭祀的神祇，不在国家祀典中，故有"淫祀"之称。民间的这些"淫祀"活动，必须有巫参加，才能进行。《风俗通义·怪神篇》："因为起祠舍，众巫数十，帷帐钟鼓，方数百里皆来祷祀，号鲍君神"便是证明。《后汉书·第五伦传》："浚遒县有唐、后二山，民共祠之。众巫遂取百姓男女以为公姬，岁岁改易，既而不敢嫁娶，前后守

① 《史记》卷二八《封禅书》。

② 《续汉书·百官志二》。

③ 《续汉书·祭祀志下》。

④ 《史记》卷二八《封禅书》。

⑤ 《古今姓氏书辩证》卷二六引。

令莫敢禁。"说明民间的祭祀活动必须要依据巫的意志来决定祭神的方式。因此，可以说，民间的祭祀，实际是为巫所控制的。由此来看，汉代的巫，虽然在国家祭祀中受到排斥，可是，在民间的祭祀活中却很活跃，因而，巫的社会地位尽管在汉代已很低贱，但他们还是可以利用对民间祭祀的控制，来扩大他们的社会影响。

（三）巫和早期道教

汉代是早期道教形成的时期，到东汉后期，五斗米道、太平道不同教派先后出现。早期道教的出现，当然同汉代谶纬的盛行、道士的出现有着重要的联系，但是，也不能忽视汉代巫俗对道教形成的影响。论者多谓：东汉道士的产生是早期道教形成的重要条件。① 东汉的道士即是由西汉的方士转化而来，他们的主要思想倾向是阴阳家。但道士的活动方式，可以说，明显地受到很多影响。例如东汉的郎颉、襄楷都是有名的道士。文献记载却说："郎颉、襄楷能仰瞻俯察，参诸人事，祸福吉凶既应，引之教义亦明。此盖道术所以有补于时，后人所当取鉴者也。然而其敝好巫，故君子不以专心焉。"② 又如《后汉书·方士传》中所载道士许杨、高获等人也都兼通巫术。由于道士同巫的联系密切，因此，文献中也把民间活动的五斗米道的教主称为"妖巫"③，把五斗米道的活动称为"米巫凶虐，续蠢青羌"④。

早期道教的经典，也受到巫的影响。如《太平清领书》中就吸收了不少巫的活动内容。《后汉书·襄楷列传》称："《太平清领书》其言以阴阳五行为家，而多巫觋杂语。"即反映了这种情况。巫对民间祭祀的控制，造成民间鬼神信仰的风气十分浓厚，而早期道教中的诸神观念和民间信仰并没有完全脱离。因此，巫在民间的宗教活动，为早期道教在民间的传播提供了重要的思想基础。

关于巫同早期道教的关系，问题比较复杂，这里作为问题提出，容另文详之。

---

① 范文澜：《中国通史简篇》下册，商务印书馆，2010 年，第 197 页。
② 《后汉书》卷三〇下《郎颉、襄楷传论》。
③ 《后汉书》卷八《灵帝记》。
④ 《隶释》卷一一《巴郡太守樊敏碑》。

三

汉代巫不仅参与宗教活动，对社会各阶层的宗教生活，也产生以较大的影响，而且，由于巫同社会中各阶层都有一定的联系，因此，也不同程度地影响着汉代的政治和经济生活。

（一）巫和社会政治生活

汉代的巫虽然主要以施巫术为业，但是他们并不能游离于政治斗争之外。由于巫的祝诅巫术，在汉代人的意识中，可以达到直接伤害祝诅对象的目的。因而，在统治阶级内部的斗争中，因对祝诅术的需要，就把许多巫卷入斗争中来。文献记载，两汉时期，在王侯、官僚阶层内部，以巫祝诅皇帝的事件屡有发生。如《汉书·恩泽侯表》："宜陵侯息夫躬，坐祝诅，下狱死。"《后汉书·皇后纪》："有言后与朱共挟巫蛊道，事发觉，帝遂使中常侍张慎与尚书陈褒，于掖庭狱杂考案之。朱及二子奉、毅与后弟轶、辅、敞辞语相连及，以为祠祭祝诅，大逆无道。奉、毅、辅考死狱中。"这些活动的出现，实际是统治阶级内部不同派别争夺权利的结果。在汉代，巫的祝诅巫术引起严重斗争，最为突出的事例，就是西汉武帝后期的巫蛊事件。水衡都尉江充为加害戾太子，"将胡巫掘地求偶人……充既知上意，因言宫中有蛊气，先治后宫希幸夫人，以次及皇后，遂掘蛊于太子宫，得桐木人。太子惧不能自明，收充，自临斩之。"[1] 由此酿成了大规模的流血斗争，造成"皇后陈氏废，捕为巫蛊者，皆枭首"的后果。[2] 卷入这次事件中的巫，也不免沦为斗争的牺牲品。

汉代巫能够卷入统治阶级内部的斗争，而且甘愿为王侯、官僚从事违法活动，究其原因，大致有二：其一，一些巫是为钱财所诱惑，而成为统治者内部一些派别的帮手。《汉书·武五子·戾太子传》："始，昭帝时，胥见上年少无子，有觊欲心。而楚地巫鬼，胥迎女巫李女须，使下神祝诅。女须泣曰：'孝武帝下我。'左右皆伏。言：'吾必令胥为天子。'胥多赐女须钱，使祷巫山。"即是证明。其二，一些巫被选入宫廷中，沦为官奴婢，因此只能迎合主人的意志。《汉书·景十三王·江都易王非传附江都王建传》："（江都

---

① 《汉书》卷四五《江充传》。

② 《汉书》卷六《武帝纪》。

王建）专为淫虐，自知罪多，国中多欲告言者，建恐诛，心内不安，与其后成光共使越婢下神，祝诅上。"清人王先谦说："越婢，越女，解巫之术，而为宫婢者。"① 不论是为钱财所利诱，还是迎合主人意旨，巫参与统治阶级内部的斗争，并非自觉的，都是统治者要利用巫的祝诅术所促成的结果。除此之外，汉代巫的社会地位低下，并不满意于汉代的统治现实，因此，一部分巫对于汉代统治者的压迫表现出一定的抗争。

新莽末年，赤眉起义军中，"常有齐巫"。而这些巫者可以利用农民落后的迷信意识，影响起义军的政策。赤眉军拥立刘盆子为帝，建立政权，就是听信巫言的结果。东汉时期，随着国家对巫歧视的加重，巫的反抗便增多起来。《后汉书·马援传》："初，卷人维汜，沃言称神，有弟子数百人，坐伏诛。后其弟子李广等宣言汜神化不死，以诳惑百姓。十七年，遂共聚会徒党，攻没皖城，杀皖侯刘闵，自称'南岳大师'。"按：维汜即是巫。《后汉书·吴汉传》称其为"妖巫维汜"。见于文献记载的还有巫者单臣、傅镇起义。可见，这些起义具有明显的特点：起义的领导者都是在起义的组织和发动过程中注意以神道组织和宣传群众。这种发动起义的方式，为以往的农民起义中所不见。东汉末年，黄巾起义的发动方式，可以说在维汜的起义活动中，已开始发其端。

（二）巫和社会经济生活

巫虽然不事生产，只以宗教活动为业，但在汉代，其活动也渗透到社会经济生活中。首先汉代的巫是一个复杂的社会群体，虽然有其受压迫的方面，但其中一些巫却经常利用他们控制民间祭祀的地位，向广大信奉神鬼的农民非法征收赋敛，直接从事剥削活动。《风俗通义·怪神篇》："会稽俗多淫祀，好卜筮，民一以牛祭，巫祝赋敛受谢，民畏其口，惧被祟，不敢拒逆。"正反映了这种情况。巫非法征收祭神用费，在西汉还很少见，东汉时期，已成为比较严重的社会问题。这种赋敛对于为迷信意识所束缚的小农来说，已经是一项沉重的负担。不少地方的农民"常破资产以祈祷"②，以至于

---

① 《汉书补注》《景十三王传》王先谦注。

② 《后汉书》卷五七《栾巴传》。

"财尽于鬼神，产匮于祭祀"①。对于巫的这种活动，时人就认为"靡财妨农，长乱积惑"②。可见巫的这种活动不仅危害农民的生产生活，而且直接造成了小农的不稳定。因此，东汉时期，各地方官吏"翦理奸巫"③ 的活动多见于文献记载。《后汉书·第五伦传》："（第五）伦到官，移书属县，晓告百姓，其巫祝有依托鬼神诈怖愚民，皆案论之。"说明各地方官吏对从事非法活动的奸巫的惩治是严厉的。国家对奸巫的打击，是贱巫政策的表现，同当时国家力图维持小农的稳定有着密切的关系。

其次，汉代民间弃业学巫风气盛行，巫的活动对经济生活的间接影响也很明显。由于汉代巫业的世袭传统受到破坏，不少人"释本相学"④，因此使社会中不事生产的巫的数量增多。《盐铁论·散不足篇》："街巷有巫，闾里有祝。"《论衡·订鬼篇》："巫含阳气，以故阳地之民多为巫。"说明在两汉社会人口中，巫是占有一定比例的。东汉时期，由于学巫风气的影响，在学巫者中，直接生产者明显增加。《潜夫论·浮修篇》："不绩其麻，女也婆娑。今多不修中馈，休其蚕织，而起学巫祝，鼓舞事神，以欺诬细民，荧惑百姓。……以致重者不可胜数。或弃医药，更往事神，故至于死亡，不自知为巫所欺误，乃反恨事巫之晚，此荧惑细民之甚者也。"即其证明。很显然，这种风气使很多的直接生产者脱离本业，正如王符所言："今察洛阳，浮末者什于农夫，虚伪游手者什于浮末。是则一夫耕，百人食之，一妇桑，百人衣之，以一奉百，孰能供之？天下百郡千县，市邑万数，类皆如此，本末何足相供。"可以说，在虚伪游手者中，即包括学巫者。可见东汉时期，学巫者的增多，也是造成当时经济末大本小的因素之一。因此，东汉国家对巫的歧视的加重，也具有汉代国家重本抑末的意义。

（原载《秦汉史论丛》第四辑，西北大学出版社，1988 年）

---

① 《风俗通义·怪神篇》。

② 《风俗通义·怪神篇》。

③ 《后汉书》卷五七《栾巴传》。

④ 《盐铁论》卷六《散不足篇》。

附　录

试论战国民间纺织业的商品生产

　　战国是我国古代纺织业发展的重要时期。官营和民间纺织业都有明显进步，其中民间纺织业的发展更为显著。民间纺织业发展的标志之一，便是商品生产的出现。本文拟对战国时期民间纺织业的商品生产问题做初步探讨。

一、战国时期民间纺织品交换的发展

　　战国时期民间纺织业的商品生产，是同纺织品的交换和买卖相联系的。因此，考察战国时期民间纺织业的商品生产，首先涉及的问题，就是民间纺织品的交换和买卖状况。

　　我国古代纺织技术出现很早。文献记载，传说中的黄帝时期人们已开始养蚕纺织。[①] 在一些出土的新石器时代的陶器上，有纺织物纹的印痕。从纺织技术的出现到纺织品交换的发生，需要经过很长时间。夏、商、西周时期，是否已有纺织品交换的现象出现，因史料缺乏，难言其详。但是，笔者认为纺织品交换的现象并非战国时期才出现。在春秋时期，已有关于纺织品买卖的记载。为说明问题，移录这些记载如下：

　　1.《左传》昭公二十六年："夏，齐侯将纳公，命无受鲁货。申丰从女贾，以币锦二两，缚一如璊，适齐师。谓子犹之人高龄，能货子犹，为高氏后，粟五千庾。高龄以锦示子犹。子犹欲之。龄曰：'鲁人买之，百两一布。以道之不通，先入币财。'子犹之。"

　　2.《诗·卫风·氓》："氓之蚩蚩，抱布贸丝。匪来贸丝，来即我谋。"

---

　　① 《世本·作篇》。

这两段记载，说明春秋时期存在着纺织品的交换和买卖现象，但是，二者反映的情况不尽相同。《左传》昭公二十六年所载，实际是诸侯国贵族之间的纺织品买卖。《诗·卫风·氓》所说的则不然。郑玄释"氓"为"民"。所以，它应该是民间纺织品交换的反映。由此可见，春秋时期，纺织品的买卖和交换在贵族和民间都曾发生。

关于贵族间的纺织品买卖情况，暂置不论。就民间纺织品的交换来看，其特点有二：一是交换形式，大都是以物易物。《诗·卫风·氓》提到"抱布贸丝"，便是证明。二是纺织品的交换，只是零星的，偶然发生的，不可能有较大规模的交换。这是因为春秋时期农村公社的存在，限制了民间纺织品交换的规模。当时，民间纺织品的主要生产者为公社农民。《吕氏春秋·上农篇》：

> 后稷曰："所以务耕织者，以为本教也。"是故天子亲率诸侯耕帝籍田，大夫士皆有功业。是故当时之务，农不见于国，以教民尊地产也。后妃率九嫔蚕于郊，桑于公田。是以春秋冬夏皆有麻枲丝茧之功，以力妇教也。是故丈夫不织而衣，妇人不耕而食，男女贸功，以长生，此圣人之制也。

这些当是农村公社内部生产生活情况的反映。由此可以看出，公社农民被束缚于公社共同体中，以家为单位，采取耕织结合的方式从事生产，公社农民衣食都依赖于自给。不仅如此，公社农民家庭生产的纺织品，一般公社成员无权支配，大都需要上缴奴隶主。然后，公社以"授衣"① 的方式，使公社农民得到服饰。这样，在民间很难有纺织品交换的现象发生。公社农民完全被自然经济所支配。在世界史中，这种闭塞的生产生活状况也不乏例证。马克思论述印度的公社时指出："他们（指公社）又散处于全国各地，因农业和手工业的家庭结合而聚居在各个很小的地点。由于这两种情况，所以从很古时候起，在印度便产生了一种特殊的社会制度，即所谓村社制度。这种制度使每一个这样的小单位都成为独立的组织，过着闭关自主的生活……这些

---

① 《诗·豳风·七月》。

家族式的公社是建立在家庭工业上面的，靠着手织业、手纺业和手力农业的特殊结合而自给自足。"①

战国时期，社会经济结构发生重大变化，随着这种变化的发生，限制民间纺织品交换的诸因素相应减弱，而出现了有利于民间纺织品交换和买卖的条件。

其一，自战国初期，农村公社开始在各国逐渐瓦解。《管子·禁藏篇》："户籍田结。"商鞅变法，"令民为什伍"。② 这些都说明原来被公社组织束缚的公社农民，转化为国家直接控制的小农。马克思说："在古代亚洲的，古代其他等等的生产方式内，产品到商品的转化，从而，作为商品生产者的存在，还只起次要作用。公社越是走上崩溃的阶段，它的作用才越是重要起来。"③ 这样，战国时期农村公社的解体，会直接有利于民间纺织品交换的发展。

其二，自春秋后期，"工商食官"制度解体，私人商业开始活跃起来。行商在各国活动频繁。《管子·禁藏篇》："商人通贾，倍道兼行，夜以继日，千里而不远者，利在前也。"是其证。作为商品交换的场所，"市"在民间经济活动中，也具有重要意义，出现了"无市则民乏"④ 的局面。商业的发展，加强了社会各阶层同市场的联系，同时也使不事生产的商人增多，因而，相应地也扩大了民间纺织品的销售市场。

因为上述诸因素的影响，战国时期民间纺织品的交换和买卖状况，明显不同于春秋时期。其表现如次：

第一，民间纺织品生产者的直接交换，已具有广泛性。《孟子·滕文公上》："孟子曰：'许子必种粟而后食乎？'曰：'然。''许子必织布而后衣乎？'曰：'否。许子衣褐。''许子冠乎？'曰：'冠。'曰：'奚冠？'曰：'冠素。'曰：'自织之与？'曰：'否。以粟易之。'"这是孟子同许行论辩时，所举例证。据此可以断定，战国时期民间纺织品的交换现象是经常发生的。这同春秋

---

① 马克思、恩格斯：《马克思恩格斯选集》第二卷，人民出版社，1995 年，第 66 - 67 页。

② 《史记》卷六八《商君列传》。

③ 马克思：《资本论》第一卷，人民出版社，1965 年，第 55 页。

④ 《管子·立政篇》。

时期零星的纺织品交换情况相比，已发生了显著的变化。正因为这种交换现象的普遍存在，在市场上才出现了"市贾不贰，国中无伪。虽使五尺之童适市，莫之或欺。布帛长短同，则贾相若；麻缕丝絮轻重同，则贾相若；五谷多寡同，则贾相若；屦大小同，则贾相若"①。这样大体等价交换情况已出现。

第二，民间纺织品成为商人贸易的商品。商人买卖纺织品的情况，春秋时期就已出现，但是这些商人还属于官商，只是替贵族买卖纺织品。可是，到战国时期，情况为之一变。大部分商人已把他们的纺织品买卖活动转向民间，开始在民间大量收购和转销纺织品。《史记·货殖列传》载，战国初期著名大商人白圭，就在民间"夫岁孰取谷，予之丝漆；茧出取帛絮，与之食"，而获得了高额的利润。在秦国也有同样事例。《史记·货殖列传》："乌氏倮畜牧，及众，斥卖，求奇缯物，间献遗戎王。戎王什倍其偿，与之畜。畜至用谷量马牛。"这些商人从事纺织品贸易的活动表明：在一些地方，民间纺织品的交换和买卖已超出了生产者直接以物易物的范围。

第三，在纺织品的买卖中，布帛已成为一般等价物，即起到货币作用。由于战国时期纺织品交换的经常化，各国对民间纺织品的布幅宽度已有了严格的规定。《韩非子·外储说右上》："吴起，卫左氏中人也。使其妻织组而幅狭于度，吴子使更之，其妻曰：'诺。'及成，复度之，果不中度，吴子大怒。其妻对曰：'吾始经之而不可更也。'吴子出之。"这里提到的"度"，正是当时布幅规定的标准。战国时期布幅宽度标准化，是因为布帛在商品交换中已起到货币的作用。《云梦秦简·金布律》："布袤八尺，福（幅）广二尺五寸。布恶，其广袤不如式者，不行。"又载"钱十一当一布。其出入钱以当金，布以律"。便是证明。关东一些国家，也同秦国的情况大致相同。《管子·乘马篇》："黄金一镒，百乘一宿之尽也，无金则用其绢。季绢三十三制当一镒，无绢则用其布。经暴布百两当一镒，一镒之金，食百乘之一宿，则所市之地，六灸一斗，命之曰中，岁有市无市，则民不乏矣。"既然在这里提到"季绢"和"经暴布"可以和黄金互相替代，流行于市，很明显，它们同黄金一样都属于货币。因此，班固在《汉书·食货志》中才说："洪范八政，一曰食，二曰货、食谓农殖嘉谷，可食之物。货为布帛可衣，乃金刀龟

---

① 《孟子》卷五《滕文公上》。

贝，所以分财布利，通有无者也。"这应该是战国时期，布帛作为货币在各地普遍流通的反映。

总之，战国时期民间纺织品交换的广泛性，商人对民间纺织品的转销，以及布帛的货币作用，表明战国时期民间纺织品的交换和买卖活动是很活跃的。

二、战国时期民间纺织业商品生产的特点

战国时期民间纺织品交换和买卖情况的发展，说明民间纺织业中，已出现商品生产，并且占有一定的地位。那么，战国时期民间纺织业商品生产具有什么特征？就战国时期民间纺织业看，主要存在着小农家庭纺织业和独立手工业两种经营方式。在这两种经营方式中，商品生产的发展情况不尽相同，下面分别论列之。

先看小农家庭纺织业的商品生产。战国时期，小农家庭纺织业中能够出现商品生产，如前所述，当与农村公社的瓦解以及商业的活跃相联系。农村公社解体后，公社农民逐渐转化为小农，小农家庭生产虽然依旧保留了原来农村公社时期耕织结合的方式，但是小农的经济生活毕竟同公社共同体支配下的公社生活有很大差异。《孟子·滕文公下》："子不通工易事，以羡补不足，则农有余粟，女有余布。"可见，战国时期小农生产同市场的联系增强了。这是公社农民与小农在经济生活上的明显不同之处。小农生产的这些特点，决定了小农家庭纺织业的商品生产具有本身的特征。

1. 小农家庭纺织业的商品生产是简单再生产。战国初期，魏国李悝曾对五口之家的小农家庭的消费情况做过估算："今一夫挟五口，治田百亩，岁收亩一石半，为粟百五十石，除十一之税十五石，余百三十五石。食，人月一石半，五人终岁为粟九十石，余有四十五石。石三十，为钱千三百五十，除社闾尝新春秋之祠，用钱三百，余千五十。衣，人率用钱三百，五人终岁用千五百，不足四百五十。不幸疾病死丧之费，及上赋敛，又未与此。"① 根据这一估算，战国时期，一般小农家庭仅仅依靠农业生产，是不足以维持小农家庭成员生活以及上缴赋税的需要的。这样，必须要有家庭副业生产提供

---

① 《汉书》卷二四上《食货志上》。

补充。《管子·禁藏篇》："夫民之所主，衣与食也。食之所生，水与土也。所以富民有要，食民有率，率三十亩而足于卒岁，岁兼美恶。亩取一石，则人有三十石，果蓏素食当十石，糠秕六畜当十石，则人有五十石。布帛麻丝，旁入奇利，未在其中也。"小农家庭生产的布帛麻丝就是副业生产品中很重要的一项。可以说这些纺织品成为家庭消费的重要来源。其作为消费，主要提供家庭成员的服饰，或者是以这些纺织品来交换其他物品，以应对家庭生活之需。而后者，正说明小农家庭纺织业生产，已具有商品生产的性质。在当时，小农家庭纺织业生产的布帛麻丝被视为"奇利"，因为这些纺织品已具有商品的属性。尽管小农家庭进行了一些以交换为目的生产，但是战国时期，以一般小农家庭总的生产生活状况来看，这种商品生产的出发点，是为了补充家庭生活的不足，而不是为了扩大家庭生产的规模。由于战国时期农村公社刚刚解体，传统的自然经济受影响很深，这样，小农家庭纺织业的商品生产，只能停留在维持自身消费的基础上，很难扩大生产规模。

2. 高级丝织品在小农家庭纺织商品生产中出现。战国时期，小农家庭纺织业通常生产的是麻布和一般丝织品。但是，因为家庭纺织业商品生产的发展和纺织技术的提高，一些小农家庭纺织业中，生产高级丝织品的现象已经出现。《管子·五辅篇》："农以劳矣，而天下饥者，其悦在珍怪，方丈陈于前。女以巧矣，而天下寒者，其悦在文绣。"所谓"文绣"，是对战国时期高级丝织品的统称。战国时期出产的高级丝织品种类已很多，见于文献记载的有绮、縠、沙、阿。仰天湖楚简中，提到的这类纺织品更多，主要有缟、缦、䌹、罗、绖、绣、绘绤、缲缟、绐、泽绨等。[1] 考古发掘也屡有所见。如湖北的陵望山二号墓出土了刺绣品残片，[2] 长沙左家塘出土了褐地矩文锦、朱条地暗花对龙对凤文锦。[3] 生产这一类纺织品需要比较高的工艺技术，而且也花费工时。但是，一些小农家庭却追逐这种生产方式，其目的是要获得高利。《范子计然》："能绣细文，出齐，上价匹二万，中万，下五千也。"[4]

---

① 罗福颐：《谈长沙发现的战国竹简》，《文物参考资料》，1954 年第 2 期。

② 湖北省文化局文物工作队：《湖北江陵三座楚墓出土大批重要文物》，《文物》，1966 年第 5 期。

③ 熊传新：《长沙新发现的战国丝织物》，《文物》，1976 年第 2 期。

④ 《太平御览》卷八一五《布帛部二》引。

《管子·轻重甲篇》："伊尹以薄之游女，工文绣纂组，一纯得粟百钟于桀之国。"一纯即是一丈五尺，也就是一丈五尺的高级丝织品的价格相当于百钟粮食的价格。这里所记伊尹与桀之国进行纺织交易一事，应属伪托，大概是战国时期高级丝织品与粮食之间的比价。高级丝织品与粮食在价格上相差甚多，这不能不吸引一些小农家庭来专门从事这种生产。可以说，小农家庭纺织业生产高级丝织品的情况的出现，是战国时期民间纺织业商品生产发展的标志之一。它表明小农家庭纺织业生产中，具有冲破自然经济束缚的因素。西汉时期，小农家庭纺织业中的高级丝织品生产，已有很大发展。汉景帝时曾下诏："雕文刻镂，伤农事者也。锦绣纂组，害女红者也，农事伤则饥之本也，女红害则寒之原也。"正反映了民间这种生产的普遍性。但是，这种情况的出现，是以战国时期小农家庭高级丝织品生产的发展为基础的。

3. 小农家庭纺织业商品生产与市场的联系突破了直接交换的局限。战国时期，小农家庭纺织业的生产和销售是互相联系的。家庭纺织业生产的纺织品的出售关系到生产品价值的实现。如前所述，民间纺织品的直接交换和买卖在战国时已具有经常性。因而，直接交换构成小农家庭出售纺织品的主要方式。以这种方式与市场联系，是因为小农家庭纺织业的商品生产，还在自然经济束缚下。但是，在一些民间纺织业商品生产发展的地区，纺织品的买卖方式已打破了直接交换的格局。《管子·轻重戊篇》："管子告鲁梁之贾人曰：'子为我致绨千匹，赐子金三百斤，什至而金三千斤，则是鲁梁不赋于民而财用足也。'"虽然《轻重戊篇》成书于西汉，可是其中保留了一些战国时期的材料。笔者认为，这段记载应是战国时期，商人到民间收购纺织品情况的反映。诸如，《史记·货殖列传》中提到的大商人白圭、乌氏倮等都从事过这样的活动。由于这种销售方式的发展，到西汉才有专门"贩缯者"出现。

再看独立纺织手工业者的商品生产。民间独立纺织手工业的经营方式是战国时期才出现的。春秋时期，虽然有专门从事纺织业的手工工匠，但是这些纺织手工业者都是官营纺织业中的生产者。战国时期，"工商食官"局面的打破和社会分工的扩大，使一些手工业者摆脱官营手工业的束缚。因而，在民间，独立的纺织手工业的生产成为一种重要的经营方式。《管子·问篇》："问男女有巧伎，能利备用者几何人？处女操工事者几何人？"注云：

"能操女工之事，谓绮绣之属也。"可见，战国时期，这种独立的纺织手工业经营者已为数不少。

那么，独立的纺织手工业者的生产状况怎样？《韩非子·说林上》："鲁人身善织屦，妻善织缟，而欲徙于越，或谓之曰：'子必穷矣。'鲁人曰：'何也？'曰：'屦为履之也，而越人跣行；缟为冠之也，而越人被发。以子之所长，游于不用之国，欲使无穷，其可得乎？'"据此，可以看出战国时期民间独立纺织手工业者的生产，仍然和小农生产一样，是以家庭为单位的。但是它又不同于小农家庭的那种男耕女织的生产形式，而是家庭成员通力合作，专务纺织。一般情况下，他们是生产和销售兼而一身的。这种独立纺织手工业经营，是战国时期商品生产比较发展的形式。其生产的出发点，已不是停留在维持自身消费的基础上，而是摆脱了自然经济的束缚。《史记·货殖列传》："夫用贫求富，农不如工，工不如商，刺绣文不如倚市门，此言末业，贫者之资也。"说明战国时期独立经营纺织业与经商一样，都是为获利致富。到西汉时期，纺织手工业的独立经营，已成为都市经济中的重要方面。经营的规模比战国时期扩大，并且出现役使奴隶劳动的情况。其实，这是纺织手工业独立经营的发展形势。这种发展的独立经营，正是战国时期生产特征发展的结果。

三、战国时期民间纺织业商品生产的规模

通过以上说明，可以明显看出战国时期民间纺织业的商品生产有了一定发展。不过，这种发展，只是与春秋时期相比较而言的。我们不能对战国时期民间纺织商品生产的规模估计过高。从小农家庭纺织业的生产来看，其目的主要还是为了满足自己家庭的消费，剩余部分，才用于交换。《管子·山国轨篇》："某乡女胜事岁绩，其功业若干？以功业直时而扩之，终岁，人已衣被之后，余衣若干？"便是证明。可是，以战国时期小农家庭纺织生产的工效，他们并不能提供较多的剩余纺织品。关于战国时期小农家庭纺织业的工效，虽无直接记载，但是根据西汉时期的工效，可以做大致的估量。《九章算术》卷三《衰分》："今有女子善织，自倍，五日织五尺。"女工在生产熟练后，一日才织"二丈五寸三十一分之二十五"。以此计算，一人一年最

多不过生产纺织品八十多匹。这只是西汉时期一般家庭纺织生产效率的平均数字。从战国到西汉纺织技术改进缓慢，大概战国时期家庭纺织业的生产工效，不会比西汉相差太多。由此来看，战国时期一般家庭纺织业的生产效率还是比较低的。

不仅如此，因为战国时期各国逐渐制定了对小农家庭征收布帛税的制度，这样，小农家庭生产的纺织品剩余部分，并不能全部投入市场交换。布帛税的征收，似乎在春秋后期就已出现。《韩非子·外储说上》："夫田成子甚得齐民，其于民，……终岁布帛取二制焉，余衣士。"是其证。但是，逐渐制度化却是在战国时期。《史记·商君列传》："僇力本业耕织，致粟帛多者复其身。"《管子·国蓄篇》："春赋以敛缯帛。"这些记载，证明布帛税的征收，在各国基本固定化。《孟子·尽心篇下》："孟子曰：有布缕之征，粟米之征，力役之征，君子用其一，缓其二，而民有殍，用其三，而父子离。"很明显，布帛税对于小农家庭来说，是一项沉重的负担。这样，必然会减少小农家庭生产的纺织品的销售量。甚至，一些国家的统治者，为满足奢侈生活，"必厚作敛于百姓，暴夺民衣食之财，以为锦绣文采靡曼之衣，铸金以为钩，珠玉以为珮，女工作文采，男工作刻镂，以为身服"①。以致使一些小农家庭，"女子废其纺织而修文采，故民寒"②。其家庭成员消费都难以维持，更谈不上会有多余的纺织品出售了。因此，战国时期小农家庭纺织业的商品生产只能是较小规模的。

关于独立纺织手工业者的经营规模，虽无明确记载，但是仍有踪迹可寻。细缕《史记·货殖列传》对战国和西汉民间手工业的记载，可以发现，战国和西汉民间手工业发展存在着差异。诸如倚顿、郭纵、巴寡妇清，这些战国时期的手工业的大经营者，都是以经营盐、铁或采矿业而致富，可以"与王者埒富"③。司马迁没有提到战国时期民间纺织业中有大经营者的存在。可是，对西汉时期情况的记载则不然，其云："通邑大都……其帛絮细布千钧，文采千匹，榻布皮革千石……此亦比千乘之家，其大率也。"④ 可见在民

---

① 《墨子》卷一《辞过篇》。
② 《墨子》卷一《辞过篇》。
③ 《史记》卷一二九《货殖列传》。
④ 《史记》卷一二九《货殖列传》。

间的纺织品生产和销售中，已出现较大规模的经营者。治史严谨的司马迁对战国和西汉情况的不同记载，说明战国时期独立纺织手工业者的经营规模，还不能同西汉相比，因而"比千乘之家"的大经营者，在战国时期是不存在的。因此，前引《韩非子·说林上》记载的那种独立纺织手工业者的小规模经营形式，可能是战国时期的一般状况。

战国时期独立纺织手工业生产不能够充分发展，主要是因为民间纺织品的销售市场是狭小的。在战国，民间生产的纺织品的购买者大多数为商人和其他手工业者。这些人的数量估计不会太多。各国统治者的服饰，主要由官营手工业生产，或从民间征收。占人口大多数的小农，基本维持男耕女织的生产形式，大部分服饰都依赖于自给。这样，独立纺织手工业者的生产品是不容易大量销售的。

另外，一些国家对独立的纺织手工业经营，并不鼓励，而是加以限制。《荀子·王制篇》："论百工，审时事，辨功苦，尚完利，便备用，使雕琢文采不敢专造于家，工师之事也。"战国时期工师的职权之一，就是干预民间纺织业商品生产的进行。因此，国家的抑制也成为阻碍独立纺织手工业经营规模扩大的因素。

四、小　结

总括上述对民间纺织业商品生产的考察，我们认为战国时期民间纺织业商品生产的发展，是战国时期经济结构发生变化的结果。农村公社的瓦解，商业的活跃，使社会上出现小农和独立纺织手工业者阶层。尽管小农生产还保留了原来公社农民耕织结合的生产形式，不能摆脱自然经济的藩篱，但是小农生产已和市场有一定联系，小农家庭纺织业生产的纺织品成为其出售的主要产品，这样就使小农家庭纺织生产具有了商品生产的性质。独立的纺织手工业，则是一种新出现的经营形式。其生产完全属于商品生产的范畴。

可是，战国时期农村公社刚刚解体，因此，农村公社残留下来的封闭式的生产、生活方式的影响还是很深的。表现在民间纺织业生产上，则是限制了商品生产的规模，使民间已存在的商品生产不能向较大规模发展，而停留在小规模上。

然而，民间纺织业中，商品生产的出现毕竟和农村公社时期的生产形式不同，反映了民间纺织业生产的进步。战国时期民间纺织业中商品生产的缓慢发展，实际是西汉时期比较发展的商品生产出现的先声。

（原载《历史教学》1987 年第 2 期）

秦国保障军队对军马需求
问题的考察

一、引　言

　　本文所说的秦国，是战国秦。在战国秦时期，同列国作战成为秦国的重要的军事行动，因此，秦国要保证其生存以及拓展国土，就必须要有一支强大的军队。商鞅在秦国变法，开始使秦国的军队逐渐强大起来，并且，军队的战斗力也超过了东方各国。《汉书·刑法志》："齐愍以技击强，魏惠以武卒奋，秦昭以锐士胜。……若齐之技击，得一首则受赐金。事小敌脆，则偷可用也；是亡国之兵也。魏氏武卒，衣三属之甲，操十二石之弩，负矢五十个，置戈其上，冠胄带剑，赢三日之粮，中试，则复其户，利其田宅。如此，则其地虽广，其税必寡，其气力数年而衰。是危国之兵也。秦人，其生民也狭隘，其使民也酷烈。使其民所以要利于上者，非战无由也。功赏相长，五甲首而隶五家，是最为有数，故能四世有胜于天下。……故齐之技击不可以遇魏之武卒，魏之武卒不可以直秦之锐士。"很显然，秦国的锐士成为天下最强的军队。秦国能够拥有强大军队，正是由于在商鞅变法后，实行了适合国情的奖励耕战的政策。需要注意的是，秦国军队的强大不仅因为士兵训练有素，并且秦国军队还是由多兵种构成的。当时的秦军不仅有步兵、车兵，还有骑兵，而且，骑兵在战场上还是重要的突击力量。张仪曾提到秦国军队的构成，他说："秦带甲百余万，车千乘，骑万匹，虎贲之士跿跔科头，贯颐奋戟者，至不可胜计。"① 并且，还对秦军的战马大为赞赏，"秦马

---

　　① 《史记》卷七〇《张仪列传》。

之良，戎兵之众，探前趹后，蹄间三寻腾者，不可胜数"①。张仪所说，难免有夸大之词，但秦军的多兵种构成和强大的实力，却是不争的事实。同时，张仪所论，还将秦军的强大与拥有众多的骑兵联系在一起。这就是说，要使秦国的军队处于优势的地位，就不能忽视对骑兵的建设。可是，要建设精锐的骑兵，当然需要有优良的军马做保证。尚不限于此，战国时期的战争已经与春秋时期不同，不仅战争的规模越来越大，并且，持续的时间也越来越长，因而要保证赢得战争，就要持续不断地使军队有充足的辎重补给。而辎重的运输也需要大量的军马。因此可以说，提供数量众多的军马，就成为秦国军队后勤保障的一项重要事务。那么，秦国是如何保证有效地为军队提供和补充军马的呢？这是考察秦国军队后勤保障制度不可忽视的一个问题。然而，由于史料的缺乏，要比较全面地说明这一问题是困难的，因而，只能依据简牍与文献资料，尽可能地勾勒出大致的轮廓。鉴于此，本文尝试对秦国能够为军队提供军马的后勤保障的相关问题做一些探讨。

二、征集私马以充军马

所谓私马，就是由私人饲养的马匹，也就是民间饲养的马匹。秦政府能够向民间征集马匹，实际是以民间养马业的兴盛为基础的。战国秦时，已经具备民间养马业发展比较充足的条件。众所周知，秦国的养马业具有悠久的历史。秦国先君"非子居犬丘，好马及畜，善养息之。犬丘人言之周孝王，孝王召使主马于汧、渭之间，马大蕃息"②。显然非子是以善养马而著称于西陲的。这说明，秦人是主要经营养马业的部族。周孝王又因非子善养马，"邑之秦，使复续嬴氏祀，号曰秦嬴"③，使秦成为周的附庸国。在秦建国后，这种养马的传统沿袭下来，当地人们具有丰富的养马经验。研究者认为，当时秦人所养马种为西戎良骏，大体是陕甘青一带的马种，还有北部的蒙古马。在养马技术上，实行牧养与厩养结合的方式，因而，饲养出数量众多的

---

① 《史记》卷七〇《张仪列传》。
② 《史记》卷五《秦本纪》。
③ 《史记》卷五《秦本纪》。

优质马。① 并且，秦国的自然条件也很适宜马的生长。因此，这种自然条件以及长期积累的养马经验和技术，成为民间可以从事养马业的重要因素。事实上，当时民间从事养马业的人数众多。这种情况可以从云梦秦简的记载中看出来。《法律答问》："甲小未盈六尺，有马一匹自牧之，今马为人败，食人稼一石，问当论不当？不当论及赏（偿）稼。"② 这条律文正说明，秦政府是不禁止民间私人养马的，反之，民间养马却是一种私人的生产经营。既然国家将这种民间养马的经营活动写在法律条文中，说明民间私人养马业已经很发达。实际上，秦国民间经营养马业成为他们生产活动的重要组成部分。《秦律十八种·司空》："百姓有赀赎责（债）而有一臣若一妾，有一马若一牛，而欲居者，许。"③ 这条律文是说，国家可以使百姓有赀赎债，但需要有一个男或者女奴隶，有一头马或牛，才可以用劳役抵债。由此可见，在当时社会中，拥有马匹的平民家庭的数量是不少的。这种情况的出现，应该是以民间养马业的兴盛为基础的。

秦政府为了保证民间养马业的经营，对私人拥有的马实行积极保护的措施。《封诊式》：

> 盗马爰书：市南街亭求盗才（在）某里曰甲缚诣男子丙，及马一匹，骓牝右剽，缇覆（复）衣，帛里莽缘领褏（袖），及复，告曰："丙盗此马、衣，今日见亭旁，而捕来诣。"④

由这一爰书可知，秦国是严格防止偷盗私人马匹的。偷盗马匹与偷盗其他私人物品一样，都要被逮捕拘押。因为秦国重视对私人拥有马匹的保护，当然这也就更有益于民间私人养马业的发展。

秦政府之所以重视私人养马业的经营，实际是与奖励耕战的国策相联系的。秦国自商鞅变法后，国家高度重视"耕战"方略的实行。《商君书·慎

---

① 郭兴文：《论秦代的养马技术》，《农业考古》，1985 年 2 期。

② 睡虎地秦墓竹简整理小组：《睡虎地秦墓竹简》，文物出版社，1978 年，第 213 页。

③ 睡虎地秦墓竹简整理小组：《睡虎地秦墓竹简》，文物出版社，1978 年，第 85 页。

④ 睡虎地秦墓竹简整理小组：《睡虎地秦墓竹简》，文物出版社，1978 年，第 253 页。

法篇》：

> 自此观之，国之所以重，主之所以尊者，力也。于此二者，力本。而世主莫能致力者，何也？使民之所苦者无耕，危者无战。二者，孝子难以为其亲，忠臣难以为其君。今欲驱其众民，与之孝子忠臣之所难，臣以为非劫以刑，而驱以赏莫可。而今夫世俗治者，莫不释法度而任辩慧，后功力而进仁义，民故不务耕战。彼民不归其力于农，即食屈于内；不归其节于战，则兵弱于外。入而食屈于内，出而兵弱于外，虽有地万里，带甲百万，与独立平原一也。且先王能令其民蹈白刃，被矢石，其民之欲为之，非好学之，所以避害。故吾教令民之欲利者，非耕不得；避害者，非战不免。境内之民，莫不先务耕战而得其所乐。故地少粟多，民少兵强。能行二者于境内，则霸王之道毕矣。

《慎法篇》阐发的道理，实际说明秦国的"耕""战"是相联系的。只有将"耕"和"战"紧密结合在一起，才能实现"地少粟多，民少兵强"，使秦国在列国中称雄。当然，"耕"从狭义上看，是要多打粮食。但从广义上看，则是使农耕与畜牧业一并发展。其中包括民间私人养马业。因为无论粮食还是马匹，都是秦国进行战争的物质基础。正因为如此，秦国特别注意对私人种植的粮食和饲养的马匹数量的掌握。《商君书·去强篇》："强国知十三数：境内仓口之数，壮男壮女之数，老弱之数，官士之数，以言说取食者之数，利民之数，马牛刍藁之数。欲强国，不知国十三数，地虽利，民虽众，国愈弱，至削。国无怨民曰强国。兴兵而伐，则武爵武任必胜；按兵而农，粟爵粟任则国富。"《去强篇》指出强国的十三个数字，实际是要掌握不同类别的人口数字、粮仓的数量以及马牛刍藁的数字。对了解不同类别的人口数字暂且不论，从了解粮仓和马牛刍藁的数字来看，实际上，是要掌握实行统治的物质基础。由此可见，马的数量与粮食的数量，都是与国家的发展密切联系在一起的。不过，《去强篇》所说的需要掌握的马的数量，是将公马与私马一并加以计算的。秦政府为了保证准确掌握全部马匹的数量，对民间饲养马匹的数量也实行特别的统计。《效律》："计较相缪（谬）也，自二百廿钱以下，赀官啬夫；过二百廿钱以道二千二百钱，赀一盾；过二千二百钱，赀一甲。人户、马牛一，赀一盾；自二以上，赀一甲。"① 这一律文说明，秦国要求地方官员对马、牛数字的核查与人口的核查都要同样给予重视，不允许出现差错，否则要罚以甲盾。并且，国家对地方官员错算人口、马牛数量视为与错算六百六十钱的错误相同。《法律答问》："可（何）如为'大误'？人户、马牛及者（诸）货材（财）直过六百六十钱为'大误'，其它为小。"②《效律》："计脱实及出实多于律程，及不当出而出之，直（值）其贾（价），不盈廿二钱，除；廿二钱以到六百六十钱，赀官啬夫一盾；过六百六十钱以上，赀官啬夫一甲，而复责其出（也）。人户、马牛一以上为大误。误自重也，减罪一等。"③ 这两条律文说明，错算人口、马牛的数量要被判"大误"之罪。秦国采取这样的定罪做法，显然是将地方官掌握户口数字与掌握民间马、牛数字视为是同等重要的。秦政府要求地方官员准确地掌握户口数字，是为了授田、征收赋税、征发徭役、兵役的需要。而秦政府同样重视对民间马、牛数字的掌握，当然，也是为了国家实行统治的需要，其中最重要的就是要保证国家对马的征集。《秦律杂抄》：

> 蕡马五尺八寸以上，不胜任，奔挚（絷）不如令，县司马赀二甲，令、丞各一甲。先赋蕡马，马备，乃粼从军者，到军课之，马殿，令、丞二甲；司马赀二甲，法（废）。④

这条律文不是对公马，而是对私马的规定。因为公马为国家苑中饲养，秦政府对公马设置专官管理。这里提到的县司马，睡虎地秦墓竹简整理小组认为，是掌管军马之官，⑤ 这种观点似不准确。因为秦政府为养公马而设置了苑，为苑设置了苑啬夫及属官。苑啬夫直属国家，与县的行政官分属两个系统，二者是不能混淆的。实际上，县司马是与管理私马有关的官员。具体说

---

① 睡虎地秦墓竹简整理小组：《睡虎地秦墓竹简》，文物出版社，1978 年，第 125 页。

② 睡虎地秦墓竹简整理小组：《睡虎地秦墓竹简》，文物出版社，1978 年，第 242 页。

③ 睡虎地秦墓竹简整理小组：《睡虎地秦墓竹简》，文物出版社，1978 年，第 125 - 126 页。

④ 睡虎地秦墓竹简整理小组：《睡虎地秦墓竹简》，文物出版社，1978 年，第 132 页。

⑤ 睡虎地秦墓竹简整理小组：《睡虎地秦墓竹简》，文物出版社，1978 年，第 125 页。

来，其主要职责是征集私马。正如律文中所说"先赋蓦马"。所谓"蓦马"，睡虎地秦墓竹简整理小组释为"供骑乘的军马"①。"赋"，《说文》云："赋，敛也。"可见，"先赋蓦马"，就是先要征集五尺八寸以上的私马作为军马。由这条律文可以看出，秦国对地方官员征集军马是非常重视的。在军马的征集上，建立了对征集到的马匹严格考核的制度；还规定了对征集军马的地方官员违规的惩处制度。律文中提到的"令、丞"就是县令、县丞，当为县司马的上级。这就是说，县令、县丞不是直接经手征集军马的官员，但如果征集马匹的质量列为最差等次，也要受到罚甲的惩处。显然他们作为县司马的上级是负有连带责任的。而国家对直接经手征集军马的县司马，则惩处更为严厉，不但要罚二甲，并且，还要处以"废"刑，就是永不叙用。可见，秦国不仅重视地方官员对民间马匹的征集，并且，还制定严格的法律来加以约束。秦国之所以采取这样的做法，当然是要将民间最好的马匹用作军马，进而保证国家可以使最好的马匹补充到军队中。

总之，秦政府对民间私人养马采取鼓励的政策，并且，将民间养马作为国家实行"耕战"方略的重要内容，因此，就使民间可以拥有相当数量的马匹。并且，秦政府还对民间马匹的数量有准确的掌握，所以在国家需要时，就可以将这些马匹征集上来。由此可见，秦政府征集的民间马匹，应该是国家军马的一个重要来源。

三、精养公马以做军马

秦政府为了保证提供给军队大量的军马，不仅实行了向民间征集马匹的做法，还实行选择大量的公马作为军马的措施。所谓公马，就是在国家设置的厩、苑中饲养的马匹，在秦简中，一般都将国家直接掌握的马匹称为"公马"。例如《厩苑律》中就提道："将牧公马牛。"② 秦政府专门设置饲养公马的场所有"苑"，也有"厩"。研究者对"苑"与"厩"的区别做了辨析，认为"厩"与"苑"应是两个不同的场所。从范围上讲，"苑"的范围较大，

---

① 睡虎地秦墓竹简整理小组：《睡虎地秦墓竹简》，文物出版社，1978年，第132页。
② 睡虎地秦墓竹简整理小组：《睡虎地秦墓竹简》，文物出版社，1978年，第33页。

"厩"的范围较小。从饲养方式上讲,"厩"是以人工饲养,即圈养为主,以放牧为副;"苑"则以放牧为主,人工饲养为副。① 尽管秦国设置的"厩"与"苑"存在差别,但是,它们的共同点就是,都是国家饲养马匹的场所。如果从大量提供军马的情况来看,"苑"似乎要比厩更重要。因为"苑"是以放牧为主,并且,面积广大,所以饲养的马匹数量众多。而"厩"以人工槽养,不但可以饲养的马匹数量少,而且,一些马匹是从苑中挑选的,属于二次饲养。由此来看,要保证可以提供大量的军马,也就要扩大苑的经营。事实上,秦国在其境内所设的苑是很多的。马非百先生考证,在秦国境内设置的苑有:五苑、上林苑、宜春苑、甘泉苑。秦国的上林苑、甘泉苑都为西汉所承袭。② 他还指出秦国苑的存在情况:仅以官论,关中三百,关外四百余,咸阳之旁二百里内,已有二百七十之多。而今可考见者,合关中内外,不过二十余处而已。③ 秦政府不仅在咸阳与关中附近设置苑,也没有忽略在适宜养马的边郡设置苑。《史记·留侯世家》:"留侯曰:'洛阳虽有此固,其中小,不过数百里,田地薄,四面受敌,此非用武之国也。夫关中左被函,沃野千里,南有巴蜀之饶,北有胡苑之利。……'"《正义》曰:"《博物志》云'北有胡苑之塞'。按:上郡、北地之北与胡接,可以牧养禽兽,又多至胡马,故谓胡苑之利也。"张良所说,是对秦代的情况的追述。因此,他提到的"胡苑"应该很早就开始设置,似乎与秦国设置上郡、北地郡有密切的关系。实际上,上郡、北地郡在秦统一之前就已经设置。后晓荣考证:公元前304年,秦在魏上郡的基础上,设置上郡,郡治肤施。④ 他还认为:北地郡与上郡相接,秦北地郡原为义渠戎国之地,公元前271年,秦攻破义渠后,设北地郡。⑤ 张良将秦边郡设的苑,特别称为"胡苑",不仅因为这些苑设在与北边胡族相邻的地方,并且,更重要的是,苑中所养的马的品种与关中地区也有区别。研究者认为,当时秦人所养马种为西戎良骏,大体是陕甘青一带的马种,多属于重挽型马,主要用来挽驾战车等。还有北部的蒙古

---

① 刘云辉:《简论秦代厩苑制度中的若干问题》,《文博》,1986 年第 6 期。

② 马非百:《秦集史》,中华书局,1982 年,第 547 页。

③ 马非百:《秦集史》,中华书局,1982 年,第 547 页。

④ 后晓荣:《秦代政区地理》,社会科学文献出版社,2009 年,第 159 页。

⑤ 后晓荣:《秦代政区地理》,社会科学文献出版社,2009 年,第 170 页。

马，这种马主要是用于骑兵的骑乘，属骑乘型。① 因此，可以说将秦边郡所设的苑，特别称为"胡苑"，主要是因为这些苑中饲养的马是可以骑乘的北方马。秦政府为了发展、建设数量众多的骑兵，保证军队的突击力量，当然要在边郡广建这种"胡苑"。

秦国在上郡、北地郡所建"胡苑"的规模，由于缺乏记载，很难详考。不过，可以依据西汉在这些地方设苑的情况做一些推断。《汉书·景帝纪》："（中元六年）六月，匈奴入雁门，至武泉，入上郡，取苑马。"颜师古注引如淳曰："《汉仪注》太仆牧师诸苑三十六所，分布北边、西边。以郎为苑监，官奴婢三万人，养马三十万头。"可见西汉国家设置在北边、西边的三十六处牧师苑养马可达三十万匹。据此估算，一处苑养马可以达到万匹左右。实际上，西汉边郡苑的设置是从秦沿袭下来的，因而，秦在上郡、北地郡所设苑的养马数量，应该不会与西汉有太大的差别。

由于秦国设置的苑是为国家提供军马的重要保证，所以，当时国家非常重视对苑的管理。据秦简记载，秦国为管理苑，设置了专官。《秦律十八种·内史杂》："除佐必当壮以上，毋除士五（伍）新傅。苑啬夫不存，县为置守，如厩律。"② 对于律文中提到的苑啬夫，裘锡圭先生认为：苑啬夫显然不是直属于县的，大概就是《徭律》中所说的县所"葆"的"禁苑、公马牛苑"的主管官员。这类苑应该是属于都官的。都官在其县者，可以理解为中央或内史设在县的范围内的都官，也可理解为都官设在县的范围内的分支机构。③ 实际苑啬夫直属于国家，与县的行政官分属两个系统。秦政府除设置苑啬夫之外，还为他设置属官。《龙冈秦简》："禁苑啬夫、吏数循行，垣有坏决兽道出及兽出在外，亟告县。"④ 据此，在秦国所设苑中，有苑啬夫，还有吏，实际吏正是苑啬夫的属官。《效律》："司马令史掾苑计，计有劾，司

---

① 郭兴文：《论秦代的养马技术》，《农业考古》，1985 年 2 期。

② 睡虎地秦墓竹简整理小组：《睡虎地秦墓竹简》，文物出版社，1978 年，第 106 页。

③ 裘锡圭：《啬夫初探》，《古代文史研究新探》，江苏古籍出版社，1992 年，第436－437 页。

④ 中国文物研究所、湖北省文物考古研究所：《龙岗秦简》，中华书局，2001 年，第 89 页。

马令史坐之，如令史坐官计劾然。"① 这条律文中提到的"司马令史"应该是
苑啬夫的一种属官，主要协助苑啬夫管理国家的苑。当然，秦国所设苑中，
不仅有管理职官，还有劳作者。《龙冈秦简》："禁苑吏、苑人及黔首有事禁
中或取其□□□□。"② 这条简提到的"苑吏"当为管理苑的官员；"苑人"
则为在苑中从事劳作者；"黔首"则为临时在苑中工作者，不是专门的苑中
劳作者。这说明，秦政府不仅为苑设置了完善的官吏管理机构，并且，还使
"苑人"专门在苑中从事饲养事务。足见当时国家对苑的管理和劳作的高度
重视。

　　秦国还制定了《厩苑律》保证对苑进行有效的管理。但云梦秦简中所见
《厩苑律》的律文是不完全的。不过，从残存的律文中，可以看到秦国对负
责管理苑的官员以及苑所在县的官员的要求是非常严格的。《厩苑律》："将
牧公马牛，马牛死者，亟谒死所县，县亟诊而入之，其入之其弗亟而令败
者，令以其未拜直（值）赏（偿）之。"③ 从这条律文可知，国家要求相关人
员在苑饲养的公马、牛死亡后，立即上报苑所在的县，然后由县检验后将已
经死亡的公马、牛上缴。秦政府采取这种做法，正是要精确掌握公马、牛的
存在状况。由此透露出，国家是通过苑啬夫掌管苑中公马、牛的饲养情况。
而对苑中公马、牛的死亡数字，就不仅要求苑啬夫呈报，还要求由苑所在县
的地方官员上缴死亡的马、牛。可见秦政府的目的很明确，就是要对苑养公
马的饲养状况做到非常准确的把握。

　　秦国为了保证很好地饲养苑中的马、牛，在秦律中，有限制外人在苑中
活动的规定。《田律》：

　　　　邑之近皂及它禁苑者，麛时毋敢将犬以之田。百姓犬入禁苑中而不
　　追兽及捕兽者，勿敢杀；其追兽及捕兽者，杀之。呵禁所杀犬，皆完入

---

　　① 睡虎地秦墓竹简整理小组：《睡虎地秦墓竹简》，文物出版社，1978 年，第 125 页。
　　② 中国文物研究所、湖北省文物考古研究所：《龙岗秦简》，中华书局，2001 年，
第 73 页。
　　③ 睡虎地秦墓竹简整理小组：《睡虎地秦墓竹简》，文物出版社，1978 年，第
33 页。

公。其他禁苑杀者，食其肉而入其皮。①

睡虎地秦墓竹简整理小组释"皁"为蓄养牛马的苑囿。② 由这条律文可知，在养牛、马之苑以及其他禁苑居住的居民，是不允许到苑中活动的，特别是在繁殖幼畜之时。相关记载还见于《龙冈秦简》。律文载："诸禁苑为奥者，□去苑奥卅里，毋敢取奥中兽，取者其罪与盗禁中同□□□。"③ 胡平生先生将"奥"释为临近某一区域、边界的空地，也就是一条隔离带。④ 这就是说，秦国所设苑，一般与居民区之间有隔离带。不仅如此，秦政府还严格禁止到苑中偷盗。《龙冈秦简》："盗牧者与同罪。"⑤ 这里所说的"盗牧者"，当为在公马牛牧地盗窃者。他们的行动属于犯罪的行为。秦政府还要防止伤害马、牛的情况发生。《龙冈秦简》："诸马、牛到所，毋敢穿穽及置它机，敢穿穽及置它机能害□□□。"⑥ 此简虽残，但结合云梦秦简和张家山汉简可以明确，这里提到的"诸马、牛"，当为国家苑中放牧的马、牛。简文的意思是，在放牧公马、牛的地方，是不允许设置陷阱、机械的，以防止对马、牛的伤害。由这些法律规定可以看出，秦政府对所设苑以及苑中所养的"公马、牛"，是特别注意保护的，尽力防止出现不利于放牧马、牛的情况。

秦政府为了使饲养公马、牛有好的条件，在秦律中，还对苑的修缮做了明确的规定。《徭律》：

县葆禁苑、公马牛苑，兴徒以斩（堑）垣离（篱）散及补缮之，辄

---

① 睡虎地秦墓竹简整理小组：《睡虎地秦墓竹简》，文物出版社，1978 年，第 26 页。

② 睡虎地秦墓竹简整理小组：《睡虎地秦墓竹简》，文物出版社，1978 年，第 27 页。

③ 中国文物研究所、湖北省文物考古研究所：《龙岗秦简》，中华书局，2001 年，第 82 页。

④ 胡平生：《云梦龙岗秦简〈厩苑律〉中的"奥"字及相关制度》，《江汉考古》，1991 年 2 期。

⑤ 中国文物研究所、湖北省文物考古研究所：《龙岗秦简》，中华书局，2001 年，第 109 页。

⑥ 中国文物研究所、湖北省文物考古研究所：《龙岗秦简》，中华书局，2001 年，第 107 页。

以效苑吏，苑吏循之。未卒岁或坏（决），令县复兴徒为之，而勿计为繇（徭）。

卒岁而或（决）坏，过三堵以上，县葆者补缮之；三堵以下，及虽未盈卒岁而或盗（决）道出入，令苑辄自补缮之。县所葆禁苑之傅山、远山，其土恶不能雨，夏有坏者，勿稍补缮，至秋毋（无）雨时而以繇（徭）为之。①

云梦秦简整理小组释律文中的"葆"为"葆缮"。律文中的"县"，则是苑所在县地。据此律文可知，国家苑的堑壕、垣墙损坏，要由苑所在县负责修缮。而苑吏则要对修缮好的堑壕、垣墙加以巡视监督。修缮苑的劳动者，主要是县中的刑徒。在需要时，也要征发农民修缮苑。可见对苑的修缮，成为苑所在县必须承担的劳作。只有在"三堵以下，及虽未盈卒岁而或盗（决）道出入"的情况下，损坏的苑，才由苑吏自行处理。秦政府的这种管理措施，实际是要使苑所在县以及苑吏所属人员都参与对损坏苑的修缮，只是具体的分工不同。这种情况表明，秦政府对苑的修缮管理有一整套很完善的措施。

综上所述，秦政府为了保证国家对马的需求，在全国各地方设置了众多的苑。这些苑不仅分布在京畿附近和关中地区，就是在边远的北地、上郡也有苑的设置。在苑中牧养的公马数量很多，实际上，这些公马是保证军队需要的军马的主要来源。正因为如此，秦政府对设置在各地方的苑的管理非常重视。国家为了保证直接掌握各苑的情况，专门设置了苑啬夫及下属官员。各苑的管理机构与县行政官员分属两个不同的系统。同时，秦政府还制定了《苑厩律》以及与牧养公马有关的法律条文，进而就使各苑的牧养事务得到更有效的管理。由此来看，秦政府能够保证军队获得充足的军马，当然是与制定了完善的牧养公马的管理制度具有密不可分的关系。

（原载《吉林大学古籍研究所建所三十周年纪念文集》，上海古籍出版社，2014 年）

---

① 睡虎地秦墓竹简整理小组：《睡虎地秦墓竹简》，文物出版社，1978 年，第 77 页。

后　记

　　这部论文集所收文章是我多年研习两汉史的成果。可以说，我对问题的考察，关注了这一时期社会群体、职官与军制、礼制与学制等。并且，集中地讨论了东汉社会诸问题。因为应该看到，西汉与东汉的不同，这样，才更有益于认识西汉与东汉社会发展的特点，进而也就能够更好地把握两汉历史演进的轨迹。

　　然而，做这些研究，遇到了诸多困难。主要是对相关问题的考察，遇到的疑点、难点很多，并且，史料缺乏，而且，我的史识又有所不及，所以，对一些问题的阐释是不圆满的，留下诸多的遗憾。现在将这些文章结集出版，就是希望使关注这些问题的研究者能够获得一些启发，也就达到愿望了。

　　论文集能够出版，得到长春师范大学历史文化学院姜维公院长的支持，另外，彭超、刘伟坤、姜瑞玉帮助编辑论文集，做了很多工作。所以，在此一并致以诚挚的谢意。

张鹤泉

二〇二一年六月五日